Sous la direction de
André Simpson, Clément Beaucage
et Yv Bonnier Viger

Épidémiologie appliquée

Une initiation à la lecture critique de la littérature en sciences de la santé

2e édition

gaëtan morin
éditeur
CHENELIÈRE ÉDUCATION

Épidémiologie appliquée
Une initiation à la lecture critique de la littérature en sciences de la santé
2e édition

Sous la direction de :
André Simpson, Clément Beaucage et Yv Bonnier Viger

© 2009 Les Éditions de la Chenelière inc.
© 1996 gaëtan morin éditeur ltée

Édition : Ève Bissonnette
Coordination : Josée Desjardins
Révision linguistique : Cindy Villeneuve-Asselin et Évelyne Miljours
Correction d'épreuves : Maryse Quesnel
Illustrations : Serge Gaboury
Conception graphique et infographie : Pomme Z
Impression : Imprimeries Transcontinental

Tableau de la couverture :
Dans ce sens
Œuvre de **Sylvie Cloutier**

Diplômée de l'Université Concordia, Sylvie Cloutier enseigne les arts plastiques au niveau secondaire. Elle donne aussi des ateliers de créativité aux adultes. Depuis plus de vingt ans, vous pouvez voir ses œuvres dans diverses galeries à travers le Québec. Elle est aussi présente en France et aux États-Unis.

Dans cet ouvrage, le masculin est utilisé comme représentant des deux sexes, sans discrimination à l'égard des hommes et des femmes, et dans le seul but d'alléger le texte.

**Catalogage avant publication
de Bibliothèque et Archives nationales du Québec
et Bibliothèque et Archives Canada**

Vedette principale au titre :

Épidémiologie appliquée. Une initiation à la lecture critique
de la littérature en sciences de la santé

2e éd.

Comprend des réf. bibliogr.
Pour étudiants de niveau universitaire.

ISBN 978-2-89105-993-0

1. Épidémiologie – Recherche – Méthodologie. 2. Épidémiologie – Méthodes statistiques. 3. Biométrie. I. Simpson, André, 1959-   .
II. Beaucage, Clément. III. Bonnier Viger, Yv, 1950-   .

RA652.E64 2008   614.4072   C2008-941224-9

**gaëtan morin
éditeur**

CHENELIÈRE ÉDUCATION

5800, rue Saint-Denis, bureau 900
Montréal (Québec) H2S 3L5 Canada
Téléphone : 514 273-1066
Télécopieur : 514 276-0324 ou 1 888 460-3834
info@cheneliere.ca

ISBN 978-2-89105-993-0

Dépôt légal : 1er trimestre 2009
Bibliothèque et Archives nationales du Québec
Bibliothèque et Archives Canada

Imprimé au Canada

3   4   5   6   7   ITG   12   16   15   14   13   12

Nous reconnaissons l'aide financière du gouvernement du Canada par l'entremise du Fonds du livre du Canada (FLC) pour nos activités d'édition.

Gouvernement du Québec – Programme de crédit d'impôt pour l'édition de livres – Gestion SODEC.

AVANT-PROPOS

La genèse du présent ouvrage remonte à la fin des années 1980, époque où s'est imposée l'évidence qu'une meilleure gestion des ressources dans le monde de la santé devait constituer une priorité à la fois politique, économique et sociale. Parallèlement à ce mouvement de société, une autre obligation est née : faire le point sur les connaissances en distinguant celles qui sont essentielles et actuelles de celles qui sont secondaires ou désuètes.

Pour satisfaire à ces obligations, il apparaît clair que les étudiants universitaires de tous les horizons des sciences de la santé doivent désormais acquérir des connaissances de base en biostatistique, en épidémiologie et en analyse critique de la littérature scientifique. En premier lieu, ces connaissances leur seront nécessaires pour répondre aux exigences scolaires sanctionnées par les examens ; en second lieu – et c'est là sans doute le plus important –, elles se révéleront indispensables dans leur pratique.

S'appuyant sur 12 années d'utilisation par des étudiants majoritairement de premier cycle universitaire dans différentes disciplines des sciences de la santé, la deuxième édition du manuel intègre toutes ces notions de façon vulgarisée. Son contenu est enrichi et présenté dans un format plus pratique. De surcroît, cet ouvrage constitue un outil fort utile pour les professionnels de la santé déjà engagés dans l'exercice de leur métier et qui sont souvent appelés à modifier leurs façons de faire pour tenir compte des progrès de la recherche et des changements sociaux. En fait, il est conçu de manière à permettre, à quiconque le souhaite, d'acquérir par autoapprentissage des connaissances dans le domaine.

Afin de répondre d'abord et avant tout aux besoins de l'utilisateur, l'ouvrage est écrit dans une langue simple, claire et précise. Autant que possible, les termes techniques ou scientifiques ont été évalués et remplacés par des termes plus courants. Au surplus, pour en éprouver la forme et l'intelligibilité, les chapitres du manuel ont fait l'objet d'une évaluation par des étudiants en sciences de la santé. En définitive, on peut affirmer que les connaissances présentées sont adaptées, sur le plan de l'étendue et de la difficulté, aussi bien à une clientèle universitaire qu'à des cliniciens. L'une y trouvera un outil d'apprentissage sur mesure, et les autres, un ouvrage de référence facile à consulter et qui répondra aux interrogations survenant en contexte clinique.

L'objectif premier du manuel consiste donc à initier l'étudiant, ainsi que tout autre utilisateur, à la lecture critique de la littérature en sciences de la santé, lecture qui nécessite certaines connaissances en biostatistique et en épidémiologie. L'approche pédagogique retenue privilégie le raisonnement plutôt que la seule mémorisation. Ainsi, pour que le lecteur puisse transposer les notions expliquées dans un contexte pratique, la matière est présentée par le biais de situations cliniques.

NOUVEAU Le manuel comporte 16 chapitres : un premier chapitre présente un tour d'horizon de l'épidémiologie dans le contexte de différentes disciplines en sciences de la santé ; cinq traitent de l'analyse critique de la littérature scientifique ; neuf portent sur des notions en matière d'épidémiologie et de biostatistique ; et enfin un traite de la prévention clinique. Ces blocs thématiques ne sont cependant pas présentés de façon monolithique. En effet, les différents chapitres sont répartis de façon que le lecteur soit rapidement amené à voir les implications cliniques des notions plus abstraites exposées, une formule qui permet un apprentissage « raisonné », intégré et graduel.

Une structure qui facilite l'apprentissage

NOUVEAU   Comme plusieurs auteurs représentant différentes facettes du domaine de la santé (praticiens, professeurs provenant de différentes universités, chercheurs, gestionnaires de la santé) signent l'ensemble des textes que comporte le manuel, il importait tout particulièrement de lui donner cohérence et homogénéité, lesquelles se situent sur deux plans : textuel et visuel. Ainsi, chacun des chapitres est rédigé en fonction d'un plan déterminé, d'une structure uniforme pour l'ensemble du volume.

NOUVEAU   Dans un premier temps, le lecteur trouve au début de chaque chapitre un tableau qui présente les habiletés à acquérir et précise les objectifs de même que le contenu détaillé qui y est associé.

Tous les chapitres s'ouvrent sur un cas constituant une mise en situation concrète d'un problème de santé actuel, à partir duquel les notions sont présentées ; le lecteur peut donc saisir d'emblée le lien entre la matière qui fait l'objet du chapitre et la pratique clinique concrète.

L'enchaînement se fait avec une section intitulée « Pertinence clinique », un texte bref qui lie de manière plus explicite la mise en situation et les notions traitées dans le chapitre. Les problèmes ou questionnements qui pourraient, voire devraient, se poser au clinicien sont ici soulevés en relation avec le cas présenté.

Vient ensuite le corps du chapitre, la « substantifique moelle ». Que le chapitre porte sur des sujets d'ordre épidémiologique ou biostatistique, ou qu'il y soit question de lecture critique, l'exposé de la matière respecte une progression en ce qui concerne les niveaux de difficulté. Dans la mesure du possible, les concepts abstraits sont illustrés à l'aide d'exemples concrets, fictifs ou réels, qui facilitent une transposition dans la pratique. De plus, une attention particulière est accordée aux considérations éthiques.

Enfin, chaque chapitre se termine par une section intitulée « En résumé », où sont récapitulés les points essentiels de la matière présentée, suivie d'une section « Notes et références », laquelle fournit des renseignements utiles ou des références aux articles ou à des ouvrages scientifiques récents au lecteur désireux d'approfondir la matière.

Pour renforcer l'unité formelle de l'ensemble, une approche narrative a par ailleurs été privilégiée ; ainsi, un scénario de base a été retenu. D'un chapitre à l'autre, le lecteur est invité à partager le quotidien de Lisa Barzotti, omnipraticienne à la polyclinique Milo, et celui des principaux personnages qui gravitent autour d'elle : Danielle, une collègue infirmière, Marie-Louise, pharmacienne à la polyclinique, Jean, un ami épidémiologiste, et Stéphanie, nutritionniste. Ces personnages, ainsi que les situations dans lesquelles ils sont appelés à évoluer, illustrent les préoccupations et les intérêts de divers intervenants du domaine de la santé.

Par ailleurs, afin de donner vie et couleur à cet univers, des bandes dessinées ont été conçues par le bédéiste Serge Gaboury. Chacune de ces bédés, qui vient coiffer chacun des chapitres, s'inspire directement du cas présenté en début de chapitre et est surmontée d'un médaillon synthétisant le principal problème théorique abordé dans les pages qui suivent. Ce problème trouve sa solution à la fin du chapitre dans un dernier médaillon.

Des outils de travail additionnels sont mis à la disposition du lecteur dans l'ouvrage, soit une liste des symboles et des abréviations utilisés, une bibliographie sélective, un glossaire ainsi qu'un index.

NOUVEAU En outre, sur le site Web de l'ouvrage, ⊕ www.cheneliere.ca/simpson, le matériel complémentaire suivant est offert : les objectifs des chapitres, le tableau de concordance entre les exercices de la première édition et ceux de la deuxième, des hyperliens d'intérêts, un glossaire, ainsi qu'une boîte aux lettres pour recueillir les commentaires relatifs à l'ouvrage et transmettre des questions aux auteurs. Qui plus est, afin de permettre au lecteur d'évaluer la mesure dans laquelle il a assimilé les connaissances présentées, on y trouve une série d'exercices accompagnés de la mention de leur objectif ainsi que de leur corrigé.

Conclusion

En voulant intégrer, tant sur le plan formel que sur le plan conceptuel, ces fondements des sciences de la santé que constituent l'épidémiologie, la biostatistique et l'analyse critique de la littérature, une constante préoccupation de simplification et de vulgarisation a dû être maintenue, ce qui ne signifie nullement un manque de rigueur et une concession aux impératifs scientifiques. Ce souci traduit en fait une volonté marquée de fournir un contenu qui soit directement assimilable dans un contexte d'autoapprentissage. La lecture de ce manuel devrait amener le lecteur à appréhender des notions souvent complexes en usant de sa capacité de raisonnement, ce qui, du coup, devrait lui permettre de mesurer l'importance de fonder sa pratique clinique sur de solides bases scientifiques.

LES AUTEURS

Clément Beaucage est médecin spécialiste en santé communautaire et titulaire d'un baccalauréat en pédagogie de l'Université Laval. Il est professeur de clinique au Département de médecine sociale et préventive de la Faculté de médecine de l'Université Laval. Il pratique en santé communautaire au Centre de santé publique de Québec (CSPQ) et, comme clinicien, au Centre local de services communautaires (CLSC) de la Haute-Ville de Québec. Son principal champ d'intérêt réside dans l'organisation des services de première ligne en santé mentale.

Yv Bonnier Viger est grand-père, médecin spécialiste en santé communautaire, mathématicien-informaticien, épidémiologiste et gestionnaire. Ces dernières années, il a occupé les fonctions de directeur de santé publique de la région de l'Iiyiyiu Aschii, au Québec, et de directeur général adjoint du Conseil cri de la santé et des services sociaux de la Baie-James.

Agathe Croteau est médecin et titulaire d'un doctorat en épidémiologie de l'Université Laval. Elle pratique à l'Institut national de santé publique du Québec (INSPQ). Ses principaux champs d'intérêt sont les effets des conditions de travail des femmes enceintes sur leur grossesse, les synthèses systématiques ainsi que le domaine du transfert et de l'échange des connaissances.

Pierre Deshaies est médecin spécialiste en santé communautaire et titulaire d'une maîtrise en épidémiologie. Après avoir pratiqué en médecine familiale pendant 10 ans, il œuvre à présent en médecine communautaire à l'Institut national de santé publique du Québec et à la Direction régionale de santé publique de Chaudière-Appalaches. Chef du Département clinique de santé publique de l'Hôtel-Dieu de Lévis, ses champs d'intérêt sont la santé et la sécurité au travail ainsi que la surveillance populationnelle. Par ailleurs, il est professeur de clinique à l'Université Laval, et il agit aussi à titre de consultant dans des projets de coopération internationale.

Suzanne Gingras est titulaire d'une maîtrise en mathématiques et elle travaille comme statisticienne dans le domaine de la recherche en santé publique depuis plus de 20 ans. À titre de chercheuse à l'Institut national de santé publique du Québec, ses champs d'intérêt sont l'environnement et la surveillance de l'état de santé de la population.

Jean-Pierre Grégoire est professeur titulaire et doyen de la Faculté de pharmacie de l'Université Laval. Pharmacien et pharmaco-épidémiologiste, il est en outre chercheur à l'Unité de recherche en santé des populations du Centre hospitalier affilié universitaire de Québec. Ses activités de recherche visent à optimiser l'usage des médicaments servant à traiter les maladies chroniques.

Chantal Guimont est professeure au Département de médecine familiale et de médecine d'urgence de l'Université Laval et médecin clinicienne à l'urgence du Centre hospitalier de l'Université Laval. Elle est titulaire d'une maîtrise en mathématiques (option statistique), d'un doctorat en médecine, d'un diplôme d'études supérieures en médecine familiale ainsi que d'un doctorat en épidémiologie de l'Université Laval. Ses principaux champs d'intérêt sont la recherche clinique sur les maladies respiratoires de l'enfant dans un contexte d'urgence ainsi que l'application des notions de médecine fondée sur les preuves scientifiques.

Danielle Laurin est titulaire d'un doctorat en épidémiologie de l'Université Laval. Elle a terminé avec succès une formation post-doctorale au National Institute on Aging des National Institutes of Health, à Bethesda, dans le Maryland, au sein de l'équipe de neuro-épidémiologie. En 2003, elle s'est jointe à la Faculté de pharmacie de l'Université Laval et, depuis, elle travaille également à titre de chercheuse à l'Unité de recherche du Centre d'excellence sur le vieillissement de Québec. Ses champs d'intérêt en matière de recherche portent sur l'épidémiologie de la maladie d'Alzheimer.

Antoine Lutumba Ntetu est titulaire d'une maîtrise en sciences infirmières, d'un diplôme en santé communautaire et d'un doctorat en andragogie de l'Université de Montréal. Il est professeur et directeur du Département des sciences humaines à l'Université du Québec à Chicoutimi. Ses principaux champs d'intérêt pour la recherche sont la santé des groupes vulnérables, la dimension culturelle de la santé, les maladies chroniques en soins de première ligne et les stratégies de formation en milieu de travail.

Thomas Matukala Nkosi est titulaire d'une maîtrise en démographie de l'Université catholique de Louvain (Belgique) de même que d'une maîtrise en sciences médicales et en sciences de la santé publique de la University of Alberta. Il est chargé d'enseignement en épidémiologie, candidat au doctorat en santé publique à la Faculté de médecine de l'Université de Montréal et assistant de recherche au Centre for Clinical Epidemiology and Community Studies de l'Hôpital général juif de Montréal. Il intervient depuis plusieurs années à titre de formateur en surveillance de la santé à l'Agence de santé publique du Canada.

Marie-Hélène Mayrand est gynécologue à l'Hôpital Saint-Luc du CHUM. Elle est également épidémiologiste et s'intéresse, tant par ses activités cliniques que de recherche, à la prévention des cancers gynécologiques.

Jocelyne Moisan est professeure titulaire à la Faculté de pharmacie de l'Université Laval. Elle enseigne la pharmaco-épidémiologie. Ses projets de recherche portent sur la qualité de l'usage des médicaments dans la population et sur les interventions visant l'amélioration de cet usage.

Louise Moreault est médecin spécialiste en santé communautaire et titulaire d'une maîtrise en épidémiologie de l'Université Laval. Elle est également professeure de clinique au Département de médecine sociale et préventive de la Faculté de médecine de l'Université Laval. Durant cinq ans, elle a enseigné la lecture critique aux résidents en médecine familiale et a été coresponsable du stage en santé communautaire à l'Unité de médecine familiale de l'Hôpital du Saint-Sacrement. Elle pratique actuellement en santé communautaire à la Direction de santé publique de la région de la Capitale-Nationale. Ses principaux champs d'intérêt sont le dépistage du cancer du sein et les pratiques cliniques préventives.

Pamphile Nkogho Mengue est microbiologiste médical et pharmaco-épidémiologiste, diplômé de l'Université Laval. Il est aussi professeur en sciences biomédicales au Département des sciences infirmières de l'Université du Québec à Rimouski. Ses activités de recherche portent sur l'usage optimal des médicaments chez les aînés et sur l'épidémiologie des grands syndromes gériatriques.

André Simpson est titulaire d'une maîtrise en épidémiologie et d'une maîtrise en sociologie de l'Université Laval. Il est chargé d'enseignement en épidémiologie à la Faculté des sciences infirmières de l'Université Laval depuis 13 ans. Ayant cumulé 20 ans d'expérience dans le secteur québécois de la santé publique à titre de professionnel de recherche, puis de gestionnaire, il travaille aussi actuellement à l'Institut national de santé publique du Québec, notamment dans les domaines de la surveillance de l'état de santé de la population, de la gestion de l'information et de la formation.

Helen Trottier est épidémiologiste, chercheuse au Centre de recherche du CHU Sainte-Justine et professeure adjointe au Département de médecine sociale et préventive de l'Université de Montréal.

Nous remercions également les auteurs suivants de la première édition (1998) :

Michèle Aubin est médecin et titulaire d'une maîtrise en épidémiologie de l'Université Laval. Fellow du Collège des médecins de famille du Canada, elle est également professeure au Département de médecine familiale de l'Université Laval. À l'Unité de médecine familiale de l'Hôpital Laval, elle se partage entre ses activités cliniques et ses activités de recherche et d'enseignement. Ses principaux domaines de recherche sont la prévention cardiovasculaire et les déterminants de la pratique médicale.

Nicole Audet est médecin et titulaire d'une maîtrise en pédagogie universitaire des sciences de la santé de l'Université Laval. Elle est par ailleurs professeure adjointe de clinique au Département de médecine familiale de cette même université. Ses champs d'intérêt sont l'évaluation des compétences cliniques et de l'exercice professionnel de la médecine, ainsi que l'enseignement de la psychiatrie et de la lecture critique des publications scientifiques.

Renée Bourbonnais est titulaire d'un doctorat en sciences de l'Université Paris V. Épidémiologiste, elle est professeure au Département d'ergothérapie de l'Université Laval, où elle enseigne les méthodes de recherche, et coresponsable d'une équipe financée par le Conseil québécois de la recherche sociale sur les impacts psychologiques et sociaux du travail dévalorisant. Au sein du Groupe interdisciplinaire de recherche sur l'organisation, la santé et la sécurité du travail de l'Université Laval, elle s'intéresse depuis plusieurs années à la santé physique et mentale des travailleurs, plus particulièrement à celle des cols blancs et des infirmières.

André Dontigny est médecin spécialiste en santé communautaire et titulaire d'une maîtrise en santé communautaire. Il travaille comme médecin-conseil à l'Unité de santé publique du Centre hospitalier régional de Rimouski. Il participe présentement à l'implantation du Programme québécois de dépistage du cancer du sein dans la région du Bas-Saint-Laurent et œuvre en prévention des traumatismes. La mise au point d'outils d'information permettant de faciliter une prise de décision éclairée dans le domaine de la prévention constitue pour lui un champ d'intérêt particulier.

Denis Laliberté est médecin spécialiste en santé communautaire et titulaire d'une maîtrise en santé publique de l'Université de Berkeley (Californie). Il est professeur de clinique au Département de médecine sociale et préventive de l'Université Laval et pratique la santé communautaire au Centre de santé publique de Québec. Ses champs d'intérêt sont la santé au travail et la recherche épidémiologique.

Louis Gabriel Latulippe est médecin et titulaire d'une maîtrise en médecine expérimentale ainsi que d'un certificat en médecine familiale de l'Université Laval. Professeur au Département de médecine familiale de l'Université Laval depuis 1988, il y enseigne l'épidémiologie clinique, l'évaluation de la pratique médicale et la médecine familiale. Chercheur clinicien au Centre de recherche en épidémiologie de cette même université, il agit à titre de cochercheur dans le cadre d'une étude de cohorte portant sur les risques pour la santé associés aux prothèses mammaires implantées à des fins esthétiques. Ses principales activités de recherche et d'enseignement portent sur l'évaluation des interventions diagnostiques et thérapeutiques en médecine de première ligne.

Yvan Leduc est médecin et titulaire d'un doctorat en sciences de l'Université de Sherbrooke. Il enseigne à l'Unité de médecine familiale de l'Hôpital de l'Enfant-Jésus et est professeur de clinique au Département de médecine familiale de l'Université Laval. Ses intérêts en enseignement et en recherche comprennent, entre autres, la prévention et la promotion de la santé, ainsi que l'évaluation de la qualité de l'exercice professionnel de la médecine familiale.

Pierre Mercier est médecin et titulaire d'une maîtrise en épidémiologie de l'Université Laval. Professeur de clinique à la Faculté de médecine de l'Université Laval, il a enseigné l'épidémiologie clinique pendant plusieurs années. Il travaille actuellement à la Direction de la santé publique de la Régie régionale de la santé et des services sociaux de la région de Québec, où il se consacre à la surveillance de l'état de santé et du bien-être de la population.

LISTE SÉLECTIVE DES ABRÉVIATIONS ET SYMBOLES UTILISÉS

CV   Coefficient de variation

D   Durée moyenne

FE$_1$ Fraction étiologique chez les exposés

FE$_t$ Fraction étiologique totale

FP$_1$ Fraction prévenue chez les exposés

FP$_t$ Fraction prévenue totale

H$_0$ Hypothèse nulle

H$_1$ Hypothèse alternative

I   Taux d'incidence

IC   Incidence cumulée

ic   Intervalle de confiance

L   Létalité

P   Prévalence

R   Coefficient de corrélation (de relation linéaire)

R²   Coefficient de détermination multiple

RA   Risque attribuable (différence de risque)

RC   Rapport de cotes

RI   Rapport de taux d'incidence

RR   Risque relatif

RRP   Risque relatif à la population

RV   Rapport de vraisemblance

SE   Sensibilité d'un examen diagnostique

SP   Spécificité d'un examen diagnostique

TA   Taux d'attaque

VPN   Valeur prédictive négative

VPP   Valeur prédictive positive

$\sum_{i=1}^{n} x_i$ Somme des éléments x. Chaque élément x est identifié par un indice i. Ici, i varie de 1 à n. Il y a donc n éléments à additionner.

Exemple :

$\sum_{i=1}^{3} x_i$ est la somme de 3 éléments.

Si $x_1 = 12$, $x_2 = 20$ et $x_3 = 18$,

alors $\sum_{i=1}^{3} x_i = 50$.

$\prod_{i=1}^{n} x_i$ Produit des facteurs x. Chaque facteur x est identifié par un indice i. Ici, i varie de 1 à n. Il y a donc n facteurs à multiplier.

Exemple :

$\prod_{i=1}^{3} x_i$ est le produit de 3 facteurs.

Si $x_1 = 2$, $x_2 = 20$ et $x_3 = 10$,

alors $\prod_{i=1}^{3} x_i = 400$.

REMERCIEMENTS

Nous tenons d'abord à remercier les auteurs de la première édition de cet ouvrage ainsi que les étudiants en sciences de la santé de l'Université Laval, qui ont apporté leurs critiques et leurs suggestions à cette première édition. Merci également à nos collègues ainsi qu'aux auteurs qui ont pris part à l'élaboration de la deuxième édition de ce volume. Soulignons par ailleurs l'apport de madame Denise Vigneault, du Réseau de valorisation de l'enseignement de l'Université Laval, dont les suggestions et les remarques ont contribué à enrichir la présentation et la révision des objectifs de chacun des chapitres.

Nous levons aussi notre chapeau à monsieur Serge Gaboury, bédéiste, créateur de la bande dessinée illustrant avec humour les thèmes clés de chacun des chapitres.

De même, nous ne pouvons passer sous silence le travail des professionnelles de la maison d'édition Chenelière Éducation, soit mesdames Ève Bissonnette, Josée Desjardins, Cindy Villeneuve-Asselin, Maryse Quesnel et Évelyne Miljours, qui par leur disponibilité et leur expertise ont contribué à améliorer ce volume.

De plus, nous remercions du fond du coeur les membres de nos familles, qui, avec grande générosité, nous ont encouragés tout au long de cette aventure. Enfin, nous nous associons à l'ensemble de nos collaborateurs et collaboratrices pour témoigner notre plus grande gratitude à leurs familles, qui ont permis leur participation à la réalisation de cet ouvrage.

André Simpson
Clément Beaucage
Yv Bonnier Viger

TABLE DES MATIÈRES

1

UN TOUR D'HORIZON DE L'ÉPIDÉMIOLOGIE APPLIQUÉE

Auteur : André Simpson, avec la collaboration de Clément Beaucage

Au terme de ce chapitre, vous pourrez :

- situer l'univers de l'épidémiologie dans votre domaine d'étude ou d'activités professionnelles ;
- expliquer l'importance de la lecture critique de la littérature en sciences de la santé.

Objectifs	Contenu
1. Expliquer en quoi les concepts et les méthodes en épidémiologie sont utiles dans son domaine d'étude ou d'activités professionnelles	1.1 Épidémiologie et perspective populationnelle 1.2 Épidémiologie et perspective clinique 1.3 Épidémiologie et perspective interdisciplinaire
2. Décrire les grands principes éthiques qui encadrent les activités de recherche et d'intervention faisant appel à l'épidémiologie	2.1 Principes éthiques de la recherche et de l'intervention en santé
3. Expliquer les concepts et les principes de base de la lecture critique de la littérature en sciences de la santé	3.1 Habiletés requises pour la lecture critique 3.2 Structure générale d'une publication scientifique 3.3 Cadre de référence pour la lecture critique

Un cas

Dans le cadre de leur rencontre interdisciplinaire hebdomadaire à la polyclinique Milo, Lisa, Danielle, Gabrielle et Marie-Louise discutent du fait que le nombre de personnes obèses ou ayant un surplus de poids qui se présentent à la polyclinique ne cesse d'augmenter. Quelles en seront les conséquences ? Comment peut-on aborder cette question avec les patients ? Bien que les causes, les répercussions sur la santé et la fréquence du surplus de poids et de l'obésité dans la population soient relativement bien documentées, les interventions efficaces en la matière font appel à une multitude de disciplines complémentaires, à savoir la médecine, les sciences infirmières, la pharmacie, la nutrition, la kinésiologie, etc.

Lisa informe ses collègues qu'elle a procédé à une recherche à l'aide d'une base de données accessible sur Internet, *PubMed,* afin de trouver de la littérature scientifique sur l'obésité. Cette seule base de données recensait 15 084 publications scientifiques en anglais ou en français ayant au cours des 10 dernières années abordé la question du fardeau de l'obésité, et 7 485 ayant pendant cette même période traité de l'obésité et de l'hypertension. Devant une telle abondance de littérature scientifique, que doit-on lire ? Comment obtenir une information de qualité qui assure l'adoption des meilleures pratiques cliniques ?

Pertinence clinique

« La lecture demeure l'activité de formation continue privilégiée par les médecins pour maintenir à jour leurs compétences cliniques. Ces mêmes médecins considèrent que la lecture est la méthode qui contribue le plus à modifier leur pratique[1]. » Il semble plausible de croire qu'il en est de même pour les autres professionnels de la santé. L'accélération continue de la création et de la diffusion de nouvelles connaissances et technologies rend nécessaire le développement de compétences permettant une utilisation efficace et judicieuse de la littérature scientifique dans le domaine de la santé, que celle-ci prenne une forme écrite ou numérique. À cette fin, la lecture critique de la littérature en sciences de la santé constitue un outil essentiel s'appuyant sur une connaissance fonctionnelle des concepts et des méthodes en épidémiologie*.

On peut situer l'apport de l'épidémiologie selon deux perspectives majeures, soit :

■ une perspective populationnelle, c'est-à-dire portant sur l'étude des déterminants de la santé des populations, de la fréquence et de la répartition des maladies et des décès, des inégalités sociales et de santé ; de même que sur l'étude et l'application des moyens de prévention et de contrôle de la propagation des maladies et des décès dans la population ;

■ une perspective clinique, c'est-à-dire portant sur l'étude des causes et de l'histoire naturelle des maladies et des décès, de l'efficacité des stratégies diagnostiques, des traitements et des approches cliniques préventives.

Ces deux perspectives sont étroitement liées et complémentaires. La maladie n'est pas le fait d'un seul individu malade ; elle constitue également un phénomène de population et de société.

---

* Cette observation a notamment incité la ministre de l'Enseignement supérieur et de la Recherche en France à annoncer en juillet 2007 la mise en place d'un test supplémentaire sur la lecture critique d'articles (L.C.A.) aux épreuves nationales classantes (E.N.C.) de l'internat de médecine à compter de 2009[2].

1.1   L'ÉPIDÉMIOLOGIE SELON UNE PERSPECTIVE POPULATIONNELLE

La connaissance et la surveillance de la santé des populations et de ses déterminants constituent un enjeu important dans les sociétés actuelles. Dans plusieurs pays, la déclaration de certaines maladies afin d'en permettre la surveillance constitue une obligation légale. Dans la même optique, l'article 3 du Règlement sanitaire international (OMS, 2005)[3] prévoit spécifiquement un volet de surveillance et de déclaration relativement au risque de propagation internationale de certaines maladies. Les concepts ainsi que les méthodes en épidémiologie constituent les outils privilégiés qui permettent de répondre à ce besoin. La mise en application des concepts et des méthodes en épidémiologie permet notamment :

■ de mesurer la fréquence et la répartition des maladies et des décès dans les populations ;

■ d'établir les causes potentielles des maladies et des décès ;

■ de déterminer les stratégies et les actions de prévention et de protection de la santé des personnes et d'en mesurer l'efficacité ;

■ d'anticiper la fréquence et l'évolution des principaux problèmes de santé dans les populations ;

■ de surveiller l'éclosion de maladies contagieuses dans le but d'en maîtriser la propagation.

Cette connaissance de la santé des populations est essentielle pour appuyer le travail des acteurs des services de santé sur la base d'informations valides qui assurent une compréhension adéquate de la réalité des individus dans leur milieu de vie. Elle améliore l'adéquation entre les services de santé, la nature des ressources cliniques accessibles et les besoins réels des individus et des populations.

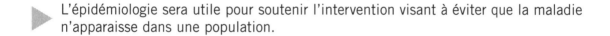

L'épidémiologie sera utile pour soutenir l'intervention visant à éviter que la maladie n'apparaisse dans une population.

La réduction de l'exposition aux facteurs de risque susceptibles de provoquer les maladies et les décès constitue une stratégie de prévention. À cette fin, l'épidémiologie propose des concepts et des méthodes scientifiques qui permettent, par une approche quantitative, de cerner ces facteurs de risque et de mesurer leur impact sur la fréquence et la répartition des maladies et des décès.

La sensibilisation aux saines habitudes de vie visant à améliorer la santé des populations s'appuie également sur l'apport de l'épidémiologie, laquelle permet de découvrir les facteurs de risque sur lesquels il est possible d'agir. Les campagnes de réduction du tabagisme de même que la promotion de l'activité physique et d'une saine alimentation en sont des exemples concrets.

L'épidémiologie sera utile pour soutenir l'intervention visant à réduire la gravité et l'impact des maladies dans les populations.

Dans le cas des maladies dont les causes demeurent inconnues ou pour lesquelles on ne peut agir afin de réduire l'exposition des personnes aux facteurs de risque, l'épidémiologie offre la capacité de détecter les atteintes qui en découlent le plus tôt possible. Elle permet en outre de les contrôler et d'en réduire la gravité et les conséquences, ainsi que de diminuer le nombre de décès qui en résultent. On entre alors dans l'univers de l'épidémiologie appliquée à la démarche clinique.

1.2   L'ÉPIDÉMIOLOGIE SELON UNE PERSPECTIVE CLINIQUE

L'anamnèse et l'évaluation de la santé d'un individu dans le contexte d'une consultation clinique ou d'un processus de traitement découlent des études et de la connaissance de la santé des populations et de ses déterminants. Les observations cliniques sur un cas ou une série de cas conduiront à l'étude de groupes d'individus plus vastes, ou de populations, qui aura pour but de vérifier la pertinence de l'application de ces observations cliniques à grande échelle. Dans un même ordre d'idées, les connaissances acquises en épidémiologie grâce à l'étude des populations permettront d'améliorer la pratique clinique. Les faits observés et quantifiés à grande échelle soutiennent le jugement et la décision clinique relative à un patient.

 L'épidémiologie sera utile pour soutenir le processus et l'intervention cliniques.

Il existe donc une grande complémentarité entre les approches cliniques et épidémiologiques.

1.3   L'ÉPIDÉMIOLOGIE SELON UNE PERSPECTIVE INTERDISCIPLINAIRE

L'épidémiologie interpelle l'ensemble des domaines des sciences de la santé. Les exemples qui suivent permettent d'illustrer l'application des concepts et des méthodes en épidémiologie dans certains de ces domaines.

Lisa constate qu'une de ses patientes, Geneviève, présente à la fois un problème d'obésité et une tension artérielle très élevée. Elle se souvient que les études épidémiologiques de la tension artérielle dans des groupes d'individus ont établi un lien entre ce problème et l'obésité. Elle décèle par la suite plusieurs autres facteurs de risque susceptibles de provoquer cette situation chez Geneviève. Elle propose donc à celle-ci un traitement qu'elle estime efficace et elle répond à ses préoccupations concernant le pronostic. Sa connaissance de l'épidémiologie lui permet de comprendre et de lire avec intérêt les conclusions des études qui portent sur les facteurs de risque, l'efficacité des traitements, le pronostic, etc. Par exemple, Lisa a appris que l'analyse multivariée permet de détecter simultanément plusieurs facteurs de risque d'apparition d'une maladie dans un groupe de personnes; que l'étude de la précision et de la validité des examens cliniques de même que les essais cliniques et les essais thérapeutiques permettent de juger du choix d'un traitement; que les concepts d'espérance de vie en bonne santé, du nombre potentiel d'années de vie perdues et de la probabilité de survie permettent d'établir un pronostic.

Les résultats des études épidémiologiques axées sur les conséquences de l'obésité ont aussi permis à Lisa de savoir que Geneviève présente, en plus des risques accrus d'hypertension artérielle, une propension au diabète de type 2, à l'insuffisance veineuse, à l'hypoventilation alvéolaire, à l'apnée du sommeil, à des dyslipidémies, à l'arthrose et à l'insuffisance cardiaque. Tout cela peut contribuer à réduire l'espérance de vie de Geneviève ainsi que sa qualité de vie.

Conformément à l'orientation que s'est donnée la polyclinique Milo, Lisa adopte avec Geneviève une approche interdisciplinaire et fait notamment appel à l'infirmière, à la nutritionniste, à la kinésiologue et à la pharmacienne pour aborder dans sa globalité le problème d'obésité de sa patiente.

Lisa propose à Geneviève de rencontrer d'abord Danielle, infirmière à la polyclinique, qui procèdera à une première évaluation et qui pourra la soutenir dans son objectif de perte de poids. Entre-temps, Lisa se propose de discuter avec sa collègue Marie-Louise afin d'évaluer la pertinence d'avoir recours à la médication en vue de réduire l'obésité de sa patiente.

Marie-Louise, pharmaco-épidémiologiste dans un centre hospitalier universitaire, collabore aux travaux de recherche et aux rencontres interdisciplinaires de la polyclinique Milo. Elle s'intéresse au traitement pharmacologique de l'obésité. Constamment à l'affût de la mise au point de nouveaux traitements, elle est captivée par l'efficacité réelle des médicaments, mais aussi par leurs effets indésirables. Elle est également préoccupée par l'efficience de l'utilisation des médicaments, c'est-à-dire par les bienfaits réels obtenus au regard des coûts encourus. Enfin, elle se soucie des habitudes de prescription et de consommation, particulièrement de celles des personnes âgées, chez qui les problèmes d'interactions médicamenteuses sont fréquents.

À l'instar de Lisa, Marie-Louise doit composer avec l'abondance de la littérature scientifique sur le sujet : une recherche rapide dans *PubMed* lui permet ainsi de trouver 1 464 articles scientifiques sur l'obésité et la médication. Marie-Louise doit alors s'appuyer sur les concepts et les modèles d'études en épidémiologie, de même que sur ses habiletés de lecture critique de la littérature en sciences de la santé, pour soutenir avec compétence les décisions relatives au recours à certains médicaments et influencer positivement les pratiques de prescription à la polyclinique Milo.

Pour sa part, Danielle rencontre régulièrement des patientes qui, comme Geneviève, sont aux prises avec un problème d'obésité ou de surplus de poids. Elle évalue de façon systématique leur indice de masse corporelle et mesure leur tension artérielle. Elle interprète les résultats de ces mesures en s'appuyant sur celles réalisées auprès de groupes d'individus dans le cadre d'études épidémiologiques.

Elle peut ainsi discuter avec ses patients de leurs problèmes de santé et des moyens d'améliorer leur condition. Sa connaissance générale de l'épidémiologie des problèmes de santé, de leur fréquence, de leur répartition, de leurs causes et de leurs conséquences sur la vie des personnes, des familles et des communautés constitue pour elle un outil précieux. Cela lui permet d'améliorer la pertinence de ses interventions, d'influencer positivement les comportements de ses patients, de situer leur problème dans un contexte plus complet et de calmer leurs inquiétudes.

Lors de sa rencontre avec Geneviève, Danielle évalue sa motivation à perdre du poids. Elles conviennent alors de deux démarches complémentaires : Geneviève aura une consultation avec Stéphanie, nutritionniste qui s'est nouvellement jointe à la polyclinique Milo, et une référence en kinésiologie, dans un centre médico-sportif situé près de la polyclinique.

Stéphanie connaît la composition des aliments. Grâce à l'application des concepts et des méthodes en épidémiologie dans ce domaine, elle est également au courant de leurs effets sur la santé des personnes. Cette connaissance lui permet de prévenir, d'anticiper et de prendre en charge les maladies liées à la nutrition telles que le diabète, l'obésité, les pathologies cardiovasculaires et les maladies digestives. S'appuyant sur ce savoir et sur sa capacité à se tenir à jour grâce à la lecture de la littérature en sciences de la santé, Stéphanie est en mesure de conseiller et d'orienter Geneviève dans ses choix alimentaires au regard d'objectifs communs, soit une perte de poids durable et la prévention des pathologies cardiovasculaires.

La semaine suivante, Geneviève a sa première rencontre en kinésiologie au centre médico-sportif. Elle voit alors Françoise, kinésiologue nouvellement diplômée, qui discute avec elle de ses objectifs de perte de poids et de remise en forme, ainsi que du temps qu'elle veut bien y consacrer. Françoise évalue la condition physique et les habitudes d'activité physique de Geneviève. Elle prend différentes mesures anthropométriques, et elle évalue la flexibilité, la force musculaire, l'endurance musculaire, la capacité aérobique, la capacité anaérobique, la composition corporelle et le pourcentage de gras de Geneviève. Pour interpréter ces mesures, Françoise s'appuie sur les résultats d'études réalisées auprès de groupes de personnes comparables à Geneviève à l'aide des concepts et des méthodes en épidémiologie. Lors de sa deuxième rencontre avec Geneviève, Françoise lui propose un programme d'exercices adapté à son état de santé et qu'elle pourra entreprendre de façon sécuritaire.

Toutes ces professionnelles de la polyclinique Milo sont également engagées dans la réalisation de projets de recherche. Leur connaissance des concepts de base en épidémiologie, des types d'études épidémiologiques, des sources d'erreurs dans les études et des enjeux éthiques touchant les sujets à l'étude leur est essentielle pour accomplir en équipe interdisciplinaire ces activités qui les passionnent.

L'épidémiologie et l'habileté à comprendre la littérature scientifique dans ce domaine ont permis à ces professionnelles de la santé de multiples secteurs de développer un langage commun et de renforcer leurs liens de collaboration au sein de l'équipe interdisciplinaire de la polyclinique Milo.

Ce cas à la polyclinique Milo dépeint les horizons de l'épidémiologie et la pertinence de la lecture critique en santé. L'exemple suivant, celui de Vincent, microbiologiste, et de sa collègue d'études Gabrielle, médecin vétérinaire, illustre d'autres horizons de l'épidémiologie.

Vincent a terminé ses études supérieures en microbiologie. Il s'intéresse particulièrement à la lutte contre les maladies infectieuses, au soutien des programmes de santé publique visant le contrôle et la surveillance des maladies infectieuses, à l'intervention d'urgence en cas d'épidémie et à la recherche appliquée à certaines maladies. Vincent a décroché un emploi de chercheur dans un laboratoire national de santé publique grâce à ses compétences complémentaires en épidémiologie et aux habiletés qu'il a acquises en lecture critique de la littérature en sciences de la santé. En plus de participer aux travaux d'équipes de recherche multidisciplinaires, Vincent travaillera à l'élaboration d'un système de surveillance de l'influenza et d'autres maladies infectieuses, de la vaccination et de la gestion des produits immunisants.

Vincent a une consoeur d'études en microbiologie, Gabrielle, qui s'est orientée vers la médecine vétérinaire dans le cadre de ses études supérieures. Gabrielle s'intéresse particulièrement à la production animale et à la santé publique, notamment à la transmission des maladies animales chez l'humain. À la fin de ses études, elle a obtenu un emploi dans le même organisme national de santé publique que Vincent. Elle travaille entre autres à la surveillance du virus du Nil occidental en effectuant le suivi des mesures de contrôle et de surveillance entomologique afin d'anticiper les risques de transmission chez l'humain. Elle est également sollicitée pour la surveillance et le contrôle des risques de transmission de la rage, qui affecte de façon épidémique une espèce animale sauvage de la région du sud du pays. Dernièrement, Gabrielle a été heureuse d'apprendre qu'elle devait implanter dans son organisation un plan de lutte contre la pandémie d'influenza et qu'à ce titre, elle serait appelée à travailler en étroite collaboration avec son confrère d'études Vincent.

Comme on peut le constater, les compétences acquises par Gabrielle et Vincent dans le domaine de l'épidémiologie leur sont essentielles pour mener à bien ce qui les passionne, soit l'amélioration de la santé des populations humaines et animales. Les concepts de base et les modèles d'études en épidémiologie portant sur la fréquence et la répartition, les déterminants, le contrôle ainsi que l'étiologie des maladies et les causes des décès leur permettent d'œuvrer dans ce domaine au sein d'équipes multidisciplinaires tout en disposant d'un référentiel et d'un langage communs favorisant des collaborations crédibles et performantes.

1.4 LES PRINCIPES ÉTHIQUES DE LA RECHERCHE ET DE L'INTERVENTION EN SANTÉ

La réalisation d'études épidémiologiques à partir de sources de données existantes ou s'appuyant sur une collecte de données systématique auprès d'individus, de même que la participation, dans un contexte clinique, à des études impliquant l'expérimentation chez l'humain (essais cliniques, essais thérapeutiques visant à mesurer l'effet d'un traitement ou d'un médicament) soulèvent des enjeux éthiques. C'est une partie intégrante de tout protocole de recherche, nécessairement prise en compte par les chercheurs.

Ces types d'études sont régis par des règles éthiques strictes et sont soumis à des contrôles précis visant à assurer la protection des personnes qui y participent. De telles études doivent démontrer leur utilité, leur pertinence et les bienfaits qu'elles apporteront aux personnes qui y prennent part ainsi qu'aux populations que celles-ci représentent. Ces aspects éthiques ont fait l'objet d'un grand nombre d'analyses et de publications. Nous retiendrons ici à titre de référence la *Déclaration universelle sur la bioéthique et les droits de l'homme* adoptée par l'UNESCO en octobre 2005[4]. Cette déclaration résume l'essentiel des considérations éthiques traitées dans des ouvrages antérieurs tout en y ajoutant certaines dimensions plus contemporaines, comme le respect de la diversité culturelle et du pluralisme, la protection des générations futures, de même que la protection de l'environnement, de la biosphère et de la biodiversité. La figure suivante présente les principes éthiques tirés de cette déclaration*.

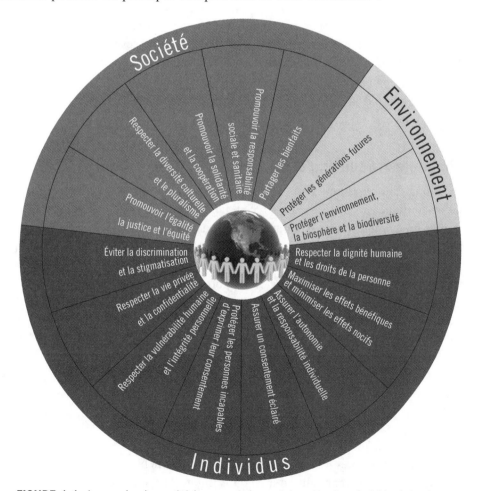

FIGURE 1.1 Les principes éthiques régissant les études épidémiologiques

---

* Le lecteur peut consulter cette déclaration en totalité et prendre connaissance des détails de ses principes en se rendant sur le site Web du présent ouvrage à l'adresse suivante : www.cheneliere.ca/simpson.

L'application de ces principes fait l'objet de contrôles systématiques par les comités d'éthique et autres instances devant autoriser ou encadrer les activités de recherche. Les questions suivantes illustrent les types de contrôles réalisés[5].

- Quels sont les risques et effets secondaires possibles chez les patients recrutés ?
- Quels sont les inconvénients encourus par les participants (séjours et tests supplémentaires à l'hôpital, frais personnels, etc.) ?
- Quelles sont les mesures de protection des renseignements confidentiels mises en place ?
- Quels sont les principaux avantages pour les patients recrutés dans le cadre du projet ?
- Les participants sont-ils en mesure d'émettre un consentement éclairé et libre de toutes contraintes ?
- Quelles sont, le cas échéant, les mesures envisagées pour protéger les droits des mineurs, des handicapés mentaux ou des personnes légalement incompétentes ?
- Quelles sont les conditions de retrait du projet pour les patients recrutés ?

1.5   LA LECTURE CRITIQUE DE LA LITTÉRATURE EN SCIENCES DE LA SANTÉ

Pour être utiles, les connaissances scientifiques doivent être communiquées. L'expérience du clinicien, qui se construit grâce au cumul des observations réalisées auprès de ses patients, ne doit pas constituer la seule voie pour assurer une pratique clinique des plus performantes. La communication des observations scientifiques réalisées par les cliniciens, de même que le partage des connaissances qui résultent de l'observation de la santé d'un individu et de la santé des populations, sont essentiels pour favoriser l'évolution des pratiques par l'intégration des connaissances scientifiques nouvelles.

1.5.1   Les habiletés requises pour la lecture critique

Autrefois, la communication des nouvelles connaissances se faisait principalement par des publications dans les revues scientifiques spécialisées. Plus récemment, le monde de la technologie a permis une diffusion accélérée de ces connaissances, notamment grâce au réseau Internet. En effet, le recours au Web pour accéder à la littérature scientifique en sciences de la santé est devenu aussi fréquent que le recours aux documents imprimés. En témoigne le présent ouvrage qui, comme plusieurs autres ouvrages pédagogiques et revues spécialisées, utilise à la fois le support papier et le support Internet. Enfin, et surtout, il est essentiel d'être en mesure de poser un jugement critique juste sur la qualité d'une publication ou d'un résultat scientifique. Ce jugement viendra appuyer les décisions dans un contexte clinique ou de santé publique. En santé publique, il permettra par exemple d'évaluer la pertinence de mettre en place une activité préventive, un programme de sensibilisation, une intervention en protection de la santé ou un programme de dépistage précoce de certaines maladies. Dans un contexte de service personnalisé, ce résultat appuiera l'exercice du jugement clinique et soutiendra l'établissement d'un diagnostic et du choix d'un traitement, de même que la décision de modifier une pratique clinique à la lumière de nouvelles connaissances.

En somme, il y a « savoir lire » et « Savoir Lire ». Lire un document est une chose; être en mesure de cibler les meilleurs écrits, de comprendre tout ce qui y figure et d'en dégager l'essentiel de façon à en tirer pleinement profit en est une autre. La lecture critique permet d'acquérir ces habiletés.

1.5.2 La structure générale d'une publication scientifique*

Les publications scientifiques répondent à des normes et à des exigences qui en assurent l'uniformité. Ces publications sont structurées de façon à présenter d'abord un résumé qui comprend l'ensemble des sections suivantes : l'introduction, la méthode, les résultats, la discussion et la conclusion. Ces sections sont ensuite reprises dans le corps de l'article, que clôt une section de références.

Le résumé

L'article débute par un résumé des différentes sections de l'étude. Le résumé permet au lecteur de vérifier dès le départ si l'article correspond à ses préoccupations et à ses intérêts. Il donne les grandes lignes de l'étude réalisée et des résultats observés.

L'introduction

L'introduction expose les grandes lignes de l'étude réalisée et souligne de façon succincte l'intérêt qu'elle revêt en s'appuyant sur des références pertinentes. On y présente, par une revue de la littérature, un bilan de l'état des connaissances de l'objet de la recherche. L'auteur y définit son approche du sujet ainsi que les objectifs de l'étude.

La méthode

La section « Méthode » décrit clairement la population à l'étude ainsi que la façon dont les sujets ont été sélectionnés, la ou les sources de données analysées, les informations analysées, etc. Cette section présente également un plan d'analyse des données. On y trouve notamment des précisions sur les méthodes statistiques utilisées.

Les résultats

La section « Résultats » fournit une description des caractéristiques pertinentes des personnes observées. On y trouve aussi les résultats des mesures réalisées auprès des individus à l'étude, par exemple la fréquence et la répartition des maladies étudiées, ainsi que des décès et de leurs causes. Selon le cas, les résultats sont présentés sous forme de tableaux et de figures ; les interprétations des tests statistiques y figurent également.

La discussion

On trouve dans cette section une interprétation des résultats de l'étude. Les auteurs discutent des résultats obtenus. Ils présentent les éléments qui ont pu influencer ces résultats, par exemple des erreurs pouvant découler de la méthode utilisée, certaines caractéristiques des personnes étudiées, etc. Une comparaison avec les résultats d'autres études permet en outre de discuter des résultats observés. C'est aussi dans cette section que les limites de l'étude sont présentées.

La conclusion

La conclusion reprend l'essentiel des résultats de l'étude. Elle fait ressortir ce qui doit être retenu en fonction des objectifs initiaux de l'étude. La conclusion permet également de suggérer des pistes de recherche complémentaire à la lumière des résultats observés.

---

* La majorité des chapitres de cet ouvrage s'appuient sur des articles scientifiques qui constituent autant d'exemples de la structure générale d'une publication scientifique.

1.5.3 **Un cadre de référence pour la lecture critique**

Bien que cette structure normalisée des publications scientifiques en facilite la lecture, l'abondance de la littérature scientifique dans le domaine de la santé et son accès grandement facilité par les grandes bases de données regroupant les publications scientifiques de divers domaines exigent que l'on se dote d'une méthode de travail permettant de tirer profit de cette abondance de connaissances nouvelles, selon une approche objective et en y consacrant un temps optimal.

Audet et Leclère (2001) proposent, en s'appuyant principalement sur une recension des écrits, un cadre de référence des composantes de cette compétence en lecture critique des publications scientifiques en santé. Les auteures établissent ainsi les compétences requises pour réaliser les étapes avant, pendant et après la lecture des articles scientifiques. Ces compétences sont présentées dans l'encadré suivant, inspiré des travaux de ces auteures.

ENCADRÉ 1.1 Cadre de référence concernant la compétence à critiquer
une publication scientifique en médecine

Avant la lecture, le professionnel choisit ce qu'il va lire. Il doit :

- Maîtriser le sujet : posséder des schémas cognitifs appropriés au sujet traité.
- Préciser un problème ou une préoccupation fondamentale ou clinique, motivant sa lecture.
- Élaborer et maîtriser des stratégies efficaces de recherche d'articles (banque de données, Internet, bibliothèque, expert ou archivage d'articles) afin de retracer rapidement un article susceptible de résoudre son problème ou sa préoccupation.

Première décision : il décide de lire l'article sélectionné.

Par une première lecture rapide, il décide si c'est le bon article. Il doit :

- S'assurer d'être concerné par le sujet traité.
- S'assurer de bien connaître le contenu clinique et les concepts en biostatistique et en épidémiologie clinique utilisés dans l'article.
- Vérifier la pertinence de la publication en faisant le lien entre l'étude et sa préoccupation.

Deuxième décision : cet article est pertinent.

Pendant la lecture, il décide s'il s'agit d'une étude valide sur le plan scientifique. Il doit :

- Comprendre les concepts scientifiques en biostatistique et en épidémiologie clinique utilisés dans l'étude.
- Évaluer la justesse des données :
  − distinguer un fait (méthode et résultat) d'un commentaire (introduction et discussion) ;
  − détecter les erreurs systématiques (les biais) ;
  − vérifier la qualité et la pertinence des tableaux et des figures ;
  − s'assurer de l'exhaustivité des données.
- Évaluer l'interprétation des données :
  − déterminer la force de la preuve ;
  − critiquer le choix du devis de recherche ;
  − critiquer le choix des tests statistiques utilisés dans l'étude ;
  − s'assurer que la généralisation respecte les limites permises par la méthodologie et par la population de référence.

Troisième décision : cette étude est valide sur le plan scientifique.

Après la lecture, il décide si cette étude est utile et s'il modifiera sa pratique. Il doit :

- Juger de l'utilité clinique des résultats pour sa pratique en général.
- Déterminer si la réponse à sa préoccupation initiale est partielle ou complète.

Quatrième décision : cette étude est utile pour sa pratique clinique.

- Juger de l'utilité clinique des résultats pour sa propre clientèle.
- Décider de modifier ou non sa pratique en fonction des résultats de l'étude.
- Définir concrètement les implications de cette décision sur sa démarche et ses décisions cliniques.

Cinquième décision : cette étude modifie sa pratique.

Source : Adapté de Audet, N. et H. Leclère. « Les habiletés requises pour la lecture critique en médecine : un cadre de référence issu d'une recension des écrits », *Pédagogie médicale*, 2001, vol. 2, n° 4.

En définitive, l'approche méthodique de la littérature scientifique en santé de même qu'une bonne connaissance des concepts et des méthodes de base en épidémiologie et en biostatistique sont les conditions essentielles à la réussite scolaire de l'étudiant dans ces domaines. Elles constituent également la recette de l'actualisation des connaissances requises pour l'évolution et l'adoption des meilleures pratiques professionnelles en santé. Enfin, une telle démarche permettra aux professionnels de la polyclinique Milo d'y voir plus clair parmi les nombreuses publications sur l'obésité et ses effets sur la santé des personnes, ainsi que de mieux cibler leurs préoccupations, leurs analyses et leurs discussions en vue d'adopter les meilleures pratiques pour desservir les patients de la polyclinique.

En résumé

Pour toutes les disciplines du secteur de la santé, les habiletés et les compétences en matière de lecture critique s'avèrent indispensables aux apprentissages de base, à la formation continue et à l'adoption des meilleures pratiques cliniques. L'épidémiologie permet d'aborder la santé, la maladie et le bien-être en considérant les groupes, les familles, les populations ou les sociétés au-delà des personnes qui les composent. En plus de fournir des connaissances fondées sur les évidences et les preuves pour soutenir la démarche clinique, les concepts et les méthodes épidémiologiques fournissent aux intervenants des références et un langage communs permettant de renforcer les collaborations dans le cadre d'équipes interdisciplinaires. Dans ce domaine comme dans d'autres, la recherche soulève des questions éthiques. Le développement d'une grande sensibilité à cet égard est indispensable et doit être une préoccupation constante.

 **www.cheneliere.ca/simpson**

Une section Exercices vous est offerte sur ce site Web.

NOTES ET RÉFÉRENCES

1. Audet, N. et H. Leclère. «Les habiletés requises pour la lecture critique en médecine: un cadre de référence issu d'une recension des écrits», *Pédagogie médicale,* 2001, vol. 2, n° 4, p. 206-212, [en ligne]. [http://www.pedagogie-medicale.org]

2. Ministère de l'Enseignement supérieur et de la Recherche en France. *Lecture critique d'article à l'examen national classant de 2009 : pour renforcer le pacte de confiance entre les médecins et leurs patients,* [en ligne]. [http://www.enseignementsup-recherche.gouv.fr/cid20100/lecture-critique-d-article-a-l-examen-national-classant-de-2009.html] (page consultée le 1er mai 2008)

3. Organisation mondiale de la Santé. *Révision du Règlement sanitaire international,* [en ligne]. [http://www.who.int/csr/ihr/WHA58-fr.pdf] (page consultée le 1er mai 2008)

4. Organisation des Nations Unies pour l'éducation, la science et la culture. *Déclaration universelle sur la bioéthique et les droits de l'homme,* [en ligne]. [http://unesdoc.unesco.org/images/0014/001461/146180F.pdf] (page consultée le 1er mai 2008)

5. Gouvernement du Québec, Fonds de la recherche en santé du Québec. *Guide d'éthique de la recherche et de l'intégrité scientifique. Standards en éthique de la recherche et en intégrité scientifique du FRSQ, 2e édition,* [en ligne]. [http://www.frsq.gouv.qc.ca/fr/ethique/pdfs_ethique/GUIDE2003.pdf] (page consultée le 1er mai 2008)

SUGGESTIONS DE LECTURES COMPLÉMENTAIRES

Sur les aspects éthiques, le lecteur pourra également consulter :

Goldberg, M. *Recommandations de déontologie et bonnes pratiques en épidémiologie (version France – 2007)*, Association des Épidémiologistes de Langue Française, Association pour le Développement des Études et Recherches en Épidémiologie sur la santé au travail, Association pour l'Étude de l'Épidémiologie des Maladies Animales, Association pour le développement de l'Épidémiologie de Terrain, [en ligne]. [http://www.epiter. org/spip/IMG/pdf/Recommandations_2_-_Version_finale-France-Aout_2007.pdf] (page consultée le 1er mai 2008)

Gouvernement du Québec, Fonds de la recherche en santé du Québec. *Rapport final du groupe-conseil sur l'encadrement des banques de données et des banques de matériel biologique à des fins de recherche en santé, 8 décembre 2006,* [en ligne]. [http://www.frsq.gouv.qc.ca/fr/ethique/pdfs_ethique/Sommaire_groupe_conseil_francais.pdf] (page consultée le 1er mai 08)

2 | L'APPROCHE STATISTIQUE DE LA RÉALITÉ

Auteurs de la deuxième édition : André Simpson, Danielle Laurin,
Thomas Matukala Nkosi
Auteur de la première édition : Yv Bonnier Viger

Au terme de ce chapitre, vous pourrez :

- interpréter adéquatement les informations quantitatives de base présentées dans la littérature en sciences de la santé ;
- utiliser les concepts de base de l'échantillonnage.

Objectifs	Contenu
1. Expliquer la notion de variable	1.1 Variables de personnes, de lieux, de temps
	1.2 Variables quantitatives et qualitatives, discrètes et continues
2. Décrire les échelles de classification	2.1 Échelles nominale, ordinale, par intervalle
	2.2 Passage d'une échelle à une autre
3. Interpréter un tableau de fréquences	3.1 Fréquences absolue, relative, cumulée
4. Interpréter les représentations graphiques des distributions de fréquences	4.1 Diagrammes en secteurs et en barres, histogramme, graphe dans le plan
5. Interpréter les mesures de tendance centrale	5.1 Moyenne, médiane, mode
6. Interpréter les mesures de dispersion	6.1 Étendue, quantiles, variance, écart type, coefficient de variation
7. Décrire les principales méthodes de l'échantillonnage	7.1 Échantillonnage aléatoire simple, systématique, stratifié, en grappes
	7.2 Faisabilité
8. Déterminer la taille d'un échantillon	8.1 Différence détectable, puissance, précision, certitude raisonnable

Un cas

Anne-Marie accompagne son fils Yako à la polyclinique Milo où travaille une équipe de professionnels de la santé. Danielle, infirmière, et Lisa, médecin de famille, pratiquent à la polyclinique. C'est la mi-septembre et l'école vient de commencer. Anne-Marie s'inquiète du fait que Yako est le plus petit de sa classe. Danielle le mesure et le pèse, puis note les observations.

Yako a 5 ans et 3 mois : il mesure 131 cm et pèse 20 kg. Son état de santé général est excellent. À la lecture de son carnet de santé, Danielle constate que, depuis sa naissance, il s'est toujours situé dans le groupe des 10 % plus petits quant au poids et à la taille.

Pertinence clinique

En clinique, le professionnel fait des observations sur une personne. Pour en tirer une conclusion, il les compare toujours à la « normale ». Ce que l'on appelle « valeur normale », ou « valeur de référence », provient d'un résumé de milliers d'observations antérieures. Comment cette connaissance du « normal » est-elle acquise ? Comment chacun peut-il contribuer à enrichir l'expérience collective à partir de la sienne ? Pour que chacun puisse apporter sa contribution, il est nécessaire que tous partagent un même langage pour exprimer la réalité collective, et c'est ce que proposent la statistique et l'épidémiologie.

2.1 LA NOTION DE VARIABLE

Yako mesure 131 cm, et son copain Frédéric, 145 cm. Le groupe sanguin de sa mère est A et celui de sa gardienne, Jeanne, est B. La taille des garçons et des filles composant une famille de 8 enfants, dont l'âge s'échelonne de 3 ans à 18 ans, varie de 100 cm à 180 cm. Un hôpital engage des médecins, des infirmières, des ambulancières, etc. Le groupe sanguin, le sexe, l'âge, la taille et le type de travail constituent quelques-unes des nombreuses variables retenues en épidémiologie. On appelle « variable » toute caractéristique susceptible d'être différente selon les personnes, le temps ou les lieux considérés.

Exemple 2.1

L'âge, le sexe, le groupe sanguin, la tension artérielle et le nombre de lits par hôpital sont des variables.

À la notion de variable s'ajoute celle de valeur. Tout état que prend la variable étudiée est une valeur.

Exemple 2.2

La variable *sexe* a pour valeurs : masculin, féminin. La variable *nombre de lits par hôpital* a pour valeurs : 0, 1, 2, ..., *n* lits. La variable *groupe sanguin* a pour valeurs : A, B, AB, O. La variable *taille* a pour valeurs : 125 cm, 125,5 cm, 150 cm, etc.

En épidémiologie, les variables peuvent être regroupées suivant les trois dimensions qui permettent de caractériser la maladie ou la santé : les variables de personnes, de lieux et de temps.

2.1.1 Les types de variables

Les variables de personnes

Les variables de personnes renvoient aux attributs anatomiques, physiologiques, sociaux ou culturels. Les plus fréquemment considérées sont l'âge, le sexe, l'état civil, les habitudes de vie, l'occupation et le statut socioéconomique. Les variables de personnes permettent de répondre à la question « De qui parle-t-on ? »

> **Exemple 2.3**
>
> Yako est un garçon de 5 ans et 3 mois. Il pèse 20 kg et mesure 131 cm.

Les variables de lieux

La fréquence d'une maladie peut varier selon le pays, la région ou la situation géographique de la population (zone urbaine ou rurale). Les variables de lieux permettent de répondre à la question « Où se déroulent les événements dont on parle ? »

> **Exemple 2.4**
>
> Yako fréquente l'école Sainte-Cunégonde.

> **Exemple 2.5**
>
> La région de Lanaudière a connu une épidémie de rougeole.

> **Exemple 2.6**
>
> La mère de Yako travaille dans une manufacture de chaussures.

Les variables de temps

De façon générale, la fréquence de la maladie varie avec le temps. La durée est une caractéristique de la maladie qui permet de marquer sa gravité et son évolution. Le temps est donc un élément nécessaire à la définition des mesures épidémiologiques et une composante de base des concepts de cause. Les variables de temps permettent de répondre à la question « Quand l'événement est-il survenu ? »

> **Exemple 2.7**
>
> Au début de l'année scolaire, Anne-Marie s'inquiète de la taille de Yako.

> **Exemple 2.8**
>
> Anne-Marie a lu que le cancer du poumon a fortement augmenté chez les femmes depuis 20 ans.

> **Exemple 2.9**
>
> Trois heures après son repas, Jeanne a éprouvé de sérieuses crampes abdominales.

2.1.2 La classification des variables

Les variables ne sont pas toutes de même nature. Elles se distinguent d'abord selon que leurs valeurs sont ou non de type numérique : le poids des enfants est une variable de type numérique, alors que la couleur de leurs vêtements ne l'est pas. Le fait que ces valeurs soient isolées ou non les unes par rapport aux autres constitue un autre facteur distinctif. Ainsi, entre une classe de 20 enfants et une autre de 21 enfants, il n'y a pas de valeur intermédiaire possible; le nombre d'enfants dans une classe est donc une variable dont les valeurs sont isolées. Par contre, entre les kilogrammes il y a toujours les grammes, entre les grammes, les milligrammes, entre les milligrammes, les microgrammes, etc. ; les valeurs du poids ne sont donc pas isolées.

Ces distinctions entraînent la classification des variables en variables qualitatives ou quantitatives; ces dernières peuvent être discrètes ou continues.

Les variables quantitatives

La valeur de la variable quantitative est numérique. On partage les valeurs numériques en valeurs discrètes et en valeurs continues.

Une variable quantitative est discrète lorsque ses valeurs sont des quantités isolées, séparées les unes des autres. Les valeurs d'une telle variable sont obtenues par dénombrement.

Exemple 2.10

Anne-Marie a 3 enfants. La variable *nombre d'enfants par famille* peut prendre les valeurs 0, 1, 2, 3, etc. Entre les valeurs observables 2 et 3, il n'y a pas de nombre intermédiaire. Une famille peut compter 2 ou 3 enfants, mais pas 2,6 enfants.

Ainsi, une variable discrète ne peut être exprimée par une fraction. À l'inverse, une variable quantitative est continue lorsque ses valeurs sont des quantités qui peuvent s'exprimer par une fraction.

Exemple 2.11

La taille de Yako passera de 131 cm à 135 cm d'ici quelques mois. Ce faisant, elle passera nécessairement par toutes les valeurs intermédiaires possibles qui s'expriment par une fraction, que ce soit 132,5 cm ou 134,99999 cm.

Les variables qualitatives

La valeur de la variable qualitative correspond à des qualités, des attributs. Ainsi en est-il du sexe (masculin, féminin) et du groupe sanguin (A, B, AB, O). On peut dire aussi de cette variable qu'elle est « catégorielle ».

La variable qualitative est, par convention, discrète. En effet, même si l'on peut observer une continuité dans le ton d'une couleur (de très pâle à très foncé), on conviendra de se donner des valeurs comme « très pâle », « pâle », « moyen », « foncé » et « très foncé ».

Le choix des instruments de description statistique et de mesure d'une variable dépend de la nature de celle-ci. Il est donc important de savoir discerner si une variable est qualitative ou quantitative, et, dans ce dernier cas, si elle est discrète ou continue. Ainsi, pour une variable quantitative comme le nombre d'enfants par famille ou la tension artérielle systolique, on calculera la moyenne arithmétique. Pour une valeur qualitative, on calculera plutôt une proportion, comme la proportion d'enfants du groupe sanguin A dans la classe de Yako.

2.2 LA CLASSIFICATION DES OBSERVATIONS

Que l'on procède à une collecte de renseignements sur une série de variables ou que l'on s'appuie sur une ou plusieurs sources d'information existantes, inévitablement, on se retrouve avec un ensemble de données qui ressemble à ceci :

TABLEAU 2.1 Exemple d'un ensemble de données

Numéro de dossier	Identifiant	Âge (années)	Sexe	Poids (kg)	Taille (mètres)	Occupation	Lieu de résidence	Lieu de travail	Nombre d'années à cette résidence	Nombre d'années à ce travail	Groupe sanguin
1	Yako	5	Masculin	20	1,3	Écolier	Québec	nsp*	nsp*	nsp*	A
2	Anne-Marie	26	Féminin	52	1,7	Enseignante	Québec	Québec	6	3	B
3	Jeanne	23	Féminin	55	1,7	Éducatrice	Québec	Québec	3	2	B
4	Denis	48	Masculin	68	1,8	Gestionnaire	Montréal	Montréal	6	2	A
5	Laurent	51	Masculin	71	1,8	Soudeur	Lévis	Québec	14	12	0
(...)	–	–	–	–	–	–	–	–	–	–	–
580	Yves	45	Masculin	74	1,9	Biologiste	Lévis	Québec	8	6	AB

* Ne s'applique pas

L'ensemble de données peut contenir, pour chaque variable, autant de valeurs qu'il y a d'événements observés. Le défi consiste alors à produire une information utile et intelligible.

La première étape de ce travail d'organisation des valeurs observées réside dans le classement de ces valeurs pour chaque variable de l'ensemble de données. Ainsi, pour chaque variable, on dénombre les valeurs identiques.

Une autre stratégie consiste à regrouper ces valeurs dans des classes, puis à les dénombrer à l'intérieur de chaque classe.

Exemple 2.12

Anne-Marie a 26 ans. Elle appartient à la classe d'âge « 25-29 ans ». Il en est de même pour les 30 autres personnes qui ont de 25 ans à 29 ans dans l'ensemble de données. On dénombre donc 31 observations dans la classe d'âge « 25-29 ans ».

Exemple 2.13

Jeanne a 23 ans. Elle appartient à la classe d'âge « 20-24 ans ». Il en est de même pour les 15 autres personnes qui ont de 20 ans à 24 ans dans l'ensemble de données. On dénombre donc 16 observations dans la classe d'âge « 20-24 ans ».

2.2.1 L'échelle de classification

Pour une variable donnée, l'ensemble des classes constitue une échelle de classification.

Exemple 2.14

Les quatre classes (A, B, AB, O) constituent une échelle de classification pour la variable *groupe sanguin*.

Une échelle de classification doit permettre de distribuer toutes les observations, chacune ne pouvant appartenir qu'à une seule catégorie. Pour qu'un classement des observations soit juste, les classes qui constituent l'échelle doivent nécessairement satisfaire à deux conditions.

D'une part, elles doivent être mutuellement exclusives : chaque individu ou chaque observation de la variable ne peut appartenir qu'à une seule classe.

Exemple 2.15

Les classes d'âge « 1-5 ans », « 5-15 ans », « 15-25 ans » et « 25 ans et plus » ne sont pas mutuellement exclusives, car les individus de 5 ans, 15 ans et 25 ans appartiennent à plus d'une classe. Par contre, les classes « 1-4 ans », « 5-14 ans », « 15-24 ans » et « 25 ans et plus » le sont.

D'autre part, elles doivent être collectivement exhaustives : chaque individu ou chaque observation de la variable doit appartenir à une classe.

Exemple 2.16

Les classes d'âge « 1-4 ans », « 5-14 ans », « 15-24 ans » et « 25 ans et plus » ne sont pas collectivement exhaustives si un enfant âgé de moins de 1 an se retrouve dans l'ensemble de données. Il faut alors ajouter la classe d'âge « Moins de 1 an » pour en faire des classes collectivement exhaustives.

Exemple 2.17

Si l'on choisissait de classer les personnes selon les groupes sanguins A ou O, on n'obtiendrait pas une échelle comportant des classes collectivement exhaustives puisque Jeanne, qui est du groupe B, ne pourrait être classée. Il faudrait donc ajouter à l'échelle les classes « B », « AB » – et même prévoir une catégorie pour les données manquantes.

2.2.2 Les types d'échelles

En distinguant les variables qualitatives des variables quantitatives et les variables discrètes des variables continues, on peut répartir les échelles de classification selon trois types.

L'échelle nominale

Dans une échelle nominale, les classes ne sont que nommées.

Exemple 2.18

Variable	Classes
Sexe	• Masculin • Féminin
Groupe sanguin	• A, B, O, AB, données manquantes
Diagnostic	• Cystite • Pyélonéphrite • Autres

L'échelle ordinale

Dans une échelle ordinale, les classes sont nommées et ordonnées.

Exemple 2.19

Variable	Classes
Évolution de l'état de santé	• Amélioration • Stabilité • Détérioration
Degré de satisfaction	• Insatisfait • Peu satisfait • Satisfait • Très satisfait

L'échelle par intervalle

Dans une échelle par intervalle, les classes sont nommées et ordonnées; il existe de plus une relation de distance entre les valeurs.

Exemple 2.20

Yako appartient à la classe d'âge « 5-9 ans », Jeanne, à la classe « 20-24 ans », et Anne-Marie, à la classe « 25-29 ans ». On peut donc affirmer que la différence d'âge entre les enfants de l'âge de Yako et les adultes de l'âge de sa mère est en moyenne de 20 ans. Par contre, les personnes de la tranche d'âge de Jeanne ont en moyenne 5 ans de différence avec celles de la tranche d'âge d'Anne-Marie.

2.2.3 Le passage d'une échelle à une autre

Il existe une hiérarchie dans les échelles : il est possible de passer de l'échelle par intervalle à l'échelle ordinale, puis à l'échelle nominale. Chaque regroupement des données pour effectuer le passage d'une échelle à l'autre entraîne une perte d'information. Il s'agit donc, en quelque sorte, d'une voie à sens unique. On aura noté que la même perte d'information survient quand on passe des données brutes à un regroupement en classes.

Exemple 2.21

Stéphanie, nutritionniste à la polyclinique Milo, passe en revue les dossiers de ses patients. Elle peut noter, dossier après dossier, la cholestérolémie de chacun d'entre eux. Toutefois, si elle veut présenter un tableau d'ensemble à ses collègues de la polyclinique, elle doit classer les observations. Si elle utilise une échelle par intervalle, elle perdra l'information sur chacun des patients mais pourra connaître le nombre de ceux dont la cholestérolémie se situe entre 110 mg/dl et 129 mg/dl, entre 130 mg/dl et 149 mg/dl, ... entre 200 mg/dl et 229 mg/dl, etc*. Si elle désire présenter une information plus facile à saisir, elle peut construire une échelle ordinale en définissant les classes suivantes : cholestérolémie basse, cholestérolémie peu élevée, cholestérolémie élevée et cholestérolémie très élevée. Ainsi, les classes « 110-129 mg/dl » et « 130-149 mg/dl » pourraient être regroupées dans la classe « cholestérolémie

$>>>$

---

* Pour convertir en mmol/l, multiplier par 0,025 9.

basse», les classes «150-169 mg/dl», «170-189 mg/dl» et «190-209 mg/dl» pourraient être regroupées dans la classe «cholestérolémie peu élevée», et ainsi de suite. Enfin, pour simplifier davantage, Stéphanie peut brosser un tableau de la cholestérolémie de sa clientèle en supprimant toute notion d'ordre et en créant deux catégories : cholestérolémie normale et cholestérolémie anormale. Regroupant dans cette seconde classe les patients de la classe «cholestérolémie basse» et «cholestérolémie très élevée», elle sacrifie la notion d'ordre et passe à une échelle nominale. Pour gagner en simplicité de représentation, Stéphanie accepte de perdre de l'information, d'abord en regroupant les données individuelles en classes, puis à chaque passage d'une échelle à l'autre. Il est bien clair que la démarche inverse ne peut se faire et qu'une personne qui ne dispose que de l'information que fournit une échelle nominale ne peut reconstruire ni les échelles ordinales, ni les échelles par intervalle.

2.3   LES DISTRIBUTIONS DE FRÉQUENCES

Comment est-il possible de présenter la tension artérielle dans un groupe de 100 personnes ou le poids des écoliers d'une école primaire de manière à pouvoir déterminer l'importance relative des valeurs de ces mesures ? L'organisation des données sous forme de distribution de fréquences les rend plus claires, plus intelligibles et plus accessibles.

Après avoir défini une échelle de classification et établi les différentes classes nécessaires, il faut répartir les observations dans ces classes. Le nombre d'observations regroupées dans une classe est appelé «fréquence absolue» ou «effectif» de cette classe. L'ensemble des classes d'une échelle avec leur fréquence constitue ce que l'on appelle une «distribution de fréquences». Celle-ci est présentée sous forme de tableau.

Exemple 2.22

Le service de santé de l'école que fréquente Yako voulait connaître l'âge des parents des enfants de la maternelle et de la 1re année. On a recueilli l'âge des 78 parents. La distribution de fréquences de l'âge des parents est présentée dans le tableau 2.2.

TABLEAU 2.2   Âge des parents des enfants de la maternelle et de la 1re année

Âge (ans)	Effectif	Fréquence relative (%)	Fréquence relative cumulée (%)
20-24	10	12,8	12,8
25-29	11	14,1	26,9
30-34	24	30,8	57,7
35-39	12	15,4	73,1
40-44	15	19,2	92,3
> 44	6	7,7	100,0
Total	78	100,0	

Source : Service de santé, école Sainte-Cunégonde, octobre 2007.

On aura noté qu'un tableau de distribution de fréquences comporte généralement quatre colonnes. La première présente les classes ; la deuxième, la fréquence absolue de chaque classe (ou son effectif) ;

la troisième, la fréquence relative ; et la dernière, la fréquence relative cumulée. Les tableaux de fréquences, comme tous les tableaux, doivent être numérotés, porter un titre concis qui précise l'information présentée et fournir la source des données utilisées.

2.4 LES REPRÉSENTATIONS GRAPHIQUES DES DISTRIBUTIONS DE FRÉQUENCES

Les représentations graphiques des distributions de fréquences produisent une évocation visuelle et mettent en relief les éléments essentiels d'un tableau en permettant de saisir plus rapidement et plus facilement les grands traits d'une distribution. Les modes de représentation graphique varient selon le type d'échelle.

2.4.1 L'échelle nominale ou ordinale

Dans ce groupe, on distingue principalement trois sortes de représentations graphiques.

Le diagramme en secteurs proportionnels

Aussi appelés « tartes », les diagrammes en secteurs proportionnels représentent les proportions des valeurs prises par une variable. Ils ne permettent cependant pas de représenter aisément plusieurs séries de données.

Exemple 2.23

Lisa a constaté que, en 2007, 20 % de ses consultations ont concerné des enfants, 49 % des adultes, et 31 % des aînés. Le diagramme en secteurs proportionnels de la figure 2.1 illustre cette distribution de fréquences.

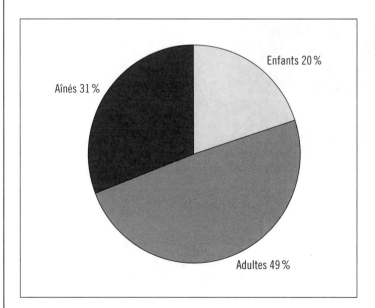

FIGURE 2.1 Diagramme en secteurs proportionnels :
les consultations en 2007

Le diagramme en barres proportionnelles

Cette représentation graphique est analogue à la représentation par tarte, sauf que les fréquences sont partagées sur une barre (voir la figure 2.2).

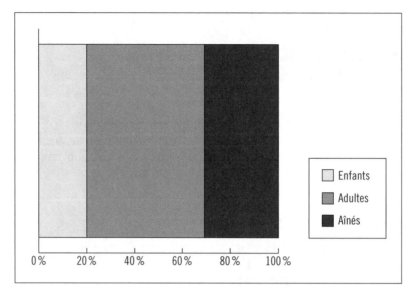

FIGURE 2.2 Diagramme en barres proportionnelles :
les consultations en 2007

Le diagramme en barres

Dans ce type de présentation graphique, les données représentées sous forme de barres sont disposées horizontalement ou verticalement. Chaque barre représente la fréquence de la classe d'une variable (voir la figure 2.3).

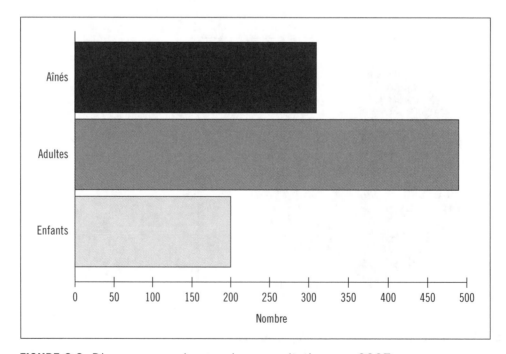

FIGURE 2.3 Diagramme en barres : les consultations en 2007

2.4.2 L'échelle par intervalle

En ce qui concerne ce type d'échelle, les histogrammes et les polygones de fréquences sont les plus utilisés.

L'histogramme

Cette forme de représentation graphique est utilisée pour les variables quantitatives continues.

L'histogramme se construit dans un système d'axes rectangulaires. Pour chaque rectangle, les conditions suivantes doivent être respectées :

- Les rectangles se suivent dans l'ordre des classes (par exemple, pour la variable *âge* : 0-1 an, 2-3 ans, 4-5 ans, 6-7 ans).
- Chacune des bases des rectangles coïncide avec l'intervalle de la classe correspondante.
- Chacune des aires des rectangles (base × hauteur) mesure la fréquence de la classe correspondante. En pratique, la plupart des auteurs prendront soin de diviser les données en classes égales et, donc, d'accorder une base égale à chaque rectangle. Ainsi, on pourra se fier à la hauteur des rectangles pour évaluer la fréquence de chaque classe.

Exemple 2.24

Dans la figure 2.4, une distribution de fréquences est représentée au moyen d'un histogramme et sous forme de tableau.

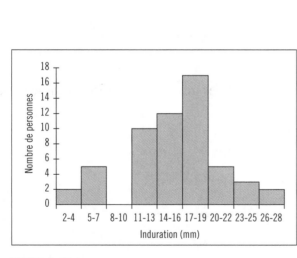

TABLEAU 1 Fréquences du diamètre d'induration mesuré lors d'un test de dépistage de la tuberculose (intradermoréaction [IDR])

Diamètre d'induration (mm)	Fréquence
2-4	2
5-7	5
8-10	0
11-13	10
14-16	12
17-19	17
20-22	5
23-25	3
26-28	2

FIGURE 1 Histogramme : test de dépistage de la tuberculose

FIGURE 2.4 Histogramme et distribution de fréquences correspondante

Source : Archives de la polyclinique Milo, 2004.

Le polygone de fréquences

Ce mode de présentation graphique peut être utilisé pour représenter les variables continues ou les variables discrètes qui ont été regroupées. On le réserve cependant aux variables continues en raison de l'impression de continuité qu'il procure. On obtient un polygone de fréquences en passant une ligne par le milieu des sommets des rectangles constituant un histogramme.

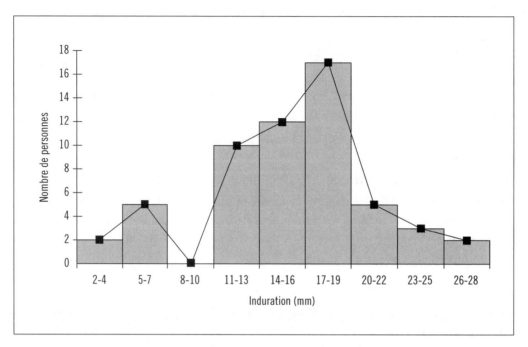

FIGURE 2.5 Polygone de fréquences : test de dépistage de la tuberculose

Le graphe en lignes

On peut construire ce graphe à partir d'une variable *y* en fonction d'une variable *x*.

Exemple 2.25

L'évolution du nombre des consultations de Lisa au cours des trois dernières années peut se lire dans le graphe en lignes suivant :

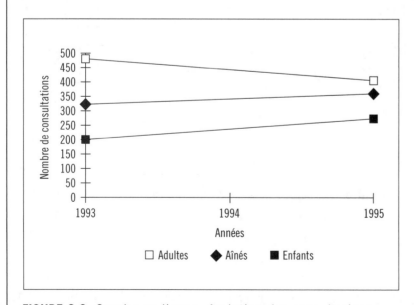

FIGURE 2.6 Graphe en lignes : évolution des consultations

Le graphe de percentiles

Les percentiles partagent une distribution en 100 parties égales entre elles.

Exemple 2.26

Danielle constitue un groupe de 200 garçons de l'école de Yako, tous du même âge, et les ordonne selon leur taille. En commençant par le plus petit, les 19e et 20e garçons ont une taille qui correspond au 10e percentile pour ce groupe. De part et d'autre de ces enfants, on trouve 18 et 180 garçons, soit respectivement 9 % et 90 % du groupe. De la même façon, si Danielle considère les 179e et 180e garçons dans le même ordre, leur taille représentera le 90e percentile.

La représentation graphique de la figure 2.7 illustre la croissance de la taille des filles selon l'âge lorsqu'elle est répartie en percentiles. L'âge est indiqué en abscisse, et la taille, en ordonnée. Les courbes qui traversent le graphique représentent la taille en fonction de l'âge des 97e, 95e, …, 10e et 3e percentiles respectivement.

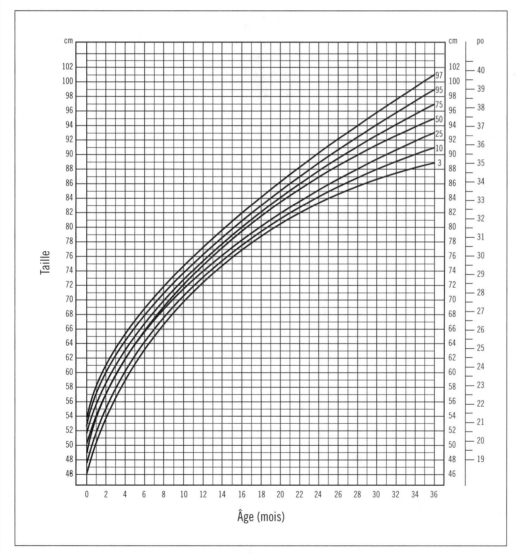

FIGURE 2.7 Graphe de percentiles :
croissance de la taille des filles selon l'âge

2.4.3 **Les autres représentations graphiques**

Ce bref relevé des représentations graphiques des distributions de fréquences n'est pas exhaustif. Il s'avère parfois nécessaire et utile de représenter des données d'une autre façon.

La représentation cartographique

La représentation cartographique est très utile pour décrire un phénomène en fonction du lieu (province, département, village, secteur, etc.). La figure 2.8 en offre un exemple.

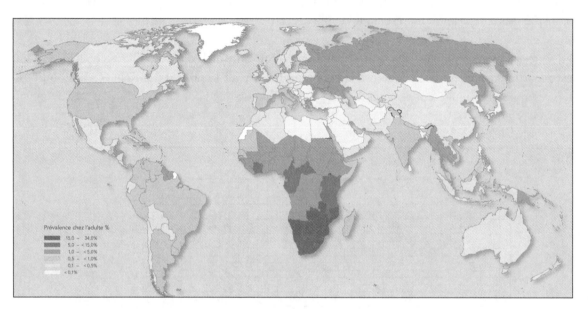

FIGURE 2.8 Représentation cartographique : image de l'infection à VIH à l'échelle mondiale, taux de prévalence chez l'adulte (%), 2006

Source : ONUSIDA, Organisation mondiale de la Santé, *Unir le monde contre le sida*, 2006.

Le graphe en points

Ce graphe est surtout utilisé lorsque le but de l'étude ne consiste pas à faire des extrapolations à partir des valeurs trouvées. Chaque point est caractérisé par son abscisse et son ordonnée sur des axes de repère donnés ou sur une représentation cartographique. La figure 2.9 constitue un exemple de ce type de représentation.

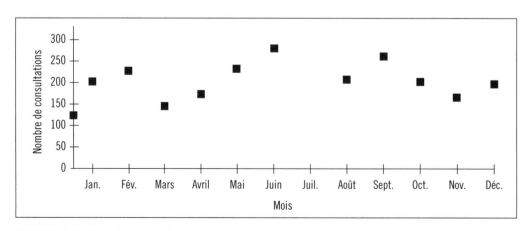

FIGURE 2.9 Graphe en points : les consultations en 2007

2.4.4 Les règles générales de représentation graphique

Les graphiques doivent être aussi simples que possible. Chacun doit comporter un titre clair, concis et précis. Les échelles doivent être précisées, les sources des données indiquées, et une légende est ajoutée si elle est nécessaire à la compréhension du graphique. Il faut cependant éviter toute surcharge.

2.5 LES MESURES DESCRIPTIVES GÉNÉRALES D'UN ENSEMBLE DE DONNÉES

Les mesures descriptives générales d'un ensemble de données permettent de produire ou de résumer le même type d'information utile et intelligible que celle obtenue à l'aide d'une distribution de fréquences et de sa représentation graphique.

Stéphanie effectue de la surveillance nutritionnelle dans l'école que fréquente Yako. Au début de l'année, elle pèse tous les enfants. L'école compte 20 groupes de 15 élèves chacun. Comment peut-elle décrire, de façon générale, le poids des enfants de chacun des groupes? Les mesures de tendance centrale et les mesures de dispersion sont utilisées à cette fin.

2.5.1 Les mesures de tendance centrale

Une valeur centrale se caractérise par le fait que toutes les valeurs observées tendent à se rassembler autour d'elle. On peut imaginer une valeur centrale comme une sorte de valeur typique autour de laquelle gravitent les valeurs observées d'une variable. On en distingue trois sortes :

- la moyenne ;
- la médiane ;
- le mode.

La moyenne

Il existe plusieurs types de moyennes. Les principaux types que l'on retrouve dans la littérature médicale et psychosociale sont les moyennes arithmétique, pondérée et géométrique.

a) La moyenne arithmétique

Ce type de moyenne représente la somme des valeurs observées, divisée par le nombre de valeurs observées. Elle peut s'exprimer de la façon suivante :

$$\mu = \frac{\sum_{i=1}^{n} x_i}{n}$$

μ = la moyenne arithmétique
x = chaque observation
i = 1, 2, ... , n
n = le nombre d'observations

Exemple 2.27

Voici le poids, en kilogrammes (kg), des 15 enfants que compte la classe de Yako :

$$33, 20, 22, 28, 25, 29, 30, 29, 26, 22, 25, 27, 26, 22, 31$$

Le calcul de la moyenne arithmétique s'effectue comme suit :

$$\frac{33 + 20 + 22 + 28 + 25 + 29 + 30 + 29 + 26 + 22 + 25 + 27 + 26 + 22 + 31}{15}$$

La moyenne arithmétique est donc de 26,3 kg.

La moyenne arithmétique présente cependant une lacune. Elle est influencée par les valeurs extrêmes, surtout élevées. Une valeur extrême est une valeur exceptionnellement plus élevée ou moins élevée que la majorité des valeurs observées pour une variable.

Exemple 2.28

Les nombres 2, 4, 6, 8 et 56 ont 11,2 pour moyenne. La valeur 56 influence la moyenne arithmétique de ces valeurs, de sorte que la moyenne 11,2 n'exprime pas réellement la tendance centrale ou le point milieu de la grande majorité des valeurs de l'ensemble de données.

Il est à noter que l'influence des valeurs extrêmes est atténuée si le nombre d'observations est grand.

b) La moyenne pondérée

Lorsque les données sont regroupées en classes, comment peut-on calculer une moyenne ? On peut additionner ensemble les moyennes des classes, puis les diviser par le nombre de classes, mais on introduit ainsi une erreur importante si une classe contient plus d'observations qu'une autre. Pour corriger ce problème, on donne un poids (on pondère) à chaque classe selon son importance (son poids relatif) dans l'ensemble.

Exemple 2.29

En ce qui concerne le poids des enfants de la classe de Yako, les données sont regroupées en trois classes. Quatre enfants pèsent de 20 kg à 24 kg ; 8, de 25 kg à 29 kg ; et 3, de 30 kg à 34 kg. Pour calculer la moyenne du groupe, il faut faire une supposition quant au poids moyen dans chaque classe. En supposant que le poids est distribué uniformément dans chaque classe, on calcule donc la moyenne arithmétique du poids de chaque classe de la façon suivante :

Classe 20 – 24 kg : $\dfrac{20 + 22 + 22 + 22}{4} = 21,5 \text{ kg}$

Classe 25 – 29 kg : $\dfrac{25 + 25 + 26 + 26 + 27 + 28 + 29 + 29}{8} = 26,9 \text{ kg}$

Classe 30 – 34 kg : $\dfrac{30 + 31 + 33}{3} = 31,3 \text{ kg}$

La moyenne pondérée se calcule en faisant la somme des moyennes des trois classes multipliées par le nombre d'observations dans chaque classe, divisée par le nombre total d'élèves.

Moyenne pondérée : $\dfrac{(4)(21,5) + (8)(26,9) + (3)(31,3)}{15} = 26,3 \text{ kg}$

c) La moyenne géométrique

Cette moyenne, qui utilise le produit des valeurs observées, n'est définie que pour des valeurs positives. Elle permet de réduire l'influence des valeurs extrêmes, surtout basses. La moyenne géométrique est particulièrement utilisée dans le contexte des analyses de laboratoire.

La formule générale de calcul de la moyenne géométrique est la suivante :

$$\mu_g = \sqrt[n]{\prod_{i=1}^{n} x_i}$$

μ_g = la moyenne géomètrique
x_i = chaque observation
i = 1, 2, ... , n
n = le nombre d'observations

Exemple 2.30

Étant donné le poids des enfants de la classe de Yako indiqué à l'exemple 2.27, le calcul de la moyenne géométrique s'effectue comme suit :

$$\sqrt[15]{(20)\,(22)\,(22)\,(22)\,(25)\,(25)\,(26)\,(26)\,(27)\,(28)\,(29)\,(29)\,(30)\,(31)\,(33)}$$

La moyenne géométrique est donc de 26,08 kg.

d) Le comportement des moyennes arithmétique et géométrique en présence de valeurs extrêmes

Le comportement des moyennes arithmétique et géométrique varie, on l'a vu, quand on introduit des valeurs extrêmes dans un ensemble de valeurs.

Exemple 2.31

Série de valeurs	Moyenne arithmétique	Moyenne géométrique
3, 4, 5	4	3,9
3, 4, 5, 16	7	5,6
14, 15, 16	15	15,0
3, 14, 15, 16	12	10,2

La médiane

Cette mesure divise en deux parties égales en nombre l'ensemble des valeurs observées, préalablement mises en ordre. Une moitié des valeurs observées est inférieure à la médiane, et l'autre moitié est supérieure à la médiane.

La médiane dépend du rang des observations disposées en ordre numérique croissant. Elle prend la valeur de l'observation de rang *(n + 1)/2*, où *n* représente le nombre d'observations.

Contrairement à la moyenne, la médiane n'est pas influencée par les valeurs extrêmes. On la préfère aux autres mesures de tendance centrale lorsque la distribution des valeurs est fortement asymétrique.

Lorsque la valeur *n* est impaire, il est facile de choisir la valeur médiane, puisqu'elle est représentée par un chiffre entier.

Exemple 2.32

Les valeurs observées en ordre numérique croissant sont les suivantes :

$$2, 7, 8, 10, 12, 16, 18$$

Le calcul du rang s'effectue comme suit :

$$\frac{n+1}{2} = \frac{7+1}{2} = 4$$

La quatrième valeur représente la médiane de cet ensemble de valeurs. La médiane est donc 10.

Exemple 2.33

Les valeurs du diamètre d'induration (mm) mesuré lors d'un test de dépistage de la tuberculose (IDR) sont les suivantes, en ordre numérique croissant :

$$2, 4, 5, 5, 5, 8, 8, 8, 9, 10, 11, 11, 12, 13,$$
$$13, 13, 13, 13, 14, 15, 15, 15, 16, 17, 17,$$
$$17, 17, 17, 18, 19, 19, 19, 20, 20, 20, 21,$$
$$22, 23, 23, 23, 23, 24, 25, 26, 28$$

La médiane = (45 + 1)/2 = 23^e valeur = 16

Lorsque la valeur n est paire, la médiane se situe entre deux valeurs observées et doit être calculée.

Exemple 2.34

Les valeurs observées en ordre numérique croissant sont les suivantes :

$$24, 28, 32, 40, 50, 60$$

Le calcul du rang s'effectue comme suit :

$$\frac{n+1}{2} = \frac{6+1}{2} = 3,5$$

La médiane est la valeur comprise entre 32 et 40, soit la valeur qui se situe entre la troisième et la quatrième place.

La médiane = (32 + 40)/2 = 36

Le mode

Le mode est la valeur qui revient le plus souvent dans un ensemble de valeurs observées.

Exemple 2.35

Les valeurs observées sont les suivantes :

$$13, 14, 14, 16, 16, 16, 16, 17, 18, 19$$

Le mode est donc 16.

Le mode est influencé par les fréquences des observations. Il est plus sensible aux changements et moins stable que la moyenne, surtout si l'on dispose de peu d'observations. Il est possible de le déterminer pour des variables tant qualitatives que quantitatives.

Dans l'exemple 2.35, il n'y a qu'un seul mode; on parle alors d'une distribution unimodale. Il est possible de trouver plusieurs modes dans une même distribution de fréquences. L'exemple 2.36 présente deux modes, c'est-à-dire deux valeurs qui reviennent le plus souvent; il s'agit alors d'une distribution bimodale.

Exemple 2.36

$$13, 14, 14, 16, 16, 16, 16, 17, 18, 19, 19, 19, 19$$

Les modes 16 et 19 reviennent chacun 4 fois. Il s'agit des deux valeurs qui reviennent le plus souvent.

La relation entre les échelles et les mesures de tendance centrale

On a vu que les échelles utilisées pour classer les valeurs des variables sont porteuses d'une plus ou moins grande quantité d'information. Le tableau 2.3 passe en revue les types de mesures de tendance centrale utilisées en fonction des échelles de classification dont on dispose.

TABLEAU 2.3 Relation entre les échelles et les mesures de tendance centrale

Échelle utilisée	Mesures de tendance centrale
Nominale	Mode
Ordinale	Mode, médiane
Par intervalle	Mode, médiane, moyenne

2.5.2 Les mesures de dispersion

Stéphanie a décrit, à l'aide d'une mesure de tendance centrale, le poids des élèves de l'école Sainte-Cunégonde. Évidemment, les élèves n'ont pas tous le même poids. Comment peut-elle réussir à représenter la variation de poids sans énumérer celui de tous les élèves?

Les mesures de tendance centrale ne suffisent pas à caractériser complètement une distribution de fréquences. Voilà pourquoi il est essentiel de définir des mesures de dispersion qui fournissent des renseignements sur la variabilité des observations.

Comme on le constate à l'exemple 2.37, les mesures de tendance centrale sont identiques pour chacun des deux groupes. Pourtant, ces groupes sont différents, si l'on considère les observations qui les constituent. Les mesures de dispersion apportent une information descriptive supplémentaire sur la répartition des personnes selon leur poids qui permettra de les distinguer. Les principales mesures de dispersion sont l'étendue, les quantiles, la variance, l'écart type et le coefficient de variation.

Exemple 2.37

Voici la taille, en centimètres (cm), de 2 groupes de 12 parents d'enfants fréquentant l'école de Yako.

Groupe A

$$140, 145, 150, 150, 155, 155, 155, 155, 160, 160, 165, 170$$

La moyenne est de 155 cm.
Le mode est de 155 cm.
La médiane est de 155 cm.

>>>

Groupe B

> 130, 135, 145, 150, 155, 155, 155, 155, 165, 165, 170, 180

La moyenne est de 155 cm.
Le mode est de 155 cm.
La médiane est de 155 cm.

L'étendue

L'étendue est la différence entre la valeur la plus petite (minimale) et la valeur la plus grande (maximale) d'un ensemble d'observations.

Exemple 2.38

L'étendue du groupe A = 170 − 140 = 30 cm.
L'étendue du groupe B = 180 − 130 = 50 cm.

Cette mesure néglige cependant une partie considérable de l'information : elle ne subit l'influence que des valeurs extrêmes.

Les quantiles

Alors que la médiane donne la valeur centrale d'un ensemble de données, les quantiles permettent de diviser l'ensemble en un certain nombre de parties égales. Comme pour la médiane, le calcul des quantiles exige que les données soient ordonnées. Lorsqu'on divise le groupe en quatre parties, on obtient des quartiles. S'il est divisé en cinq parties, on obtient des quintiles, etc. Si l'on divise l'ensemble en 100 parties égales, on détermine les percentiles.

Exemple 2.39

Groupe A

> 140, 145, 150, | 150, 155, 155, |
>
> 155, 155, 160, |
>
> 160, 165, 170

On dira que les parents dont la taille est égale ou inférieure à 150 cm appartiennent au premier quartile et que ceux dont la taille est égale ou supérieure à 160 cm appartiennent au quatrième quartile.

Groupe B

> 130, 135, 145, | 150, 155, 155, |
>
> 155, 155, 165, |
>
> 165, 170, 180

On dira que les parents dont la taille est égale ou inférieure à 145 cm appartiennent au premier quartile et que ceux dont la taille est égale ou supérieure à 165 cm appartiennent au quatrième quartile.

Pour la surveillance de la croissance des enfants, les courbes du poids ou de la taille tracées en fonction de l'âge sont comparées aux percentiles d'une population de référence.

La variance

Dans un ensemble de données, la valeur de chacune des données d'une variable est plus ou moins proche de sa moyenne. L'idée d'utiliser la distance (ou l'écart) de chaque valeur par rapport à cette moyenne constitue une mesure de dispersion connue sous le nom de « variance ».

> ### *Exemple 2.40*
>
> Soit le groupe A :
>
> $$150, 155, 160, 170, 155, 160, 140, 155, 150, 155, 145, 165 \text{ cm}$$
>
> La moyenne est de 155 cm. L'écart entre chaque valeur et la moyenne s'obtient en soustrayant la moyenne de chacune des valeurs, par exemple :
>
> $150 - 155 = -5 \text{ cm};$
> $155 - 155 = 0 \text{ cm};$
> $160 - 155 = 5 \text{ cm}.$
>
> On trouve donc :
>
> $-5, 0, 5, 15, 0, 5, -15, 0, -5, 0, -10, 10 \text{ cm}.$

Pour exprimer cette variation par un seul chiffre, on pourrait faire la moyenne de ces écarts. Toutefois, puisque le nombre d'écarts positifs est égal au nombre d'écarts négatifs, on ne peut directement calculer cette moyenne : en effet, la somme des écarts est toujours égale à 0. Pour rendre tous les écarts positifs, on prendra le carré des écarts.

> ### *Exemple 2.41*
>
> Soit :
>
> $-5^2 = 25 \text{ cm}^2;$
> $0^2 = 0 \text{ cm}^2;$ etc.
>
> On trouve donc :
>
> $25, 0, 25, 225, 0, 25, 225, 0, 25, 0, 100, 100 \text{ cm}^2.$
>
> Pour cette série de valeurs, la variance s'obtient de la façon suivante :
>
> $$\sigma^2 = \frac{25 + 0 + 25 + 225 + 0 + 25 + 225 + 0 + 25 + 0 + 100 + 100}{12} = 62,5 \text{ cm}^2$$

La formule générale de calcul de la variance est la suivante :

$$\sigma^2 = \frac{\displaystyle\sum_{i=1}^{n} (x_i - \mu)^2}{n}$$

$\sigma^2 =$ la variance
$x_i =$ chaque observation
$\mu =$ la moyenne
$n =$ le nombre d'observations

La variance est donc la somme des carrés des écarts par rapport à la moyenne divisée par le nombre d'observations.

L'écart type

L'écart type est la racine carrée de la variance, soit :

$$\sigma = \sqrt{\dfrac{\sum\limits_{i=1}^{n}(x_i - \mu)^2}{n}}$$

Exemple 2.42

Puisque la variance du groupe A était de 62,5 cm^2, son écart type est approximativement de 7,9 cm. La variance du groupe B étant de 183,3 cm^2, son écart type est d'environ 13,5 cm.

Ces résultats indiquent que la taille des individus est plus homogène dans le groupe A qu'elle ne l'est dans le groupe B.

Lorsqu'on calcule l'écart type dans un échantillon*, on utilise la formule suivante :

$$s = \sqrt{\dfrac{\sum\limits_{i=1}^{n}(x_i - \bar{x})^2}{n-1}}$$

À retenir

Selon que l'objet d'étude est une population ou un échantillon, on utilise une notation différente.

S'il s'agit d'une population, on désigne :

- la moyenne par μ ;
- la variance par σ^2 ;
- l'écart type par σ.

S'il s'agit d'un échantillon, on désigne :

- la moyenne par m ou $\bar{x}$;
- la variance par s^2 ;
- l'écart type par s.

Le coefficient de variation

Cette mesure permet de comparer deux distributions d'une même variable ou de variables différentes. Il s'agit simplement du rapport de l'écart type à la moyenne, lequel s'exprime de la façon suivante :

$$CV = \dfrac{\sigma}{\mu}$$

---

* Un échantillon est un sous-ensemble d'une population ; cette notion sera expliquée à la section 2.6 du présent chapitre. On a constaté que, dans un échantillon, l'écart type était une estimation biaisée de l'écart type de la population s'il était calculé de la même façon. On corrige ce biais en utilisant le dénominateur $n-1$ plutôt que le dénominateur n.

Exemple 2.43

Le coefficient de variation du groupe A est :

$$CV = \frac{7,905 \text{ cm}}{155 \text{ cm}} = 0,051 \text{ ou } 5,1\%$$

Le coefficient de variation du groupe B est :

$$CV = \frac{13,54 \text{ cm}}{155 \text{ cm}} = 0,0874 \text{ ou } 8,74\%$$

On notera que le résultat du calcul du coefficient de variation est un rapport exprimé par une fraction ou un pourcentage. Il permet de comparer la variabilité des ensembles de données dont les unités diffèrent. Grâce au coefficient de variation, on peut par exemple comparer la variation des valeurs de la variable *âge*, qui va de 1 an à 100 ans, à la variation de la variable *cholestérol*, dont les valeurs oscillent entre 2 mmol/l et 15 mmol/l. Plus la valeur du coefficient de variation est élevée, plus grande est la variabilité des données observées.

2.6 L'ÉCHANTILLONNAGE

Pour situer Yako dans le groupe des 10 % plus petits quant au poids et à la taille, Danielle a constitué un groupe de 200 garçons du même âge à l'école de Yako, ce qui lui a permis d'établir des valeurs de référence. Elle aurait pu étudier un groupe d'individus plus nombreux, par exemple, tous les garçons du même âge et de la même ville que Yako. Cela aurait sans doute augmenté le degré de certitude de Danielle lorsqu'elle a classé Yako selon son poids et sa taille. Elle a cependant considéré que le groupe des 200 garçons était suffisant pour lui fournir une certitude raisonnable.

Dans le domaine scientifique, il n'existe pas d'absolu; toutes les connaissances sont plus ou moins certaines et le savoir est fondé sur la probabilité plus ou moins grande d'observer un phénomène. En effet, à partir d'un certain moment, les coûts en temps et en ressources sont trop élevés pour justifier que l'on cherche à augmenter encore davantage le degré de certitude. À partir d'un certain seuil, on considère que l'on en sait assez pour agir, puisque de toute façon, une certitude plus grande ne changerait rien aux décisions ni aux mesures à prendre. Une certitude raisonnable suffit. La pratique qui consiste à mener des études (ou des sondages) en utilisant des échantillons découle de cet état de fait.

Un échantillon est simplement un sous-ensemble de la population que l'on souhaite étudier. Il faut choisir ce sous-groupe de telle sorte que l'on puisse obtenir une certitude raisonnable qui permette de tirer des conclusions et d'agir en fonction du facteur étudié.

2.6.1 Le choix d'un échantillon

Pour arriver à choisir son échantillon, Danielle est partie des connaissances qu'elle avait du phénomène à étudier dans le but d'établir des « valeurs normales » ou « valeurs de référence » qui lui permettraient de situer Yako selon son poids et sa taille. Elle a dû fixer certains critères pour guider le choix de l'échantillon afin de s'assurer d'atteindre son objectif. La sélection d'individus du même âge que Yako constitue l'un de ces critères; il s'agit d'un critère d'inclusion. Cependant, comme elle s'intéressait aux valeurs normales, elle a décidé de ne pas retenir tout garçon qui présenterait une caractéristique particulière susceptible de venir fausser le résultat. Ainsi, elle a décidé de ne pas inclure dans son échantillon un garçon ayant souffert d'une maladie gastro-intestinale grave à sa naissance qui aurait affecté sa croissance pondérale; il s'agit d'un critère d'exclusion.

Tout en tenant compte des critères d'inclusion et d'exclusion, Danielle a également dû déterminer le nombre de personnes à recruter pour obtenir le seuil de certitude qui rendrait son étude utile, soit la plus petite différence qu'elle veut détecter. De ses cours de statistique, elle avait retenu le principe suivant: un grand échantillon permet de détecter une information plus précise qu'un petit échantillon.

Par conséquent, plus on veut augmenter la précision des renseignements recueillis, plus la taille de l'échantillon doit être grande. Par ailleurs, plus il y a de variabilité dans l'information recherchée (par exemple, plus la taille des individus du même âge que Yako varie d'un individu à l'autre), plus l'échantillon doit être grand également. Un grand échantillon permet des analyses statistiques plus puissantes; plus la puissance est grande, plus le résultat obtenu inspirera confiance.

À retenir

La taille de l'échantillon dépendra donc de:
- la plus petite différence que l'on veut détecter;
- la précision souhaitée;
- la puissance souhaitée;
- la variabilité des données.

Il existe des règles de calcul de la taille des échantillons qui permettent de mesurer les différences avec la précision et la puissance voulues en tenant compte de la variabilité des données.

2.6.2 Les méthodes d'échantillonnage

Après avoir déterminé les critères d'inclusion et d'exclusion des personnes à recruter pour constituer l'échantillon et effectué tous les calculs nécessaires, Danielle en arrive à la conclusion qu'elle doit choisir 200 personnes parmi un nombre beaucoup plus grand de garçons du même âge que Yako. Comment s'y prendra-t-elle?

La solution la plus avantageuse consiste à donner une chance égale à toutes les personnes d'être sélectionnées et à s'en remettre au hasard. Ainsi, il est probable que les caractéristiques des personnes sélectionnées ne soient pas vraiment différentes de celles des personnes non sélectionnées. On nomme ce procédé «échantillonnage aléatoire simple».

Par contre, selon le contexte de l'étude, il est possible d'avoir recours à d'autres stratégies d'échantillonnage.

Par exemple, dans le cadre d'une étude sur l'acné chez les adolescentes, on veut comparer l'effet du chiogène hispide contenu dans le «thé» sur la peau blanche et sur la peau noire, et on désire recruter 200 sujets pour l'étude. Or, parmi les 10 000 candidates possibles, seules 3 000 sont de race noire. Par le procédé de l'échantillonnage aléatoire simple, on arriverait selon toute probabilité à constituer deux groupes composés de 60 adolescentes de race noire et de 140 adolescentes de race blanche. Pour résoudre ce problème, il faudrait choisir au hasard 100 jeunes filles parmi les 7 000 candidates de race blanche et 100 autres parmi les 3 000 candidates de race noire. On nomme cette façon de procéder «échantillonnage aléatoire stratifié».

Dans un autre cas où l'on désire mener une étude sur la consommation de suppléments vitaminés auprès des clients d'une compagnie d'assurances, un taux de participation de 10 % serait suffisant pour tirer des enseignements concluants. Dix blocs de bois, numérotés de 1 à 10, ont été déposés dans un sac. Une personne a tiré un bloc au sort, soit celui portant le numéro 7. Sur la liste alphabétique des clients de la compagnie, le 7e nom a été souligné. On a ensuite souligné le 17e nom, puis le 27e nom, et ainsi de suite jusqu'à la fin de la liste. Ces clients ont finalement constitué l'échantillon. On nomme cette façon de faire « échantillonnage systématique ».

Emmanuelle, coopérante dans un pays en voie de développement, est chargée d'évaluer le degré d'efficacité de la vaccination contre la rougeole chez les enfants de deux à cinq ans. Il n'existe pas de recensement précis des habitants de la région où elle travaille, et les gens y vivent dans des villages dispersés, sans adresses ni noms de rues. Elle explique à ses enquêteurs que, dans quelques villages choisis au hasard, ils devront recueillir des informations auprès de 10 enfants par village. Ils se rendront au centre du village, se dirigeront vers la première maison au nord et obtiendront des informations sur tous les enfants de deux à cinq ans habitant cette maison. S'il y en a moins de 10, ils se dirigeront vers la maison voisine située au nord, et ainsi de suite jusqu'à ce qu'ils aient recueilli des informations sur un total de 10 enfants. On nomme cette façon de procéder « échantillonnage en grappes ».

Il existe d'autres techniques d'échantillonnage. La préoccupation première demeure toujours de recruter le nombre nécessaire de personnes au moindre coût, tout en veillant à ne pas introduire d'erreurs systématiques qui invalideraient les résultats. Les méthodes les plus avantageuses sont généralement l'échantillonnage aléatoire simple et l'échantillonnage aléatoire stratifié.

En résumé

Ce chapitre a permis d'exposer les concepts de variable, de classification des données, de tableau de distribution de fréquences et de représentation graphique des données. On y a aussi abordé les paramètres qui permettent de décrire une population, à savoir les mesures de tendance centrale (la moyenne et la médiane en particulier) et les mesures de dispersion (particulièrement l'étendue, la variance et l'écart type). Finalement, on y a présenté quatre stratégies d'échantillonnage (soit les échantillonnages aléatoire simple, aléatoire stratifié, systématique et en grappes) qui permettent d'obtenir un échantillon représentatif d'une population.

www.cheneliere.ca/simpson

Une section Exercices vous est offerte sur ce site Web.

3

LES MESURES ET LES MODÈLES D'ÉTUDES EN ÉPIDÉMIOLOGIE

Auteurs de la deuxième édition : Helen Trottier, Antoine Lutumba Ntetu
Auteur de la première édition : Yv Bonnier Viger

Au terme de ce chapitre, vous pourrez :

- utiliser les outils épidémiologiques qui permettent d'établir les bases du jugement clinique concernant les risques auxquels sont exposés les patients.

Objectifs	Contenu
1. Utiliser adéquatement les mesures générales de fréquence et de densité	1.1 Proportion, taux, ratio, indice
2. Interpréter correctement les mesures de fréquence et de densité en épidémiologie	2.1 Prévalence, taux d'incidence, incidence cumulée 2.2 Population statique, dynamique, ouverte et fermée
3. Expliquer les principaux indicateurs de santé d'une population	3.1 Espérance de vie, morbidité, mortalité, létalité 3.2 Interdépendance des indicateurs
4. Expliquer les principales méthodes d'ajustement des mesures de fréquence	4.2 Ajustement direct et indirect
5. Décrire les modèles d'études épidémiologiques, leur finalité, leurs avantages et leurs désavantages	5.1 Étude transversale, longitudinale, cas-témoins, descriptive, expérimentale, quasi expérimentale et non expérimentale

Un cas

Mirabelle se présente au service de consultation sans rendez-vous de la polyclinique Milo. Cette jeune fille de 22 ans se plaint de crampes abdominales, de diarrhées fréquentes, de fatigue et d'amaigrissement. Lisa, qui est de garde ce soir-là, la reçoit et entend l'histoire qui suit.

Mirabelle, qui vit actuellement seule, a repris ses études collégiales depuis deux ans, études qu'elle avait interrompues deux ans auparavant pour aller vivre avec son ami Jeremy à New York, dans le Bronx. Elle l'avait quitté quelques mois plus tard, après avoir découvert qu'il était bisexuel. Jeremy consommait des drogues intraveineuses. Mirabelle, qui le faisait aussi à l'occasion, a mis fin à sa consommation après s'être séparée de Jeremy. Avant de revenir au Québec, Mirabelle a voyagé un an et demi aux États-Unis et au Mexique.

À l'examen physique, Lisa découvre une jeune fille manifestement amaigrie, légèrement déshydratée, avec plusieurs chaînes ganglionnaires hypertrophiées. Lorsque Mirabelle revient voir Lisa pour connaître ses résultats, elle s'attend déjà à recevoir un diagnostic d'infection par le VIH et à apprendre qu'elle est atteinte du sida.

Pertinence clinique

La démarche clinique ne se résume pas à comparer des signes, des symptômes et des valeurs de laboratoire à une norme. Le thérapeute doit chercher à repérer dans les antécédents, les habitudes de vie et l'environnement de la personne qui consulte, tout ce qui constitue un risque pour sa santé. Ainsi, devant une femme d'affaires de 62 ans, toujours entre deux réunions et deux avions, il s'intéressera particulièrement à sa condition cardiovasculaire. Par contre, il recherchera plutôt des signes d'épuisement chez une jeune professionnelle toujours coincée entre plusieurs contrats, le soin des enfants et celui du ménage, et dont le conjoint est souvent absent. Le vieillard, veuf, toujours seul à la maison, évoquera une autre série de problèmes de santé possibles.

3.1 | LES MESURES DE FRÉQUENCE

Albert est un collègue de Lisa. Il travaille dans un centre local de services communautaires (CLSC) en région. Il y a quelques jours, on lui a transmis le communiqué suivant : huit cas d'une grippe particulièrement virulente ont été déclarés chez des personnes âgées du village de Sainte-Cunégonde. Le lendemain, un autre communiqué l'informait qu'il y avait 10 cas de la même grippe dans le village d'Arnoldvénituk, situé à 20 km du premier. Comment Albert peut-il évaluer l'importance de ce problème dans chacun des villages ?

Des chiffres isolés (8 cas, 10 cas) ont peu de signification par rapport à l'importance d'un phénomène : des données supplémentaires sont nécessaires pour que ces chiffres trouvent tout leur sens. Ainsi, sachant que la population de Sainte-Cunégonde et celle d'Arnoldvénituk comptent respectivement 16 et 524 personnes âgées, Albert peut saisir l'ampleur du problème à Sainte-Cunégonde et s'expliquer la très grande inquiétude des familles de ce village.

3.1.1 Les rapports

Quand on fait une comparaison entre le nombre de cas avérés et la population concernée, on établit un rapport. Le rapport est une expression générale de la relation entre deux quantités qui peuvent indifféremment appartenir ou non au même ensemble. Un rapport peut se présenter sous la forme d'une proportion, d'un taux, d'un ratio ou d'un indice.

> *Exemple 3.1*
>
> À Sainte-Cunégonde, le rapport entre le nombre de personnes atteintes de la grippe et la population des personnes âgées est de 8/16 ou 0,5 (50 %), alors qu'à Arnoldvénituk, ce rapport est de 10/524 ou 0,019 (1,9 %). Ici, les personnes malades font partie intégrante de la population des personnes âgées. On peut aussi établir un rapport entre le nombre de personnes âgées et le nombre de bancs publics dans un village. Dans ce cas-là, les deux entités mises en rapport ne proviennent pas du même ensemble : d'une part, on a l'ensemble des personnes âgées, et de l'autre, l'ensemble des bancs publics.

La proportion

Une proportion est un rapport dans lequel les deux entités proviennent du même ensemble et dans lequel le numérateur est inclus dans le dénominateur. Le rapport des personnes âgées grippées à l'ensemble des personnes âgées du village est donc une proportion. La valeur d'une proportion est toujours comprise entre 0 et 1, c'est-à-dire entre 0 % et 100 %.

> *Exemple 3.2*
>
> Si aucune personne âgée n'avait la grippe à Arnoldvénituk, la proportion des personnes âgées grippées serait de 0/524, soit 0 ou 0 %. Par contre, si toutes les personnes âgées étaient atteintes de la grippe, la proportion serait de 524/524, soit 1 ou 100 %.

> *Exemple 3.3*
>
> Des 5 000 personnes qui font partie de la liste des patients d'une clinique médicale, 100 ont des problèmes cardiaques. La proportion de ces dernières est donc de 0,02 (ou 2 %).

> *Exemple 3.4*
>
> À New York, pendant que Mirabelle y habitait, on a fait une étude auprès des utilisateurs de drogues intraveineuses (UDI). Sur 324 UDI habitant le quartier du Bronx, 130 possédaient des anticorps contre le VIH, ce qui représente une proportion de 40 %.

Le taux

Le taux est un rapport qui mesure la vitesse ou la force (intensité) de survenue d'un événement. Il ne constitue pas une mesure de fréquence, mais plutôt une mesure instantanée de densité. Le numérateur d'un taux, comme celui d'une proportion, dénombre les événements qui sont survenus : la différence entre les deux réside dans le dénominateur. Le dénominateur de la proportion inclut des personnes ou des entités, tandis que dans le cas du taux, il s'agit du cumul du temps d'observation de chaque personne ou entité analysée qui est à risque de présenter le phénomène étudié. Dans ce cas, le dénominateur sera exprimé en unités de temps (jours, mois, années, etc.). Si les phénomènes observés sont des personnes, on parlera de « personnes-temps » : si ce sont des distances, on parlera de « distances-temps » (« km-h » ou « m-sec », par exemple).

Lisa s'inquiète du phénomène d'obésité qui devient de plus en plus important chez ses patients. Elle aimerait bien savoir si la consommation de boissons gazeuses est susceptible de faire partie des sources du problème. Pour étudier la question, elle demande à un agent de recherche d'aller passer la journée au restaurant d'à côté et d'observer les clients. Elle lui confie la tâche de calculer le nombre de cannettes de boissons gazeuses consommées par chaque client ainsi que le temps que chacun passe dans le restaurant (le temps pendant lequel il est à risque de consommer). Elle lui demande aussi de classer les clients dans les catégories « obèses » et « non-obèses » selon une règle simple. Elle obtient ainsi pour chaque groupe la vitesse moyenne de consommation de boissons gazeuses, que nous appellerons « taux de consommation ».

Pour obtenir le dénominateur, l'agent de recherche cumule le temps d'observation que chacun passe sous suivi. Dans la journée, 50 personnes obèses sont venues au restaurant : certaines y ont passé moins de 30 minutes, et d'autres plus de 2 heures. Le cumul de l'ensemble des temps de suivi a permis d'estimer la durée d'observation totale à 70 heures. Certaines ont pris plus de trois cannettes de boissons gazeuses, alors que d'autres n'en n'ont pris aucune. Le total des consommations pour le groupe s'est élevé à 40. Chez les 450 personnes non obèses qui ont été observées, on a enregistré 200 consommations de boissons gazeuses, pour une durée d'observation totale de 600 heures.

On est donc en mesure d'estimer le taux de consommation de boissons gazeuses dans les deux groupes :

Obèses : 40 boissons gazeuses/70 personnes-heures
ou 0,57 boissons gazeuses/personne-heure.

Non-obèses : 200 boissons gazeuses/600 personnes-heures
ou 0,33 boissons gazeuses/personne-heure.

Lisa arrive donc à la conclusion que les personnes obèses consomment plus de boissons gazeuses que les personnes non obèses si, bien sûr, son observation est représentative de ce qui se passe dans le reste de la population !

Exemple 3.5

Jean, un clinicien, comptabilise l'apparition des maladies opportunistes chez cinq de ses patients auxquels il a posé un diagnostic de sida, afin d'évaluer le taux d'incidence des infections opportunistes chez ces derniers. Son observation a donné lieu au diagramme de la figure 3.1, dans lequel la longueur de chaque ligne horizontale est proportionnelle à la durée d'observation de chaque personne (la durée dépend du moment où le patient a commencé à participer à l'étude ainsi que du moment où il a cessé d'y participer, soit en raison de son décès ou d'un arrêt de suivi). Les patients n'ont donc pas commencé à prendre part à l'étude au même moment, pas plus qu'ils n'ont cessé d'y participer au même moment. Par ailleurs, Jean arrête de comptabiliser le temps pour les patients qui ont été soignés à l'extérieur durant un certains temps, comme c'est le cas pour le patient numéro cinq. Les étoiles représentent la survenue d'infections. Pour calculer le taux d'incidence, il faut rapporter le nombre total d'événements survenus (infections opportunistes) sur la durée de suivi de l'ensemble des patients étudiés. Au total, chez ses 5 patients, Jean a observé 11 infections opportunistes pendant une durée d'observation de 19 mois (la somme des durées pendant lesquelles chaque patient a participé à l'étude). Cela donne un taux de 11 infections pour 19 personnes-mois, soit 0,58 mois^{-1}.

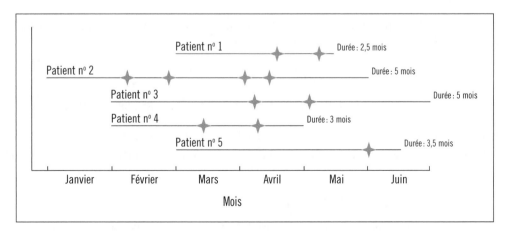

FIGURE 3.1 Étude de l'occurrence des maladies opportunistes chez les personnes ayant le sida

Le ratio

Un ratio est un rapport dans lequel le numérateur et le dénominateur proviennent du même ensemble, mais où le numérateur n'est pas compris dans le dénominateur. On note que le ratio peut prendre n'importe quelle valeur et n'a pas d'unité.

Exemple 3.6

Des 324 personnes sur lesquelles portait l'étude menée dans le Bronx, 288 étaient des hommes. Le ratio hommes/femmes était donc de 288/36 ou de 8/1.

L'indice

Un indice est un rapport utilisé lorsque le numérateur n'est pas compris dans le dénominateur et que l'un et l'autre renvoient à deux événements distincts. L'indice est utile lorsque le dénominateur n'est pas bien connu : on utilise alors un dénominateur qui se rapproche de la réalité pour obtenir une mesure.

Exemple 3.7

La fréquence relative des décès maternels dus à une cause puerpérale devrait comporter au dénominateur le nombre total d'accouchements. Ce nombre est généralement mal connu. On peut alors utiliser le nombre de naissances vivantes, qui est généralement disponible. La mortalité maternelle s'exprime donc comme suit :

$$\frac{\text{Décès maternels dus à une cause puerpérale}}{\text{Nombre de naissances vivantes}}$$

3.2   LES MESURES EN ÉPIDÉMIOLOGIE

Les proportions, les taux, les ratios et les indices sont très utilisés en épidémiologie. Dans le domaine de la santé, chacune des mesures porte un nom qui décrit précisément son usage.

3.2.1 La prévalence

Les cas prévalents constituent le nombre existant de malades dans une population à un point fixe du temps.

La prévalence (P)* d'une maladie est la proportion des personnes affectées par cette maladie à un moment donné dans la population. Elle s'exprime de la manière suivante :

$$P = m/N$$

où m est le nombre de personnes malades, et N, le nombre de personnes dans la population.

La prévalence indique simplement l'ampleur d'un problème. Elle peut être obtenue en faisant une enquête ponctuelle puisque c'est une mesure qui correspond à une photographie instantanée d'une situation dans une population.

---

*   Certains auteurs utilisent également les termes proportion de prévalence, taux de prévalence ou prévalence relative pour désigner la proportion des personnes affectées par une maladie à un moment précis.

Exemple 3.8

À l'établissement collégial que fréquente Mirabelle, l'équipe de santé a obtenu le consentement de 300 étudiants choisis au hasard pour le dépistage du VIH. Au sein de cette population, deux personnes étaient séropositives. Le nombre de cas prévalents dans cette population au moment de l'enquête était donc de 2, et la prévalence, de 2/300 (2 sur 300) ou 0,7 %.

3.2.2 Le taux d'incidence

Le taux d'incidence (I), aussi nommé densité d'incidence, est une mesure de la vitesse, de la force ou de l'intensité de propagation d'une maladie dans une population. Il s'exprime de la façon suivante :

$$I = n/T$$

On trouve au numérateur les événements comptabilisés (n) représentant le nombre de nouveaux cas survenus depuis le début de l'étude jusqu'à sa fin. Au dénominateur, on trouve le cumul du temps écoulé entre le début et la fin de l'observation de chaque personne participant à l'étude et susceptible (à risque) de contracter la maladie étudiée (T) : il s'agit en fait du cumul du temps d'attente observé avant la survenue de chaque nouveau cas ou avant la fin de la période d'observation. L'observation prend fin quand la personne tombe malade ou quand l'étude se termine.

Exemple 3.9

Lisa a deux patients qui ont été exposés à des produits radioactifs dans le cadre de leur travail et elle décide de les suivre pour estimer la densité d'incidence du cancer chez ces derniers. Le premier patient a été exposé aux produits toxiques le 1er juillet 2003 et a été suivi jusqu'au 31 décembre 2007 (durée d'observation de 4,5 années). Il n'a pas été atteint d'un cancer. Par contre, l'autre patient a été exposé aux produits le 30 avril 2004 et a commencé à souffrir d'un cancer le 30 avril 2005 (durée d'observation d'un an). Le taux d'incidence du cancer est alors de 1 personne/(4,5 + 1 personne-année), soit 1/5,5 année ou 0,18 année^{-1}. Le nombre que l'on trouve au dénominateur est une somme de temps calculée à partir de la participation de chaque personne à l'étude. On désigne ce nombre sous le nom de « personnes-temps ». Il est à noter qu'ici, on n'étudie pas un phénomène récurrent. Lorsque la personne souffre du cancer, elle cesse de contribuer au cumul des personnes-temps puisqu'elle n'est plus à risque (elle a déjà la maladie).

3.2.3 L'incidence cumulée

L'incidence cumulée (IC) est une proportion. Il s'agit d'une probabilité ou d'un risque de survenue d'un événement. Elle s'exprime de la façon suivante :

$$IC = n/R$$

où n est le nombre de nouveaux cas apparus pendant la période d'observation et R représente le nombre de personnes susceptibles de devenir des cas, en observation au début de l'étude. Cela est possible quand toutes les personnes en observation sont suivies pendant toute la période de l'étude. En pratique, il arrive souvent que l'on perde de vue certaines personnes. Le calcul du risque est alors un peu plus compliqué. Les lecteurs qui s'intéressent à cette question pourront consulter, pour en savoir davantage, l'ouvrage de Bernard et Lapointe mentionné dans la section « Bibliographie sélective ». Même si la notion de temps n'est pas prise en considération dans la proportion, il faut préciser le temps de suivi. Par exemple, si on prend 12 heures pour dénombrer les cas de gastroentérite à la suite d'un repas de noces, on aura moins de malades que si on prend 2 jours.

Exemple 3.10

Simone, une jeune épidémiologiste, s'est intéressée à l'infection par le virus du papillome humain (VPH) chez les jeunes femmes. Il y a quelques années, elle a recruté 120 étudiantes universitaires qu'elle a suivies pendant 2 ans, et 40 d'entre elles ont contracté une infection à VPH. Au début de l'étude, les jeunes femmes n'étaient pas infectées (si une personne avait été infectée au départ, elle n'aurait pas été à risque de contracter la maladie). L'incidence cumulée était donc de 40/120 ou de 33 % pour 2 ans. Ainsi, la probabilité de contracter une infection à VPH a été estimée à 33 % sur 2 ans. Si la durée de suivi avait été de trois ans, l'incidence cumulée aurait peut être été plus élevée, d'où l'importance de mentionner la période de suivi lorsque l'on reporte une incidence cumulée, même si la proportion en soi n'a pas d'unité.

3.2.4 La cote

Si une caractéristique divise une population en deux groupes, par exemple les malades et les non-malades, le ratio malades/non-malades porte le nom de «cote». La cote peut aussi être exprimée par le rapport entre le nombre d'exposés sur le nombre de non-exposés chez les malades ou chez les témoins.

Exemple 3.11

Sur 324 personnes du Bronx, 130 possédaient des anticorps contre le VIH. La cote de l'infection est donc de 130/194 ou 0,67.

Le tableau 3.1 résume les caractéristiques des mesures utilisées en épidémiologie.

TABLEAU 3.1 Caractéristiques des mesures utilisées en épidémiologie

Mesure	Usage	Type de rapport	Unité	Domaine de variation
Prévalence (proportion de prévalence)	Portrait instantané	Proportion	Aucune	0-1
Incidence cumulée	Risque	Proportion	Aucune	0-1
Taux d'incidence	Vitesse (densité) de propagation de la maladie	Taux	Temps^{-1}	0-∞
Cote	Estimation du risque	Ratio	Aucune	0-∞

3.2.5 Le taux d'incidence et l'incidence cumulée : une synthèse

Supposons que l'on étudie l'occurrence d'un type de cancer au sein de 2 populations constituées chacune de 10 personnes que l'on suit du 1er janvier 2002 au 31 décembre 2003. Supposons aussi que dans chacune d'elles, trois cas de cancer ont été diagnostiqués à des moments différents du suivi. Il reste donc 7 personnes qui ont été suivies jusqu'au 31 décembre 2003 sans avoir été atteintes d'un cancer dans chacune des populations. Les observations donnent lieu au diagramme ci-contre. Dans la population A, le premier cas est apparu à trois mois de suivi, un autre à six mois et le dernier à neuf mois. Dans la population B, le premier cas est apparu à 18 mois de suivi et les deux autres à 21 mois.

Population A

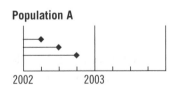

Population B

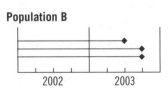

On calcule, dans les deux cas, une incidence cumulée de 30 % (mesure du risque de cancer sur 2 ans).

Par ailleurs, visuellement, on constate que la « vitesse » d'apparition des cancers dans la population A est beaucoup plus rapide, ce qui donne lieu à des taux d'incidence différents. Dans la population A le taux d'incidence est de 3 cas/15,5 personnes-année comparativement à 3 cas/19 personnes-année pour la population B. Le nombre de cas étant le même et le nombre de personnes-année plus élevé dans le groupe B, on comprend que la vitesse de survenue est plus importante dans le groupe A.

3.3 LA POPULATION STATIQUE OU DYNAMIQUE, OUVERTE OU FERMÉE

On dit d'une population qu'elle est « statique » quand on la fige dans le temps pour l'observer. L'étude sur la prévalence du VIH dans l'établissement collégial que fréquentait Mirabelle s'est déroulée dans une population statique. Les données ont été recueillies à un moment bien déterminé, comme si l'on faisait une photographie, un instantané de la situation. Une population statique peut donc fournir des proportions, des ratios ou des indices, mais elle ne peut pas fournir de taux ni de mesures d'incidence. En somme, dans une population statique, on ne peut mesurer ni taux d'incidence, ni incidence cumulée, puisque le temps s'y trouve en quelque sorte suspendu et que l'étude ne tient nullement compte de la durée.

Par contre, une population observée pendant une période plus ou moins longue est dite « dynamique ». L'étude de Jean sur les infections opportunistes chez les personnes atteintes du sida et celle de Simone sur le VPH sont des exemples d'études portant sur des populations dynamiques. Une population dynamique change avec le temps. Les personnes tombent malades ou guérissent. C'est dans une population dynamique que l'on peut mesurer des taux d'incidence et des incidences cumulées. On peut aussi y mesurer des prévalences si l'on prend des mesures à des moments précis de la période d'observation.

Une population dynamique peut être fermée ou ouverte. L'étude de Simone sur le VPH a été faite sur une population dynamique fermée. Les étudiantes ont commencé à participer à l'étude au même moment : aucune « nouvelle femme » n'est venue s'y ajouter en cours de route. Elles ont été suivies du début à la fin de la période d'observation. En outre, aucune étudiante n'a « disparu » en cours d'étude. Une population est dite « dynamique fermée » lorsqu'elle a comme caractéristiques que tous ses membres sont bien identifiés au début de l'étude, que personne ne s'ajoute en cours d'étude et que chacun est suivi jusqu'à la survenue de l'événement étudié (maladie, décès, accouchement, etc.) ou jusqu'à la fin de la période d'observation. Pour calculer l'incidence cumulée aussi simplement que Simone a pu le faire, il faut se situer dans le contexte d'une population dynamique fermée.

Si l'on s'intéressait à la mortalité dans une ville comme Québec, on considérerait que la population est certes dynamique : cependant, on aurait à tenir compte, non seulement des décès, mais aussi des naissances, des emménagements et des déménagements. Une telle population est dite « dynamique ouverte ». L'incidence cumulée ne peut pas être calculée simplement dans une population ouverte, parce que le nombre de personnes à risque au début de l'étude fluctue en cours d'étude en fonction des personnes qui s'y ajoutent ou s'en retirent. L'étude de Jean sur les infections opportunistes chez les personnes atteintes du sida constitue également un exemple d'étude faite sur une population dynamique ouverte.

Dans une population dynamique ouverte stable, lorsque certaines conditions sont réunies, notamment lorsque la prévalence est faible (< 10 %), il existe une relation linéaire entre la prévalence (P), le taux d'incidence (I) et la durée moyenne (D) d'une maladie, laquelle s'exprime comme suit :

$$P = I \times D$$

Exemple 3.12

La population des hommes sexuellement actifs est stable dans la région de Montréal. Supposons que la durée de la gonococcie soit de 5 jours et que le taux d'incidence soit de 0,002 jour^{-1} en 1995. Si la prévalence de la gonococcie était mesurée à un moment quelconque en 1995, elle devrait être de 0,002 jour^{-1} × 5 jours, soit 0,01 ou 1 %.

3.4   QUELQUES MESURES D'INCIDENCE PARTICULIÈRES

Le taux de mortalité était de 5,7 × 10^{-3} an^{-1} au Canada en 2004. Quelle est la signification de ces chiffres ? Puisqu'il s'agit d'un taux, c'est la vitesse avec laquelle la mort se propageait dans la population canadienne, tous âges confondus, pendant l'année 2004. Évidemment, un suivi n'a pas été effectué au jour le jour auprès de chaque personne décédée pour délimiter la période de temps écoulée entre le début de la période d'observation (alors que la personne était en vie) et le moment de sa mort. On estime les personnes-temps du dénominateur en postulant que les personnes décédées au cours de l'année d'observation ont vécu en moyenne la moitié de l'année. De même, on supposera que les nouveau-nés et les immigrants qui sont venus grossir les rangs du groupe en cours de route auront fait partie de celui-ci en moyenne une demi-année. Le taux annuel de mortalité dans de grandes populations est donc généralement obtenu en divisant le nombre de décès enregistrés au cours de l'année par la population au 1er juillet (qui sert d'estimateur du nombre de personnes-temps).

Exemple 3.13

La population de Panacetown était de 608 254 personnes au 1er janvier 2007. Pendant l'année, on a enregistré 10 402 naissances, et 5 201 personnes s'y sont nouvellement installées. Pendant cette même période, 3 211 personnes ont quitté la ville et 6 130 sont décédées. Le taux de mortalité en 2007 a donc été de :

$$\frac{6\,130}{608\,254 + 1/2\,(10\,402) + 1/2\,(5\,201) - 1/2\,(3\,211) - 1/2\,(6\,130)}$$

soit à peu près 0,01 an^{-1} ou 1 × 10^{-2} an^{-1} ou 1 % par année.

On peut aussi calculer la probabilité de décès (incidence cumulée) dans une cohorte fermée en rapportant le nombre de décès survenus pendant la période d'étude sur le nombre de personnes à risque en début de suivi. Cet indicateur est utile pour mesurer le risque de décès et sert, entre autres, au calcul de l'espérance de vie.

On trouve dans les recueils statistiques de plusieurs organismes, comme l'Organisation mondiale de la santé (OMS), le Programme des Nations Unies pour le développement (PNUD), la Banque mondiale, les ministères de la Santé, etc., une série de mesures de l'état de santé que l'on appelle « indicateurs ». Parmi les indicateurs les plus utilisés figurent notamment le taux de natalité, le taux de mortalité néonatale, le taux de mortalité infantile et le taux de mortalité maternelle. Certains de ces indicateurs, bien qu'ils portent le nom de « taux », sont en fait des ratios, des proportions ou des indices. Les appellations ne sont pas normalisées. Les lecteurs devront donc se montrer attentifs à la signification réelle des mesures qui leur sont présentées.

Une situation illustrant une mauvaise utilisation du mot « taux » se présente quand les épidémiologistes en présence d'un épisode aigu, comme une intoxication alimentaire, sont appelés à mesurer un taux d'attaque (TA). Celui-ci est défini comme étant la proportion des personnes malades par rapport aux personnes exposées à un risque reconnu. En fait, il s'agit d'une incidence cumulée.

Exemple 3.14

Quelques heures après la fête de Noël dans une petite usine de quartier, trois personnes se présentent à l'hôpital où Lisa est de garde. Elles ressentent de violentes crampes abdominales, ont des vomissements et des céphalées, et paraissent épuisées. Au cours de la nuit, Lisa voit arriver 15 autres convives. Au petit matin, la plupart de ces gens sont suffisamment rétablis pour pouvoir rentrer à la maison. Lisa ne veut pourtant pas aller se coucher avant d'avoir mené sa petite enquête pour déceler la cause de cette épidémie.

Elle constate que 24 personnes avaient participé à la fête. Au menu, il y avait de la soupe, de la dinde et de la tarte à la crème. Des 16 personnes qui avaient mangé de la soupe, 12 ont été malades. L'incidence cumulée (ou, si l'on veut, le taux d'attaque) en ce qui a trait à la soupe a donc été de 12/16, ou 75 %. Par ailleurs, des huit personnes qui n'ont pas mangé de soupe, six ont tout de même été malades. Pour ces dernières, le TA a été de 6/8, soit 75 % également. Des 22 personnes qui ont mangé de la dinde, 17 ont été malades (TA de 77 %). Des 2 personnes qui n'en ont pas mangé, 1 n'a pas été malade (TA de 50 %). Pour ce qui est de la tarte à la crème, 19 personnes en ont mangé, dont les 18 malades (TA de 95 %). Parmi les 5 qui n'ont pas mangé de tarte, aucune n'a été malade (TA de 0 %). Quand les inspecteurs du ministère de l'Agriculture (inspection des aliments) sont arrivés, Lisa était toute fière de leur annoncer que la tarte était fort probablement l'aliment à l'origine de l'intoxication.

Un autre exemple d'utilisation erronée du mot « taux » est l'expression « taux de létalité ». La « létalité » (L), comme on devrait simplement l'appeler, est la proportion des personnes atteintes d'une maladie (m) qui décèdent (d) après un certain temps d'observation. C'est donc une incidence cumulée, qui s'exprime de la façon suivante :

$$L = d/m$$

Exemple 3.15

Au cours d'une étude sur l'infection par le VIH chez les UDI dans le Bronx, on a suivi 62 personnes séropositives pour évaluer la létalité de l'infection à 2 ans, 5 ans et 10 ans. La population étudiée était donc dynamique fermée. En effet, dès qu'une personne devenait séropositive, elle entrait dans l'étude. Bien qu'il y ait eu des entrées pendant deux ans dans cette population, on peut considérer que tous les sujets sont entrés à un moment précis, le même pour tous, c'est-à-dire au moment de leur identification comme séropositifs. À partir de ce moment, chaque personne a été suivie pendant 10 ans ou jusqu'à son décès. Au départ, on observait 62 personnes. Après deux ans, 12 étaient décédées. Ces personnes n'étaient pas nécessairement décédées du sida. La létalité (toutes causes confondues) à 2 ans chez les UDI séropositifs du Bronx était donc de 12/62 ou 19 %. Après 5 ans, 39 personnes étaient décédées. La létalité à 5 ans était donc de 39/62 ou 63 %. Après 10 ans, une seule personne vivait encore. La létalité à 10 ans dans ce groupe était ainsi de 61/62 ou 98 %.

Dans la formule servant au calcul de la létalité, les décès qui figurent au numérateur sont la somme de tous les décès survenus dans le groupe suivi, et non uniquement les décès attribuables à la maladie. Puisqu'il s'agit d'une incidence cumulée, la létalité peut aussi s'interpréter comme étant le risque qu'encourt une personne nouvellement atteinte de la maladie considérée de mourir à l'intérieur d'une période donnée. Dans l'exemple 3.15, un UDI vivant dans le Bronx qui devient séropositif a 2 chances sur 3 de mourir avant 5 ans et 2 chances sur 100 d'être encore en vie après 10 ans.

3.5 L'ESPÉRANCE DE VIE

Au Mali, un grand pays du Sahel, l'espérance de vie à la naissance était de 54 ans en 2006. Au Canada, la même année, l'espérance de vie à la naissance était de 80 ans. En 2002, l'espérance de vie moyenne à la naissance au Canada était de 79,7 ans, soit de 77,2 ans pour les hommes et de 82,1 ans pour les femmes.

L'espérance de vie à la naissance est un précieux indicateur de la santé d'une population. On peut la comprendre comme étant l'âge moyen au décès des personnes dans cette population. On pense généralement que plus l'espérance de vie est élevée, plus la santé de la population est bonne. Cet indicateur étant une moyenne, les valeurs extrêmes influeront par conséquent beaucoup sur lui. Si, par exemple, beaucoup d'enfants meurent dans la première ou les cinq premières années de leur vie, l'espérance de vie à la naissance sera bien faible. Inversement, dans une population où les personnes âgées sont nombreuses, l'espérance de vie à la naissance sera plus élevée.

L'espérance de vie peut être estimée à des âges variés. Ainsi, l'espérance de vie des femmes et des hommes de 60 ans était respectivement de 24,8 ans et de 21,1 ans en 2002 au Canada. Cela signifie que, en moyenne, les femmes et les hommes ayant atteint 60 ans ont encore plus d'une vingtaine d'années à vivre. On peut aussi estimer l'espérance de vie en bonne santé ou sans incapacité. L'espérance de vie sans limitation d'activité est un indicateur plus large que celui de l'espérance de vie, qui introduit le concept de la qualité de vie. Il permet de distinguer les années de vie libres de toute limitation d'activité des années vécues avec au moins une limitation d'activité.

3.6 L'AJUSTEMENT DES MESURES

En parcourant la littérature, Lisa a remarqué une chose pour le moins étrange. Panacetown, qu'elle connaît bien pour y être allée il y a quelques années, a un taux de mortalité de 10×10^{-3} an^{-1}, alors que Ciudad de Ninos présente un taux de mortalité de 9×10^{-3} an^{-1}. Or, Panacetown est une ville cossue du Texas, alors que Ciudad de Niños est une jeune ville qui a poussé de façon un peu anarchique depuis une vingtaine d'années du côté mexicain de la frontière. Lisa se serait donc attendue à ce que la mortalité soit moins élevée à Panacetown.

En fouillant un peu, elle a pu mettre la main sur des données fort intéressantes, réunies dans le tableau 3.2, où l'on présente les populations des deux villes (en personnes-année) stratifiées selon l'âge, la mortalité pour chaque groupe d'âge et la mortalité globale. La mortalité spécifique, c'est-à-dire la mortalité dans chaque tranche d'âge, confirme pourtant son intuition. Dans chaque groupe d'âge, la mortalité est plus élevée à Ciudad de Niños.

D'où vient ce paradoxe? Si on examine la répartition des personnes dans les groupes d'âge, on constate que la structure d'âge des deux populations est bien différente. Les habitants de Ciudad de Niños sont bien plus jeunes que ceux de Panacetown. Cette différence dans la structure d'âge introduit une distorsion dans la mesure globale. Pour comparer ces deux villes correctement, il faut donc observer les mesures spécifiques, c'est-à-dire comparer tranche d'âge par tranche d'âge.

TABLEAU 3.2 Populations de Panacetown et de Ciudad de Niños (en personnes-année) stratifiées selon l'âge, la mortalité pour chaque groupe d'âge et la mortalité globale

Ville	Groupe d'âge (ans)	Effectif	%	Décès	Mortalité/1 000
Panacetown	0-20	117 246	19	1 053	8,98
	21-40	120 579	20	824	6,83
	41-60	185 124	30	1 024	5,53
	> 60	188 536	31	3 229	17,13
	Total	**611 485**	**100**	**6 130**	**10,02**
Ciudad de Niños	0-20	317 246	48	3 073	9,69
	21-40	195 579	30	1 544	7,89
	41-60	120 124	18	806	6,71
	> 60	25 501	4	507	19,88
	Total	**658 450**	**100**	**5 930**	**9,01**

Pour exprimer cette différence en un seul rapport, il suffit d'ajuster les mesures globales en faisant le raisonnement suivant : si je rapporte les taux de mortalité spécifiques des deux villes à une même population fictive, 1 000 000 d'habitants par exemple, j'obtiendrai une mesure globale correcte, puisque je comparerai des données semblables. Si nous faisons l'exercice, nous obtiendrons un tableau comme le tableau 3.3.

TABLEAU 3.3 Ajustement des populations de Panacetown et de Ciudad de Niños sur une population fictive

Ville	Groupe d'âge (ans)	Effectif	%	Décès	Mortalité/1 000
Panacetown	0-20	250 000	25	2 245	8,98
	21-40	250 000	25	1 708	6,83
	41-60	250 000	25	1 383	5,53
	> 60	250 000	25	4 282	17,13
	Total	**1 000 000**	**100**	**9 618**	**9,62**
Ciudad de Niños	0-20	250 000	25	2 422	9,69
	21-40	250 000	25	1 974	7,89
	41-60	250 000	25	1 677	6,71
	> 60	250 000	25	4 970	19,88
	Total	**1 000 000**	**100**	**11 043**	**11,04**

Après ajustement, la mortalité est effectivement plus élevée à Ciudad de Niños (11×10^{-3} an^{-1}) qu'à Panacetown (10×10^{-3} an^{-1}). Comment a-t-on fait cet ajustement ? On a d'abord appliqué les taux de décès spécifiques de chaque ville à l'effectif de la population fictive pour trouver le nombre de décès attendus. Par exemple, à Panacetown, on a un taux de décès de 0,008 98 pour la tranche d'âge de 0-20 ans : en effet, 250 000 $\times$ 0,008 98 = 2 245. Autre exemple : à Ciudad de Niños, on a un taux de décès de 0,019 88 pour la tranche d'âge de 61 ans : en effet, 250 000 $\times$ 0,019 88 = 4 970. Ensuite, en additionnant les décès ainsi obtenus et en faisant le rapport à la population fictive totale, on obtient un taux ajusté.

Cette méthode d'ajustement s'appelle l'«ajustement direct» (ou «standardisation directe»). On s'est servi des taux spécifiques réels qu'on a appliqués à une distribution de population identique fictive. L'ajustement des mesures peut également être effectué par l'ajustement indirect, méthode qui consiste à l'inverse à appliquer des taux identiques fictifs aux distributions de population réelles.

3.7 LES MODÈLES (OU TYPES) D'ÉTUDES EN ÉPIDÉMIOLOGIE

Au ministère, Jean est chargé de l'étude et du contrôle des infections transmissibles sexuellement et par le sang (ITSS). Il doit pouvoir répondre à des questions comme: «Quelles sont les caractéristiques des personnes qui sont atteintes de gonococcie dans la province?», «La distribution gratuite de condoms dans les écoles, les entreprises, les bars, les hôtels et autres lieux de rencontre influe-t-elle sur l'incidence des ITSS?», «Les personnes affectées par une ITSS ont-elles eu un nombre de partenaires sexuels plus élevé que les autres au cours de la dernière année?»

Toutes ces questions, de même que toutes les questions posées dans le domaine de la santé, peuvent se résumer à deux interrogations fondamentales: «quoi?» et «pourquoi?». Dans le premier cas, on s'applique à décrire un phénomène, et dans le second, on recherche les causes d'un phénomène.

L'épidémiologie offre à Jean trois méthodes de base pour mener ses études: l'étude transversale, l'étude longitudinale et l'étude cas-témoins. Le choix de l'une ou l'autre dépendra des questions auxquelles son étude devra répondre et des moyens financiers dont il disposera.

3.7.1 Les méthodes de base

L'étude transversale

Dans l'étude transversale, les données sont recueillies au cours d'une enquête à un moment précis dans le temps. Il ne se fait pas de suivi. L'étude transversale permet de décrire un problème de santé à un moment donné. Elle produit une photographie de la situation au moment de l'étude, dans la population étudiée. La prévalence est la mesure obtenue à la suite de l'étude transversale. Une étude transversale pourrait permettre de répondre à la question: «Quelles sont les caractéristiques des personnes qui sont atteintes de gonococcie dans la province?» Elle ne permettrait cependant pas de répondre aux autres questions auxquelles Jean doit fournir une réponse.

L'étude longitudinale

Alors que l'étude transversale «fige» le temps, l'étude longitudinale se déroule dans le temps et permet l'observation de l'évolution des phénomènes. Cette méthode s'applique à l'étude d'un cas (observation d'une personne), d'une série de cas (observation de plusieurs personnes dispersées dans le temps et l'espace) ou d'une ou plusieurs populations. Quand l'étude longitudinale porte sur une ou plusieurs populations, on l'appelle «étude de cohorte(s)».

Une cohorte est un ensemble d'individus ayant vécu une situation semblable au cours d'une même période. Ainsi, il y a 2 000 ans, les soldats romains, recrutés à un moment donné, partaient tous ensemble pour conquérir de nouveaux territoires. Pendant toute leur affectation, ils n'accueillaient dans leurs rangs aucune recrue. Le groupe ainsi constitué s'appelait une «cohorte». À la fin de l'affectation, la cohorte revenait à Rome, amputée des soldats qui étaient décédés ou avaient déserté. Par analogie, les études de cohorte(s) se définissent par l'étude d'un ou de quelques facteurs susceptibles de provoquer l'apparition d'une maladie dans une ou des populations (classiquement elles seront fermées, mais par extension, à certaines conditions, elles pourront être ouvertes).

À partir de ce type d'étude, on peut donc décrire un phénomène qui se déroule dans le temps. On peut aussi estimer la fréquence de la maladie chez des sujets exposés à un facteur quelconque et la fréquence de cette maladie chez des sujets non exposés à ce facteur. Puisque l'observation porte sur chacun des membres d'une cohorte, il est possible de compter le nombre de nouveaux cas de la maladie. Il est également possible de mesurer le temps écoulé entre le début de l'observation et l'apparition de la maladie, le décès ou la fin de la période d'observation. Les études de cohorte(s) permettent donc d'obtenir des mesures comme le taux d'incidence et l'incidence cumulée. Elles permettent aussi d'obtenir des prévalences et des cotes. C'est le modèle d'étude idéal en épidémiologie. Une étude de cohorte(s) permettrait de répondre à toutes les questions auxquelles Jean s'intéresse.

Dans l'étude de cohorte(s), la personne qui mène l'étude connaît le ou les facteurs d'exposition des personnes qui seront suivies. Elle suit dans le temps les personnes exposées ou non pour voir si elles contracteront la maladie. On dit de cette étude qu'elle est «prospective», puisque l'exposition mesurée ou constatée coïncide avec le début de l'étude. Il est aussi possible de faire des études de cohorte(s) rétrospectives (ou historiques) si l'étude se déroule à partir de personnes dont on connaît l'exposition à des événements documentés dans le passé et qu'il est possible d'établir la relation entre l'exposition et l'état de santé plus tard dans le temps. Par exemple, une étude longitudinale pourrait permettre de répondre à la question : «La distribution gratuite de condoms dans les écoles, les entreprises, les bars, les hôtels et autres lieux de rencontre influe-t-elle sur l'incidence des ITSS ?»

L'étude cas-témoins

Comme son nom l'indique, cette méthode implique d'emblée la comparaison de deux groupes : l'un composé de personnes atteintes de la maladie étudiée, appelées les «cas», et l'autre composé de personnes n'ayant pas contracté la maladie, appelées les «témoins». La maladie sert en quelque sorte de point de départ; on recherche ensuite une exposition antérieure. En d'autres termes, on connaît des personnes malades, les cas, et on connaît des personnes qui auraient pu être malades mais qui ne le sont pas, les témoins. À partir de ces données, on cherche le ou les facteurs qui ont amené les uns à être malades et qui ont épargné les autres. On dit de cette étude qu'elle est «rétrospective» ou «historique», puisque l'exposition mesurée ou constatée est antérieure au début de l'étude.

Les études cas-témoins sont généralement utilisées lorsque la maladie est rare ou lorsque le facteur d'exposition est inconnu. La cote de l'exposition chez les cas et celle de l'exposition chez les témoins sont les mesures obtenues à la suite de ce type d'études. Leur ratio constitue le rapport de cotes (communément appelé le *odds ratio*). Par exemple, une étude cas-témoins pourrait permettre de répondre à la question : «Les personnes affectées par une ITSS ont-elles eu un nombre de partenaires sexuels plus élevé que les autres au cours de la dernière année ? »

La figure 3.2 illustre ce concept et indique aussi les rapports qui sont mesurés dans les divers groupes comparés.

3.7.2 Une classification des études épidémiologiques

La classification des études épidémiologiques présentée ici en est une parmi d'autres. Les épidémiologistes ne sont pas encore arrivés à un consensus sur cette question. Cette classification présente cependant les grands principes et les principales distinctions que l'on trouvera dans la littérature en sciences de la santé.

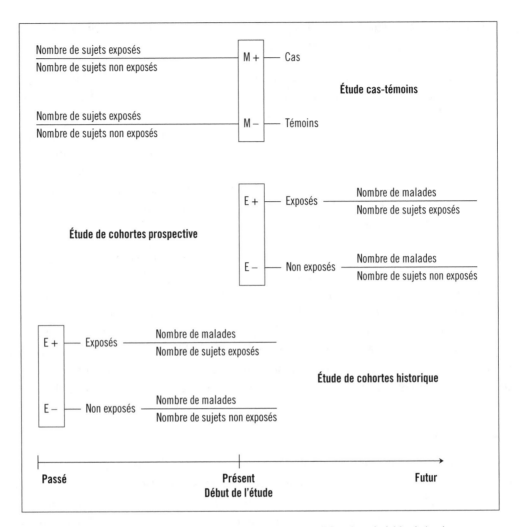

FIGURE 3.2 Relation temporelle de certains types d'études épidémiologiques

Comme on l'a vu, les questions qui se posent à Jean peuvent être classées en deux grandes catégories : d'une part, « quoi ? » (la description d'un phénomène), et d'autre part, « pourquoi ? » (la recherche des causes, l'étiologie du phénomène). L'existence d'un groupe de comparaison distingue essentiellement les études à visée étiologique des études descriptives. La figure 3.3 fournit un aperçu succinct d'une classification des divers types d'études en fonction de leur finalité.

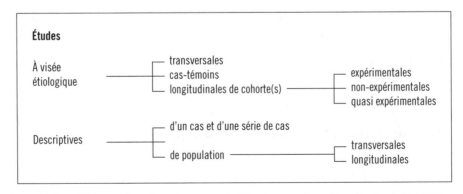

FIGURE 3.3 Classification des types d'études en fonction de leur finalité

3.7.3 **Les études à visée étiologique**

L'étude transversale

Une nouvelle usine de production de plastique est installée depuis plus d'un an dans le voisinage de la polyclinique Milo. La population du quartier s'est plainte des odeurs et de malaises divers. L'équipe de la polyclinique émet l'hypothèse que les émanations de l'usine peuvent être à l'origine des malaises. Pour appuyer ou infirmer cette hypothèse, elle décide de mener une enquête sur l'état de santé des voisins de l'usine pour le comparer à celui des habitants d'une autre partie du quartier. Comme l'équipe ne dispose pas de gros budgets, l'enquête sera menée en deux semaines et portera surtout sur les problèmes de santé actuels. Il s'agit donc d'une étude à visée étiologique, puisqu'on utilise un groupe de comparaison ; elle est transversale, puisqu'il n'y a pas de suivi.

Les études longitudinales

a) **L'étude de cohorte(s) expérimentale**

L'étude de type expérimental se rapproche des expériences scientifiques couramment pratiquées en chimie, en physique ou dans les autres sciences de la nature. Toutes les variables de temps, de lieux et de personnes sont contrôlées. Les chercheurs peuvent dans ces conditions observer les variations de la maladie en fonction des variations de l'exposition. Ce type d'étude doit être reproductible par tout autre chercheur.

Dans le domaine de la santé humaine, il est difficile de mener des études expérimentales, surtout pour des raisons éthiques. Par exemple, il ne serait pas acceptable d'inoculer une bactérie à des personnes choisies au hasard pour observer l'apparition éventuelle d'une maladie. Par contre, une compagnie pharmaceutique pourrait demander à Jean de l'aider à évaluer un nouveau médicament contre la gonococcie. Jean pourrait alors choisir au hasard un groupe de personnes parmi celles déjà atteintes de la maladie. Toujours au hasard, il administrerait le nouveau médicament à une moitié du groupe et le médicament habituel à l'autre moitié. En comparant les résultats obtenus dans les deux groupes, il pourrait évaluer l'efficacité du nouveau médicament. Cette étude de cohortes expérimentale constitue ce que l'on appelle un « essai thérapeutique hasardisé » (certains utilisent l'anglicisme « randomisé »).

Les études expérimentales sont particulièrement utiles pour déterminer l'efficacité d'un agent ou d'une intervention thérapeutique, déterminer l'efficacité d'une intervention ou d'un programme préventif, et évaluer l'efficacité de différentes méthodes de distribution des services ou des soins de santé au sein d'une population. Dans ce genre d'études, pour éviter les biais (ou erreurs systématiques, une notion abordée plus loin dans le présent ouvrage), on procède souvent en faisant une affectation à l'aveugle (le chercheur et le patient ne sachant pas ni l'un ni l'autre à quel groupe est affecté le patient) et une appréciation à l'aveugle (la personne qui apprécie ou mesure le résultat ignorant quel traitement a reçu le patient).

Lorsque l'une ou l'autre de ces techniques est utilisée, on dit que l'on mène une étude « en simple aveugle ». L'étude est dite « en double aveugle », ou « à double insu », lorsqu'elle comprend à la fois une affectation et une appréciation à l'aveugle. C'est l'idéal parce que l'on est alors certain que les attentes des chercheurs ou des patients ne viennent pas fausser les résultats. Toutefois, ce n'est pas toujours possible. Quand le traitement implique une intervention chirurgicale ou le port d'un appareil, par exemple, l'étude ne peut habituellement pas être menée en double aveugle.

b) L'étude de cohorte(s) non expérimentale

Comme il n'est pas toujours possible de mener des études expérimentales, on se limite souvent à l'observation des phénomènes tels qu'ils se produisent naturellement. Si Jean voulait connaître le degré d'efficacité du condom contre les ITSS, il ne pourrait certes pas choisir des gens et exiger que, d'une part, la moitié d'entre eux, sélectionnés au hasard, portent le condom et que, d'autre part, l'autre moitié ne le portent pas. Il devrait plutôt mener une enquête afin de recruter des personnes qui utilisent déjà ce préservatif et comparer l'incidence des ITSS dans cette cohorte à l'incidence des ITSS dans la cohorte de gens qui ne l'utilisent pas. C'est ce que l'on appelle une étude de type « non expérimental » ou « d'observation ».

c) L'étude de cohorte(s) quasi expérimentale

Jean s'interroge aussi quant à savoir si la distribution gratuite de condoms dans les écoles, les entreprises, les bars, les hôtels et autres lieux de rencontre influe sur l'incidence des ITSS.

La meilleure façon de répondre à cette question est d'aller vérifier sur le terrain. Pour que ce soit faisable, Jean commence par limiter son champ d'action aux écoles. Il repère justement deux collèges qui accueillent à peu près le même type de clientèle dans deux villes comparables du point de vue sociodémographique. Jean propose un programme de prévention des ITSS dans les deux institutions. Dans l'un et l'autre cas, on commencera par une surveillance de quelques mois qui permettra d'établir une comparaison des incidences des ITSS. Puis, on entamera le même programme de prévention dans les deux écoles. Par contre, dans l'une d'entre elles, on distribuera gratuitement les condoms, alors que, dans l'autre, ils seront vendus au prix du marché.

Ici, Jean contrôle les variables de lieux et de temps : il décide quand seront distribués les condoms et où ils seront distribués. Cependant, il ne contrôle pas vraiment les variables de personnes puisqu'il ne peut choisir au hasard les personnes qui paieront leurs condoms. Cela est déjà déterminé par l'école qu'ils fréquentent. Une étude quasi expérimentale est une étude dans laquelle le chercheur contrôle l'ensemble des facteurs, sauf les variables de personnes.

L'étude cas-témoins

Jean se demande si les personnes affectées par une ITSS ont eu un nombre plus élevé de partenaires sexuels que les autres au cours de la dernière année. Il choisit de mener une étude cas-témoins. Après un calcul savant, il estime qu'il lui faut comparer 25 personnes qui ont consulté pour une ITSS à la polyclinique Milo (cas) à 100 personnes qu'il recrutera dans la même clinique mais qui auront consulté pour autre chose qu'une ITSS (témoins). Toutes ces personnes répondront à un même questionnaire. D'emblée, l'étude cas-témoins est une étude à visée étiologique, puisque l'on compare toujours deux groupes, les malades et les témoins, au regard d'un certain nombre de variables qui seraient susceptibles d'expliquer pourquoi les uns sont souffrants alors que les autres ne le sont pas.

3.7.4 Les avantages et les désavantages des études de cohorte(s) et cas-témoins

Dans le meilleur des mondes, on devrait toujours mener des études de cohorte(s) expérimentales. Toutefois, on a vu que, pour des considérations éthiques et pratiques, les études expérimentales sont souvent impossibles. Par ailleurs, l'ensemble des moyens nécessairement mis en œuvre pour réaliser une étude de cohorte(s) qui s'étendra sur de longues années coûte très cher. Pour des raisons économiques, on optera donc souvent pour les études cas-témoins.

Les études de cohorte(s) et les études cas-témoins comportent en fait tant d'avantages que de désavantages, respectivement exposés ci-dessous :

■ Les études de cohorte(s) sont généralement plus longues et plus coûteuses que les études cas-témoins.

■ Dans les études de cohorte(s), on peut étudier le rôle d'une seule exposition sur plusieurs maladies, tandis que dans les études cas-témoins, on peut étudier le rôle de plusieurs expositions sur une seule maladie.

■ Dans les études de cohorte(s), la connaissance de l'exposition peut influencer le diagnostic, alors que dans les études cas-témoins, le diagnostic est déjà posé.

■ Dans les études de cohorte(s), l'information obtenue sur l'exposition ne peut être biaisée par la connaissance du résultat (maladie), tandis que dans l'étude cas-témoins, la connaissance de la maladie peut influencer la recherche de l'exposition.

■ Dans les études de cohorte(s), le risque d'une perte de sujets (retraits volontaires, décès, déménagements, etc.) est toujours présent, alors que ce risque est absent dans les études cas-témoins.

■ Dans les études de cohorte(s), le risque de biais est moins important que dans les études cas-témoins.

■ Les études de cohorte(s) permettent d'obtenir directement les risques relatifs ; les études cas-témoins fournissent une estimation du risque relatif (la notion de risque relatif sera expliquée au chapitre 5).

■ Les études de cohorte(s) sont inefficaces lorsque la maladie est rare, tandis que les études cas-témoins sont alors particulièrement utiles.

■ Les études de cohorte(s) sont très utiles lorsque l'exposition est rare, tandis que les études cas-témoins sont inefficaces dans une telle situation.

3.7.5 Les études descriptives

L'étude descriptive de population transversale

Jean décide de mener une petite étude pour savoir qui est atteint de gonococcie dans la province. Il demandera à 10 personnes, choisies au hasard parmi celles venant de recevoir un diagnostic de gonococcie dans un CLSC, de remplir un questionnaire anonyme sur leurs habitudes sexuelles et leurs caractéristiques sociales. Cette enquête se tiendra le mois prochain.

Les caractéristiques de cette étude sont qu'elle est effectuée sans groupe de comparaison et à un moment précis dans le temps. Comme les autres études descriptives, elle aboutira à un compte rendu qui permettra d'émettre des hypothèses, mais elle ne fournira pas d'explications.

L'étude descriptive de population longitudinale

Au ministère de la Santé, des collègues de Jean, alarmés par une recrudescence de la tuberculose dans certaines communautés autochtones, veulent obtenir une description de l'évolution de cette pathologie depuis 10 ans. Comme les données sanitaires et démographiques ont été recueillies consciencieusement dans la communauté inuite depuis de nombreuses années, les épidémiologistes du ministère ont choisi d'analyser la progression de la tuberculose dans cette communauté au cours de la dernière décennie.

Cette étude est descriptive parce qu'il n'y a pas de groupe de comparaison. Elle est longitudinale parce qu'il y a un suivi dans le temps, au sein d'une population dynamique ouverte, au sujet de laquelle les données démographiques (naissances, décès, arrivées et départs) sont suffisamment précises pour que l'on puisse estimer la population à risque et les personnes-temps à risque à tout moment. Enfin, elle est rétrospective ou historique, puisque le moment de survenue du phénomène étudié est bien antérieur à la date du début de l'étude elle-même.

L'étude d'un cas ou d'une série de cas

Dans sa pratique à la polyclinique Milo, Lisa en voit de toutes les couleurs. Joël, un travailleur social de la polyclinique, lui demande de rencontrer une patiente qui a un comportement étrange. La patiente, Mme Particulier, ne se présente plus au travail et ne répond plus au téléphone. Elle a expliqué au travailleur social que si elle n'était pas allée au travail depuis plusieurs jours, c'est d'une part parce qu'elle se sentait grippée, mais aussi parce qu'elle devait rédiger un guide de voyage interplanétaire avant la semaine prochaine. Elle a expliqué que, peu de temps après le début de sa grippe, des extraterrestres lui avaient rendu visite et lui avaient demandé de rédiger ce guide à l'intention de tous ceux qui voudraient venir les rencontrer chez eux.

Lisa a fait subir une série d'examens biochimiques et radiologiques à Mme Particulier. Tous les examens se révélèrent à peu près normaux, confirmant tout au plus un syndrome grippal, mais Lisa décida de la mettre en observation. Deux jours plus tard, Mme Particulier, visiblement anxieuse, mentionna à Lisa qu'elle n'avait aucun souvenir de ce qui s'était passé depuis les 10 derniers jours et qu'elle croyait être devenue folle. Lisa rassura sa patiente du mieux qu'elle put, lui raconta ce qu'elle savait, refit un examen complet, consulta des collègues et suivit Mme Particulier pendant plus d'un an. Tous les examens s'avérèrent normaux et Mme Particulier ne connut jamais de récidive. Par la suite, Lisa et Joël fouillèrent la littérature sans rien trouver de semblable. Ils décidèrent donc de rédiger un article pour exposer ce cas d'amnésie totale, survenue dans un contexte grippal et dont la guérison fut spontanée, et le publièrent dans le *Journal de l'Association médicale*.

Une telle présentation de cas est fréquente dans la littérature médicale. Si Lisa et Joël avaient traité du même syndrome survenu chez plusieurs personnes, leur article aurait porté sur l'étude d'une série de cas. C'est ce type d'études qui a en premier lieu attiré l'attention sur l'émergence de l'épidémie de sida. À la portée de toutes les personnes travaillant dans le domaine de la santé, ces études permettent de rendre compte de phénomènes nouveaux ou jusque là méconnus. Elles permettent la formulation d'hypothèses et ouvrent la voie à des études à visée étiologique.

3.7.6 Des variations sur le thème des études épidémiologiques

L'étude écologique

Il est possible de varier interminablement la combinaison des méthodes, des visées et des plans d'études. En particulier, si l'on recueille des renseignements sur des sous-populations plutôt que sur des personnes, on dira que l'on fait une étude écologique. Dans ce type d'étude, l'unité d'observation n'est plus une personne, mais un groupe de personnes : classe, usine, communauté, quartier, ville, etc. Ce type d'étude reste du domaine descriptif. On pourrait par exemple établir dans un graphique la corrélation entre la proportion de femmes qui ont annuellement un dépistage des lésions au niveau du col (test Pap) (axe des x) et le taux d'incidence du cancer du col utérin (axe des y) pour chaque province du Canada. Un tel graphique permettrait de voir la relation entre les deux variables. Théoriquement, les taux les plus faibles de cancer du col utérin devraient être notés dans les provinces où la proportion de femmes qui ont régulièrement un test Pap est élevée.

> ### Exemple 3.16
> Blanche, une sage-femme, s'intéresse à l'effet des maisons de naissance sur la croissance et le bien-être de la population. Elle choisit de comparer les caractéristiques des communautés dotées d'une maison de naissance à celles des communautés où il n'y en a pas.

L'étude de tendance

Un autre type d'étude souvent utilisé est l'étude de tendance, qui vise à mesurer la fréquence et à évaluer la répartition d'un phénomène (maladie ou décès dans le temps). Une façon de mener une étude de tendance consiste à répéter à intervalles réguliers des études transversales auprès des mêmes populations.

Exemple 3.17

Raymond, un gérontologue, veut connaître l'évolution de la grippe dans les institutions de soins de longue durée sur une période de 10 ans. Il choisit cinq centres de la région (dans le jargon du métier, on les appelle les « centres sentinelles »). Tous les ans, en novembre, il mesurera la prévalence de la grippe dans ces centres. L'analyse de ces données périodiques lui permettra de dégager la tendance de la fréquence de cette pathologie dans ce milieu.

En résumé

Dans ce chapitre, nous avons passé en revue les outils permettant d'établir les bases du jugement clinique concernant les risques auxquels sont exposés les patients. La démarche clinique s'alimente des données tirées de l'anamnèse de la personne qui consulte ainsi que des données sur ses habitudes de vie et sur ses environnements social, professionnel et autres. Quand elles sont chiffrées, les données doivent être relativisées par rapport à d'autres données, ce qui permet d'avoir une idée plus exacte de leur poids et de saisir l'importance du problème qui fait l'objet d'investigation. L'utilisation du rapport sous différentes formes (proportion, taux, ratio, indice) aide à établir la comparaison, mais une prise en compte des caractéristiques de la population étudiée (statique ou dynamique, ouverte ou fermée) est nécessaire, comme il est aussi essentiel de procéder à des ajustements quand il est question de comparer des données provenant de deux ou plusieurs populations. Les ajustements, qui peuvent être obtenus selon une procédure directe ou indirecte, consistent à standardiser les données à partir des mêmes référentiels, permettant ainsi de réduire les effets des facteurs de confusion. La prévalence, le taux d'incidence et l'incidence cumulée sont des mesures de fréquence ou de densité régulièrement utilisées en épidémiologie pour faire état de la manifestation des problèmes de santé et des effets des interventions mises en place pour les contrôler. L'espérance de vie et bien d'autres indicateurs de la santé (mortalité, morbidité, létalité) fournissent des renseignements sur la santé et la qualité de vie d'une population. Afin de décrire les problèmes de santé, d'en expliquer l'étiologie et d'évaluer l'efficacité des interventions, l'épidémiologie mène des études en utilisant trois principaux modèles (étude transversale, étude longitudinale, étude cas-témoins) et en s'appuyant sur des devis expérimentaux, quasi expérimentaux ou non expérimentaux.

www.cheneliere.ca/simpson

Une section Exercices vous est offerte sur ce site Web.

4

LA LECTURE CRITIQUE DES ÉTUDES DESCRIPTIVES : ÉTUDES D'UN CAS ET D'UNE SÉRIE DE CAS

Auteur de la deuxième édition : Pierre Deshaies
Auteur de la première édition : Pierre Deshaies, avec la contribution de Nicole Audet

Au terme de ce chapitre, vous pourrez :
- juger de la pertinence d'un article portant sur un cas ou une série de cas;
- juger de la qualité scientifique d'un article portant sur un cas ou une série de cas;
- juger de l'utilité, pour votre pratique, du contenu et des résultats d'un article portant sur un cas ou une série de cas;
- prendre une décision appropriée sur la pertinence de modifier votre pratique clinique à la lumière d'un article portant sur un cas ou une série de cas.

Objectifs	Contenu
1. Décrire les caractéristiques d'une étude portant sur un cas ou une série de cas	1.1 Pertinence, importance, intérêt, utilité des études d'un cas et d'une série de cas 1.2 Mesures de fréquences (série de cas) 1.3 Forces, faiblesses et limites
2. Préciser les exigences de qualité d'une publication scientifique portant sur une étude d'un cas ou d'une série de cas	2.1 Résumé, introduction, description du cas, discussion de l'étude du cas 2.2 Résumé, introduction, méthode, résultats, discussion de l'étude de la série de cas
3. Procéder à l'analyse critique de ces deux types de publications scientifiques à l'aide de critères objectifs	3.1 Grille d'analyse de l'étude d'un cas et d'une série de cas
4. Expliquer la portée de ces deux types de publications scientifiques au regard de l'avancement des connaissances et de leur utilisation en pratique	4.1 Portée et limites des études d'un cas et d'une série de cas

Un cas

Sarah consulte un jeudi soir à l'urgence de l'hôpital où Lisa est le médecin de garde. Âgée de 20 ans, étudiante en sciences de la santé, elle lui raconte qu'elle souffre depuis 5 jours de nausées, de vomissements et de douleurs abdominales. Ces malaises sont apparus environ huit heures après l'ingestion de ce qu'elle croit être des champignons « magiques ». Par ailleurs, la jeune femme affirme n'avoir eu aucune hallucination à la suite de leur ingestion.

Sarah n'a aucun antécédent médical ni chirurgical particulier. À l'examen physique, Lisa note une tension artérielle élevée, soit 160/100 mm Hg. La valeur du potassium sérique, soit 5,3 mmol/l, et celle de l'urée sanguine, soit 10,1 mmol/l, sont aussi anormalement élevées. Les autres indices révélés lors de l'anamnèse et de l'examen physique ainsi que par les examens de laboratoire, notamment l'analyse d'urine, l'amènent à poser un diagnostic d'insuffisance rénale aiguë. C'est une raison suffisante pour justifier l'hospitalisation de Sarah[1].

Lisa est intriguée par le cas de Sarah. En effet, elle n'était pas au courant du lien qu'il pouvait y avoir entre l'ingestion de champignons hallucinogènes et l'insuffisance rénale. Connaît-on une association entre l'ingestion de tels champignons et l'insuffisance rénale aiguë? S'agit-il d'un cas inusité qui mériterait de faire l'objet d'une publication?

Pertinence clinique

Les connaissances actuelles sont fondées en bonne partie sur les observations scientifiques faites par des praticiens ou des chercheurs isolés, observations qui peuvent certes être transmises par tradition orale à des pairs. Cependant, afin qu'un plus grand nombre de personnes puissent en bénéficier, elles ont avantage à être communiquées sous forme d'écrits dans des revues scientifiques. En effet, lorsqu'un médecin ou un chercheur fait une observation qui lui semble inusitée ou inédite, comme celle dont Sarah a fait l'objet, il doit se demander si le phénomène observé n'est nouveau que pour lui ou si l'ensemble de la communauté scientifique le méconnaît encore à ce jour. En premier lieu, une recherche documentaire et une consultation auprès de ses confrères lui permettront de répondre à son questionnement. En second lieu, si après vérification l'observation s'avérait inédite, il serait pertinent et souhaitable d'en faire part à la communauté scientifique.

Cependant, toute observation inusitée doit-elle faire l'objet d'une publication scientifique? Comment distinguer l'anecdote, le fait bizarre, du fait scientifique pertinent? À ce chapitre, Lisa aura à prendre une décision en ce qui concerne le cas de Sarah. Elle devra faire l'analyse de son observation en fonction de critères de pertinence, comme, par exemple, la survenue d'un fait dans des circonstances inhabituelles, une présentation de signes et de symptômes inusités, des complications méconnues ou un traitement inédit. Le cas échéant, la rédaction d'un article devra suivre quelques règles bien établies.

4.1 L'ÉTUDE D'UN CAS

4.1.1 Les caractéristiques de l'étude d'un cas

L'étude d'un cas (le *case report* anglo-saxon) est le type d'étude le plus simple et le plus spontané*. Sa conception et sa rédaction sobres en font l'une des formes les plus accessibles et les plus fréquentes de transmission écrite de la connaissance scientifique. Cette façon de communiquer serait d'ailleurs des plus anciennes, car on rapporte qu'Hippocrate l'utilisa pour ses descriptions écrites de cas cliniques.

---

* Il importe de noter que ce dont il est ici question, c'est bien d'une étude « d'un » cas, et non pas d'une étude « de » cas. La distinction, qui peut sembler subtile, est appréciable : en effet, l'étude de cas (le *case study* anglo-saxon), ou la recherche synthétique de cas, est définie dans la littérature comme faisant appel à une stratégie de recherche qualitative en profondeur, donc différente et plus complexe, d'abord élaborée en sciences sociales.

Les auteurs d'articles scientifiques choisissent généralement un type d'étude en fonction de la disponibilité des données et de la faisabilité de l'étude. Ainsi, Lisa a reconnu ce qui lui semblait, à première vue, constituer un fait inusité dans sa pratique clinique. Intuitivement, elle a émis l'hypothèse d'un lien entre l'ingestion des champignons que Sarah croyait être des champignons « magiques » (à noter qu'il pouvait s'agir d'un autre type de champignons reconnus pour leur toxicité rénale) et l'insuffisance rénale aiguë dont la jeune patiente a souffert.

L'étude d'un cas est souvent le point de départ de la description d'une maladie ou d'un syndrome nouveau ou jusqu'alors méconnu, de signes et de symptômes cliniques inhabituels ou de réactions indésirables importantes à certains médicaments jusque-là inconnues. Elle peut aussi traiter d'une nouvelle approche diagnostique ou thérapeutique d'un problème de santé connu, de la manifestation d'une maladie connue observée pour la première fois dans une population particulière, d'un nouveau traitement pour une maladie jusque-là fatale ou d'une relation possible et jusqu'alors insoupçonnée entre deux maladies.

L'étude d'un cas peut aussi être utilisée dans le cadre de l'enseignement aux étudiants ou du développement professionnel continu. On applique alors à un cas complexe une recherche approfondie de données fondées sur des preuves afin d'en élucider le diagnostic ou le choix de traitement[2]. Cet apprentissage peut inciter à se tenir à l'affût du phénomène décrit chez d'autres patients.

L'étude d'un cas permet à l'occasion de suggérer des hypothèses de lien causal entre un facteur de risque et une maladie, mais elle ne permet pas de les vérifier; elles devront être testées au moyen de devis d'étude appropriés. En outre, elle est parfois utile pour décrire un nouveau concept de pathogenèse, pour remettre en question ou parfaire les connaissances existantes ou encore pour stimuler la recherche.

> ### Exemple 4.1
>
> Un médecin exerçant auprès de patients atteints de maladies mentales publie l'étude du cas d'un patient à qui on administre du lithium. La concentration plasmatique de ce médicament augmente dramatiquement chez ce patient après un traitement concomitant au kétorolac, un agent anti-inflammatoire non stéroïdien (AINS). Compte tenu de l'interaction médicamenteuse connue des différents AINS avec le lithium, l'auteur propose que l'on ajoute le kétorolac à la liste des produits non recommandés pour les patients recevant du lithium[3].

4.1.2 Les forces, les faiblesses et les limites de l'étude d'un cas

Malgré la pertinence et l'utilité décrites précédemment, l'étude d'un cas présente plusieurs faiblesses du point de vue méthodologique et des limites quant à son interprétation. Par définition, elle porte sur un seul cas sans comparaison avec d'autres cas semblables ou des témoins. Elle ne permet habituellement pas de généraliser, et encore moins de confirmer l'hypothèse d'une association entre une exposition et une maladie. Par conséquent, elle ne peut que très exceptionnellement modifier les critères de la prise de décision clinique jusqu'alors acceptés.

4.1.3 L'évaluation de la qualité des publications scientifiques portant sur l'étude d'un cas (les exigences de publication)

Bien que la facture de l'étude d'un cas puisse varier, elle doit présenter certaines caractéristiques de structure et de contenu qui en attestent la qualité. Cette structure diffère sensiblement de celle des autres types d'articles scientifiques. Ainsi, il est difficile d'imaginer une section portant sur la méthode dans un article traitant de l'étude d'un cas, puisqu'on n'y décrit qu'un seul cas.

Le résumé

L'étude d'un cas peut présenter un résumé, bien que ce ne soit pas absolument nécessaire. En fait, cette exigence est généralement dictée par l'éditeur du périodique dans lequel on cherche à faire publier l'article.

L'introduction

L'introduction doit mettre en lumière les caractéristiques particulières du cas observé justifiant, par leur caractère unique ou inusité, qu'il fasse l'objet d'une publication au moyen d'explications adéquates, et s'appuyer sur des observations déjà présentées dans la littérature. Elle doit en outre permettre au lecteur de déterminer rapidement si l'étude peut l'intéresser.

Exemple 4.2

Lisa consulte quelques collègues omnipraticiens et spécialistes. Elle relève dans la littérature que des cas d'ingestion de champignons toxiques appartenant à certaines espèces d'*Amanita* ou de *Cortinarius* ayant entraîné une insuffisance rénale aiguë ont été signalés en Europe. Bien que ces champignons poussent également en Amérique du Nord, Lisa ne repère aucun rapport de cas semblables survenus sur ce continent. Elle décide donc de soumettre un article portant sur le cas de Sarah. Les éléments mentionnés ci-dessus feront justement partie de l'introduction de cet article.

La description du cas

La description du cas doit être claire et brève tout en présentant tous les détails pertinents relatifs au cas. Elle doit en exposer les caractéristiques essentielles qui ont amené les auteurs à poser un diagnostic plutôt qu'un autre.

Exemple 4.3

Dans cette section de l'article, Lisa décrit bien la séquence des événements qui ont précédé l'apparition des symptômes chez sa patiente, les symptômes eux-mêmes, l'absence des effets hallucinogènes attendus, les résultats anormaux de l'analyse d'urine, l'évolution vers la guérison spontanée de l'insuffisance rénale et l'absence d'autres facteurs connus qui auraient pu entraîner une insuffisance rénale. Son raisonnement lui permet de conclure que tout concorde pour donner l'ingestion de champignons de type *Cortinarius* comme cause probable de la maladie de Sarah.

La description que Lisa fait du cas permet d'en arriver au diagnostic d'insuffisance rénale aiguë d'origine toxique. Elle met en lumière le lien temporel entre l'ingestion de champignons non hallucinogènes et l'apparition subséquente de la maladie.

La discussion

Bien qu'elle soit parfois facultative, cette section de l'article peut se révéler utile, car elle compare l'étude en question avec d'autres études semblables, et décrit l'étendue et l'ampleur de la recherche documentaire, si cela n'a pas déjà été fait dans l'introduction. Les auteurs doivent aussi discuter des questions suivantes : « Les observations cliniques présentées justifient-elles le diagnostic posé ? », « Y a-t-il d'autres explications plausibles ? » et « Comment interprète-t-on les éventuelles observations contradictoires ? » En dernier lieu, la discussion présente les implications de l'étude pouvant amener le lecteur à modifier ses vues sur la question, ainsi que des indications sur la direction que pourraient prendre des études futures, ou le traitement de cas semblables dans la mesure où d'autres études plus poussées confirmeraient subséquemment les hypothèses qui y sont posées.

Exemple 4.4

Lisa discute des mécanismes physiopathologiques connus de la toxicité grâce à des études sur des animaux. Enfin, elle termine en mentionnant que, compte tenu de l'engouement pour les champignons hallucinogènes et des erreurs fréquentes dans l'identification des différentes espèces de champignons, on devra envisager, dans les cas d'insuffisance rénale aiguë inexpliquée, qu'une intoxication due à l'ingestion de champignons puisse être en cause.

4.2   L'ÉTUDE D'UNE SÉRIE DE CAS

4.2.1 Les caractéristiques de l'étude d'une série de cas

L'étude d'une série de cas est une extension de l'étude d'un cas. Outre les applications décrites précédemment pour l'étude d'un cas, elle peut aussi permettre de décrire les circonstances d'apparition de maladies rares et de donner des indications sur les caractéristiques générales des personnes atteintes (âge, sexe, etc.) ainsi que sur les facteurs associés à la maladie, sur le pronostic, le traitement et la prévention. La réalisation d'une étude de ce type peut également permettre de rendre compte d'éléments utiles à la pratique, telles une description des répercussions de la maladie sur la famille et sur l'utilisation des ressources communautaires, ou une description plus détaillée de l'évolution de la maladie au fil du temps.

Exemple 4.5

La légionellose est maintenant une cause connue de pneumonie et elle est devenue une maladie à déclaration obligatoire au Québec. De plus, l'évolution des connaissances depuis les premières études de série de cas a permis d'établir que les chauffe-eau constituaient l'une des sources possibles de contamination, ainsi que de mettre en place certaines mesures de contrôle.

Pendant l'été 1976, une épidémie de pneumonie s'est déclarée à Philadelphie lors d'une convention de la Légion américaine à laquelle participaient environ 5 000 personnes. L'épidémie a touché 211 personnes et entraîné la mort de 29 d'entre elles. La description de cette série de cas a fait ressortir notamment une caractéristique commune : ces personnes avaient toutes fréquenté le lobby d'un même hôtel avant que la maladie se déclare. Les cultures et les examens histopathologiques habituels des lésions pulmonaires n'ont mis aucun microorganisme en évidence à ce moment-là. Ce n'est que plus tard que l'on a réussi à isoler une bactérie jusqu'alors inconnue qui se serait dispersée à partir du système de climatisation de l'hôtel. On a nommé cette bactérie *Legionella pneumophila* et donné le nom de « légionellose » à la nouvelle maladie, en mémoire des victimes de l'épidémie de Philadelphie. Des études rétrospectives ont par la suite permis de déceler des cas méconnus de légionellose datant de 1943. Plusieurs études ont subséquemment indiqué que les bactéries du genre *Legionella* sont une cause courante de pneumonie dans la population et sont souvent à l'origine d'infections contractées à l'hôpital (nosocomiales), particulièrement chez les personnes immunosupprimées.

Exemple 4.6

Le 5 juin 1981, la revue américaine *Morbidity and Mortality Weekly Report*[4] publiait une étude d'une série de cinq cas de patients souffrant d'une pneumonie à *Pneumocystis carinii* ; les cinq patients étaient hospitalisés dans trois hôpitaux de Los Angeles, en Californie. Cette observation semblait alors inusitée, car cette pneumonie, considérée comme une infection opportuniste très rare à l'époque, ne touchait que des personnes souffrant d'une immunodéficience marquée. Les caractéristiques rapportées dans l'étude mentionnaient que les cinq patients ne se connaissaient pas et n'avaient eu aucun contact commun. Cependant, tous étaient du sexe masculin et homosexuels.

Un mois plus tard, la même revue rapportait 26 cas de sarcome de Kaposi, un cancer rare aux États-Unis, survenu aussi chez des hommes homosexuels habitant New York et la Californie. Un an plus tard, on avait rapporté, chez des personnes auparavant en bonne santé, 355 cas de ce que l'on désignait toujours à l'époque par l'appellation hybride « sarcome de Kaposi et infections opportunistes », ces dernières incluant la pneumonie à *Pneumocystis carinii*.

Finalement, c'est en septembre 1982 que l'on commença à utiliser le vocable maintenant bien connu de « syndrome de l'immunodéficience humaine acquise », ou « sida ». À ce moment déjà, l'analyse des caractéristiques épidémiologiques des cas rapportés laissait soupçonner une cause infectieuse, bien que le virus n'eût pas encore été isolé. Les facteurs de risque alors identifiés étaient les suivants : homosexualité ou bisexualité, utilisation de drogues intraveineuses, origine haïtienne et hémophilie A. Les hypothèses de transmission par contact sexuel ou par contact avec le sang ou ses sous-produits sont toutes issues de ces études d'un cas et de séries de cas.

Exemple 4.7

Pendant l'été 1999, l'observation de deux cas inexpliqués de fièvre et d'encéphalite a été rapportée aux autorités de santé publique par un infectiologue astucieux. Au même moment, on avait remarqué le décès de corneilles sauvages et d'oiseaux du zoo du Bronx avec évidence d'hémorragie cérébrale. L'enquête et les recherches en laboratoire ont permis d'identifier le virus du Nil occidental (VNO) comme étant la cause de ces événements[5]. Le VNO était jusqu'alors absent du continent américain. Cette confirmation de l'introduction de ce nouveau virus avec son potentiel épidémique a entraîné des campagnes préventives importantes.

Par ailleurs, dans certaines situations, comme l'apparition de quelques cas d'une maladie très rare, l'étude d'une série de cas peut permettre de poser des hypothèses causales très justes. À la limite, lorsqu'une maladie n'a effectivement qu'une cause unique, la découverte de cette dernière peut permettre de déduire un lien de cause à effet entre celle-ci et la maladie.

Exemple 4.8

Actuellement, plusieurs travailleurs en usine bénéficent de certaines mesures de protection et de surveillance médicale. Le cas particulier de la survenue du cancer du foie chez quelques travailleurs exposés au chlorure de vinyle offre un exemple de l'importante contribution des études de série de cas. En effet, en 1974, deux médecins américains rapportaient trois cas d'un cancer rare du foie chez des travailleurs d'une usine de polymérisation de chlorure de vinyle[6]. Cette observation fournit une preuve raisonnable qui permet de considérer l'exposition au chlorure de vinyle comme un facteur déterminant dans les cas observés. Des études épidémiologiques plus poussées ont par la suite confirmé cette association.

4.2.2 **Les forces, les faiblesses et les limites de l'étude d'une série de cas**

À l'instar de l'étude d'un cas, l'étude d'une série de cas présente, à quelques variantes près, les mêmes faiblesses méthodologiques et limites quant à son interprétation. Ses faiblesses tiennent au fait qu'elle porte en général sur un petit nombre de patients souvent sélectionnés en fonction de la disponibilité des données et non de la représentativité de la population à laquelle ils appartiennent. Par ailleurs, il n'y a pas, dans ce type d'étude, de sujets témoins auxquels on pourrait comparer les patients. Ainsi, on ne peut presque jamais, en se basant sur de telles études, démontrer des associations entre un facteur de risque et une maladie. On ne peut guère davantage s'en servir pour faire la preuve de l'efficacité d'un traitement. Contrairement aux autres types d'études, les conclusions des études d'une série de cas ne peuvent donc pas être généralisées à toute la population. Par conséquent, elles ne peuvent que très exceptionnellement modifier les critères de la prise de décision clinique jusqu'alors acceptés.

4.2.3 L'évaluation de la qualité des publications scientifiques portant sur l'étude d'une série de cas (les exigences de publication)

Les critères généraux de publication d'un article scientifique s'appliquent plus aisément lorsqu'il s'agit d'une étude d'une série de cas que lorsqu'il s'agit d'une étude d'un cas.

Le résumé

Le résumé constitue une partie essentielle de l'étude d'une série de cas. Il s'agira généralement d'un résumé structuré, c'est-à-dire que chacune des parties de l'article y sera résumée, sans omission.

L'introduction

L'introduction doit comporter les mêmes éléments que ceux que comporte une étude d'un cas.

La méthode

Une section « Méthode » doit décrire clairement le procédé au moyen duquel les cas présentés ont été retenus, soit la définition de cas utilisée, la provenance des cas, les observations faites et la façon dont celles-ci ont été faites. Le lecteur devrait pouvoir ainsi juger si les résultats de l'étude peuvent s'appliquer à ses patients. De fait, une série de cas identifiés dans le cadre d'une pratique spécialisée en centre hospitalier de référence de troisième ligne pourrait être fort différente de cas similaires observés dans une pratique de première ligne.

Les résultats

La section « Résultats » doit passer en revue les caractéristiques générales des patients, c'est-à-dire les variables telles que l'âge, le lieu de résidence, la saison et les autres observations spécifiques pertinentes dans le contexte de l'étude présentée. Non seulement y précisera-t-on les fréquences absolues et relatives, mais on y résumera souvent les informations à l'aide de mesures de tendance centrale, comme le mode, la moyenne et la médiane, et de mesures de dispersion, comme l'étendue et l'écart type. Les résultats les plus intéressants seront présentés à l'aide de tableaux ou de graphiques.

La discussion

Cette section doit comporter les mêmes éléments que ceux qui figurent dans l'étude d'un cas.

4.3 GRILLE D'ANALYSE DES ÉTUDES D'UN CAS ET D'UNE SÉRIE DE CAS

La grille présentée ici permet l'évaluation de la qualité de la forme et du contenu d'un article portant sur une étude d'un cas ou d'une série de cas[8].

TABLEAU 4.1 Grille d'analyse servant à évaluer la qualité d'un article portant sur l'étude d'un cas ou d'une série de cas

Sections	Critères d'analyse
Résumé	Chacune des sections de l'article est-elle résumée adéquatement ?
Introduction	Le raisonnement justifiant que l'on rapporte le ou les cas est-il bien conduit ? Ce raisonnement est-il appuyé de façon adéquate par des références ?
Méthode	Le procédé au moyen duquel le ou les cas ont été retenus est-il décrit clairement ? La provenance du ou des cas est-elle bien établie ? La définition de cas utilisée est-elle présentée clairement ? Le type d'observations et la façon dont elles ont été faites sont-ils cités explicitement ?
Résultats	Le ou les cas sont-ils décrits de façon suffisamment détaillée ? brièvement ? de façon claire ? Les mesures de fréquences correspondant aux caractéristiques du ou des cas (variables telles que l'âge, le sexe, etc.) sont-elles précisées ? Pour l'étude d'une série de cas, les mesures de fréquences correspondant aux observations spécifiques pertinentes dans le contexte de l'étude présentée sont-elles précisées ? Les résultats des examens diagnostiques sont-ils décrits adéquatement ? Les résultats inhabituels d'examens de laboratoire sont-ils accompagnés des valeurs normales ?
Discussion	Les observations appuyant le diagnostic posé par les auteurs sont-elles présentées adéquatement ? Les observations justifiant les recommandations des auteurs sont-elles présentées adéquatement ? Les autres explications plausibles sont-elles considérées et réfutées ?

Source : Inspiré de Squires, B.P. « Reports of case series : What editors expect from authors and peer reviewers », *Journal de l'Association médicale canadienne*, 1990, vol. 142, p. 1205-1206.

L'encadré suivant rappelle de façon synthétique les forces et les faiblesses communes et distinctes des études d'un cas et d'une série de cas.

ENCADRÉ 4.1 Forces et faiblesses des études d'un cas et d'une série de cas

Forces communes aux deux types d'études
- Permettent la détection rapide et la description de :
  - maladies et syndromes nouveaux ou jusqu'alors méconnus ;
  - présentations cliniques inattendues ou inhabituelles d'une maladie ;
  - réactions indésirables ou bénéfiques importantes aux médicaments, ou interactions médicamenteuses jusqu'alors inconnues ;
  - nouvelles relations ou variations dans le développement des maladies ;
  - nouvelles approches diagnostiques ou thérapeutiques ;
  - la manifestation d'une maladie connue dans une population jusqu'alors non touchée ;
  - nouveaux traitements pour des maladies jusque-là fatales ;
  - relations possibles et jusqu'alors insoupçonnées entre deux maladies ;
  - l'évolution de la maladie au fil du temps, de manière plus détaillée ou inattendue.
- Peuvent mener à des hypothèses de lien causal entre une exposition et une maladie.
- Complètent ou remettent en question des connaissances existantes sur les maladies, leurs causes et leur traitement.
- Stimulent la recherche.
- Servent pour l'enseignement.

Forces exclusives aux études d'une série de cas
- Peuvent permettre la détection rapide et la description des :
  - mécanismes de transmission des maladies ;
  - répercussions de la maladie sur la famille ;
  - répercussions de la maladie sur l'utilisation des ressources communautaires.
- Donnent des indications sur la fréquence des facteurs associés à la maladie, sur le pronostic, le traitement et la prévention.
- Peuvent être utilisées pour l'évaluation de la qualité de l'acte (assurance qualité).

>>>

ENCADRÉ 4.1 Forces et faiblesses des études d'un cas et d'une série de cas (*suite*)

Faiblesses communes aux deux types d'études

- Ne permettent pas de :
  - généraliser les résultats de l'observation à toute la population ;
  - confirmer une hypothèse en démontrant des associations entre une exposition et une maladie.
- Ne peuvent pas :
  - servir de preuve de l'efficacité d'un traitement ;
  - modifier les critères de la prise de décision clinique jusqu'alors acceptés, sauf très exceptionnellement dans le cas de l'étude d'une série de cas.

Faiblesses exclusives aux études d'une série de cas

- Se fondent généralement sur un petit nombre de cas sélectionnés en fonction de la disponibilité des données.
- Ne comparent pas les cas choisis à des sujets témoins.

4.4 LES ENJEUX ÉTHIQUES POUR LES ÉTUDES D'UN CAS OU D'UNE SÉRIE DE CAS

Le professionnel de la santé a le devoir de partager ses connaissances avec ses pairs en faisant preuve de rigueur scientifique et de prudence et en prenant en considération les connaissances les plus à jour.

Il doit aussi tenir compte de l'autonomie du patient qui pourrait refuser que l'étude de son cas soit publiée à cause de risques possibles de se faire identifier par des tiers, voire d'être stigmatisé. Il est préférable d'obtenir le consentement du patient. À défaut, il faut obtenir l'autorisation des autorités compétentes.

Enfin, il doit assurer la protection et la confidentialité des renseignements personnels et cliniques publiés, en n'incluant que ceux qui sont nécessaires.

En résumé

L'étude d'un cas est une forme de communication fréquemment rencontrée dans la littérature scientifique. Lisa l'a utilisée pour faire part à la communauté scientifique de son observation d'un cas d'insuffisance rénale aiguë causée par une intoxication aux champignons dont il est permis de croire qu'ils sont de type *Cortinarius*. Cette étude d'un cas survenu au Canada attire l'attention du lecteur sur la possibilité que l'on trouve sur le continent nord-américain une telle cause d'insuffisance rénale, jusqu'alors rapportée uniquement en Europe.

L'étude d'un cas peut également élargir les horizons et permettre l'acquisition de nouvelles connaissances au sujet d'une maladie, de son évolution, de ses conséquences ou de son traitement. Certains critères permettent d'en apprécier la qualité, tant sur le plan de la forme que sur celui du contenu. L'étude d'un cas peut mener à des hypothèses mais ne les confirme pas ; elle informe sur une situation particulière mais ne permet pas de généraliser à toutes les situations semblables ; et elle complète ou remet en question des connaissances déjà existantes. Elle demeure encore de nos jours une forme de communication scientifique pertinente.

L'étude d'une série de cas possède toutes les forces et les limites de l'étude d'un cas. En outre, elle permet au lecteur de prendre connaissance des mesures de fréquences des caractéristiques des cas et des observations spécifiques pertinentes dans le contexte particulier de l'étude. En de très rares occasions, elle peut amener à proposer un lien de causalité entre une maladie et une exposition à un ou plusieurs facteurs, ce qui permet d'agir en se fondant sur ces données.

A une époque où l'apprentissage repose sur les données fondées sur des preuves, l'étude d'un cas et l'étude d'une série de cas ont encore pleinement leur place. En effet, elles permettent d'établir des faits jusque-là inconnus ou non reconnus. Les études à visée étiologique ne pouvant être effectuées que sur des sujets connus, elles viendront ensuite confirmer ou infirmer ces faits.

Somme toute, l'étude d'un cas et l'étude d'une série de cas constituent des formes de communication des connaissances ayant une grande capacité de détecter ou de découvrir des nouveautés. Elles représentent aussi un moyen privilégié d'enseignement et d'assurance qualité[9].

www.cheneliere.ca/simpson

Une section Exercices vous est offerte sur ce site Web.

NOTES ET RÉFÉRENCES

1. Cet exemple est tiré d'un cas réel rapporté dans Raff, E., P.F. Halloran et C.M. Kjellstrand. « Renal failure after eating magic mushrooms », *Journal de l'Association médicale canadienne,* 1992, vol. 147, p. 1339-1341, [en ligne]. [http://www.pubmedcentral.nih.gov/picrender.fcgi?artid=1336442&blobtype=pdf] (page consultée le 13 mai 2008)

2. Godlee, F. « Applying research evidence to individual patients », *British Medical Journal,* 1998, vol. 316, p. 1621-1622, [en ligne]. [http://www.pubmedcentral.nih.gov/picrender.fcgi?artid=1113231&blobtype=pdf] (page consultée le 6 mai 2008)

3. L'article original est le suivant : Langlois, R. et D. Paquette. « Increased serum lithium levels due to ketorolac therapy », *Journal de l'Association médicale canadienne,* 1994, vol. 150, p. 1455-1456, [en ligne]. [http://www.pubmedcentral.nih.gov/picrender.fcgi?artid=1486635&blobtype=pdf] (page consultée le 6 mai 2008). On peut trouver de nombreux autres exemples dans le *Journal of Medical Case Reports* (http://www.jmedicalcasereports.com/), qui se spécialise depuis février 2007 dans la publication de cette forme d'écrits, ainsi que dans la plupart des grands journaux médicaux tels que le *New England Journal of Medicine, The Lancet* et le *Journal de l'Association canadienne médicale.*

4. CDC. Pneumocystis pneumonia – Los Angeles. MMWR 1981 ; 30:250-2, [en ligne]. [http://www.cdc.gov/mmwr/preview/mmwrhtml/june_5.htm] (page consultée le 13 mai 2008)

5. Anonyme. « Exotic diseases close to home », *The Lancet,* 1999, vol. 354, n° 9186, p. 1221, [en ligne]. [http://www.thelancet.com/journals/lancet/article/PIIS0140673699001774/fulltext] (abonnement requis) (page consultée le 6 mai 2008)

6. Cet exemple est tiré de Creech, J.L. et M.N. Johnson. « Angiosarcoma of liver in the manufacture of polyvinyl chloride », *Journal of Occupational Medicine and Toxicology,* 1974, n° 16, p. 150-151, [en ligne]. (Accès à la revue en ligne) [http://www.occup-med.com/home/] (abonnement requis) (page consultée le 6 mai 2008)

7. Ramulu, V.G., R.B. Levine, R.S. Hebert et S.M. Wright. « Development of a case report review instrument », *International Journal of Clinical Practice,* 2005, vol. 59, n° 4, p. 457-461, [en ligne]. (Accès à la revue en ligne) [http://www.blackwellpublishing.com/ijcp_enhanced/] (abonnement requis) (page consultée le 6 mai 2008)

8. Le lecteur pourra également consulter, à titre d'information complémentaire, les instructions aux auteurs, soit les critères de recevabilité, de publication et de format d'écriture de la revue *Journal of Medical Case Reports,* à l'adresse Internet suivante : http://www.jmedicalcasereports.com/info/instructions/.

9. Les références suivantes traitent de façon complémentaire de l'utilité et de la pertinence des études d'un cas et d'une série de cas : Vandenbroucke, J.P. « In Defense of Case Reports and Case Series », *Annals of Internal Medicine,* 2001, vol. 134, n° 4, p. 330-334, [en ligne] [http://www.annals.org/cgi/reprint/134/4/330.pdf] et Vandenbroucke, J.P. « Case reports in an evidence-based world », *J R Soc Med,* 1999, vol. 92, n° 4, p. 159-163, [en ligne] [http://www.pubmedcentral.nih.gov/picrender.fcgi?artid=1297135&blobtype=pdf] (page consultée le 6 mai 2008).

5

LES MESURES D'ASSOCIATION ET LA CAUSALITÉ

Auteurs de la deuxième édition : André Simpson, Thomas Matukula Nkosi
Auteur de la première édition : Yv Bonnier Viger

Au terme de ce chapitre, vous pourrez :

- expliquer les concepts et les méthodes en épidémiologie qui permettent de déterminer les causes des maladies et des décès ;
- juger de la validité des publications scientifiques en épidémiologie qui abordent les causes des maladies et des décès ;
- juger de la validité d'une publication scientifique en épidémiologie qui évalue l'efficacité du traitement des maladies.

Objectifs	Contenu
1. Interpréter les mesures d'association	1.1 Risque attribuable, risque relatif, rapport de cotes, risque relatif à la population et coefficient de corrélation linéaire
2. Expliquer les conditions d'une association causale	2.1 Association, temporalité et conséquence 2.2 Critères de causalité
3. Interpréter les mesures d'impact	3.1 Fraction étiologique chez les exposés, fraction prévenue chez les exposés, fraction étiologique dans la population totale, fraction prévenue dans la population totale

Un cas

Il y a trois ans, au cours d'une visite en milieu scolaire, Danielle, infirmière à la polyclinique Milo, reçoit Rabi, un solide gaillard de 15 ans qui la consulte à propos d'une acné qui le gêne beaucoup.

« J'ai entendu dire que les filles de l'école se préparaient une tisane à partir d'une plante (elles appellent ça du « petit thé »), et que cela faisait disparaître leur acné. Est-ce que ça pourrait régler mon problème ? »

Danielle ne connaît pas le « petit thé » en question. Elle décide de se renseigner. Le « petit thé » serait en fait une infusion de chiogène*. La littérature officielle est muette quant à ses vertus thérapeutiques.

Puisque l'usage de cette infusion est assez répandu chez les adolescentes de la région, l'équipe propose de mener une étude pour savoir s'il existe vraiment une association entre ladite infusion et l'acné et, le cas échéant, pour savoir si l'on peut établir un lien de cause à effet entre la consommation d'une infusion de chiogène et la diminution de l'acné.

Pertinence clinique

Un bon nombre de traitements traditionnels s'avèrent farfelus, mais plusieurs ont une efficacité réelle. Comment peut-on les départager ? L'épidémiologie offre des modèles et des types d'études permettant de cerner cette réalité. En épidémiologie, on retrouve une série de mesures permettant de dégager des associations ou des liens entre les variables catégorielles ou quantitatives observées, pour quantifier l'intensité et l'impact de ces associations.

Toutefois, le fait de mettre en lumière une association entre deux variables implique-t-il obligatoirement que l'une d'elles soit la cause de l'autre ? Pas nécessairement. Les critères de causalité permettent de guider le jugement à cet égard.

L'équipe de la polyclinique a donc décidé de mener une étude à visée étiologique de type expérimental au cours de laquelle elle a comparé deux cohortes d'adolescentes. Danielle a dirigé l'étude.

Désignés par le hasard, un premier groupe a consommé le « petit thé » (groupe T+) et un second, un placebo (groupe T−). Marie-Louise, pharmacienne à la polyclinique, s'est chargée de préparer les infusions ; elle était la seule à pouvoir reconnaître la substance à l'étude. Il s'agissait donc d'un essai thérapeutique en double aveugle, ou à double insu. Puisque l'acné évolue par épisodes intermittents, la durée des épisodes a été notée pour les deux groupes.

Pendant les trois années qu'a duré l'étude, tout s'est bien déroulé. Toutes les adolescentes ont été suivies du début à la fin ; aucune n'a été perdue de vue. On a ainsi pu mesurer l'incidence cumulée et le taux d'incidence des épisodes d'acné dans les deux groupes pendant toute la période.

Certains résultats sont présentés dans les tableaux 5.1 et 5.2 (à noter que les données présentées dans ces tableaux sont fictives et farfelues).

---

* Le chiogène hispide (*Chiogenes hispidula*) est un arbuste nordique, rampant, à petites feuilles alternes, dont l'arôme rappelle l'essence de wintergreen.

TABLEAU 5.1 Acné chez des adolescentes de 11 ans à 15 ans consommant du « petit thé » ou un placebo et suivies pendant 3 ans

	Groupe T+ (« petit thé »)	Groupe T− (placebo)	Total
A fait de l'acné	55	65	120
N'a pas fait d'acné	45	35	80
Total	100	100	200

TABLEAU 5.2 Nombre d'épisodes d'acné chez des adolescentes de 11 ans à 15 ans consommant du « petit thé » ou un placebo et suivies pendant 3 ans

	Groupe T+	Groupe T−	Total
Nombre d'épisodes d'acné	138	168	306
Expérience en années*	275	285	560

* Cumul des années sans acné (années à risque) dans les deux groupes.

5.1 LES MESURES D'ASSOCIATION

Les mesures d'association permettent de vérifier s'il existe une relation entre un ou plusieurs facteurs et la présence ou l'absence de la maladie ou des décès. Elles permettent également de mesurer la force de cette association.

5.1.1 Le risque attribuable (RA)

Le risque attribuable permet de mesurer la différence entre le risque d'être atteint de la maladie ou de décéder chez les personnes exposées et chez les personnes non exposées. On soustrait à cette fin la fréquence de la maladie ou des décès observée chez les personnes non exposées à la même mesure de fréquence chez les personnes exposées.

En consultant le tableau 5.1, on constate que dans le groupe T+, le risque d'être atteint d'au moins un épisode d'acné est de 55 %, alors qu'il est de 65 % dans le groupe T−. La différence de risque* est donc de 55 % − 65 %, soit −10 %. On nomme cette différence le « risque attribuable » (RA). Lorsque le risque est le même dans les deux groupes, le risque attribuable est égal à 0. C'est ce que l'on appelle la « valeur nulle » pour le RA.

À la lumière de cette différence, on peut affirmer que les jeunes filles de 11 ans à 15 ans qui consomment du « petit thé » risquent** un peu moins de faire de l'acné que celles qui n'en consomment pas. C'est

---

*   On verra au chapitre 6 que la différence observée ici peut être due en partie à l'effet du chiogène hispide, en partie au hasard et en partie à des erreurs qui peuvent fausser les résultats des études. Supposons pour le moment que l'étude ne comporte pas d'erreurs et que le hasard n'ait pas joué ; la différence de risque est donc attribuable à l'effet du « petit thé ».

** Il importe de noter que, dans le contexte de la statistique et de l'épidémiologie, les termes « probabilité », « chance » et « risque » sont employés comme des synonymes et ne véhiculent aucune connotation affective. Ainsi, on emploiera indistinctement les expressions « probabilité de mourir », « chance de mourir » ou « risque de mourir », tout comme on parlera indifféremment de la « probabilité », de la « chance » ou du « risque » d'obtenir un effet protecteur pour la santé.

donc dire que le chiogène hispide aurait un certain effet protecteur contre l'acné. En effet, ce que le risque attribuable indique, c'est que la différence de 10 % constatée entre les deux groupes est probablement due à la consommation du « petit thé ». Autrement dit, pour 100 jeunes filles qui prennent du « petit thé », on préviendrait l'apparition d'acné chez 10 d'entre elles. Donc, le risque attribuable est une mesure d'impact; en étant négatif, il révèle un effet protecteur.

Évidemment, le risque attribuable n'est pas toujours négatif. Ainsi, dans une étude britannique où des médecins de 35 ans et plus, fumeurs et non fumeurs, ont été observés sur une période de quatre ans et demi[1], on a trouvé que le taux de mortalité par cancer du poumon (ajusté selon l'âge) était de $0,07 \times 10^{-3}$ an^{-1} pour les non-fumeurs, alors qu'il était de $0,9 \times 10^{-3}$ an^{-1} pour les fumeurs. La différence de risque (exprimée ici comme une différence de taux) est dans ce cas de $0,83 \times 10^{-3}$ an^{-1}. On peut donc penser que le fait de fumer entraîne un excès de 83 décès par cancer du poumon par 100 000 fumeurs-année.

En somme, dans le contexte d'une association protectrice, le RA permet d'estimer le nombre de cas que le facteur a réussi à prévenir. En revanche, dans le contexte d'une association causale, le RA permet d'estimer le nombre de cas attribuables au facteur ou, en d'autres mots, le nombre de cas qui auraient pu être évités si l'exposition à ce facteur n'avait pas eu lieu.

5.1.2 Le risque relatif (RR)

Le risque relatif permet de calculer le rapport entre le risque d'être atteint de la maladie ou de décéder observé chez des personnes exposées et le risque chez des personnes non exposées au facteur étudié.

Ainsi, on peut également considérer l'association entre deux variables en faisant le rapport de leurs mesures. Lorsque ces mesures sont des proportions ou des taux, le rapport des mesures s'appelle « risque relatif » (RR)[2].

Le rapport de proportions (d'incidences cumulées ou de prévalences)

Pour mesurer la force de l'association entre la consommation de « petit thé » et l'acné, Danielle a calculé le rapport des incidences cumulées. À la lumière des données recueillies (voir le tableau 5.1), le rapport des risques (celui des adolescentes exposées par rapport à celui des adolescentes non exposées), ou risque relatif, est de :

$$\frac{55/100}{65/100}, \text{ soit } 0,85$$

Lorsque les risques sont les mêmes dans les deux groupes, le rapport des risques est égal à 1. Un rapport égal à 1 indique qu'il n'y a pas d'association entre le facteur étudié et l'effet observé. C'est ce que l'on appelle la « valeur nulle » pour le RR.

Lorsque le rapport est différent de 1, c'est qu'il existe une association entre le facteur étudié et l'effet observé. Si le rapport est plus petit que 1, c'est que le risque pour les personnes exposées au facteur a été moins grand que pour les personnes non exposées. Le facteur « protège » en quelque sorte les personnes qui y ont été exposées. En revanche, si le rapport est plus grand que 1, c'est que le risque pour les personnes exposées au facteur a été plus grand que pour les personnes non exposées. Dans ce cas, le facteur augmente la probabilité d'observer l'effet chez les personnes exposées.

Danielle pourrait par conséquent conclure que le « petit thé » protège contre l'acné les personnes qui en consomment.

Le rapport de taux (d'incidence ou de mortalité)

Lorsqu'une étude a inclus la mesure des taux d'incidence ou de mortalité, il est possible de calculer le risque relatif à partir du rapport de ces taux. Si les taux sont les mêmes dans les deux groupes, le rapport des taux sera égal à 1. Un rapport égal à 1 indique qu'il n'y a pas d'association entre le facteur étudié et l'effet observé.

En s'appuyant sur les données du tableau 5.2, Danielle constate que le taux d'incidence des épisodes d'acné dans le groupe ayant consommé du « petit thé » est de 502 pour 1 000 personnes-année à risque, alors qu'il est de 590 pour 1 000 personnes-année à risque dans le groupe n'ayant pas consommé de « petit thé ». Le risque relatif obtenu à partir de ces taux d'incidence est le suivant : 502/590 = 0,85.

Comme c'est le cas en ce qui concerne le rapport de proportions, lorsque le rapport de taux est différent de 1, c'est qu'il existe une association entre le facteur étudié et l'apparition de la maladie ou des décès. Si le rapport est plus petit que 1, c'est que le facteur diminue la probabilité que la maladie ou les décès surviennent. Si le rapport est plus grand que 1, c'est que le facteur augmente la probabilité que la maladie ou les décès surviennent.

Il importe également de retenir que dans une même étude, comme c'est le cas dans l'étude de Danielle, que l'on calcule le risque relatif à l'aide du rapport d'incidences cumulées (rapport de proportions selon le tableau 5.1) ou à l'aide du rapport de taux d'incidence (rapport de taux selon le tableau 5.2), le résultat du risque relatif sera le même.

Les risques relatifs que l'on rapporte dans la plupart des études sont plus grands que 1. Les figures 5.1 et 5.2 illustrent, par exemple, les risques relatifs de mortalité (rapports de mortalité) par cancer du poumon chez les fumeurs, calculés en fonction, respectivement, du nombre de cigarettes qu'ils consomment chaque jour et de l'âge qu'ils avaient lorsqu'ils ont commencé à fumer[3].

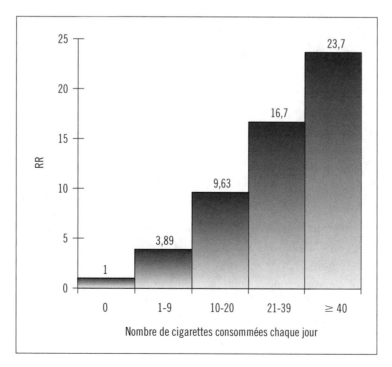

FIGURE 5.1 Risque relatif (RR) de mortalité par cancer
du poumon en fonction du nombre
de cigarettes consommées chaque jour

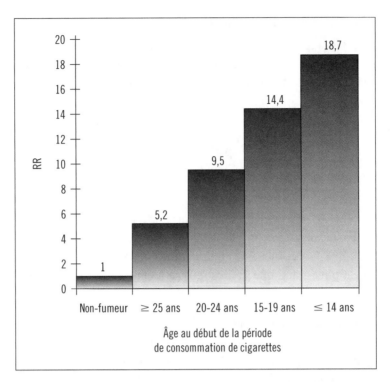

FIGURE 5.2 Risque relatif (RR) de mortalité par cancer
du poumon en fonction de l'âge au début
de la période de consommation de cigarettes

On note à la figure 5.1 que le risque de mourir par cancer du poumon augmente avec le nombre de cigarettes fumées chaque jour. À la figure 5.2, on remarque aussi que, plus la personne était jeune lorsqu'elle a commencé à fumer, plus ce risque est élevé. Ainsi, on peut affirmer qu'un fumeur qui a commencé à fumer à 14 ans présente environ 19 fois plus de chances de mourir d'un cancer du poumon qu'un non-fumeur du même âge. De même, un fumeur qui consomme environ un paquet de cigarettes par jour a 17 fois plus de chances de mourir d'un cancer du poumon qu'un non-fumeur du même âge.

5.1.3 Le rapport de cotes (RC)

Le rapport de cotes est uniquement utilisé dans le cadre des études à visée étiologique cas-témoins. Il permet d'établir le rapport entre la cote d'exposition chez les personnes atteintes de la maladie (les cas) et la cote d'exposition chez les personnes qui ne sont pas atteintes de la maladie (les témoins).

Danielle s'est demandé si le fait de souffrir d'allergies avait une influence sur l'apparition de l'acné. Elle a donc sélectionné au hasard 40 filles qui avaient fait de l'acné pendant l'étude (les cas) et 40 autres qui n'en avaient pas fait (les témoins), pour ensuite comparer leurs prédispositions allergiques. Comme elle avait pris soin de recueillir une anamnèse complète pour toutes les adolescentes participant à l'étude, il lui a été facile de repérer, à partir des dossiers, celles qui souffraient de rhume des foins, d'asthme ou de toute autre manifestation allergique. Elle se trouvait ainsi à mener une étude cas-témoins au sein de la cohorte constituée par les jeunes filles. Le tableau 5.3 résume ses observations.

Il importe de noter que le fait de choisir un nombre particulier de cas et de témoins a une influence directe sur le calcul du risque. En effet, le rapport entre le nombre de personnes allergiques qui ont fait de l'acné (25) et celui de l'ensemble des personnes allergiques (30) est largement fonction du nombre de cas et de témoins que Danielle aura choisi d'inclure dans l'étude. Un risque relatif calculé sur cette

TABLEAU 5.3 Acné chez des adolescentes de 11 ans à 15 ans, suivies pendant 3 ans, en fonction de la présence de manifestations allergiques (A+) ou non (A−)

	A+	A−	Total
A fait de l'acné (cas)	25	15	40
N'a pas fait d'acné (témoins)	5	35	40
Total	30	50	80

base ne serait pas adéquat. Par contre, les statisticiens ont établi que le rapport de cotes estimait assez correctement le risque relatif*.

Le rapport de cotes, de même que le rapport de taux, s'interprète comme le risque relatif. Lorsque le rapport est différent de 1, c'est qu'il existe une association entre le facteur étudié et l'effet observé. Si le rapport est plus petit que 1, c'est que la cote pour les personnes exposées au facteur est moins grande que pour les personnes non exposées. Comme pour le rapport de risques, le facteur « protège » en quelque sorte les personnes qui y ont été exposées. Par contre, si le rapport est plus grand que 1, c'est que la cote pour les personnes exposées au facteur est plus grande que pour les personnes non exposées. Le facteur augmente par conséquent la probabilité d'observer l'effet chez les personnes exposées.

Danielle a donc calculé le rapport de cotes qui estime le risque de faire de l'acné si l'on souffre d'allergies, lequel s'est révélé être de :

$$\frac{25/5}{15/35}, \text{ soit } 11{,}67$$

Après avoir évalué la part du hasard et des autres erreurs qui auraient pu fausser les mesures obtenues, Danielle en conclut qu'il existe une association positive indiquant que les personnes allergiques ont environ 12 fois plus de chances de faire de l'acné que celles qui ne le sont pas.

Les données qui servent au calcul des diverses mesures d'association examinées ci-dessus sont habituellement représentées dans ce que l'on appelle un « tableau croisé » ou « tableau de contingence », dont le tableau 5.4 constitue en quelque sorte un « modèle » et dont le tableau 5.1 constitue un exemple.

TABLEAU 5.4 Tableau croisé (ou tableau de contingence) permettant de représenter les données qui servent au calcul des diverses mesures d'association

	Exposé	Non exposé	Total
Malade	*a*	*b*	*a + b*
Non malade	*c*	*d*	*c + d*
Total	*a + c*	*b + d*	*a + b + c + d*

Les mesures de taux d'incidence sont également généralement présentées sous forme de petit tableau, dont le tableau 5.5 constitue en quelque sorte un « modèle » et dont le tableau 5.2 constitue un exemple.

---

* En effet, on a vu à la section 3.2.4 que la cote est un ratio. Au numérateur de ce rapport on trouve le nombre de cas, et au dénominateur le nombre de témoins. Ainsi, la cote des allergiques est ici de 25/5, et celle des non-allergiques de 15/35. La cote peut aussi être exprimée par le rapport entre le nombre d'exposés sur le nombre de non-exposés chez les cas ou chez les témoins. Le rapport entre la cote d'exposition chez les cas 25/15 et la cote d'exposition chez les témoins 5/35 donnerait le même résultat, soit 11,67.

TABLEAU 5.5 Tableau permettant de représenter
les mesures de taux d'incidence

	Exposé	Non exposé	Total
Malade	a	b	$a + b$
Expérience	T_1	T_0	$T_1 + T_0$

Le calcul des différentes mesures à partir des données représentées dans un tableau de contingence s'effectue au moyen des formules suivantes :

$$RA = \frac{a}{a + c} - \frac{b}{b + d}$$

$$RR = \frac{a/a + c}{b/b + d}$$

$$RC = \frac{ad}{bc}$$

$$RI = \frac{a/T_1}{b/T_0}$$

5.1.4 Le risque relatif à la population (RRP)

Roxanne a pu obtenir le taux de mortalité chez l'ensemble des adultes de la ville de New York pour l'année précédente. Par ailleurs, grâce à son doigté et à ses nombreux contacts, elle connaît aussi le nombre de décès survenus dans la communauté des UDI au cours de la même année. Elle s'est demandé si le taux de mortalité dans cette communauté était comparable à celui de la population adulte dans son ensemble. Épidémiologiquement parlant, ce que Roxanne veut faire, c'est comparer le risque de mourir dans la communauté des UDI au risque de mourir dans la population en général. Il s'agit donc d'une extension de la notion de risque relatif; au lieu de comparer le risque dans deux groupes, les exposés et les non-exposés, elle compare le risque dans un groupe particulier au risque connu dans la population à laquelle appartient ce groupe. En anglais, cette mesure d'association porte le nom de « *Standardized Mortality (or Morbidity) Ratio* » *(SMR)*, une appellation qui est même utilisée dans des textes publiés en d'autres langues. Dans le présent ouvrage, on désignera cette mesure par le nom de « risque relatif à la population » (RRP).

Le RRP est utile chaque fois que l'on connaît un risque d'un événement (mort ou maladie) dans un groupe exposé à un facteur, mais en l'absence d'un groupe de comparaison non exposé qui rendrait possible le calcul d'un risque relatif simple. Si l'on connaît le risque que cet événement se produise dans la population dont est issu le groupe, on pourra arriver à cerner le RR. Le RRP sera d'autant plus proche du RR que la taille de la population sera grande comparativement à celle du groupe considéré et que le RR ne sera pas trop grand[4].

Dans la pratique, on connaît généralement le nombre de cas ou de décès dans le groupe exposé au facteur étudié et il est relativement aisé de calculer l'incidence cumulée de l'événement. Par contre, la population générale est une population dynamique ouverte et l'incidence cumulée ne s'y calcule pas facilement. On supposera donc que le taux d'incidence (I) a été constant pendant la période d'observation (*t*) et que le taux d'incidence multiplié par le temps d'observation est faible. Dans ces conditions, IC = I × Δ*t*.

Si l'on applique ce risque au groupe observé, on obtient le nombre de décès ou de malades attendus, c'est-à-dire le nombre de décès ou de cas qui auraient été observés si la mortalité ou la morbidité dans la population étudiée (le groupe) avait été la même que dans la population générale (celle dont est issue la population étudiée). En définitive, établir le rapport des deux risques consiste à établir le rapport entre les événements observés et les événements attendus[5] :

$$\text{RRP} = \frac{\text{événements observés}}{\text{événements attendus}} = \frac{o}{A}$$

Exemple 5.1

Roxanne a recensé 217 décès dans la communauté des UDI sur une période de un an. Cette communauté comptait environ 10 000 personnes en milieu d'année. Pour la même année, à New York, la mortalité (M) chez les adultes était de $10,2 \times 10^{-3}$ an^{-1}. En postulant que le taux de mortalité a été stable cette année-là et que M × Δ*t* était faible, le risque de mourir calculé sur un an serait de $10,2 \times 10^{-3}$. Le nombre de décès attendus (A) s'exprimerait donc comme suit :

$$A = 10\ 000 \text{ personnes} \times \frac{10,2}{1\ 000}, \text{ soit 102 décès}$$

Quant au risque relatif à la population (RRP), il serait de :

$$\frac{217 \text{ décès}}{102 \text{ décès}}, \text{ soit 2,13}$$

Roxanne en conclut que le risque de décès était à peu près deux fois plus élevé dans la communauté des UDI que dans la population adulte de la ville de New York cette année-là.

Les mesures d'association et les types d'études

On a vu que contrairement aux études à visée étiologique transversales ou longitudinales de cohorte(s), les études à visée étiologique cas-témoins ne permettent pas de calculer des mesures de fréquence de la maladie ou des décès chez les exposés et les non-exposés parce que le nombre de cas et de témoins déterminés par le chercheur influencera directement ce calcul. Ainsi, les différentes mesures d'association doivent être utilisées dans des contextes d'étude précis. Le tableau 5.6 qui suit résume les mesures d'association pouvant être utilisées selon les différents types d'études à visée étiologique.

TABLEAU 5.6 Mesures d'association selon le type d'étude à visée étiologique

Type d'étude à visée étiologique	Type de mesure d'association
Transversale et longitudinale de cohorte(s)	Risque attribuable (RA) Risque relatif (RR) : • Rapport de proportions • Rapport de taux
Cas-témoins	Rapport de cotes

5.1.5 **Le coefficient de corrélation linéaire**

Les risques attribuable et relatif et les rapports de cotes mesurent l'association entre des variables catégorielles. Pour mesurer l'association entre des variables quantitatives continues, il faut recourir à une autre technique.

Mounkaïla, un collègue épidémiologiste de Lisa, a effectué une étude pour la compagnie d'assurances Viéternelle. L'un des propriétaires de cette compagnie est revenu d'un voyage au Swaazi, il y a quelques années, avec la conviction que la racine de «youmiyoum» abaissait significativement la tension artérielle. Comme il a été démontré qu'il existe une relation entre la tension artérielle diastolique élevée et le décès précoce, il a réussi à convaincre ses associés de mener une vigoureuse campagne de promotion auprès des clients de la compagnie. Celle-ci fournissait même le «youmiyoum» gratuitement à ceux qui en faisaient la demande, en leur indiquant que la dose recommandée était de 200 mg/jour. Cependant, il était bien connu que le goût amer de la racine en rebutait plusieurs.

Après trois ans, le conseil d'administration voulut savoir si ses efforts étaient rentables. À titre de fournisseur, il connaissait la quantité fournie et prétendument consommée par chacun de ses clients. Il connaissait aussi la tension artérielle diastolique moyenne de ceux-ci avant le début de la campagne de promotion et après ces trois années; la tension diastolique moyenne avait en fait baissé d'environ 3 mm Hg pendant cette période. Le conseil d'administration a donc demandé à Mounkaïla s'il existait une association entre la quantité de «youmiyoum» consommée pendant les trois années en question et la différence de tension artérielle diastolique observée. Mounkaïla présente les résultats de son étude aux membres du conseil d'administration.

«L'étude a montré que, au cours des trois dernières années, la tension artérielle diastolique des clients a diminué de 2,8 mm Hg en moyenne avec un écart type de 1,2 mm Hg. Pendant cette même période, la consommation moyenne de "youmiyoum" a été de 64,7 g par client avec un écart type de 22,4 g.

«Pour vérifier l'association entre la consommation de "youmiyoum" et la modification de la tension artérielle, j'ai calculé le coefficient de corrélation linéaire entre ces deux variables. Il faut savoir que le coefficient de corrélation linéaire "r" nous renseigne sur l'intensité de la relation linéaire entre deux variables quantitatives et sur le sens de cette relation. Si la relation est forte, le coefficient de corrélation, en valeur absolue, sera près de 1, ce qui démontrera une relation entre la consommation de "youmiyoum" et la modification de la tension artérielle. Si en revanche la relation est faible, le coefficient, toujours en valeur absolue, sera près de 0. Dans ce cas, il n'y aura pas de relation entre la consommation de "youmiyoum" et la modification de la tension artérielle. Par ailleurs, une relation directement proportionnelle donnera un coefficient de corrélation positif. Cela traduira une augmentation de la tension artérielle correspondant à l'augmentation de la consommation de "youmiyoum". Une relation inversement proportionnelle donnera un coefficient négatif, qui exprimera plutôt le résultat recherché, soit une diminution de la tension artérielle associée à l'augmentation de la consommation de "youmiyoum". Le tableau 5.7 résume les valeurs possibles du coefficient de corrélation linéaire.

TABLEAU 5.7 Valeurs du coefficient de corrélation linéaire

Relation	Forte	Faible
Proportionnelle	→ 1	→ 0
Inversement proportionnelle	→ ⁻1	→ 0

→ 1 : tend vers 1.

«Voyons comment cela s'applique dans le cas qui nous occupe. L'hypothèse de départ de votre compagnie était que plus les personnes ingéreraient de "youmiyoum", plus leur tension artérielle diastolique diminuerait. C'est donc dire que la modification de la tension artérielle devait être inversement proportionnelle à la consommation de "youmiyoum". Si cette hypothèse avait été vérifiée, nous aurions observé un coefficient de corrélation linéaire près de −1 entre la consommation de "youmiyoum" et la différence de tension artérielle observée (tension après un an de consommation – tension au début). La représentation graphique de ce phénomène aurait donné la figure 5.3.

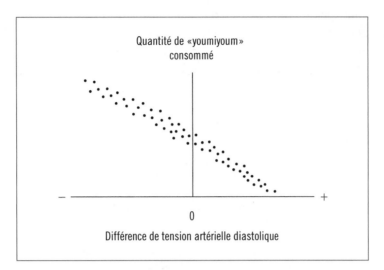

FIGURE 5.3 Relation linéaire inversement proportionnelle correspondant à un coefficient de corrélation près de −1

« Si, par contre, à l'inverse de vos attentes, il y avait eu une relation linéaire directe entre le "youmiyoum" et la tension artérielle diastolique, nous aurions observé un coefficient de corrélation linéaire près de 1, ce qui aurait signifié que plus on consommait de "youmiyoum", plus la tension artérielle diastolique s'élevait. Graphiquement, on aurait obtenu la figure 5.4.

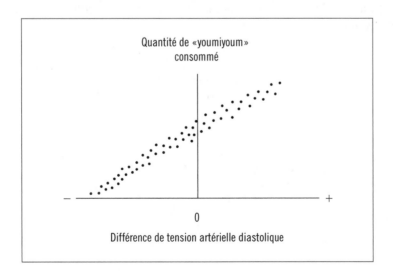

FIGURE 5.4 Relation linéaire proportionnelle correspondant à un coefficient de corrélation près de 1

« Je vous fais grâce des calculs effectués au cours de l'étude. Je me contenterai de vous dire qu'ils m'ont donné un coefficient de corrélation linéaire de 0,07, un résultat bien près de 0. J'en déduis qu'il n'existe pas de corrélation linéaire entre la consommation de "youmiyoum" et la tension artérielle. Devant un tel résultat, deux interprétations sont possibles. Dans le premier cas, il n'y a aucune corrélation entre le "youmiyoum" et la tension artérielle diastolique, ce qui revient à dire que la consommation de cette plante n'a aucun effet sur la tension artérielle. Dans le second cas, il y a une corrélation, mais elle n'est pas linéaire.

« Examinons cette seconde possibilité. En effet, on peut penser que, jusqu'à l'atteinte d'une certaine dose, la tension artérielle diminue et que, une fois cette dose "dépassée", elle augmente à nouveau. On peut comprendre intuitivement que dans un tel cas, les deux tendances opposées s'annulent, ce qui explique qu'on obtienne un coefficient de corrélation bien près de 0. En voici la représentation graphique.

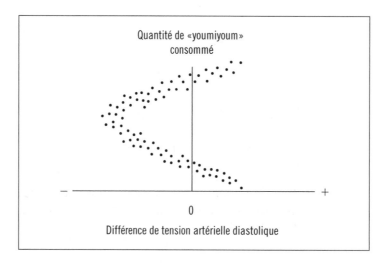

FIGURE 5.5 Relation non linéaire correspondant à un coefficient de corrélation linéaire près de 0

« Malheureusement, le graphique illustrant la relation entre la quantité de "youmiyoum" consommé et la différence de tension artérielle diastolique établie en fonction des résultats de notre étude se présente plutôt comme la figure que voici.

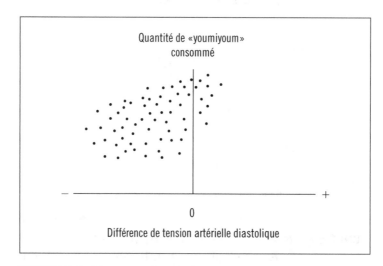

FIGURE 5.6 Absence de relation entre les variables correspondant à un coefficient de relation près de 0

«Comme vous pouvez le constater, il n'y a aucune relation entre les deux variables étudiées. La baisse de la tension artérielle diastolique moyenne est donc due à une cause autre que la consommation de "youmiyoum". »

À la lumière de ce résultat, la campagne de promotion fut immédiatement interrompue et le «youmiyoum» tomba dans l'oubli le plus absolu. Ce qui explique d'ailleurs pourquoi c'est la première et la dernière fois que vous en entendez parler!

5.2 LA CAUSALITÉ

Lors d'une réunion de l'équipe de la polyclinique, Danielle présente les premiers résultats de l'étude sur le chiogène hispide. À l'aide de techniques abordées plus loin dans cet ouvrage (voir le chapitre 11), elle a déterminé que l'association entre la plante et la diminution de l'acné n'est pas due au hasard mais qu'elle est bel et bien significative sur le plan statistique. Elle émet donc l'opinion que le chiogène hispide cause effectivement une diminution de l'acné. Un dialogue s'engage entre Lisa, sceptique, et Danielle.

«Danielle, qu'est-ce qui t'amène à parler de relation causale dans ce cas-ci? L'association est certaine sur le plan quantitatif, mais ce n'est pas parce qu'on a une association qu'on a nécessairement une cause. Par exemple, il y a probablement une association très forte entre la présence de la lune dans le ciel et la consommation d'électricité pour éclairer les routes : les deux surviennent bien plus souvent la nuit que le jour. Il n'y a pourtant aucune relation de cause à effet entre les deux phénomènes. On n'éclaire pas moins les rues quand la lune est pleine et les pannes d'électricité ne la font pas disparaître.

«Comme tu le soulignes à juste titre, Lisa, la découverte d'une association à l'aide d'une méthode d'observation quantitative ne permet pas d'établir un lien de cause à effet entre deux phénomènes. D'autres critères d'analyse doivent être vérifiés. La temporalité, ou chronologie, constitue un autre critère important. La cause doit toujours précéder l'effet. Dans notre étude, les épisodes d'acné diminuent après la consommation de "petit thé". Cependant, les critères de temporalité et d'association ne sont pas à eux seuls suffisants pour parler de relation causale.

«Il faut un critère supplémentaire pour parler de causalité. Ce critère, je l'appelle la «conséquence». Il faut pouvoir démontrer qu'un changement à la cause implique un changement de l'effet.

«Il importe de noter que cette notion de "conséquence" implique obligatoirement une relation asymétrique, et non réciproque. Une relation asymétrique existe, par exemple, quand je plonge des macaronis durs et froids dans l'eau bouillante, et que cette eau entraîne l'amollissement des macaronis. Quoi que je fasse après la cuisson, je ne peux redonner à mes macaronis leur texture originale. En revanche, une relation réciproque existe dans le cas d'une personne dépressive qui présente également des symptômes d'anxiété. L'anxiété peut être entraînée par la dépression; en même temps, la dépression peut être exacerbée par l'anxiété. »

Pour tenter de cerner la conséquence d'un facteur sur un autre, plusieurs auteurs ont en fait proposé une série de postulats, ou critères. Entre autres, Robert Koch, qui avait démontré le rôle du bacille tuberculeux dans la tuberculose, proposa en 1882 quatre postulats permettant de reconnaître un agent pathogène[6]:

■ Le «corps étranger» (ou microorganisme) doit toujours être trouvé au moment où la maladie est présente.

■ On doit pouvoir montrer, en l'isolant et en le cultivant, que le «corps étranger» est un organisme vivant distinct des organismes qu'on trouve par ailleurs chez le malade.

■ Le «corps étranger» qu'on trouve chez le malade doit être en relation avec les lésions que provoque la maladie.

■ Le «corps étranger» cultivé sur plusieurs générations doit provoquer la maladie lorsqu'il est inoculé à des animaux chez qui elle est susceptible de se développer.

«Ces critères sont cependant trop restrictifs pour être utilisés lorsqu'on recherche la cause de maladies non infectieuses. C'est ce qui a motivé Bradford Hill, en 1965, dans le contexte des débats concernant la part attribuable à la cigarette dans le cancer du poumon, à proposer les neuf critères suivants[7]:

■ la temporalité;

■ la force de l'association;

■ la consistance et la validité des résultats;

■ la spécificité;

■ la relation dose-réponse*;

■ la vraisemblance;

■ la cohérence avec les connaissances antérieures;

■ la plausibilité biologique;

■ l'analogie.

«Ces critères ont par la suite été rediscutés et maintenus avec nuances par un grand nombre d'auteurs en épidémiologie (Rothman, 1986[8]; Sackett et autres, 1991[9]; Jenicek, 1995[10]; Fletcher et autres, 1998[11]; Rothman et autres, 2008[12]). Par ailleurs, ces critères ne sont pas absolus; ils pourront être adaptés par les chercheurs aux différents contextes et objets d'étude. En effet, dans ce domaine qu'est la causalité, la recherche se poursuit et continuera de se poursuivre, puisque tout progrès scientifique est continuellement remis en question par l'acquisition de connaissances nouvelles.

«Examinons maintenant les résultats de l'étude que nous avons menée sur le «petit thé» en nous servant des critères de Hill, afin de vérifier si l'association révélée par l'approche quantitative permet de conclure à une relation de cause à effet.

TABLEAU 5.8 Application des critères de causalité

Temporalité	«Vous connaissez le protocole "à double insu" que nous avons utilisé et nous nous accordons, je crois, pour dire que cette étude est valide. «En outre, le critère de temporalité est respecté parce que le protocole d'étude nous permet de démontrer que la cause précède toujours l'effet.
Force de l'association	«Nous avons déjà vu que l'association entre la consommation de chiogène hispide et la diminution de l'acné est significative et assez forte.

>>>

---

* Le critère de relation dose-réponse est respecté lorsque l'importance de la maladie est en rapport avec l'intensité du facteur qui la cause. Ainsi, il a été démontré que le risque de cancer du poumon est d'autant plus élevé que l'exposition à la fumée de cigarette est importante, soit au chapitre de la durée (plus on a fumé longtemps, plus on risque qu'un cancer se développe), soit à celui de la quantité (plus le nombre de cigarettes fumées dans une journée est élevé, plus le risque qu'un cancer se développe l'est aussi).

TABLEAU 5.8 Application des critères de causalité (*suite*)

Consistance et validité des résultats	« Il n'est pas invraisemblable que le chiogène ait joué un rôle dans l'effet observé. Il est possible d'envisager que l'une de ses composantes, que nous ne connaissons pas encore, puisse renforcer l'épiderme et le rendre moins sensible aux lésions acnéiformes. Cela n'entre pas en contradiction avec nos connaissances antérieures.
Analogie	« Par analogie, on peut penser aux personnes chez qui l'apport en niacine (une vitamine du complexe B) est déficient. Ces personnes présentent une grave affection cutanée qui guérit rapidement lorsque le déficit est corrigé. Les adolescents qui font de l'acné souffrent peut-être d'un déficit relatif quelconque que le chiogène viendrait compenser.
Spécificité	« La spécificité, par contre, reste à démontrer. En effet, le chiogène est peut-être efficace dans le traitement d'autres affections, et l'acné est peut-être tout aussi efficacement, voire plus efficacement, traité et prévenu avec un autre agent thérapeutique.
Relation dose-réponse	« Enfin, la relation dose-réponse n'a pas été confirmée et l'étude ne peut à proprement parler prétendre à la plausibilité biologique, puisque l'ingrédient actif du chiogène est encore inconnu. »

Lisa et Danielle concluent que les résultats de l'étude sont intéressants notamment parce que le chiogène diminue le risque d'acné de 15 % (1 – 0,85). Il agit donc sur une partie des déterminants de l'acné.

Elles ajoutent : « Il est certain que des études supplémentaires sont nécessaires. Cette première étude suscite certes de l'intérêt compte tenu de la prévalence importante de l'acné chez les adolescents. Il faudrait mettre dans le coup des biologistes, des botanistes et des pharmaciens pour déceler l'ingrédient actif du chiogène. Il faudrait aussi effectuer une étude plus approfondie pour confirmer la relation dose-réponse et éventuellement permettre d'ajouter le chiogène hispide à notre arsenal thérapeutique... »

5.3 LA MESURE DE L'IMPACT D'UN FACTEUR D'EXPOSITION SUR LA FRÉQUENCE DES MALADIES ET DES DÉCÈS

5.3.1 La fraction étiologique chez les exposés

On a vu que l'impact d'un facteur d'exposition sur la fréquence de la maladie ou des décès peut être mesuré grâce au RA. On peut également exprimer cet impact grâce au rapport entre le risque attribuable et le risque chez les exposés. On obtient alors la proportion des nouveaux cas de la maladie ou des décès qui, chez les exposés, sont spécifiquement attribuables au facteur d'exposition. En reprenant les résultats de l'étude britannique sur les fumeurs citée dans la section 5.1.1, on obtient ainsi :

$$FE_1 = \frac{0,9 - 0,07}{0,9} = \frac{83 \text{ décès par cancer du poumon par } 100\,000 \text{ fumeurs-année}}{0,9} = 0,92, \text{ soit } 92\%$$

La fraction étiologique chez les exposés s'obtient également de la façon suivante :

$$\frac{RR - 1}{RR}, \text{ soit } \frac{12,9 - 1}{12,9} = 0,92, \text{ soit } 92\%$$

Cela permet d'estimer que dans l'échantillon des fumeurs étudiés, 92 % des nouveaux cas de cancer du poumon observés seraient attribuables au tabagisme. En d'autres mots, on peut estimer que le tabagisme est responsable de 92 % des cas de cancer du poumon chez les fumeurs étudiés.

5.3.2 La fraction prévenue chez les exposés

Dans le contexte d'un effet protecteur comme celui observé dans l'exemple portant sur le « petit thé », le rapport entre le RA (10 %) et le risque chez les sujets n'ayant pas consommé de thé (65 %), soit 10 % / 65 % = 15,4 %, permet d'estimer que la consommation de chiogène hispide permettrait d'éviter 15,4 % des cas d'acné qui surviennent chez les sujets qui n'en consomment pas. En d'autres mots, 15,4 % des cas potentiels d'acné ont pu être évités par la consommation de chiogène hispide chez les consommateurs de « petit thé ».

5.3.3 La fraction étiologique dans la population totale

Il est également possible de calculer la fraction étiologique dans la population totale. La population totale étant composée d'individus exposés au facteur étudié et d'individus non exposés à ce facteur, nous devons alors « pondérer » le calcul de la fraction étiologique en tenant compte du poids relatif des individus exposés et des individus non exposés. En fait, dans une population, le risque de survenue d'une maladie variera inévitablement en fonction de la proportion d'individus exposés au facteur de risque susceptible de provoquer cette maladie. Ainsi, le calcul de la fraction étiologique totale passe d'abord par le calcul du risque total.

En supposant que dans l'étude sur la relation entre le tabagisme et le cancer du poumon citée précédemment, 40 % des médecins étaient des fumeurs et 60 % des non-fumeurs, le risque exprimé par le taux de mortalité par cancer du poumon étant de 7 décès pour 100 000 personnes-année chez les non-fumeurs et de 90 décès pour 100 000 personnes-année chez les fumeurs, la fraction étiologique totale s'obtiendrait de la façon suivante :

Étape 1 :

Calcul du risque total

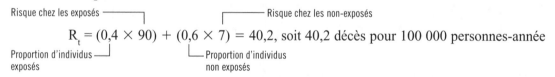

$$R_t = (0,4 \times 90) + (0,6 \times 7) = 40,2 \text{, soit } 40,2 \text{ décès pour } 100\,000 \text{ personnes-année}$$

Étape 2 :

Calcul de la fraction étiologique totale

Pour les études à visée étiologique de cohorte(s) comme dans le cas présent :

$$FE_t = \frac{R_t - R_0}{R_t} \text{, soit } \frac{40,2 - 7}{40,2} = 0,826 \text{, soit } 82,6\%$$

Ce résultat permet d'estimer que dans la population totale d'où est extrait l'échantillon des médecins, 82,6 % des décès par cancer du poumon seraient attribuables au tabagisme. Ce résultat permet également d'estimer que 82,6 % des décès par cancer du poumon auraient pu être évités si le tabagisme n'avait pas été présent dans cette population.

Pour les études à visée étiologique cas-témoins, la fraction étiologique totale s'obtient de la façon suivante :

$$FE_t = pc_1 \times \frac{RR - 1}{RR}$$

où pc_1 représente la proportion des cas exposés parmi l'ensemble des cas.

5.3.4 La fraction prévenue dans la population totale

La fraction prévenue dans la population totale s'obtient dans le contexte d'une association protectrice. Dans le cadre de l'étude de Danielle sur la consommation du « petit thé », si l'on suppose que, dans la population, 20 % des personnes consomment ce « petit thé » et 80 % n'en consomment pas, la fraction prévenue dans la population totale s'obtiendrait de la façon suivante :

Étape 1 :

Calcul du risque total

Risque chez les exposés ──────┐   ┌── Risque chez les non-exposés

$$R_t = (0,2 \times 502) - (0,8 \times 590) = 0,572, \text{ soit } 572 \text{ nouveaux cas pour } 1\,000 \text{ personnes-année}$$

Proportion d'individus ──┘   └── Proportion d'individus
exposés   non exposés

Étape 2 :

Calcul de la fraction prévenue totale

$$FP_t = \frac{R_0 - R_t}{R_0}, \text{ soit } \frac{590 - 572}{590} = 0,031, \text{ soit } 3,1\,\%$$

Le résultat de la fraction prévenue dans la population permet à Danielle d'estimer que si 20 % de la population des jeunes filles âgées entre 11 ans et 15 ans consommaient du « petit thé », cela permettrait de prévenir ou d'éviter 3,1 % des épisodes potentiels d'acné.

En résumé

Le risque attribuable, le risque relatif, le rapport de cotes, le risque relatif à la population et le coefficient de corrélation linéaire sont des mesures d'association. Quand la mesure de base est une prévalence, une incidence cumulée ou un taux d'incidence, la mesure d'association correspondante est le risque relatif. On se situe alors dans le contexte d'études à visée étiologique de cohorte(s). Dans une étude cas-témoins, on estimera le risque relatif à partir du rapport de cotes.

Le risque relatif à la population établit le rapport entre le risque des événements observés dans le groupe étudié et ce même risque estimé dans la population générale. Le coefficient de corrélation linéaire permet de mesurer l'association linéaire entre deux variables continues.

Les critères de causalité permettent quant à eux de déceler les relations causales, que la découverte d'une association au moyen des mesures quantitatives mentionnées précédemment ne permet pas à elle seule d'établir.

Enfin, les mesures d'association permettent de vérifier la présence d'une association et d'en mesurer la force. Pour leur part, les mesures d'impact telles que la fraction étiologique chez les exposés, la fraction prévenue chez les exposés, la fraction étiologique dans la population totale et la fraction prévenue dans la population totale permettent d'exprimer en pourcentage l'influence d'un facteur d'exposition sur la fréquence des maladies et des décès[13].

www.cheneliere.ca/simpson

Une section Exercices vous est offerte sur ce site Web.

NOTES ET RÉFÉRENCES

1. Doll, R. et A.B. Hill. « Lung cancer and other causes of death in relation to smoking », *British Medical Journal,* 1956, vol. 2, p. 1071.

2. Plusieurs auteurs utilisent aussi une notation propre aux mesures utilisées. Ainsi, on désigne souvent un rapport de prévalences par RP, un rapport d'incidences cumulées par RIC, un rapport de taux d'incidence par RI ou PTI, un rapport de taux de mortalité par RM ou RTM, etc. Il s'agit dans tous les cas de risques relatifs; dans ce chapitre, on utilisera une notation unique pour les désigner, soit RR.

3. Kahn, H.A. « The Dom Study of smoking and mortality among U.S. veterans : report on eight and one-half years of observations », dans Haenszel, W. (dir.). *Epidemiological Approaches to the Study of Cancer and Other Chronic Diseases,* National Cancer Institute, Monograph 19, U.S. Departement of Health, Education and Welfare, Public Health Service, janvier 1966, p. 1-125.

4. Le RRP est le rapport du risque d'un événement dans le groupe considéré, le groupe des exposés (R_g), au risque de cet événement dans la population dont est issu le groupe (R_p). Puisque le groupe fait partie de la population, le R_p est donc la somme du R_g et du risque dans le reste de la population, les non-exposés (R_0). Cette somme sera pondérée par la taille relative du groupe par rapport à la taille de la population (π).

   Le R_p, donc, s'exprime comme suit :

   $$\pi(R_g) + (1 - \pi)R_o$$

   Par conséquent, le RRP s'exprime, quant à lui, de la manière suivante :

   $$\frac{R_g}{R_p} = \frac{R_g}{\pi(R_g) + (1 - \pi)R_o}$$

   Mais puisque le $RR = R_g/R_O$, alors le RRP est égal à :

   $$\frac{RR}{\pi RR + (1 - \pi)}, \text{soit } \frac{RR}{\pi(RR - 1) + 1}$$

   Il ressort clairement de cette dernière relation que si le RR est plus petit que 1, le RRP surestimera le RR. Si le RR est plus grand que 1, le RRP sous-estimera le RR. Dans les deux cas, plus le RR sera près de 1, plus la marge d'erreur sera faible. Par ailleurs, plus petite sera la proportion π, plus bénigne aussi sera l'erreur commise.

5. Formellement, le RRP s'exprime comme suit :

   $$R_g / R_p$$

   où R_g est le risque de l'événement dans le groupe et R_p, le risque de l'événement dans la population dont est issu le groupe.

   En outre, en supposant que tout le groupe soit à risque au début de l'étude, R_g s'exprime de la manière suivante :

   $$\frac{o \text{ (événements observés)}}{n_g \text{(taille du groupe)}}$$

   Si *A* désigne les événements attendus, alors :

   $$A = R_p \times n_g$$

   et donc :

   $$RRP = o / A$$

6. Carter, K.C. « Koch's postulates in relation to the work of Jacob Henle and Edwin Klebs », *Medical History,* 1985, vol. 29, p. 353-374.

7. Hill, A.B. « The environment and disease : association or causation ? », *Proceedings of the Royal Society of Medicine,* 1965, vol. 58, p. 295-300.

8. Rothman, K.J. *Modern epidemiology,* Boston, Little, Brown and Co., 1986, p. 17-20.

9. Sackett, D.L., R.B. Haynes, G.H. Guyatt et P. Tugwell. *Clinical Epidemiology : A Basic Science for Clinical Medicine,* 2ᵉ édition, 1991, p. 294-301.

10. Jenicek, M. *Epidemiology : The Logic of Modern Medicine,* Montréal, EPIMED, 1995, p. 166-168.

11. Fletcher, R.H., S.W. Fletcher et E.H. Wagner. *Épidémiologie clinique,* 3ᵉ édition, Paris, Éditions Pradel, 1998, p. 243-250.

12. Rothman, K.J., S. Greenland et L.L. Timothy. *Modern Epidemiology,* 3ᵉ édition, Lippincott Williams & Wilkins, 2008.

13. Les références suivantes permettent d'approfondir la notion des mesures d'impact : Bernard, P.M. et C. Lapointe. *Mesures statistiques en épidémiologie,* Québec, Presses de l'Université du Québec, 1987, p. 105-117 ; Bernard, P.M. *Analyse des tableaux de contingence en épidémiologie,* Québec, Presses de l'Université du Québec, 2004, p.159-172.

6

L'UTILITÉ CLINIQUE DES NOTIONS DE PRÉCISION ET DE VALIDITÉ

Auteurs de la deuxième édition : Danielle Laurin, André Simpson
Auteur de la première édition : André Dontigny

Au terme de ce chapitre, vous pourrez :

- utiliser les notions de justesse, de validité et de précision des mesures en épidémiologie ;
- juger de la validité et de l'utilité d'une publication scientifique en vérifiant la présence de biais pouvant induire des erreurs dans les résultats d'une étude épidémiologique.

Objectifs	Contenu
1. Expliquer et utiliser les notions de base permettant d'obtenir des mesures de la santé des individus et des populations	1.1 Justesse, validité, précision des mesures
2. Expliquer les types de biais et leur(s) source(s)	2.1 Biais de sélection : d'échantillonnage (de survie sélective), de volontariat, de migration, d'admission (de Berkson), de « bonne santé des travailleurs », de publication 2.2 Biais d'information : erreurs de classification non différentielle et différentielle 2.3 Biais de confusion
3. Déterminer les moyens à prendre pour prévenir et contrôler les biais potentiels	3.1 Prévention lors de l'élaboration du protocole d'étude et contrôle lors de l'analyse 3.2 Contrôle lors de l'analyse

Un cas

Michel, 28 ans, se présente au service de consultation sans rendez-vous de la polyclinique Milo. Il se plaint de douleurs lorsqu'il urine et dit avoir observé un écoulement urétral. Ces symptômes laissent soupçonner la présence d'une ITSS. Michel fume 15 cigarettes par jour depuis l'âge de 16 ans, mais il est par ailleurs en très bonne santé. Lisa poursuit l'anamnèse et l'examen clinique, et termine la démarche diagnostique en faisant les prélèvements pertinents. Elle dispense les conseils appropriés sur le tabagisme et les ITSS, puis prend la mesure de la tension artérielle de Michel. Elle obtient des résultats de 140/84 mm Hg et de 136/80 mm Hg lors des deux prises réalisées selon les méthodes recommandées[1].

Pertinence clinique

Que ce soit à l'anamnèse, lors de l'examen clinique ou des épreuves diagnostiques, la démarche clinique et épidémiologique est fondée sur la collecte d'informations de nature qualitative et quantitative. Ces mesures orientent les décisions concernant les interventions préventives, la confirmation du diagnostic et le choix du traitement. Il est donc important de connaître les notions de base sur la façon appropriée d'obtenir ces mesures et de pouvoir juger de leur qualité. Le jugement clinique et épidémiologique est fondé sur la précision et la validité des mesures.

6.1 LA JUSTESSE D'UNE MESURE

Les mesures obtenues dans un contexte clinique ou lors d'études épidémiologiques peuvent être erronées. On reconnaît généralement deux types d'erreurs : l'erreur systématique et l'erreur aléatoire. La validité a trait à l'absence d'erreurs systématiques, alors que la précision renvoie à l'absence d'erreurs aléatoires. Certains auteurs utiliseront les termes « fiabilité » ou « reproductibilité »[2] plutôt que « précision » d'une mesure ; ces trois termes sont synonymes. Bernard et Lapointe[3] proposent la notion de « justesse » d'une mesure : une mesure juste est à la fois valide et précise.

6.1.1 La validité

La notion de validité fait appel à la capacité d'appréhender correctement un phénomène ou d'en mesurer la valeur réelle. Ainsi, une mesure de la tension artérielle est valide si elle correspond à la valeur réelle de la tension artérielle de l'individu au moment où elle est mesurée. De la même manière, une culture effectuée lors de l'examen d'une personne souffrant d'une urétrite à gonocoque (une ITSS) qui révèle la présence de ce microorganisme donne une information valide. En revanche, cette mesure n'est pas valide si la culture se révèle négative alors que la personne est effectivement infectée.

Il existe deux types de validité : interne et externe. La capacité d'une étude d'estimer correctement les mesures ou les liens recherchés relève de la validité interne ; la capacité de généraliser un résultat à une population cible, de la validité externe.

Michel demande à Lisa de le conseiller quant aux moyens de cesser de fumer. Dans le but de mettre à jour ses connaissances sur la question, Lisa parcourt une étude effectuée auprès d'adultes fréquentant l'université. Les auteurs de cette étude soutiennent que les résultats obtenus établissent l'efficacité d'un nouveau programme de désaccoutumance au tabac. L'étude semble bien conçue : deux groupes tout à fait comparables entre eux ont été constitués. L'un de ces groupes participe au programme en question, alors que l'autre n'y participe pas.

Cette étude expérimentale ne présente pas de problème de validité interne; le programme s'avère réellement efficace, puisque l'on démontre un renoncement au tabac plus fréquent chez les personnes qui y ont participé.

Toutefois, compte tenu des conditions de réalisation de l'étude, les résultats ne peuvent être généralisés à l'ensemble des universitaires ni à d'autres personnes ne fréquentant pas l'université. En effet, tous les étudiants sélectionnés pour participer à l'étude étaient des hommes âgés de 35 à 40 ans qui fumaient tous moins de 10 cigarettes par jour au début de l'étude. Celle-ci présente donc des problèmes de validité externe. Dans ce contexte, Lisa ne sera probablement pas en mesure de conseiller à Michel de suivre ce programme sur la base de cette étude.

Pour juger de la valeur d'une information, il faut connaître les facteurs pouvant conduire à des erreurs dans l'estimation d'une mesure. Lorsque Lisa prend la tension artérielle de Michel, elle se demande si cette mesure est valide. Quelles sont les sources d'erreurs systématiques, ou biais, qui peuvent invalider cette mesure?

Un biais apparaît lorsqu'une mesure s'écarte ou dévie systématiquement de la valeur réelle. Un appareil mal calibré, l'utilisation d'un critère d'observation erroné, le manque de collaboration du sujet si un examen exige sa participation ou une mauvaise méthode de lecture d'un appareil mènent tous à une erreur systématique. On dira d'une mesure obtenue dans ces conditions qu'elle comporte un «biais». Le biais nuit à la validité d'une mesure; une mesure biaisée n'est pas valide, car elle ne correspond pas à la valeur réelle. Un appareil mal calibré qui donne systématiquement des mesures de tension artérielle supérieures de 20 mm Hg à la valeur réelle ne permet donc pas d'obtenir une mesure valide. Le chercheur peut prévenir les biais en se donnant un protocole d'étude bien conçu, et le clinicien, en optant pour une démarche rigoureuse.

Par ailleurs, un appareil bien calibré peut donner des mesures valides, mais peu précises, c'est-à-dire souffrant de variations dites «aléatoires».

6.1.2 La précision

On dit d'une mesure qu'elle est «précise» lorsqu'elle fluctue peu. En effet, la précision se caractérise par l'absence relative d'erreur aléatoire.

Diane, médecin en formation, fait un stage à la polyclinique Milo. Elle a bien voulu se prêter à l'exercice suivant: une infirmière expérimentée a pris sa tension artérielle à 20 reprises, 10 à l'aide du sphygmomanomètre A, et 10 à l'aide du sphygmomanomètre B. Le tableau 6.1 présente les résultats de ces mesures obtenues avec les deux appareils.

TABLEAU 6.1 Mesures de la tension artérielle systolique de Diane au moyen des sphygmomanomètres A et B

Sphygmomanomètre A		Sphygmomanomètre B	
140,1	140,3	144,5	138,3
140,0	139,6	137,5	142,3
140,4	139,8	138,6	140,3
139,9	140,3	139,4	139,6
139,7	140,1	142,7	136,8

Sphygmomanomètre A – Moyenne et écart type: 140,0 ± 0,3 mm Hg.
Sphygmomanomètre B – Moyenne et écart type: 140,0 ± 2,5 mm Hg.

Pour les besoins de l'exercice, Lisa considère que la tension artérielle systolique de Diane n'a pas varié au moment des mesures, et que sa valeur réelle était de 140 mm Hg. Or, elle remarque que les mesures de la tension artérielle fluctuent autour de cette valeur, mais que les écarts sont beaucoup moins marqués avec l'appareil A. Si la tension artérielle de Diane était mesurée un plus grand nombre de fois, on pourrait observer une tendance des valeurs à se répartir également autour de la valeur réelle ; environ 50 % de ces mesures seraient inférieures à la valeur réelle, et environ 50 % seraient supérieures. Lisa peut donc affirmer que cette fluctuation est aléatoire ou due au hasard. Puisqu'une mesure précise est caractérisée par l'absence relative d'erreur aléatoire, les variations plus faibles autour de la valeur réelle obtenues avec le sphygmomanomètre A (écart type : 0,3 mm Hg) indiquent que cet appareil est plus précis que le sphygmomanomètre B (écart type : 2,5 mm Hg).

Afin d'obtenir une mesure précise, il faut connaître les sources de variations de cette mesure. En premier lieu, les variations biologiques propres à chaque individu, qui se caractérisent par des fluctuations en fonction du moment de la journée, de l'état d'éveil, de l'absorption de nourriture ou encore des changements d'humeur, pourront être à l'origine des variations de la mesure. En outre, lorsque des mesures sont effectuées dans un groupe d'individus, elles pourront varier en raison des facteurs biologiques propres à chacun de ces individus, mais aussi à cause de leurs habitudes de vie différentes (nutrition, sommeil, activités physiques), des milieux de vie distincts (environnement, milieu de travail, etc.) et de facteurs génétiques ou pathologiques. Enfin, certaines variations pourront être attribuables aux instruments de mesure utilisés (précision intrinsèque de l'appareil), à l'observateur ou au sujet, si le protocole d'examen requiert sa collaboration.

6.1.3 Les relations entre la précision et la validité

Dans une étude, les deux types d'erreurs – systématiques et aléatoires – sont souvent présentes.

La figure 6.1, qui représente les mesures de la tension artérielle systolique de Diane, permet de visualiser certaines sources de variations.

Les valeurs obtenues au moyen d'un appareil bien calibré (courbes en traits continus) sont en fait les valeurs réelles de la tension artérielle systolique de Diane. En revanche, les valeurs obtenues avec un appareil dont le calibrage est défectueux (courbes en pointillés) sont systématiquement supérieures de 10 mm Hg à la valeur réelle et sont donc biaisées. On trouve en A la plus petite variation, qui s'explique par l'utilisation d'un instrument précis à un moment déterminé de la journée. En B, les variations plus importantes observées par rapport à la valeur réelle de la tension artérielle systolique de Diane, qui était de 140 mm Hg, sont dues au moindre degré de précision de l'appareil. On trouve en C les mesures de la tension artérielle effectuées à différents moments de la journée ; l'effet des variations biologiques est ici mis en lumière. La valeur moyenne obtenue en C (135 mm Hg) diffère de la valeur obtenue en A et en B (140 mm Hg). En effet, une valeur observée à un moment donné de la journée, aussi précise soit-elle, ne correspond pas nécessairement à l'ensemble des valeurs observables au cours de cette journée.

L'utilisation d'instruments bien conçus constitue l'un des moyens de réduire l'erreur aléatoire et ainsi d'augmenter la précision de la mesure. Un second moyen consiste à obtenir un plus grand nombre de mesures. En effet, l'obtention d'un plus grand nombre de mesures permet de calculer une moyenne qui résumera plus adéquatement la valeur mesurée. De la même façon, lorsqu'il s'agit d'obtenir une estimation de la tension artérielle systolique moyenne dans la population, l'augmentation de la taille de l'échantillon (le nombre de personnes dont la tension est mesurée) permettra d'obtenir une mesure plus précise.

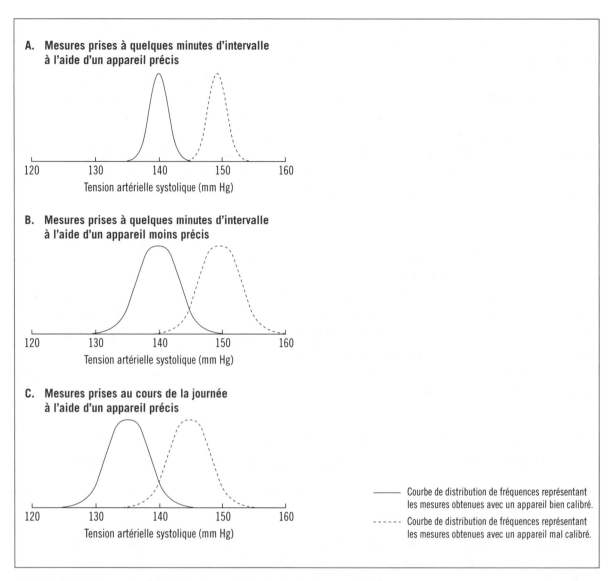

FIGURE 6.1 Mesures de la tension artérielle systolique de Diane

La figure 6.2 montre quatre cibles dont le centre est la valeur réelle recherchée : les tirs sur la cible permettent de bien saisir la distinction entre les notions de précision et de validité.

La cible A illustre les mesures obtenues avec un appareil précis et bien calibré (assurant l'obtention de mesures non biaisées) ; les critères de validité et de précision sont tous deux respectés. La cible B présente des mesures biaisées qui résultent du mauvais calibrage d'un appareil ; le critère de validité n'est pas respecté, alors que le critère de précision l'est. Les cibles C et D correspondent à des mesures obtenues avec un appareil peu précis. La cible C montre les mesures obtenues avec un appareil imprécis mais bien calibré (assurant l'obtention de mesures non biaisées) ; le critère de validité est respecté, mais le critère de précision ne l'est pas. Finalement, la cible D correspond à des mesures obtenues avec un appareil à la fois imprécis et mal calibré ; les critères de validité et de précision ne sont ni l'un ni l'autre respectés.

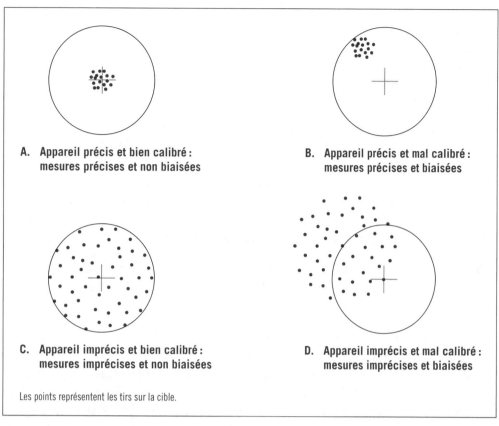

A. **Appareil précis et bien calibré :** mesures précises et non biaisées

B. **Appareil précis et mal calibré :** mesures précises et biaisées

C. **Appareil imprécis et bien calibré :** mesures imprécises et non biaisées

D. **Appareil imprécis et mal calibré :** mesures imprécises et biaisées

Les points représentent les tirs sur la cible.

FIGURE 6.2 Validité et précision des mesures obtenues en fonction des appareils utilisés

6.2 LES TYPES DE BIAIS

Que les études consultées fournissent des informations sur les valeurs normales des mesures biologiques (glycémie à jeun, tension artérielle, etc.) ou des données sur l'efficacité thérapeutique d'un traitement ou d'un médicament, ou encore qu'elles traitent de l'importance de facteurs de risque, elles sont toutes sujettes à l'erreur systématique ou aux biais. Trois types de biais peuvent affecter la validité d'un résultat : les biais de sélection, d'information et de confusion.

6.2.1 Le biais de sélection

Le biais de sélection est un biais systématique qui découle des procédures adoptées pour choisir les sujets à l'étude. Ces procédures peuvent mener à la sélection de sujets qui ne sont pas représentatifs de l'ensemble de la population étudiée ou qui ne sont pas comparables entre eux dans le contexte d'études étiologiques avec groupes de comparaison. Il existe plusieurs types de biais de sélection ; ceux dont il sera plus particulièrement question sont les biais d'échantillonnage ou de survie sélective, d'admission ou de Berkson, de migration ou des perdus de vue, de volontariat, de « bonne santé des travailleurs » et de publication[4].

Michel est revenu consulter Lisa à la polyclinique et lui a posé une série de questions sur les ITSS et sur les dangers pour la santé entraînés par le tabagisme et la consommation d'alcool. Bien que Lisa soit satisfaite de l'information qu'elle a livrée à Michel, cette rencontre l'incite à approfondir ses connaissances à partir de trois articles récents.

Le biais d'échantillonnage ou de survie sélective

Le premier de ces articles porte sur le lien entre l'alcool et les risques de blessures lors d'un accident de la route : il s'agit d'une étude cas-témoins où l'on calcule la cote d'individus ayant consommé une quantité excessive d'alcool et faisant partie d'un échantillon de conducteurs de sexe masculin hospitalisés à la suite de blessures occasionnées par un accident de la route. On compare cette cote à celle obtenue dans un échantillon de conducteurs de sexe masculin impliqués dans des accidents n'ayant entraîné aucune blessure. Les résultats indiquent un RC de 3,0, qui tend à démontrer une association positive entre la consommation excessive d'alcool et le risque de blessures.

Lisa se demande pourtant si cette association ne devrait pas être plus forte. L'étude réalisée auprès de personnes hospitalisées sous-estime peut-être l'effet de la consommation d'alcool, puisque les personnes décédées (potentiellement plus exposées à l'alcool) sont exclues de cette étude.

Le tableau 6.2 illustre cette situation en comparant le risque de blessures associé à la consommation excessive d'alcool lorsqu'il est mesuré à partir d'un premier échantillon composé de patients hospitalisés et lorsqu'il est mesuré à partir d'un second échantillon incluant les conducteurs hospitalisés et ceux qui sont décédés avant d'être hospitalisés. On constate que l'association est effectivement plus forte – le RC de 4,8 étant plus élevé – lorsque l'échantillon est tiré de l'ensemble des conducteurs ayant subi des blessures, graves ou mortelles. Le fait de sélectionner uniquement des patients hospitalisés entraîne donc un biais appelé « biais d'échantillonnage » ou « de survie sélective ».

TABLEAU 6.2 Risque de blessures associé à la consommation excessive d'alcool chez les automobilistes

A. Échantillon constitué de patients hospitalisés

	Consommation excessive d'alcool +	Consommation excessive d'alcool −
Blessures +	50	40
Blessures −	50	120

RC = 3,0.

B. Échantillon constitué de patients hospitalisés ou décédés

	Consommation excessive d'alcool +	Consommation excessive d'alcool −
Blessures +	90	45
Blessures −	50	120

RC = 4,8.

Le biais d'échantillonnage survient dans une situation où les personnes asymptomatiques et celles ayant présenté des épisodes de maladies fatales et de courte durée sont moins susceptibles d'être admises dans une étude. Une erreur dans l'estimation de la mesure d'association peut en découler et entraîner, selon les circonstances, une surestimation ou une sous-estimation de sa valeur réelle.

Le biais d'admission ou de Berkson

Le deuxième article porte sur le tabagisme et les maladies pulmonaires obstructives chroniques (MPOC). Selon cette étude, il n'y aurait pas d'association entre le tabagisme et l'apparition de MPOC, le RC étant égal à 1. Il s'agit d'une étude cas-témoins réalisée auprès de patients hospitalisés. Cette étude, qui semble bien faite au premier abord, présente toutefois une lacune. En effet, les fumeurs risquent davantage de souffrir de maladies, et par conséquent d'être hospitalisés, que les non-fumeurs. Les témoins hospitalisés sont donc plus susceptibles d'être des fumeurs que les résidents du quartier (non hospitalisés). Cette situation peut avoir pour effet de diminuer ou de faire disparaître l'association entre la maladie étudiée et le tabagisme. Le tableau 6.3 illustre ce type d'effet.

TABLEAU 6.3 Association entre le tabagisme et les maladies pulmonaires obstructives chroniques (MPOC)

A. Patients hospitalisés

	Tabagisme +	Tabagisme −
MPOC	50	100
Autres causes	50	100

RC = 1.

B. Résidents du quartier (non hospitalisés)

	Tabagisme +	Tabagisme −
MPOC	50	100
Autres causes	25	125

RC = 2,5.

Ce type de biais est appelé « biais d'admission » ou « biais de Berkson ». Il apparaît lorsque les groupes de comparaison d'une étude cas-témoins sont constitués de patients hospitalisés. Dans de telles situations, les associations observées entre un facteur d'exposition et la présence d'une maladie, ou l'absence de toute association, peuvent s'expliquer entièrement par la probabilité différente d'être admis ou non à l'hôpital selon que le cas (admis en raison de la maladie à l'étude) ou le témoin (admis pour une raison autre que la maladie à l'étude) est exposé ou non au facteur considéré. Il peut en fin de compte en résulter une surestimation ou une sous-estimation de l'association.

Le biais de migration ou des perdus de vue

Le troisième article porte sur un essai clinique au cours duquel on a comparé un antibiotique récemment mis au point au traitement habituel de la chlamydiase. Lisa apprend que 94 % des patients ayant reçu le nouveau médicament sont guéris, comparativement à 86 % de ceux qui ont suivi le traitement habituel. Elle remarque toutefois que 30 % des patients du groupe traité avec le nouvel antibiotique ne se sont pas présentés pour l'évaluation de l'efficacité du traitement, proportion qui par contre n'est que de 5 % dans le groupe ayant reçu le traitement courant. Lisa en vient donc à se poser la question suivante : si les résultats de l'antibiothérapie chez les patients perdus de vue en cours d'étude diffèrent substantiellement de ceux constatés chez les patients qui ont été observés pour la durée complète de l'étude, il est possible que l'efficacité du médicament soit surévaluée ou sous-évaluée, ce médicament pouvant avoir été complètement inefficace pour la totalité des patients perdus de vue. Seule la connaissance des effets du traitement chez les patients qui ne se sont pas présentés à l'évaluation permettrait d'avoir une idée juste de l'efficacité réelle du nouveau médicament.

Le tableau 6.4 B, qui est constitué en supposant que les patients perdus de vue en cours d'étude ont pu être rejoints pour une évaluation de l'efficacité du traitement, illustre cette situation. Cinquante pour cent de ces patients utilisant le nouveau traitement, soit 15 patients sur 30, sont guéris, alors que 20 % des patients soumis au traitement habituel et qu'on avait perdus de vue, soit 1 patient sur 5, le sont aussi. En tenant compte des perdus de vue des deux groupes, on arrive au résultat suivant : aux 66 patients guéris par le nouveau médicament s'ajoutent les 15 patients retrouvés guéris, ce qui donne un total de 81 guéris sur 100 ; aux 82 patients guéris par le traitement habituel s'ajoute une personne retrouvée guérie, ce qui donne un total de 83 guéris sur 100. Dans cette situation, le traitement récemment mis au point ne semble donc pas plus efficace que le traitement courant.

TABLEAU 6.4 Efficacité d'un nouveau traitement comparée à celle du traitement habituel de la chlamydiase

A. Résultats de l'étude (sans tenir compte des perdus de vue)

	Nouveau traitement	Traitement habituel
Patients guéris	66 (94 %)	82 (86 %)
Patients rejoints	70	95

B. Résultats de l'étude (en tenant compte des perdus de vue)

	Nouveau traitement	Traitement habituel
Patients guéris	81 (81 %)	83 (83 %)
Patients rejoints	100	100

Le type de biais décrit dans cet exemple est celui dit « de migration » (aussi appelé « des perdus de vue » en référence au départ des participants). Le tableau 6.4 illustre qu'il est possible de présenter les résultats d'un essai clinique en tenant compte des perdus au suivi. Cet exemple démontre l'importance de préciser la façon dont sont analysés les sujets perdus en cours de suivi. On constate que les résultats et la conclusion diffèrent grandement selon que l'on inclut ou non ces sujets. Il aurait ainsi été souhaitable que l'article consulté par Lisa parle davantage des répercussions possibles de ce biais sur les résultats.

Le biais de volontariat

Le biais de volontariat découle de la stratégie de recrutement de l'échantillon des sujets à l'étude. Il réside dans le fait que les caractéristiques des sujets volontaires (âge, sexe, état de santé, etc.) participant à une étude ne sont pas représentatives de l'ensemble des caractéristiques des individus qui composent la population. Ces caractéristiques particulières peuvent influer sur la mesure d'association ou empêcher la généralisation des résultats à d'autres populations, ce qui compromet la validité externe de l'étude. Par exemple, des chercheurs doivent mesurer la capacité auditive des individus otologiquement normaux d'une population, c'est-à-dire des personnes qui n'ont jamais eu d'atteintes auditives et qui n'ont pas été exposées à des facteurs de risque susceptibles de détériorer leur audition, dans le but d'établir des valeurs de référence ou « valeurs normales ». Pour recruter leur échantillon, ils diffusent des annonces dans les médias locaux, invitant les gens à passer un examen auditif sur une base volontaire. Il est alors fort probable que les personnes qui se présenteront à l'examen soupçonnent déjà la présence d'un problème d'audition et souhaitent profiter de l'occasion pour en faire l'évaluation, ou encore qu'elles aient déjà été diagnostiquées ou traitées pour une telle atteinte et profitent de l'occasion pour vérifier si leur audition demeure stable. Dans ce contexte, l'échantillon des participants recrutés de façon volontaire ne sera pas représentatif de la population d'où il est extrait. On y retrouvera en plus grande proportion des individus ayant un problème auditif. Ce biais de volontariat aura ici pour effet de sous-estimer la capacité auditive de la population étudiée.

Le biais de « bonne santé des travailleurs »

Le biais de « bonne santé des travailleurs », traduction littérale de *healthy worker effect,* tient au fait que les populations de travailleurs présentent habituellement un taux de morbidité ou de mortalité plus faible que la population en général. Plutôt que d'être entraîné par un quelconque effet protecteur de l'environnement de travail, ce phénomène s'explique principalement par le fait que les personnes en bonne santé sont davantage susceptibles d'obtenir et de garder un emploi que les personnes présentant un ou des problèmes de santé[5].

Le biais de publication

Un autre biais d'importance est celui de publication. Ce biais de sélection est relié à la tendance qui consiste à publier principalement les articles qui appuient les hypothèses de recherche établies. Ce biais est particulièrement notable dans les essais cliniques et dans les études axées sur les risques environnementaux. Un biais de publication est présent lorsque les auteurs d'une étude ne réussissent pas à faire publier leurs résultats dits négatifs (mesure d'association nulle ou allant dans le sens contraire de l'hypothèse de recherche). Le biais de publication affecte particulièrement les articles de synthèse (qualitative ou quantitative [méta-analyses]) lorsque ceux-ci ne portent que sur des études publiées. À cet égard, le chercheur doit tenter de trouver des études non publiées et de les inclure dans sa revue systématique, ce qui n'est pas toujours évident.

Par exemple, dans un article du *New England Journal of Medicine*[6], on a démontré l'importance du biais de publication dans l'évaluation de l'efficacité des antidépresseurs en comparant les résultats des études enregistrées à la Food and Drug Administration (FDA) à ceux qui ont ultimement été publiés dans les journaux scientifiques. Sur 74 études enregistrées à la FDA, 31 % d'entre elles n'ont pas été publiées. Un total de 37 études aux résultats jugés positifs selon la FDA ont été publiées, alors qu'une seule étude dans le même cas ne l'a pas été. Des 37 études restantes dont les résultats étaient négatifs ou douteux, 22 n'ont pas été publiées et 11 l'ont été de manière à ce que les résultats apparaissent positifs. Selon la littérature publiée, il appert que 94 % des essais menés présentaient des résultats positifs, tandis que selon la FDA, 51 % d'entre eux l'étaient réellement.

Réduire les effets du biais de sélection

Nous devons donc être attentif à la façon dont a été effectuée la sélection des participants à une étude, car il peut en résulter des biais qui affecteront les conclusions de façon importante. Il faut faire preuve d'esprit critique devant les études consultées, si l'on veut en retirer une information réellement utile à la pratique clinique. Or, la première attitude à adopter est de voir si les auteurs ont cherché à éliminer ou à réduire les biais de sélection. Ainsi, il importe de se demander si les participants à l'étude ont été choisis par tirage au sort, puisque le tirage au sort constitue la meilleure façon d'obtenir un échantillon représentatif de la population d'où sont issus les participants. En général, les chercheurs précisent les caractéristiques des individus participant à l'étude qu'ils mènent, ce qui permet, par comparaison avec la population (lorsque l'on dispose de données sur cette population), de juger de cette représentativité. Cette façon de procéder permet d'éliminer le biais de volontariat.

D'autres biais de sélection peuvent être évités si l'on prend certaines précautions, consistant par exemple à s'abstenir de sélectionner exclusivement des patients hospitalisés (biais de Berkson), ou à réduire au minimum le nombre de participants perdus au suivi (biais de migration) en ayant recours à des procédures de maintien de contact adéquates.

En définitive, les chercheurs peuvent réduire l'influence des biais de sélection dans la mesure où ils en sont conscients et en tiennent compte en adoptant des procédures appropriées.

6.2.2 Le biais d'information

Le biais d'information est une erreur systématique entraînée par la mesure ou l'observation incorrecte de l'exposition ou de la maladie. En contexte clinique, des biais d'information peuvent survenir à toutes les étapes du processus diagnostique : à l'anamnèse, lors de l'examen clinique ou des examens diagnostiques, etc. À la lecture d'articles portant sur des études, l'attention portée à la qualité des instruments de mesure utilisés et à la façon dont les chercheurs s'y sont pris pour colliger les informations renseigne le lecteur sur la présence ou l'absence de biais d'information.

Michel, lors de sa première visite, présentait des symptômes que Lisa pouvait associer à une ITSS : douleur (sensation de brûlure) au moment d'uriner, apparition de sécrétions claires ou purulentes ou encore mictions plus fréquentes. Lisa a donc procédé à un prélèvement urétral ; les résultats des examens de laboratoire appropriés (elle suspecte une gonococcie ou une chlamydiase) se révèlent négatifs. Que s'est-il passé ? Michel présentait peut-être un autre problème de santé qui n'a pas été envisagé, par exemple, une urétrite causée par un autre agent infectieux. Il est également possible que Michel soit effectivement atteint d'une infection à gonocoque ou à *Chlamydia,* mais qu'elle n'ait pu être mise en évidence en raison des lacunes que comportent les examens de laboratoire demandés. Ces examens peuvent donc entraîner une erreur de classification : les résultats indiquent l'absence du microorganisme alors que Michel est bel et bien infecté.

Ce matin, à son arrivée à la polyclinique, Lisa prend connaissance d'un avis provenant du centre de santé publique dans lequel est annoncée une recrudescence des cas de coqueluche dans la région. On demande d'être vigilant quand des personnes, jeunes ou moins jeunes, se présentent en consultation avec des symptômes que l'on peut associer à cette maladie contagieuse. On rappelle que cette infection peut être traitée et qu'il est possible d'en réduire la propagation. En outre, on joint à cet avis les résultats d'une enquête récente montrant qu'un pourcentage élevé de médecins ne cherchent pas systématiquement à déceler les cas de coqueluche. L'enquête précise certaines des circonstances où l'on n'envisage généralement pas un tel diagnostic : personnes ayant reçu une vaccination complète, adolescents ou adultes, personnes ne présentant pas les symptômes habituels, etc.

Cet état de fait indique que le biais d'information n'est pas seulement lié à l'utilisation d'instruments de mesure imparfaits, mais qu'il peut aussi être entraîné par les pratiques de l'observateur. Si le médecin ne soupçonne pas la présence d'un problème de santé ou ne pose pas les gestes permettant de confirmer ou d'infirmer une hypothèse diagnostique, il y a biais d'information : la personne peut être atteinte de l'affection, la coqueluche par exemple, sans que l'on dépiste la maladie.

Lisa a récemment pris connaissance de deux études cas-témoins portant sur la relation entre la consommation d'alcool et l'apparition de cancers. Ces études permettent d'illustrer les deux types de biais d'information : non différentiel et différentiel. Supposons que la mesure réelle de l'association entre la quantité déterminée d'alcool consommé et le cancer corresponde à un RC de 1,5. Dans la première étude, on obtient l'information sur la quantité d'alcool consommé à l'aide d'un questionnaire rempli lors d'une entrevue avec le participant, qu'il atteint ou non d'un cancer. Le fait de classifier les individus dans les catégories « exposés » et « non exposés » en utilisant un même instrument imparfait entraîne une erreur de classification non différentielle. On l'appelle « non différentielle » parce qu'elle affecte de la même façon les cas et les témoins. Ce type d'erreur a pour effet de mener à une sous-estimation de la vraie mesure d'association, qui tendra vers la valeur nulle. Dans cet exemple, le RC résultant de l'association pourrait se situer entre 1,0 et 1,5. Dans une étude cas-témoins, il y a erreur de classification non différentielle si l'erreur qui affecte la mesure de l'exposition est la même pour les cas et les témoins. Dans une étude de cohorte, il y a erreur de classification non différentielle si l'erreur qui affecte la mesure de la maladie est la même pour les groupes exposés et non exposés.

Dans la seconde étude, on a obtenu l'information sur la quantité d'alcool consommé par les patients atteints d'un cancer lors d'une entrevue, alors que pour les témoins, on a procédé par questionnaire. Dans ce contexte, des instruments de mesure différents ont engendré une erreur différentielle. On la qualifie ainsi parce qu'elle affecte différemment la mesure de l'exposition selon les cas et les témoins. Une telle erreur, due à l'utilisation d'instruments de mesure différents ou au fait que les observateurs procèdent de façons différentes, peut conduire à une surestimation ou à une sous-estimation de la vraie mesure d'association. Toujours dans cet exemple, le RC résultant de l'association entre une quantité déterminée d'alcool et le cancer pourrait être inférieur ou supérieur à 1,5. Dans une étude cas-témoins, il y a erreur de classification différentielle si l'erreur qui affecte la mesure de l'exposition n'est pas la même pour les cas et les témoins. Dans une étude de cohorte, il y a erreur de classification différentielle si l'erreur qui affecte la mesure de la maladie n'est pas la même pour les groupes exposés et non exposés.

Enfin, une autre erreur différentielle importante peut survenir dans les études cas-témoins et transversales : il s'agit du biais de rappel. Les personnes présentant un problème de santé peuvent avoir tendance à se rappeler et à déclarer les expositions antérieures à un facteur quelconque de façon différente que ne le feraient celles qui sont en bonne santé. Ainsi, une personne souffrant d'un cancer peut se rappeler de façon plus détaillée son exposition à des solvants au travail si elle estime qu'il peut exister un lien entre cette exposition et l'apparition du cancer. Ce biais amène généralement les chercheurs à surestimer l'association entre le facteur et la maladie en question.

Comment évite-t-on les biais d'information ? La formation en sciences de la santé doit permettre d'acquérir les compétences requises dans un contexte clinique pour effectuer adéquatement l'anamnèse et l'examen physique, bien évaluer la pertinence des examens diagnostiques, etc. Le but est simple : être en mesure d'obtenir de l'information valide susceptible d'améliorer l'état de santé du patient et de réduire le plus possible le nombre d'interventions inutiles ainsi que les risques d'effets indésirables qu'elles comportent.

Pour s'assurer que les auteurs des études ont tenté de réduire les biais d'information, il faudra surtout être capable de trouver réponse aux questions suivantes :

- Est-ce que la méthode ayant permis d'obtenir les informations est décrite adéquatement ?
- Est-ce que les auteurs mentionnent les caractéristiques des instruments utilisés ainsi que leurs limites ?
- S'il y a plus d'un observateur, ces personnes ont-elles reçu une formation homogène et leur travail est-il supervisé ?
- Dans les essais cliniques[7], s'est-on assuré : a) que les sujets ignorent le traitement qu'ils reçoivent (simple aveugle ou insu) ; b) que les sujets et les chercheurs qui évaluent les résultats ignorent quel traitement est administré (double aveugle ou insu) ; et c) que le comité indépendant de contrôle des données[8] qui évalue les résultats ignore aussi quel traitement est administré (triple aveugle ou insu) ?
- Dans la discussion d'un article, tient-on compte de l'influence potentielle de ces biais sur les résultats obtenus ?

Les réponses à ces questions permettront de bien évaluer l'effort déployé pour réduire les biais d'information ou pour en connaître les effets.

6.2.3 **Le biais de confusion**

Le biais de confusion désigne l'erreur systématique induite par la présence d'un facteur associé de façon indépendante tant à la maladie qu'au facteur d'exposition à l'étude. De plus, ce facteur ne doit pas appartenir à la chaîne causale de la maladie. La présence du facteur de confusion peut résulter des caractéristiques de la population à l'étude ou de la procédure de sélection des sujets. La figure 6.3 illustre la relation entre une exposition, une maladie et un facteur de confusion.

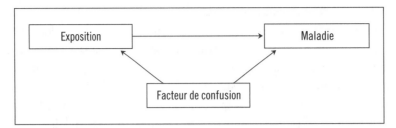

FIGURE 6.3 Relation entre une exposition, une maladie et un facteur de confusion

Pour illustrer le concept de chaîne causale, on peut considérer les deux exemples suivants. Dans le premier, on s'interroge sur l'effet de l'âge dans la relation entre le tabagisme et le cancer du poumon. L'âge est associé à la fois au tabagisme (plus on est âgé, plus l'exposition au tabac est élevée) et au cancer du poumon. Par ailleurs, le fait de fumer n'a aucune incidence sur l'âge. Conséquemment, l'âge est un facteur de confusion à considérer dans la relation tabagisme et cancer du poumon. Dans le deuxième exemple, on se questionne sur l'effet de la cholestérolémie dans la relation entre la consommation de lipides et les maladies cardiovasculaires (MCV). La cholestérolémie est associée à la fois à la consommation lipidique et aux MCV. Cependant, la consommation lipidique influe sur la cholestérolémie, qui elle, a une incidence sur les MCV ; la cholestérolémie est dans la chaîne causale partant de la consommation alimentaire et menant aux MCV. Conséquemment, la cholestérolémie n'est pas un facteur de confusion dans la relation consommation lipidique et MCV.

Lisa analyse maintenant les résultats d'une étude de cohorte portant sur le risque pour les participants d'être infectés par le VIH selon qu'ils font usage (UDI) ou non (non-UDI) de drogues intraveineuses[9] ; les auteurs y ont pris en compte les relations sexuelles avec plus d'un partenaire. Le tableau 6.5 présente dans l'ordre le risque relatif brut (RR_b) pour l'ensemble des personnes sans égard à l'activité sexuelle ainsi que, sous forme de strates (ou sous-groupes), les résultats des risques relatifs spécifiques (RR_s) pour les personnes ayant un partenaire sexuel stable (strate A) et pour celles ayant plus d'un partenaire sexuel (strate B).

La présence de plus d'un partenaire sexuel stable pourrait être ici une variable confondante. Pour induire un biais, cette variable doit être associée de façon indépendante au facteur d'exposition et à la maladie.

En premier lieu, Lisa vérifie s'il y a, dans les données, une association entre la variable potentiellement confondante (la présence de plus d'un partenaire sexuel) et le facteur d'exposition (UDI ou non-UDI). Pour ce faire, elle évalue si la proportion des participants ayant des partenaires sexuels multiples est différente selon qu'ils appartiennent au groupe des UDI ou au groupe des non-UDI. On compte dans l'étude 1 500 UDI, dont 1 000 ont plus d'un partenaire ; la proportion des UDI ayant des partenaires multiples est donc de 0,66. Par ailleurs, on y compte 2 500 non-UDI, dont 500 ont des partenaires multiples ; la proportion des non-UDI ayant des partenaires multiples est donc de 0,20. Il existe clairement une association entre le facteur de confusion présumé et le facteur d'exposition.

En second lieu, Lisa tente d'établir s'il y a, dans les données, une association entre la variable potentiellement confondante (la présence de plus d'un partenaire sexuel) et la présence de la maladie (séroconversion secondaire à une infection par le VIH), puisque le fait d'avoir des partenaires sexuels

TABLEAU 6.5 Risque de séroconversion (VIH) en fonction de l'utilisation de drogues intraveineuses : étude de cohorte

Ensemble des personnes, sans égard au nombre de partenaires

	Utilisation de drogues intraveineuses +	Utilisation de drogues intraveineuses −	Total
VIH +	250	30	280
VIH −	1 250	2 470	3 720
Total	1 500	2 500	4 000

RR_b = 13,9, soit (250/1 500) ÷ (30/2 500).

Strate A : Personnes ayant un partenaire sexuel stable

	Utilisation de drogues intraveineuses +	Utilisation de drogues intraveineuses −	Total
VIH +	50	20	70
VIH −	450	1 980	2 430
Total	500	2 000	2 500

RR_s = 10, soit (50/500) ÷ (20/2 000).

Strate B : Personnes ayant plus d'un partenaire sexuel

	Utilisation de drogues intraveineuses +	Utilisation de drogues intraveineuses −	Total
VIH +	200	10	210
VIH −	800	490	1 290
Total	1 000	500	1 500

RR_s = 10, soit (200/1 000) ÷ (10/500).

multiples accroît le risque de séroconversion dans la population. Comment cela se reflète-t-il dans les données ? Pour le découvrir, il faut évaluer la mesure dans laquelle ce risque fluctue selon que les participants ont ou non des partenaires multiples. Le risque de séroconversion encouru par les non-UDI est de 20/2 000 (0,01) chez les participants ayant un seul partenaire, et de 10/500 (0,02) chez les participants ayant des partenaires multiples. Chez les non-UDI, le risque de séroconversion est donc deux fois plus grand pour les personnes qui ont plusieurs partenaires que pour les autres (0,02/0,01 = 2). Par conséquent, la présence de plus d'un partenaire sexuel constitue un facteur de risque pour la maladie. De plus, le fait d'avoir des partenaires multiples n'est pas un élément de la chaîne causale liant l'utilisation de drogues intraveineuses et la séroconversion secondaire à l'infection par le VIH. Sur cette base, Lisa peut donc affirmer que cette variable est bel et bien un facteur de confusion.

Comment cette confusion se manifeste-t-elle ? En examinant les résultats du tableau, Lisa note que les UDI sont 10 fois plus susceptibles de devenir séropositifs que les non-UDI, qu'ils aient ou non plusieurs partenaires sexuels (RR_s de la strate A et de la strate B). Toutefois, la mesure d'association brute obtenue lorsque l'on ne tient pas compte du nombre de partenaires (RR_b = 13,9) est différente des mesures spécifiques, indiquant des RR_s de 10. En général, lorsque la mesure brute n'est pas comprise à l'intérieur de l'intervalle déterminé par la mesure spécifique la plus élevée et la mesure spécifique la moins élevée (les mesures spécifiques ne sont pas toujours égales), c'est qu'il y a présence d'un biais de confusion.

On peut contrôler l'effet d'un facteur de confusion en étudiant des strates, (dans le tableau 6.5, il s'agit des strates A et B) dans lesquelles ce facteur est présent (strate A) ou absent (strate B) et en utilisant les mesures propres à chacune de ces strates plutôt que la mesure brute.

Il existe aussi d'autres moyens pour contrôler ou réduire les biais de confusion. Ces moyens sont utilisés, selon le cas, au moment de l'échantillonnage ou de l'analyse.

Lors de l'échantillonnage, on peut procéder par restriction ou par assortiment. Si l'on procède par restriction, on exclut de l'étude les gens qui sont exposés au facteur de risque potentiellement confondant. Dans l'exemple précédent, on pourrait exclure de l'étude les individus qui ont plus d'un partenaire sexuel, qu'ils fassent ou non usage de drogues intraveineuses.

Si l'on procède par assortiment, on rendra les groupes étudiés comparables au regard du facteur à contrôler. Ainsi, toujours dans l'exemple précédent, on pourrait s'assurer que la proportion des personnes ayant plus d'un partenaire sexuel chez l'ensemble des individus est la même dans le groupe des UDI et dans celui des non-UDI. Dans le tableau 6.5, Lisa constate que les deux tiers des UDI, soit 1 000/1 500, ont plus d'un partenaire sexuel, alors que cette proportion est de 1/5, soit 500/2 500, dans le groupe des non-UDI. Pour éliminer le biais de confusion, il faudrait donc établir une proportion équivalente de non-UDI ayant plus d'un partenaire, soit les deux tiers, en recrutant par exemple 2 000 non-UDI ayant plus d'un partenaire et 1 000 UDI en ayant un seul. Le tableau 6.6 présente cette nouvelle situation. Le calcul du RR brut donne maintenant la même valeur que celles observées sur les strates A et B, ce qui signifie qu'il y a absence de biais de confusion.

Pour prévenir l'introduction d'un biais de confusion dans un essai clinique, on peut répartir les patients dans les groupes de comparaison en procédant par tirage au sort (hasardisation). Cette méthode constitue la façon la plus efficace d'obtenir des groupes comparables dans ce type d'étude. Dans un article rapportant les résultats d'un essai clinique, on présente habituellement les caractéristiques des participants de chaque groupe (répartition selon l'âge, facteurs de risque, niveau d'éducation, ethnie, etc.) afin de s'assurer que les groupes sont effectivement comparables. S'il existe entre les groupes des différences qui réduisent la comparabilité, elles devraient être prises en compte lors de l'analyse des résultats, car ces différences peuvent introduire un biais de confusion.

Le contrôle des biais de confusion peut se faire lors de l'analyse, soit par stratification, soit par l'utilisation de modèles mathématiques.

La méthode de contrôle par stratification est justement celle qui est exposée aux tableaux 6.5 et 6.6 et qui consiste à calculer des mesures d'association spécifiques en fonction de la présence ou de l'absence du facteur de confusion. Il est également possible de contrôler le facteur de confusion grâce à l'ajustement de la mesure brute, en ayant recours soit à des méthodes d'ajustement[10], soit à des méthodes de régression que nous aborderons au chapitre 12.

En clinique, le fait de connaître l'existence de biais est très utile, car cela permet de s'interroger sur la qualité de l'anamnèse – et donc sur la façon la plus adéquate de mener l'entrevue –, sur l'utilisation appropriée des instruments, ou encore sur la pertinence de recourir à certains examens diagnostiques. Aussi cherchera-t-on, à la lecture d'articles portant sur des études, à savoir si les auteurs ont tenu compte des biais potentiels et utilisé une ou des méthodes de contrôle. Dans les articles de qualité, les auteurs ne craignent pas de discuter de l'ensemble des biais pouvant entacher les résultats de leur étude; le lecteur peut donc connaître les limites des méthodes utilisées.

TABLEAU 6.6 Risque de séroconversion (VIH) en fonction de l'utilisation de drogues intraveineuses : étude ne présentant pas de biais de confusion

Ensemble des personnes, sans égard au nombre de partenaires

	Utilisation de drogues intraveineuses +	Utilisation de drogues intraveineuses −	Total
VIH +	250	50	300
VIH −	1 250	2 950	4 200
Total	1 500	3 000	4 500

$RR_b = 10$, soit $(250/1\,500) \div (50/3\,000)$.

Strate A : Personnes ayant un partenaire sexuel stable

	Utilisation de drogues intraveineuses +	Utilisation de drogues intraveineuses −	Total
VIH +	50	10	60
VIH −	450	990	1 440
Total	500	1 000	1 500

$RR_s = 10$, soit $(50/500) \div (10/1\,000)$.

Strate B : Personnes ayant plus d'un partenaire sexuel

	Utilisation de drogues intraveineuses +	Utilisation de drogues intraveineuses −	Total
VIH +	200	40	240
VIH −	800	1 960	2 760
Total	1 000	2 000	3 000

$RR_s = 10$, soit $(200/1\,000) \div (40/2\,000)$.

En résumé

La notion de justesse, soit la validité et la précision des mesures en épidémiologie, permet de juger de la validité et de l'utilité d'une publication scientifique. La validité fait référence à la capacité d'appréhender correctement un phénomène ou une mesure. Il existe trois grands types de biais pouvant affecter la validité d'une mesure : les biais de sélection, d'information et de confusion. La précision tient à l'absence d'erreurs aléatoires ou dues au hasard. Il importe d'accorder une attention particulière à ces notions pour juger de la qualité des études et de leur applicabilité à notre pratique.

 **www.cheneliere.ca/simpson**

Une section Exercices vous est offerte sur ce site Web.

TABLEAU SYNTHÈSE

	Source	Impact sur la mesure d'intérêt	Prévention du biais	Contrôle du biais lors de l'analyse
Biais de sélection :				
Études non expérimentales, descriptives	Erreur systématique reliée à la sélection des sujets	Surestimation ou sous-estimation	Échantillonnage aléatoire	Détermination de son influence sur la mesure
Études non expérimentales, à visée étiologique	Erreur systématique reliée à la sélection des sujets	Surestimation ou sous-estimation	Échantillonnage aléatoire	Analyse de sensibilité
Études expérimentales	Erreur systématique reliée à la sélection des sujets	Surestimation ou sous-estimation	Définition explicite des critères d'inclusion et d'exclusion	Analyse de sensibilité
Tous les types d'études	Erreur systématique reliée au fait que l'on ne publiera surtout que les études semblant avoir de l'importance aux yeux des auteurs ou de leurs commanditaires	Surestimation ou sous-estimation	Mesures réglementaires pour créer un registre international des études entreprises sans égard à la publication des résultats	Recherche systématique de toutes les études non publiées sur le sujet
Biais d'information :				
Études non expérimentales, descriptives	Erreur systématique reliée à la mesure de l'exposition et/ou de la maladie	Surestimation ou sous-estimation	Instruments de mesure valides	Détermination de son influence sur la mesure
Études non expérimentales, à visée étiologique	Erreur systématique reliée à la mesure de l'exposition et/ou de la maladie, affectant différemment les groupes de comparaison	Erreur différentielle : Surestimation ou sous-estimation ; Erreur non différentielle : Sous-estimation tendant vers la valeur nulle	Instruments de mesure valides	Détermination de son influence sur la mesure
Études expérimentales	Erreur systématique reliée à la mesure de l'exposition et/ou de la maladie, affectant différemment les groupes de comparaison	Surestimation ou sous-estimation	Instruments de mesure valides ; Technique en simple ou en double aveugle	Vérification du respect de l'aveugle
Biais de confusion :				
Études non expérimentales, descriptives	Erreur systématique reliée à l'effet d'un tiers facteur dans la relation entre l'exposition et la maladie	Surestimation ou sous-estimation	Détermination de toutes les variables potentiellement confondantes et prise en compte de ces variables dans l'analyse	Appariement ou restriction lors de l'échantillonnage ; Analyse stratifiée ; Analyse ajustée
Études non expérimentales, à visée étiologique	Erreur systématique reliée à l'effet d'un tiers facteur dans la relation entre l'exposition et la maladie	Surestimation ou sous-estimation	Détermination de toutes les variables potentiellement confondantes et prise en compte de ces variables dans l'analyse	Appariement ou restriction lors de l'échantillonnage ; Analyse stratifiée ; Analyse ajustée
Études expérimentales	Erreur systématique reliée à l'effet d'un tiers facteur dans la relation entre l'exposition et la maladie	Surestimation ou sous-estimation	Hasardisation de toutes les variables potentiellement confondantes	Analyse en intention de traitement

NOTES ET RÉFÉRENCES

1. « Dépistage de l'hypertension chez les jeunes adultes et les personnes d'âge mûr », dans le *Guide canadien de médecine clinique préventive,* Groupe d'étude canadien sur l'examen médical périodique (GECEMP), Ottawa, Santé Canada, 1994, p. 720-737 ; « Screening for hypertension », dans *Guide to Clinical Preventive Services, an Assessment of the Effectiveness of 169 Interventions. Report of the US Preventive Services Task Force,* Baltimore, William and Wilkins, 1989, p. 23-27.

2. Fletcher, R.H., S.W. Fletcher et E.H. Wagner. *Épidémiologie clinique,* 3ᵉ édition, Paris, Éditions Pradel, 1998, p. 23.

3. Bernard, P.-M. et C. Lapointe. *Mesures statistiques en épidémiologie,* Sillery, Presses de l'Université du Québec, 1987, p. 204.

4. Choi, B.C.K. et A.L. Noseworthy. « Classification, direction and prevention of bias in epidemiologic research », *Journal of Occupational Medicine,* 1992, vol. 34, n° 3, p. 265-271.

5. Checkoway, H., N.E. Pearce et D.J. Crawford-Brown. *Research Method in Occupational Epidemiology,* New York, Oxford University Press, 1989, p. 79.

6. Turner, E.H., A.M. Matthews, E. Linardatos, R.A. Tell et R. Rosenthal. « Selective publication of antidepressant trials and its influence on apparent efficacy », *New England Journal of Medicine,* 2008, vol. 358, n° 3, p. 252-260.

7. Piantadosi, S. *Clinical Trials : A Methodologic Perspective,* New York, Wiley-Interscience, 1997, p. 119-120.

8. Le comité indépendant de contrôle des données a pour rôle de régir les données d'un essai clinique. Il est désigné par un promoteur pour évaluer périodiquement le déroulement d'un essai clinique, les données sur l'innocuité et les résultats critiques concernant l'efficacité, et recommander au promoteur de poursuivre, de modifier ou d'interrompre un essai clinique. Voir à ce sujet : *Les bonnes pratiques cliniques : directives consolidées,* Conférence internationale sur l'harmonisation des exigences techniques relatives à l'homologation des produits pharmaceutiques à usage humain, ministère des Travaux publics et des Services gouvernementaux, Ottawa, Gouvernement du Canada, 1997, art. 1.25.

9. Il s'agit d'une étude fictive dont le but est de faire comprendre le biais de confusion. Dans la réalité, le risque de séroconversion pour les UDI est beaucoup plus élevé que dans la population en général. Ainsi, on estime à environ 10 % à 20 % la prévalence de l'infection chez les UDI au Québec, alors que cette prévalence est de l'ordre de 1 pour 1 000 (0,1 %) dans l'ensemble de la population. On peut consulter à ce sujet : *L'usage de drogues et l'épidémie du VIH,* Centre de coordination sur le sida, ministère de la Santé et des Services sociaux, Québec, Gouvernement du Québec, juin 1994, 43 p.

10. Pour une description formelle des méthodes d'ajustement, voir : Bernard, P.-M. et C. Lapointe. *Mesures statistiques en épidémiologie,* Sillery, Presses de l'Université du Québec, 1987, p. 246-247 ; Jenicek, M. *Epidemiology : The Logic of Modern Medicine,* Montréal, EPIMED, 1995, p. 56-58.

7 | LES EXAMENS DIAGNOSTIQUES

Auteurs de la deuxième édition : Marie-Hélène Mayrand, Helen Trottier,
Thomas Matukala Nkosi, Antoine Lutumba Ntetu
Auteurs de la première édition : Clément Beaucage, Yv Bonnier Viger, Yvan Leduc

Au terme de ce chapitre, vous pourrez :
- juger de la validité et de la pertinence d'un test diagnostique.

Objectifs	Contenu
1. Classifier les résultats d'examens diagnostiques et de référence à l'aide d'un tableau de contingence	1.1 Validité et pertinence 1.2 Tableau de contingence
2. Définir les notions de base permettant d'apprécier la validité interne d'un examen diagnostique	2.1 Sensibilité et spécificité 2.2 Calcul de la sensibilité et de la spécificité 2.3 Seuil de positivité
3. Définir les notions de base permettant d'apprécier la validité prédictive d'un examen diagnostique	3.1 Valeur prédictive positive et valeur prédictive négative 3.2 Calcul des valeurs prédictives positive et négative 3.3 Facteurs influençant la validité prédictive
4. Déterminer les stratégies d'investigation à l'aide des examens diagnostiques ainsi que les paramètres cliniques qui influenceront le choix des tests	4.1 Examens en série ou en parallèle
5. Déterminer les sources de variations susceptibles d'influencer le résultat d'un examen diagnostique	5.1 Mesure de la variation : la mesure d'accord Kappa 5.2 Variations attribuables à l'examinateur 5.3 Variations attribuables à la personne examinée 5.4 Variations attribuables à l'examen

Un cas

Il est 20 h lorsque Paule consulte Lisa au service de consultation sans rendez-vous de la polyclinique Milo. Depuis environ trois semaines, elle ressent une douleur à la poitrine à la suite d'efforts ou lorsqu'elle est très fatiguée. La douleur, d'intensité variable, disparaît après un repos de plus de deux heures. Paule a 42 ans; elle est mariée et a deux enfants. Propriétaire d'une petite entreprise de fabrication de vêtements, elle y travaille plus de 50 heures par semaine. La situation financière de son entreprise est précaire et elle avoue être fatiguée et stressée. Elle a toujours eu une très bonne santé. Elle ne fume pas et ne prend pas de contraceptifs oraux. Elle est fille unique; son père est décédé à 72 ans d'un infarctus du myocarde alors que sa mère, âgée de 65 ans, est en bonne santé. L'examen du coeur et des poumons est normal. La tension artérielle est dans les limites normales (120/80 mm Hg).

Lisa explique à sa patiente que ses symptômes peuvent être liés au stress et à l'épuisement. Cependant, considérant l'âge de Paule, le site et les caractéristiques de la douleur qu'elle ressent, Lisa ne peut exclure la possibilité d'une douleur angineuse causée par une maladie coronarienne. Pour l'aider à préciser son diagnostic, elle demande à Paule de se soumettre à un électrocardiogramme (ECG) à l'effort, un examen relativement simple.

Pertinence clinique

Lisa est formée pour établir un diagnostic à partir des combinaisons de signes et des symptômes que manifeste un patient. Ceux que présente Paule sont peut-être attribuables au surmenage et au stress. Cependant, ils pourraient être secondaires à une maladie plus sérieuse. La conduite thérapeutique étant dans les deux situations tout à fait différente, il est essentiel de préciser le diagnostic.

Souvent, les renseignements obtenus lors de l'anamnèse et de l'examen physique ne suffisent pas pour poser un diagnostic sûr permettant de choisir un traitement approprié. Pour cette raison, le clinicien complète souvent l'investigation par des examens de laboratoire dont il doit savoir interpréter correctement les résultats. Ce chapitre vise à définir les caractéristiques d'un examen diagnostique et à introduire les principes servant à les interpréter.

7.1   LA CLASSIFICATION DES RÉSULTATS D'UN EXAMEN DIAGNOSTIQUE

Les examens diagnostiques peuvent être utilisés dans un contexte diagnostic, de dépistage ou d'évaluation de l'efficacité thérapeutique. Selon le type d'examen effectué, les résultats peuvent être qualitatifs ou quantitatifs et peuvent être exprimés sur une échelle nominale, ordinale ou par intervalle.

Exemple 7.1

La culture du *Mycobactérium tuberculosis* est positive ou négative. Une radiographie pulmonaire sera jugée normale ou anormale. La douleur est rétrosternale ou non. Ici, les valeurs du résultat ne sont que nommées, c'est-à-dire exprimées sur une échelle nominale.

Exemple 7.2

Le pouls radial est lent, normal ou rapide. La réponse à une épreuve d'allergie cutanée est +, ++ ou +++. Le réflexe cutané plantaire est absent, normal ou vif. Il existe une relation d'ordre entre les différentes valeurs du résultat; ces dernières sont exprimées sur une échelle ordinale.

Exemple 7.3

La tension artérielle diastolique est mesurée à 92 mm Hg, 98 mm Hg ou 110 mm Hg. Le patient pèse 75 kg, 80 kg ou 100 kg. La glycémie est mesurée à 3,9 mmol/l, 5,8 mmol/l ou 8,3 mmol/l. Ces observations cliniques sont des variables continues et s'expriment sur une échelle par intervalle.

Pour établir un diagnostic, il serait souhaitable de toujours recourir à un examen de référence, soit la méthode diagnostique la plus valide qu'il soit possible d'utiliser dans une situation clinique donnée. Malheureusement, l'examen de référence peut présenter certains risques pour la santé, être techniquement difficile à pratiquer, coûteux ou encore impossible à réaliser, d'où la nécessité de procéder à l'étude de tests diagnostiques alternatifs.

Exemple 7.4

L'examen anatomo-pathologique de la vésicule biliaire est l'examen de référence permettant de conclure à une cholécystite. Par contre, l'ouverture chirurgicale de la paroi abdominale de tous les patients présentant une douleur à l'hypocondre droit constitue un risque évident pour la santé. L'échographie abdominale constitue une option diagnostique moins invasive.

Exemple 7.5

La coronarographie permet de visualiser le degré d'obstruction des artères coronaires. Elle présente un risque de complications non négligeable pour le patient. C'est l'examen de référence[1] qui permet d'évaluer la validité de l'ECG, un examen alternatif comportant moins de risques, dans l'identification d'une maladie coronarienne.

Exemple 7.6

L'examen histopathologique du cerveau à l'autopsie est l'examen de référence permettant de confirmer le diagnostic de la maladie d'Alzheimer. On ne s'étonne pas que beaucoup d'études se penchent sur l'évaluation de moyens diagnostiques alternatifs !

Pour évaluer la validité d'un nouvel examen diagnostique, il est nécessaire de comparer simultanément le résultat obtenu à ce nouvel examen au résultat d'un examen de référence à l'aide d'un tableau de contingence, et ce, pour chacun des individus testés. Pour illustrer cette procédure, nous utiliserons la situation la plus simple, celle où l'examen diagnostique et l'examen de référence sont appliqués à tous les sujets, et nous donnent tous deux des résultats dichotomiques. Nous exprimerons les résultats de l'examen diagnostique ainsi : positif (E+) ou négatif (E−), et ceux du test de référence ainsi : malades (M+) ou non malades (M−). Le tableau 7.1 illustre la façon standard de dresser un tableau de contingence. On remarque qu'il existe quatre combinaisons de résultats. Deux catégories pour lesquelles les résultats du nouvel examen sont en accord avec le résultat de l'examen de référence : le vrai positif (VP) en présence de la maladie et le vrai négatif (VN) en son absence. Les deux autres résultats du nouveau test diagnostique sont erronés : le faux positif (FP), test diagnostique positif alors que la maladie est réellement absente, et le faux négatif (FN), test diagnostique négatif alors que la maladie est réellement présente.

En général, l'examen diagnostique est plus simple, moins coûteux et moins invasif à pratiquer que l'examen de référence. C'est le cas, par exemple, de l'ECG à l'effort comparativement à la coronarographie. Mais Lisa se demande dans quelle mesure les renseignements qu'elle obtiendra avec l'ECG à l'effort qu'elle fait subir à Paule lui permettront de poser un diagnostic juste.

TABLEAU 7.1 Classification des résultats d'un examen diagnostique

	M+	M−	Total
E+	VP	FP	VP + FP
E−	FN	VN	FN + VN
Total	VP + FN	FP + VN	

E : examen diagnostique
M : examen de référence

Pour bien cerner les défis que pose l'utilisation judicieuse de tests diagnostiques, il importe de se référer au concept de validité des tests. La validité, ou l'absence de biais, renvoie au degré avec lequel un test mesure ce qu'il doit effectivement mesurer.

On distingue habituellement deux niveaux de validité : la validité interne ou intrinsèque (mesure exacte dans la population étudiée) et la validité externe ou extrinsèque (capacité de généraliser les résultats à d'autres populations).

7.2 LA VALIDITÉ INTRINSÈQUE : SENSIBILITÉ (SE) ET SPÉCIFICITÉ (SP)

La sensibilité et la spécificité sont les deux paramètres qui caractérisent la validité intrinsèque d'un examen diagnostique. Comme tout clinicien, Lisa doit en apprendre davantage sur la valeur de ces paramètres pour interpréter correctement la signification d'un examen dont le résultat est négatif ou positif.

La sensibilité et la spécificité sont des paramètres qui doivent être estimés dans des études spécialement conçues à cette fin. Ces études, conceptuellement simples, s'avèrent souvent difficiles à réaliser. La procédure consiste à déterminer, en utilisant la méthode diagnostique la plus valide (soit l'examen de référence), lesquels des sujets d'un groupe à l'étude sont malades et lesquels sont sains. Puis, les deux groupes de sujets subissent l'examen diagnostique. Lorsque l'étude est bien menée (voir à ce sujet le chapitre 8), la sensibilité et la spécificité d'un examen diagnostique sont des valeurs qui demeurent généralement constantes.

Exemple 7.7

Une étude vise à évaluer la validité de l'ECG à l'effort dans le diagnostic de la maladie coronarienne chez des femmes présentant de l'angine atypique[2]. Cinq cents patientes âgées de 40 ans à 49 ans subissent à la fois une coronarographie et un ECG à l'effort. La coronarographie (angiographie coronarienne) est l'examen de référence. Le diagnostic de maladie coronarienne est confirmé (M+) lorsque la lumière d'au moins une des trois artères coronariennes majeures est obstruée à plus de 90 %. L'ECG à l'effort est considéré comme positif (E+) lorsqu'on mesure un sous-décalage de 1 mm ou plus du segment ST à partir de la ligne de base du tracé électrocardiographique[3].

Le tableau de contingence suivant indique le nombre de patientes ayant obtenu un résultat exact (vrais positifs et vrais négatifs) et un résultat inexact (faux positifs et faux négatifs).

>>>

	M+	M−	Total
ECG+	42	48	90
ECG−	23	387	410
Total	65	435	500

7.2.1 Les définitions

La sensibilité (SE) d'un test correspond à la probabilité qu'il produise un résultat positif chez le sujet malade. En ce sens, cette mesure nous permet d'évaluer la capacité d'un test à identifier adéquatement les sujets réellement malades. Elle est déterminée par la proportion de personnes malades ayant un résultat d'examen positif; cette proportion s'exprime de la façon suivante :

$$\frac{VP}{VP + FN}$$

En présence de la maladie, un examen très sensible est presque toujours positif. Dans l'exemple 7.7, une sensibilité de l'ECG à l'effort de 65 % (42/65) signifie que, parmi les 65 patientes chez qui un diagnostic de maladie coronarienne a été confirmé, 42 ont obtenu un ECG à l'effort positif. La proportion de faux négatifs, soit la proportion de patientes identifiées par l'ECG comme n'ayant pas la maladie alors qu'elles l'ont en réalité, s'établit à 35 % (23/65). Plus simplement, la proportion de faux négatifs est obtenue par :

$$1 - SE$$

La spécificité (SP) d'un test correspond à la probabilité qu'il produise un résultat négatif chez le sujet non malade. En ce sens, cette mesure nous permet d'évaluer la capacité d'un test à identifier adéquatement les sujets qui ne sont pas malades. Elle est déterminée par la proportion de personnes non malades ayant un résultat d'examen négatif; cette proportion s'exprime de la façon suivante :

$$\frac{VN}{VN + FP}$$

Une spécificité de l'ECG à l'effort de 89 % (387/435) signifie que, parmi les 435 individus n'ayant pas de maladie coronarienne, 387 ont obtenu un ECG à l'effort négatif. La proportion de faux positifs, soit la proportion de patientes identifiées par l'ECG comme ayant la maladie alors qu'elles ne l'ont pas, s'établit à 11 % (48/435). Plus simplement, la proportion de faux positifs est obtenue par :

$$1 - SP$$

Ainsi, pour désigner l'examen diagnostique le plus avantageux dans une situation clinique donnée, Lisa doit d'abord prendre en considération les caractéristiques intrinsèques de l'examen, soit sa sensibilité et sa spécificité.

7.2.2 Le choix d'un examen sensible

On tend à choisir un examen présentant une excellente sensibilité au début de la démarche diagnostique, puisqu'il s'agit alors d'exclure une ou plusieurs maladies de la liste des possibilités envisagées. Par exemple, pour une maladie donnée, l'obtention d'un résultat négatif à un examen sensible à 100 % permettra au clinicien d'exclure en toute certitude cette possibilité diagnostique (aucun patient réellement malade n'obtiendra un test négatif). Il existe toutefois très peu d'examens sensibles à 100 %.

On utilise un examen très sensible lorsque les conséquences d'un résultat faussement négatif sont importantes ou inacceptables. C'est le cas, par exemple, lorsque la maladie recherchée est grave et qu'il existe un traitement efficace et accessible.

Paule présente de l'angine atypique. Comme l'ECG à l'effort n'est pas un examen très sensible (65 %), il ne peut contribuer à écarter avec certitude le diagnostic de maladie coronarienne. Lisa entend demeurer vigilante, car les conséquences d'un résultat faussement négatif sont lourdes. En effet, la maladie coronarienne augmente le risque de mortalité ; en outre, un traitement est disponible.

7.2.3 Le choix d'un examen spécifique

On tend à choisir un examen diagnostique présentant une excellente spécificité pour confirmer une maladie dont on soupçonne fortement la présence à la suite d'une investigation antérieure. Un examen spécifique à 100 % ne conduit à aucun résultat faussement positif, ce qui permet de confirmer avec certitude un diagnostic. Évidemment, très peu d'examens sont spécifiques à 100 %.

Un examen très spécifique s'avère par ailleurs essentiel lorsque les conséquences potentielles d'un résultat faussement positif sont inacceptables. Par exemple, lorsque le traitement comporte des effets secondaires majeurs, physiques ou psychologiques (par exemple, la radiothérapie et la chimiothérapie utilisées dans le traitement du cancer), ou lorsque le diagnostic lui-même est celui d'une maladie mortelle.

L'étude de l'exemple 7.7 permet de conclure que l'ECG à l'effort, un examen dont la spécificité est acceptable (89 %), s'avère surtout utile pour confirmer la présence d'une maladie coronarienne.

7.2.4 Les facteurs qui influent sur la sensibilité et la spécificité

On a vu qu'il était plus simple d'évaluer la validité intrinsèque d'un examen diagnostique si son résultat est dichotomique. En conséquence, on voudra fréquemment convertir le résultat d'un test s'exprimant sur une échelle ordinale ou par intervalle en résultat dichotomique ; il s'agira de fixer un seuil à partir duquel le résultat sera considéré comme anormal (positif). C'est le seuil de positivité (aussi appelé « seuil de normalité ») d'un examen.

Il existe plusieurs façons de déterminer un seuil de positivité. Il est notamment possible d'utiliser la distribution de fréquences des valeurs du résultat d'un examen diagnostique dans une population d'individus non malades. Les valeurs extrêmes de cette distribution (par exemple, les valeurs situées au-dessus du 95e percentile) peuvent être considérées comme inhabituelles ou anormales. Évidemment, si une telle façon de faire correspond à une définition statistique du seuil de positivité (de normalité), elle ne repose néanmoins sur aucune base biologique. La fixation d'un tel seuil implique également que, pour tout examen diagnostique, 5 % des individus seraient systématiquement classifiés comme « anormaux ».

Exemple 7.8

On peut considérer une croissance normale *in utero* comme un signe de développement normal du fœtus. On peut procéder à l'évaluation de cette croissance, notamment lors du troisième mois de la grossesse, par des mesures échographiques permettant d'estimer le poids. Les différentes valeurs du poids s'expriment sur une échelle par intervalle. Si l'on considère que la croissance d'un fœtus est normale lorsque son poids estimé se situe entre le 10e et le 90e percentile de la distribution de fréquences du poids — la mesure du poids étant ici l'examen diagnostique —, l'examen est considéré comme positif (E+) lorsque le poids estimé se situe au-dessus du 90e percentile ou au-dessous du 10e percentile, et négatif (E−)

>>>

lorsque le poids estimé se situe entre le 10ᵉ percentile et le 90ᵉ percentile. Il s'agit ici d'une définition statistique du seuil de positivité; elle peut aider à identifier les fœtus nécessitant une surveillance plus étroite. Toutefois, l'évolution des percentiles dans le temps (par exemple un fœtus évalué au 30ᵉ percentile qui serait au 5ᵉ percentile un mois plus tard) sera plus utile qu'une mesure prise isolément. Par ailleurs, le fait que certains bébés, en parfaite santé, naîtront aux extrêmes des courbes de poids illustre bien les limites d'une définition statistique de la normalité.

Le seuil de positivité correspond parfois à une certaine valeur au-dessus de laquelle le risque de développer une maladie donnée est considéré comme excessif. Ce seuil peut également correspondre à la valeur à partir de laquelle il existe un traitement. Par conséquent, le seuil de positivité doit être modifié à mesure qu'évoluent les traitements offerts et que le clinicien en est informé.

Exemple 7.9

Les différentes valeurs du résultat d'une épreuve d'allergie cutanée (+, ++ ou +++) s'expriment sur une échelle ordinale. Considérée comme anormale, la valeur +++ correspond à un plus grand risque de réaction allergique. L'examen est considéré comme positif (E+) lorsque la valeur du résultat est +++ et négatif (E−) lorsque cette valeur est + ou ++.

Exemple 7.10

La tension artérielle diastolique (TAD) est une variable continue dont les différentes valeurs s'expriment sur une échelle par intervalle. Lorsque la TAD est supérieure à 90 mm Hg, le risque de maladie cardiovasculaire augmente et pour cette raison un traitement est habituellement offert. La mesure de la TAD est ici l'examen diagnostique. L'examen est considéré comme positif (E+) lorsque la TAD est supérieure à 90 mm Hg.

Pour déterminer un seuil de positivité d'une manière plus avantageuse, il faudra fixer celui-ci en fonction de l'utilité clinique recherchée. En effet, lorsque les valeurs du résultat d'un examen sont exprimées sur une échelle par intervalle, la sensibilité et la spécificité de l'examen varient selon le seuil de positivité retenu. Une bonne validité intrinsèque découle d'une bonne sensibilité et d'une bonne spécificité. Cependant, comme il est généralement impossible d'obtenir à la fois une très forte sensibilité et une très forte spécificité — une augmentation de l'une entraîne une baisse de l'autre —, un compromis s'impose. Le choix d'un seuil de positivité peut donc être arrêté en fonction de l'objectif clinique : si l'on cherche avant tout à exclure un diagnostic, on préférera un seuil associé à une bonne sensibilité; par contre, si l'on cherche essentiellement à confirmer un diagnostic, on préférera un seuil présentant une bonne spécificité.

Choix du seuil de positivité dans l'exemple du cancer de la prostate

Pour illustrer l'impact du choix des valeurs seuils, nous présentons ici les résultats de l'étude de Labrie et autres [4] concernant un test de dépistage du cancer de la prostate. Mentionnons d'abord que l'on mène habituellement le test diagnostique auprès de sujets symptomatiques, chez qui l'on cherche à préciser la cause des problèmes. Le test de dépistage, lui, recherche une maladie non décelable cliniquement chez des sujets asymptomatiques. Cette distinction se répercute sur plusieurs niveaux : en situation de dépistage, on cherchera un test particulièrement simple, peu coûteux et peu invasif.

Exemple 7.11

Le cancer de la prostate — un problème de santé important — représente, au Canada, la plus répandue des formes de cancer et la troisième cause de mortalité par cancer chez les hommes (2008)[5].

>>>

Pour poser un diagnostic précoce, le clinicien peut soit procéder à un toucher rectal, soit demander une échographie transrectale. Malheureusement, alors que le toucher rectal est un examen peu sensible, surtout lorsque la tumeur est petite, l'échographie transrectale, plus sensible, s'avère une technique coûteuse, requérant plus de temps et une certaine expertise. Dans ce contexte, des chercheurs[6] ont réalisé une étude visant à évaluer l'utilité du dosage de l'antigène prostatique spécifique (APS)* comme examen de dépistage du cancer de la prostate auprès de l'ensemble de la population. Cet examen permettrait de reconnaître un sous-groupe d'individus susceptibles d'être atteints d'un cancer de la prostate. Seuls ces individus seraient soumis à des examens de confirmation plus élaborés et plus coûteux tels que l'échographie transrectale et la biopsie.

L'étude a été réalisée à partir d'un échantillon de 1 002 hommes âgés de 45 ans à 80 ans, habitant la ville de Québec et ses environs. On a mesuré les concentrations sériques de l'APS chez chacun des participants avant de les soumettre à un toucher rectal et d'effectuer une échographie transrectale. L'analyse des biopsies de la prostate obtenues par voie transrectale était l'examen de référence permettant de déterminer la présence ou l'absence de la maladie. Le tableau 7.2 résume les résultats de l'étude, qui figurent également sous forme de diagramme en barres à la figure 7.1. À partir de cette figure, on observe que, si le seuil de positivité est fixé à 20,0 µg/1 (seuil de positivité A), 26,3 % (soit 8,8 % + 17,5 %) des individus chez qui un diagnostic de cancer a été confirmé auront un examen positif. On observe également que 99,08 % des individus non atteints d'un cancer auront un examen négatif (100 % − [0,01 % + 0,01 %]). Ces pourcentages correspondent respectivement à la sensibilité et à la spécificité de l'examen pour ce seuil. Or, dans un contexte où l'on veut dépister le plus grand nombre d'individus risquant d'avoir un cancer de la prostate, on recherche surtout un examen qui présente une très bonne sensibilité. Pour un seuil fixé à 20,0 µg/l, la sensibilité est faible et mesurée à 26,3 %.

TABLEAU 7.2 Distribution de fréquences du cancer de la prostate selon les concentrations sériques de l'APS dans un échantillon aléatoire de 1 002 hommes âgés de 45 ans à 80 ans

Nombre de patients	Concentrations (µg/l) sériques de l'APS	Présence de cancer		Absence de cancer	
		Nombre	(%)	Nombre	(%)
11	> 30,0	10	17,5	1	0,01
6	20,1 - 30,0	5	8,8	1	0,01
18	10,1 - 20,0	3	5,3	15	1,6
60	5,1 - 10,0	17	30,0	43	4,6
29	4,1 - 5,0	6	10,5	23	3,4
67	3,1 - 4,0	5	8,8	62	6,6
52	2,6 - 3,0	3	5,3	49	5,2
68	2,1 - 2,5	2	3,5	66	7,0
125	1,6 - 2,0	0	0,0	125	13,2
187	1,0 - 1,5	2	3,5	185	19,6
379	< 1,0	4	7,0	375	39,7
1 002		57	100,0	945	100,0

Source : Adapté de Labrie, F., A. Dupont, R. Suburu et autres. « Serum prostate specific antigen as pre-screening test for prostate cancer », *The Journal of Urology*, 1992, vol. 147, p. 847. Reproduit avec la permission de l'éditeur.

>>>

* L'APS est une protéine que l'on trouve uniquement dans les cellules épithéliales de la prostate. La concentration sérique de l'APS est en corrélation avec le volume de la tumeur prostatique, ce qui signifie que la concentration sérique de l'APS augmente en fonction de l'augmentation du volume de la tumeur. Par ailleurs, il est facile et peu coûteux d'effectuer le dosage de cette protéine dans le sang.

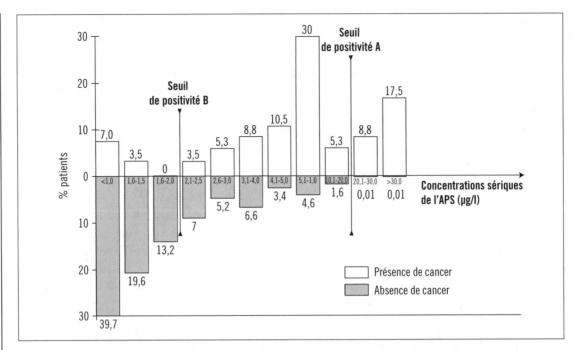

FIGURE 7.1 Sensibilité et spécificité de l'examen diagnostique (mesure des concentrations sériques de l'APS) selon le changement du seuil de positivité

En revanche, si le seuil de positivité est fixé à 2,0 µg/l (seuil B), 89,5 % des individus ayant un diagnostic confirmé de cancer auront un examen positif (sensibilité). De même, on observe que 73,0 % des individus non malades auront un examen négatif (spécificité). Dans ce contexte, si la sensibilité de l'examen s'avère bonne (89 %), sa spécificité a quant à elle diminué (73,0 %) ; ainsi, un nombre élevé d'individus est considéré à tort comme étant malade, vit inutilement de l'anxiété et est soumis à des examens de confirmation coûteux et invasifs.

La figure 7.2 illustre de façon générale la conséquence d'un changement du seuil de positivité sur la sensibilité et la spécificité d'un examen.

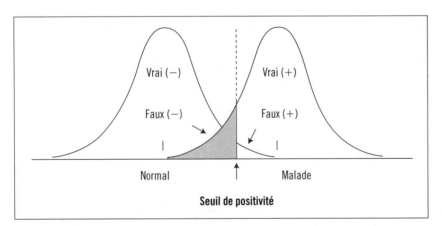

FIGURE 7.2 Conséquence d'un changement du seuil de positivité sur la sensibilité et la spécificité d'un examen diagnostique

Le tableau 7.3 présente la sensibilité et la spécificité de l'examen diagnostique calculées selon différentes concentrations sériques de l'APS. On constate que la sensibilité et la spécificité de l'examen varient inversement au seuil de positivité.

>>>

TABLEAU 7.3 Sensibilité et spécificité calculées selon différentes concentrations sériques de l'APS

Concentrations (µg/l) sériques de l'APS	Sensibilité (%)	Spécificité (%)
30,0	17,9	99,9
20,0	26,3	99,8
10,0	32,1	98,2
5,0	62,5	93,6
4,0	71,4	91,1
3,0	80,7	84,6
2,5	85,7	79,3
2,0	89,3	73,0
1,5	89,3	58,9
1,0	92,9	39,4

Source : Adapté de Labrie, F., A. Dupont, R. Suburu et autres. « Serum prostate specific antigen as pre-screening test for prostate cancer », *The Journal of Urology*, 1992, vol. 147, p. 848. Reproduit avec la permission de l'éditeur.

Le choix d'un seuil de positivité impose donc un compromis et doit reposer sur l'objectif d'utilisation clinique de l'examen. Dans le présent contexte, comme il s'agit de dépister le plus grand nombre d'individus risquant d'être atteints d'un cancer de la prostate, on recherche un examen ayant une bonne sensibilité. De même, afin de réduire le nombre d'examens faussement positifs, l'examen doit également avoir une bonne spécificité. Les chercheurs ont proposé un seuil de positivité de 3,0 µg/1 pour l'APS. Pour ce seuil de positivité, la sensibilité de l'examen est de 80,7 % et la spécificité, de 84,6 %.

En résumé, la sensibilité et la spécificité d'un test, en tant que caractéristiques stables, ne se modifient que si l'on déplace le seuil. Ainsi, lorsqu'on augmente la sensibilité, on diminue nécessairement la spécificité et, à l'inverse, quand on augmente la spécificité, on diminue naturellement la sensibilité.

7.3 LA VALEUR PRÉDICTIVE

On établit la sensibilité et la spécificité d'un examen à partir de la connaissance du diagnostic juste. Or, en pratique, le clinicien ne connaît pas ce diagnostic final et confirmé lorsqu'il prescrit le test. C'est à partir de la collecte d'information par questionnaire et examen physique que le clinicien estime la probabilité que ce patient soit sain ou malade. Cette probabilité, établie avant toute demande d'examen diagnostique, correspond à la prévalence de la maladie dans une population donnée. Le clinicien appuie donc son évaluation du risque que présente son patient tant sur les données tirées de la littérature que sur son expérience clinique. Cette probabilité pourra par exemple être faible, modérée ou forte, soit de 5 %, de 30 % ou de 90 %.

Dans l'exemple de Paule, on retient que cette dernière présente une douleur angineuse atypique, qu'elle est âgée de 42 ans, ne fume pas et présente une tension artérielle normale. L'expérience clinique permet d'estimer que, chez une jeune femme qui présente une douleur angineuse atypique, la probabilité de maladie coronarienne est faible. Le tableau 7.4 résume les données de prévalence de la maladie coronarienne selon l'âge, le sexe et les symptômes[7]. On y remarque que la prévalence de la maladie coronarienne est d'environ 13 % chez les femmes de 40 ans à 49 ans qui présentent de l'angine atypique. Donc, dans une population de 100 femmes, appartenant au même groupe d'âge et présentant les mêmes symptômes que Paule, 13 sont atteintes d'une maladie coronarienne. Ainsi, avant même de prescrire un examen, on peut estimer à 13 % la probabilité que Paule soit atteinte d'une maladie coronarienne.

TABLEAU 7.4 Prévalence (%) de la maladie coronarienne selon l'âge, le sexe et les symptômes

Âge (ans)	Absence de symptômes		Douleur thoracique		Angine atypique		Angine typique	
	H	F	H	F	H	F	H	F
30-39	1,9	0,3	5,2	0,8	21,8	4,2	69,7	25,8
40-49	5,5	1,0	14,1	2,0	46,1	13,3	87,3	55,2
50-59	9,7	3,2	21,5	8,4	58,9	32,4	92,0	79,4
60-69	12,3	7,5	28,1	18,6	67,1	54,4	94,3	90,6

Source : Griner, P.F., R.J. Panzer et P. Greenland. « Clinical Diagnosis and the Laboratory. Logical Strategies for Common Medical Problems », Chicago, Year Book Medical Publishers Inc., 1986, p. 71. Reproduit avec la permission de Mosby-Year Book Inc.

En clinique, on recourt aux examens diagnostiques pour obtenir des renseignements supplémentaires permettant de réviser l'estimation de la probabilité qu'un patient soit atteint ou non. On obtient ce gain d'information à partir du calcul des valeurs prédictives.

7.3.1 Les définitions

Exprimées en pourcentage, les valeurs prédictives (VPP) — calculées à partir du tableau de contingence — représentent la probabilité qu'un individu soit malade ou non selon le résultat de l'examen. Une valeur prédictive positive indique la probabilité que l'individu soit réellement malade lorsque le résultat d'un examen s'avère positif. En d'autres mots, il s'agit de la proportion des individus réellement atteints de la maladie parmi l'ensemble des individus dont le résultat est positif.

$$\frac{VP}{VP + FP}$$

La probabilité d'observer un résultat faussement positif $(1 - VPP)$ correspond à la proportion des résultats faussement positifs obtenus parmi l'ensemble des individus dont le résultat est positif. Ainsi, même si les individus de ce groupe ne sont pas malades, le résultat de ce groupe sera positif.

En revanche, en présence d'un examen dont le résultat est négatif, le clinicien doit estimer la probabilité que le patient soit réellement sain. Cette probabilité, appelée « valeur prédictive négative » (VPN), est déterminée par la proportion des individus qui ne sont pas atteints de la maladie parmi l'ensemble des individus dont le résultat est négatif.

$$\frac{VN}{VN + FN}$$

La probabilité d'observer un résultat faussement négatif (1 − VPN) correspond à la proportion des résultats faussement négatifs obtenus parmi l'ensemble des individus dont le résultat est négatif. Forcément, une certaine proportion d'individus malades obtiendra un résultat négatif.

7.3.2 Le calcul des valeurs prédictives

Contrairement à la sensibilité et la spécificité, la prévalence de la maladie influe sur la VPP et la VPN d'un test. Pour une sensibilité et une spécificité données, la VPP diminue et la VPN augmente à mesure que la prévalence diminue.

Il est possible de calculer la VPP et la VPN si on connaît la prévalence de la maladie, la sensibilité et la spécificité de l'examen diagnostique. Il s'agit simplement de recréer un tableau de contingence à partir des informations connues.

Considérant que la prévalence (ou probabilité pré-test) de la maladie de Paule est estimée à 13 %, que l'ECG à l'effort a une sensibilité de 65 % et une spécificité de 89 %, Lisa peut effectuer le calcul de la VPP et de la VPN en six étapes.

1. Elle choisit de façon arbitraire une taille d'échantillon, soit, par exemple, 1 000.

2. À partir de la prévalence, elle calcule le nombre d'individus malades et non malades, soit :

$$\text{malades} : (1\,000)(0{,}13) = 130$$
$$\text{non malades} : 1\,000 - 130 = 870$$

3. À partir de la sensibilité de l'examen, elle calcule, parmi les individus malades, le nombre d'individus dont le résultat est positif et le nombre d'individus dont le résultat est négatif, soit :

$$\text{ECG+} : (130)(0{,}65) = 84 \,;\, \text{ECG−} : 130 - 84 = 46$$

4. À partir de la spécificité de l'examen, elle calcule aussi, parmi les individus non malades, le nombre d'individus dont le résultat est positif et le nombre d'individus dont le résultat est négatif, soit :

$$\text{ECG−} : (870)(0{,}89) = 774 \,;\, \text{ECG+} : 870 - 774 = 96$$

5. Ensuite, elle calcule le nombre total d'individus dont le résultat est positif et le nombre total d'individus dont le résultat négatif, soit :

$$\text{ECG+} : 84 + 96 = 180 \,;\, \text{ECG−} : 774 + 46 = 820$$

6. Enfin, elle calcule la probabilité d'observer un résultat vraiment positif parmi l'ensemble des résultats positifs (VPP) et la probabilité d'observer un résultat vraiment négatif parmi l'ensemble des résultats négatifs (VPN), soit :

$$\text{VPP} : 84/180 = 0{,}47 \,;\, \text{VPN} : 774/820 = 0{,}94$$

Le tableau de contingence suivant résume ces différentes étapes (le chiffre entre parenthèses renvoie à l'une ou l'autre des cinq premières d'entre elles).

	M+	M−	Total
ECG+	84 (3)	96 (4)	180 (5)
ECG−	46 (3)	774 (4)	820 (5)
Total	130 (2)	870 (2)	1 000 (1)

La valeur prédictive positive est de 44 %. C'est donc dire que, si l'ECG à l'effort de Paule est positif, pour Lisa, ce gain d'information avant l'examen s'avère fort intéressant. En effet, la probabilité que Paule soit atteinte d'une maladie coronarienne — de 13 % avant l'examen (prévalence) — augmente à 44 % à la suite de l'ECG à l'effort. Lisa devra donc décider si cette probabilité justifie des examens diagnostiques complémentaires.

La valeur prédictive négative est de 94 %. De la sorte, si le résultat de l'examen est négatif, la probabilité que Paule ne souffre pas de d'une maladie coronarienne est de 94 %. Dans ce contexte, la VPN ajoute peu d'information à ce qui est déjà connu, à savoir qu'avant l'examen, la probabilité que Paule ne soit pas atteinte d'une maladie coronarienne était de 87 % (100 % − 13 %).

7.3.3 Les facteurs qui influent sur la validité prédictive

La valeur prédictive est le résultat de l'interaction entre la prévalence de la maladie, la sensibilité de l'examen diagnostique et sa spécificité.

L'influence de la prévalence

En matière d'examen diagnostique dont la validité intrinsèque est connue (sensibilité et spécificité), l'interprétation d'un résultat positif ou négatif doit tenir compte du contexte clinique. En effet, la prévalence de la maladie (probabilité de la maladie avant l'examen) varie grandement selon les caractéristiques des patients.

Exemple 7.12

Lisa se souvient de Henri, un professeur âgé de 62 ans, qui présentait des douleurs angineuses typiques. Chez un homme de cet âge, la prévalence de la maladie coronarienne est de 94,3 % (voir le tableau 7.4, page 118). Compte tenu de cette très forte probabilité, le calcul des valeurs prédictives montre qu'un ECG à l'effort fournirait peu de renseignements supplémentaires, comme l'indique le tableau de contingence ci-dessous.

	M+	M−	Total
ECG+	611	7	618
ECG−	329	53	382
Total	940	60	1 000

La prévalence de la maladie étant de 94 %, la VPP atteindrait 99 % (611/618) si l'ECG à l'effort s'avérait positif. Ce faible gain d'information ne modifierait pas la conduite clinique. Si le résultat avait été négatif, la VPN aurait été de 14 % (53/382), indiquant ainsi que la probabilité qu'Henri soit réellement atteint d'une maladie coronarienne aurait atteint 86 % (100 % − 14 %). Ainsi, même en présence d'un résultat négatif, cette forte probabilité aurait incité Lisa à prendre l'homme en charge comme s'il était atteint.

Exemple 7.13

Lisa se souvient également de Constance, jeune policière de 30 ans, qui se plaignait d'une douleur thoracique de faible intensité du côté droit; survenue en l'absence de traumatisme et d'une durée très variable, cette douleur s'atténuait après quelques exercices d'étirement. Chez une femme de cet âge qui présente une douleur thoracique non angineuse, la prévalence de la maladie coronarienne est de 0,8 % (voir le tableau 7.4, page 116). En tenant compte de cette très faible probabilité, Lisa avait estimé que le résultat d'un ECG à l'effort ne lui serait pas d'une grande aide.

Comme l'indique le tableau de contingence suivant, le calcul des valeurs prédictives lui donne raison.

	M+	M−	Total
ECG+	5	109	114
ECG−	3	883	886
Total	8	992	1 000

La prévalence de la maladie étant de 0,8 %, la VPP aurait été de 4 % (5/114), si le résultat de l'ECG à l'effort s'était avéré positif. Malgré un résultat positif, ce faible gain d'information n'aurait pas incité Lisa à modifier sa décision. Dans l'éventualité d'un résultat négatif, la VPN aurait été de 99 % (883/886), indiquant ainsi une probabilité de 1 % (100 % − 99 %) de maladie coronarienne. Évidemment, cette très faible probabilité aurait conforté Lisa dans sa décision de ne pas proposer de traitement à Constance pour ce problème de santé.

Ces deux exemples illustrent clairement qu'en règle générale, lorsque la prévalence de la maladie est très forte ou très faible, le gain d'information que procurent les examens diagnostiques est peu utile à la décision d'offrir ou non un traitement. Cependant, les examens diagnostiques offrent un gain d'information intéressant dans un contexte où la prévalence estimée de la maladie ne suffit pas à orienter la conduite, comme c'est le cas pour Paule.

L'influence de la sensibilité et de la spécificité sur les valeurs prédictives

La spécificité de l'examen — contrairement à sa sensibilité — influe fortement sur la valeur prédictive positive. Pour une prévalence donnée, plus la spécificité est élevée, plus la VPP est élevée. Il est facile de s'en convaincre. En effet, si l'on modifie la spécificité tout en assurant une sensibilité constante à 70 % et une prévalence également constante à 50 %, on observe que la spécificité et la VPP augmentent de façon concomitante; par ailleurs, la VPN est très peu modifiée. Les données présentées ci-dessous le démontrent.

SP (%)	80	85	90	95	99
VPP	78	82	88	93	99
VPN	73	74	75	76	77

Notons que, lorsque la prévalence de la maladie se rapproche de 0, la VPP se rapproche elle aussi de 0, même lorsque la spécificité de l'examen est élevée. Cette situation prévaut dans un contexte de dépistage, où la prévalence de la maladie dans la population générale est souvent inférieure à 1 %.

Exemple 7.14

Des intervenants en santé communautaire décident de mettre sur pied un programme de dépistage du cancer du sein. Pour ce faire, ils conviennent que les femmes qui obtiendront un résultat positif à la mammographie devront subir une biopsie afin de confirmer ou d'infirmer le diagnostic de cancer.

Dans le milieu où sera implanté le programme, le cancer du sein a une prévalence de 0,5 %. La sensibilité et la spécificité de la mammographie sont respectivement de 80 % et 93 %. Le tableau de contingence ci-dessous présente les données permettant de calculer la VPP.

	M+	M−	Total
Mammographie +	4	70	74
Mammographie −	1	925	926
Total	5	995	1 000

On constate que, malgré l'excellente spécificité de la mammographie, la VPP n'est que de 5 % (4/74), ce qui signifie que 95 % des femmes dont le résultat sera faussement positif devront inutilement subir une biopsie et vivre l'anxiété liée à l'annonce de la présence éventuelle d'un cancer.

Pour éviter qu'une telle situation se produise, l'équipe décide de n'offrir le dépistage qu'aux femmes qui présentent une plus forte prévalence de la maladie (sous-groupes à risque), soit les femmes de 50 ans et plus, celles ayant des antécédents familiaux de cancer du sein, etc. Cette stratégie a pour effet d'améliorer la VPP de l'examen.

Inversement, c'est la sensibilité de l'examen qui influe surtout sur la valeur prédictive négative. Plus la sensibilité d'un examen est élevée, plus la valeur prédictive négative est élevée. Il est ici aussi facile de s'en convaincre. En effet, si l'on modifie la sensibilité tout en assurant une spécificité constante à 70 % et une prévalence également constante à 50 %, on observe que la sensibilité et la VPN augmentent de façon concomitante ; quant à la VPP, la sensibilité influe très peu sur elle. Les données présentées ci-après le démontrent.

SE (%)	80	85	90	95	99
VPP	73	74	75	76	77
VPN	78	82	88	93	99

Notons que, même si l'examen est très sensible, un résultat négatif est souvent faussement négatif lorsque la prévalence de la maladie est très élevée. Or, comme on l'a vu précédemment, dans un tel contexte, le résultat négatif d'un examen diagnostique incite rarement le clinicien à modifier sa conduite. Voilà donc un argument de plus pour renoncer à faire subir un examen au patient.

7.4 LES COMBINAISONS D'EXAMENS

Dans certains contextes, le fait d'effectuer des examens en série ou en parallèle améliore la prise de décision. Dans une situation clinique non urgente, on procède le plus souvent à des examens en série ; le résultat du premier examen devient le facteur déterminant qui décidera de la nécessité d'effectuer un examen complémentaire. Cette stratégie d'investigation tend à maximiser la VPP — les résultats positifs étant le plus souvent de vrais positifs —, mais également à maximiser la VPN.

Exemple 7.15

M. Bibeau, un quinquagénaire, se présente à l'urgence et se plaint de douleurs rétrosternales irradiantes au bras gauche; il transpire abondamment. Même si l'on administre d'emblée un traitement pour un infarctus, on doit également confirmer le diagnostic. Un électrocardiogramme (ECG) et un dosage de la créatine phosphokinase (CPK) sont demandés en priorité.

Que l'un ou l'autre des résultats s'avère positif confirmera le diagnostic, à plus forte raison si tous les deux le sont. En revanche, s'ils sont tous les deux négatifs, un autre diagnostic devra être envisagé. Il s'agira de procéder à des «examens en parallèle». On les pratique habituellement pour préciser rapidement un diagnostic, lorsqu'il est important qu'aucun cas ne soit manqué; on cherche donc à obtenir le moins de faux négatif possible.

Imaginons qu'on reçoive à l'urgence 100 patients comme M. Bibeau et que parmi ces patients la prévalence de l'infarctus est de 75 %, la sensibilité de l'ECG de 90 % et sa spécificité de 75 %, la sensibilité du dosage de la CPK de 85 % et sa spécificité de 70 %. Voici les tableaux de contingence correspondants:

	M+	M−	Total
ECG+	68	6	74
ECG−	7	19	26
Total	75	25	100

	M+	M−	Total
CPK+	64	7	71
CPK−	11	18	29
Total	75	25	100

Avec l'ECG, on obtiendrait une VPN de 0,73 (19/26); avec le dosage de la CPK, elle serait de 0,62 (18/29). Comment la sensibilité et la VPN seraient-elles augmentées si l'on effectuait les examens en parallèle?

On considère les examens menés en parallèle comme indépendants les uns des autres. Donc, pour deux examens, il y a quatre catégories possibles.

Les 68 patients désignés comme positifs à l'ECG le resteraient. S'y ajouteraient 85 % des faux négatifs de l'ECG que l'on aurait dépistés par le dosage de la CPK, soit 6 personnes de plus ($7 \times 0,85$). De la même façon, aux 6 personnes considérées faussement positives à l'ECG s'ajouteraient 30 % des vrais négatifs désignés comme positifs lors du dosage de la CPK, soit 6 personnes de plus ($19 \times 0,3$). On se trouverait alors avec un tableau de contingence semblable à celui ci-après.

	M+	M−	Total
ECG+ ou **CPK+**	74	12	86
ECG− et **CPK−**	1	13	14
Total	75	25	100

La sensibilité serait maintenant de 0,99 (74/75) et la VPN de 0,93 (13/14). On remarque que la spécificité, diminuée à près de 50 %, est le compromis nécessaire à l'obtention d'une sensibilité de 99 %.

Imaginons sensiblement la même situation: M. Bibeau se présente à la polyclinique, et manifeste des symptômes moins typiques. On pourrait amorcer le bilan par un ECG et orienter la suite selon les résultats obtenus. Cette succession d'examens — le choix du deuxième examen dépend du résultat du premier — s'appelle «examens en série». En ce qui concerne M. Bibeau, on ne poserait un diagnostic d'infarctus que si les deux examens étaient positifs. On obtiendrait donc, après l'ECG pratiqué au bureau, un tableau de contingence comme le suivant.

>>>

	M+	**M−**	**Total**
ECG+	68	6	74
ECG−	7	19	26
Total	75	25	100

Cependant, étant donné que seules les personnes positives au premier examen seraient invitées à subir le second, le dosage de la CPK serait effectué auprès d'une population présentant une prévalence d'infarctus bien plus importante. Cette prévalence serait probablement proche de la VPP de l'ECG, soit 0,92 (68/74) ; on obtiendrait ainsi un tableau de contingence comme le suivant.

	M+	**M−**	**Total**
CPK+	58	2	60
CPK−	10	4	14
Total	68	6	74

Les différents résultats aux deux examens seraient ceux que l'on pourrait regrouper dans un tableau de contingence comme celui que voici.

	M+	**M−**	**Total**
ECG+ et **CPK+**	58	2	60
ECG+ et **CPK−**	10	4	14
ECG−	7	19	26
Total	75	25	100

Pour l'examen en série, on obtiendrait donc un autre tableau de contingence, semblable au suivant.

	M+	**M−**	**Total**
ECG+ et **CPK+**	58	2	60
ECG− ou **CPK−**	17	23	40
Total	75	25	100

On obtiendrait une spécificité de 0,92 (23/25) et une VPP de 0,97 (58/60). En revanche, la sensibilité, maintenant de 0,77 (58/75), aurait diminué.

En somme, afin de s'assurer de la fiabilité d'un diagnostic en situation d'urgence, il est avantageux de procéder à plusieurs examens simultanément. Si un seul d'entre eux se révèle positif, on considérera le patient malade ; il s'agit de la stratégie diagnostique des examens en parallèle. Si, par contre, on dispose de plus de temps, on pourra procéder aux examens consécutivement ; le résultat du dernier examen orientera nos décisions au fur et à mesure ; il s'agit de la stratégie diagnostique des examens en série.

Le tableau 7.5 passe succinctement en revue les caractéristiques des examens en parallèle et en série.

>>>

TABLEAU 7.5 Caractéristiques des examens en parallèle et en série

Examens en parallèle	Examens en série
Augmentent la sensibilité	Diminuent la sensibilité
Diminuent la spécificité	Augmentent la spécificité
Augmentent la VPN	Augmentent la VPP

7.5   LES SOURCES DE VARIATION DANS LES EXAMENS DIAGNOSTICS

Nous avons discuté, dans les sections précédentes, des différentes manières d'évaluer la validité d'un test diagnostic. Un autre des aspects importants de la performance de ces tests est la reproductibilité. Après avoir traité de la manière de mesurer cette variabilité, nous aborderons les trois grandes catégories de variations susceptibles de modifier les résultats d'un examen : les variations attribuables à l'examinateur, les variations attribuables à la personne examinée et les variations attribuables à l'examen lui-même. On qualifie les variations entre observateurs de « différences interobservateurs ». Il existe aussi des différences intra-observateur : une même personne, d'un moment à un autre, peut mesurer ou interpréter différemment ce qu'elle observe. Il s'agit de la « variation intra-observateur ».

7.5.1 La mesure de la variation : la mesure d'accord Kappa (K)

Un psychométricien du nom de Cohen a inventé, en se basant sur la notion d'accord, un indice qui reflète la fiabilité de nos instruments de mesure. Il a représenté cet indice, qu'il a nommé « Kappa », par la lettre grecque K. Kappa permet d'évaluer globalement la reproductibilité d'un test. La mesure d'accord Kappa donne une indication du degré d'accord obtenu au-delà de celui que procure uniquement la chance.

Supposons une situation au cours de laquelle l'accord entre les observateurs est faible, soit inférieur ou égal à la proportion d'accords susceptibles d'être obtenus par hasard; K serait négatif ou nul. Si, par contre, l'accord entre les observateurs est très fort, disons tout près de 100 %, et que la probabilité d'un accord dû au hasard est faible, disons de près de 0 %, alors K serait près de 1.

Ainsi, un K de près de 1 assure de la reproductibilité de la mesure. En d'autres termes, si plusieurs personnes utilisent la même procédure dans un tel contexte, elles parviendront sensiblement à la même conclusion; il en ira de même d'une seule personne qui mesurera un phénomène à plusieurs reprises. Par contre, un K de près de 0 ou négatif signifie que l'accord entre les observateurs est bien faible ou que la probabilité d'un accord dû au hasard est très élevée.

Pour la plupart des examens couramment utilisés, les Kappa sont peu élevés. Ainsi, en ce qui concerne la mammographie, le Kappa relié à la mesure interobservateurs dans le cadre d'une étude menée auprès de 1 214 femmes était de 0,67. Pour l'ECG à l'effort, après avoir procédé à l'examen de 38 tracés (les mêmes), deux cardiologues sont arrivés à un K de 0,3. Enfin, après avoir examiné les 29 frottis sanguins de femmes souffrant d'anémie par manque de fer, deux pathologistes sont arrivés à un K de 0,39. Si l'accord intra-observateur est souvent plus élevé, pour les mêmes examens, il se situe autour de 0,6[8]. On considère généralement que la reproductibilité est bonne lorsque le Kappa est plus élevé que 75 %.

7.5.2 Les variations attribuables à l'examinateur

Les professionnels de la santé doivent prendre des décisions sur la base de données recueillie auprès des malades. Plusieurs facteurs peuvent influer sur les mesures prises par un examinateur; voici les quatre principaux.

La perception d'anomalies peut varier d'un examinateur à l'autre, simplement en raison de perceptions sensorielles différentes. Par exemple, comme la sensibilité de l'ouïe diffère d'une personne à l'autre, deux personnes n'estimeront pas de la même façon le battement artériel au stéthoscope. De même, selon la sensibilité du toucher, la chaleur d'une articulation ne fera pas nécessairement soupçonner de la même manière pour tous un phénomène inflammatoire.

Par ailleurs, deux observateurs peuvent très bien voir un même phénomène et l'interpréter différemment. Considérons deux personnes qui observent un exsudat dans un oeil. Alors que l'une d'elles juge qu'il s'agit d'un exsudat mou, l'autre l'estime dur. Dans ce contexte, puisque ces observateurs voient bien la même image, ce ne sont pas les sens des observateurs qui sont en cause mais plutôt leur perception de la réalité.

La manière de procéder à la classification des observations est un autre facteur de variations attribuables à l'examinateur. Par exemple, il arrive souvent que l'examinateur ne consigne pas ses observations dans le dossier du patient, mais bien les conclusions tirées de ses observations. Ainsi, on remarquera souvent au dossier la mention « obésité » plutôt que l'indice de masse corporelle. Or, l'obésité peut être définie de plusieurs manières. Dans ce cas, des catégories diagnostiques trop larges peuvent nuire à la précision de la mesure. Il en va de même pour sa validité lorsqu'un diagnostic est défini différemment selon les personnes qui le posent.

Une autre source de variation tient aux attentes des examinateurs. Il est bien connu que les êtres humains ont tendance à trouver ce qu'ils cherchent. Ainsi, un examinateur qui ignore ce qu'il doit chercher a de fortes chances de ne rien trouver. La plupart du temps, l'erreur commise l'est systématiquement et entache par conséquent la validité de la mesure.

7.5.3 Les variations attribuables à la personne examinée

Selon le moment où elles sont recueillies, les valeurs mesurées peuvent différer. L'organisme vivant est en perpétuel mouvement; ainsi, la production hormonale, à elle seule, varie au cours d'une même journée, d'un mois et au fil des années. Considérée isolément, une unique mesure anormale (telle qu'une tension artérielle un peu élevée) ne veut rien dire; il importe de prendre plusieurs fois une mesure avant de conclure à une anomalie.

Aussi, tant la maladie elle-même que les médicaments administrés pour la traiter feront varier les valeurs mesurées. L'anamnèse sera très différente selon qu'elle est recueillie auprès d'un patient dans un moment de délire ou lorsqu'il a tous ses esprits. Le même phénomène se remarquera lorsqu'on interrogera un patient qui a abusé d'une drogue ou d'un médicament. À la limite, un patient interrogé alors qu'il est très souffrant ne fournira pas nécessairement les mêmes indices lorsqu'on l'aura soulagé de sa douleur. Enfin, sachons que la mémoire est intimement liée à des états émotifs, à des sensations et à des contextes particuliers. Ainsi, une mère qui a accouché d'un bébé mal formé aura tendance, davantage qu'une mère ayant donné naissance à un bébé normal, à revivre en pensée toutes les étapes de sa grossesse pour tenter d'expliquer le phénomène. Les patients atteints d'une maladie grave et évolutive ont la même propension. Ce type de variation peut donner lieu à un biais de rappel, qui est une erreur systématique d'information.

7.5.4 **Les variations attribuables à l'examen**

L'environnement influera sur les résultats de plusieurs examens. Ainsi, il est vraisemblablement impossible d'obtenir d'une adolescente les mêmes renseignements concernant sa vie sexuelle ou sa consommation de drogues selon que vous êtes seul avec elle ou que son père assiste à la consultation. La relation entre l'examinateur et la personne examinée jouera aussi un rôle non négligeable. Une infirmière dont la charge de travail est lourde n'entendra pas la détresse timidement exprimée par une jeune mère désemparée. De même, la personne âgée bousculée par le médecin s'abstiendra de passer la radiographie pulmonaire qu'il lui a prescrite. La capacité des examinateurs à utiliser les appareils de mesure est également en cause. La compétence des techniciens de laboratoire, de radiologie, d'échographie, etc., peut grandement influer sur le résultat des examens et constitue une source de variations dont on doit absolument tenir compte. Qui plus est, un appareil mal calibré ou défectueux transmettra évidemment des mesures invalides.

Le tableau 7.6 donne un aperçu des types de variations — et de leurs sources — susceptibles d'influer sur les résultats d'un examen diagnostique.

TABLEAU 7.6 Sources des types de variations

Types de variations	Sources de variations
Variations attribuables à l'examinateur	• Interprétation de la réalité • Classification des diagnostics • Attentes de l'examinateur • Lacunes dans les connaissances
Variations attribuables à la personne examinée	• Variations biologiques • Effets de la maladie ou des médicaments • Souvenirs
Variations attribuables à l'examen	• Environnement • Relation entre l'examinateur et la personne examinée • Utilisation inadéquate des appareils de mesure • Utilisation d'appareils mal calibrés ou défectueux

Source : Traduit et adapté de Sackett, D.L., R.B. Haynes et P. Tugwell. *Clinical Epidemiology, a Basic Science for Clinical Medicine*, 2ᵉ édition, Boston, Little, Brown and Company, 1991, p. 36.

En résumé

Dans ce chapitre, les notions de validité intrinsèque (sensibilité et spécificité) d'un examen diagnostique et de validités prédictives positive (VPP) et négative (VPN) ont été évoquées. Une bonne validité intrinsèque dépend d'une bonne sensibilité et d'une bonne spécificité, quoiqu'il soit généralement impossible d'avoir à la fois une très forte sensibilité et une très forte spécificité; en effet, une augmentation de l'une entraîne généralement une baisse de l'autre. Donc, un compromis s'impose, compromis guidé par le contexte clinique d'utilisation. On a noté combien la prévalence de la maladie influe sur la valeur prédictive des examens diagnostiques. On a constaté que certaines stratégies, telles que la pratique d'examens en parallèle ou en série, permettent de modifier la sensibilité et la spécificité du processus diagnostic et influent sur les valeurs prédictives. On a également vu que des variations intraobservateur et interobservateurs peuvent survenir, et que la mesure d'accord Kappa permet d'en évaluer l'ampleur. Finalement, les variations qui influent sur le résultat de ces examens, soit les variations attribuables à l'examinateur, à la personne examinée et à l'examen lui-même, ont été décrites.

www.cheneliere.ca/simpson

Une section Exercices vous est offerte sur ce site Web.

NOTES ET RÉFÉRENCES

1. Il importe de spécifier que les symptômes d'angine peuvent survenir en l'absence d'obstruction importante des artères coronaires, notamment à la suite d'un spasme. De plus, des obstructions importantes des artères coronaires peuvent être visualisées sans qu'un individu présente des symptômes d'angine. Malgré ces limites, la coronarographie est toujours considérée comme l'examen de référence.

2. Diamond et Forrester ont défini trois catégories de manifestations cliniques de l'angine en fonction du site et des caractéristiques de la douleur ressentie par le patient : la douleur est rétrosternale, elle est associée à l'effort, elle diminue à la suite d'un repos de moins de 30 minutes ou après l'administration de nitroglycérine (médicament vasodilatateur).

   Lorsqu'un patient signale les trois manifestations, on dit qu'il présente de l'angine typique ; s'il signale deux des trois manifestations, on dit qu'il présente de l'angine atypique ; enfin, s'il ne signale qu'une de ces manifestations ou aucune d'entre elles, on dit qu'il présente une douleur thoracique non angineuse.

   La douleur rétrosternale associée à l'effort que Paule manifeste dure beaucoup plus que 30 minutes. Par conséquent, Lisa conclut qu'il s'agit d'une douleur atypique.

3. Un sous-décalage du segment ST indique une souffrance du muscle cardiaque. Normalement, le segment ST n'est pas élevé ni abaissé, comme l'illustre la figure que voici.

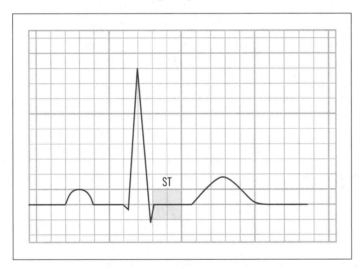

4. Labrie, E.A., R. Dupont, Suburu et autres. « Serum prostate specific antigen as pre-screening test for prostate cancer », *The Journal of Urology,* 1992, vol. 147, p. 846-852.

5. « Canadian Cancer Society/National Cancer Institute of Canada », *Canadian Cancer Statistics 2008,* Toronto, Canada, Accessed April 2008 at April 2008, ISSN 0835-2976. [http://www.cancer.ca/vgn/images/portal/cit_86751114/10/34/614137951cw_library_WYNTK_Bladder_Punjabi2005.pdf]

6. Voir la note 4.

7. Griner, R.E., R.J. Panzer et P. Greenland. *Clinical Diagnosis and the Laboratory. Logical Strategies for Common Medical Problems,* Chicago, Year Book Medical Publishers Inc., 1986, p. 71.

8. Sackett, D.L., R.B. Haynes et P. Tugwell. *Clinical Epidemiology, a Basic Science for Clinical Medicine,* 2e édition, Boston, Little, Brown and Company, 1991, p. 36.

SUGGESTIONS DE LECTURE

Guyatt G. et R. Drummond. *Users' Guides to the Medical Literature : Essentials of Evidence-Based Clinical Practice. The Evidence-Based Medicine Working Group,* AMA Press, Chicago, 2002.

Fletcher R.H. et S.W. Fletcher. *Clinical Epidemiology : The Essentials,* 4ᵉ édition, Baltimore, Lippincott Williams & Wilkins, 2005.

8

LA LECTURE CRITIQUE DES ÉTUDES PORTANT SUR LES EXAMENS DIAGNOSTIQUES

Auteurs de la deuxième édition : Pamphile Nkogho Mengue, André Simpson
Auteurs de la première édition : Yvan Leduc, Clément Beaucage, Yv Bonnier Viger

Au terme de ce chapitre, vous pourrez :

- utiliser un cadre de référence pour la lecture critique des articles scientifiques portant sur des examens diagnostiques ;
- juger de la pertinence de modifier votre pratique à la lumière des résultats d'une publication scientifique portant sur un examen diagnostique.

Objectifs	Contenu
1. Effectuer systématiquement l'analyse d'une publication scientifique portant sur un examen diagnostique	1.1 Grille d'évaluation
2. Expliquer les critères permettant de juger de la qualité d'une publication scientifique portant sur un examen diagnostique	2.1 Examen de référence 2.2 Comparaison indépendante et en aveugle 2.3 Distribution des anomalies 2.4 Méthode explicite et reproductible 2.5 Validité et précision des résultats de l'étude
3. Interpréter les résultats d'une étude portant sur un examen diagnostique	3.1 Décision d'effectuer l'examen de référence 3.2 Utilité de l'examen pour améliorer la qualité des soins

Un cas

Manon, une jeune femme de 24 ans, se présente en début de soirée à l'urgence où Lisa est de garde. Elle ressent une douleur constante au mollet gauche depuis le matin. Manon est en bonne santé et ne présente pas d'antécédent médical particulier. Elle fume depuis l'âge de 17 ans et utilise des anovulants comme moyen contraceptif. À l'examen clinique, Lisa constate une légère enflure au mollet gauche, mais sans chaleur ni rougeur. Manon ressent une douleur à la palpation du mollet, douleur qui devient plus aiguë lorsqu'on crée une tension sur le mollet en exerçant une flexion du pied. Elle ne ressent pas de douleur à la cuisse, mais, à la palpation, elle en ressent une à l'arrière du genou. À la lumière de ces signes cliniques, Lisa ne peut exclure la possibilité qu'une obstruction des veines profondes (phlébothrombose) soit en cause.

Les conséquences d'une phlébothrombose non traitée peuvent être graves, voire fatales, car une embolie pulmonaire peut survenir advenant qu'un caillot (thrombus) se détache et monte vers les poumons. Lisa propose à Manon de subir une échographie Doppler. Elle a récemment lu un article concernant le diagnostic de la phlébothrombose profonde du membre inférieur; on y comparait justement la phlébographie à l'échographie Doppler.

Pertinence clinique

Les cliniciens s'interrogent régulièrement sur la pertinence d'utiliser un examen diagnostique dans une situation clinique donnée. Par exemple, les tests de la fonction pulmonaire pratiqués en série sont-ils utiles dans le suivi des patients asthmatiques? La radiographie des sinus constitue-t-elle un bon examen pour diagnostiquer une sinusite? L'électrocardiogramme est-il indiqué chez les patients qui sont sur le point de subir une intervention chirurgicale?

L'utilisation judicieuse de l'information fournie par les examens diagnostiques exige que le clinicien soit capable d'en apprécier la validité intrinsèque et prédictive, les rapports de vraisemblance, la reproductibilité, ainsi que l'applicabilité clinique. Pour cela, le clinicien doit maîtriser une démarche analytique et systématique qui lui permettra de juger de la qualité et de la validité d'une étude portant sur de tels examens. Cette habileté est d'autant plus importante que de nouvelles technologies font régulièrement leur apparition dans le domaine des soins de santé, ce qui oblige le clinicien à faire preuve d'un solide esprit critique.

8.1   LES CRITÈRES PERMETTANT DE JUGER DE LA VALIDITÉ D'UNE ÉTUDE PORTANT SUR UN EXAMEN DIAGNOSTIQUE

Après une recherche documentaire dans les bases de données informatisées, Lisa a retrouvé l'article qui s'intitule « Diagnostic de la phlébothrombose profonde du membre inférieur par échographie Doppler » (voir l'annexe 8.1). S'appuyant sur le cadre de référence pour la lecture critique d'une publication scientifique (voir le chapitre 1), elle juge, après une lecture rapide, que le contenu de l'article est pertinent et que les concepts présentés lui sont accessibles. L'article pourrait lui permettre de juger de la valeur de l'examen auquel elle a invité Manon à se soumettre, ainsi que d'utiliser le résultat de l'examen en s'appuyant sur une connaissance plus complète. Elle décide donc d'en faire une lecture approfondie.

Cette lecture approfondie lui permettra de vérifier si l'étude est valide sur le plan scientifique. Elle vérifie ainsi la justesse des données et de leur interprétation. Lisa cible les quatre questions suivantes :

- L'étude présente-t-elle une bonne validité interne ?
- L'examen diagnostique (en l'occurrence, l'échographie Doppler) possède-t-il une bonne reproductibilité ?

▧ Les résultats de la validité de l'examen diagnostique sont-ils présentés ?

▧ Cet examen permettra-t-il d'améliorer la qualité des soins dispensés aux malades ?

Pour faire cette lecture approfondie de façon critique, Lisa décide de s'appuyer sur des grilles d'analyse critique présentes dans la littérature scientifique. Elle retrace ainsi une grille proposée par Jaeschke[1]. Lisa s'appuie également sur une grille de lecture critique conçue en 2007 par Schlienger et autres[2], de même que sur une publication de Nendaz[3]. Lisa crée donc la grille de lecture suivante en y intégrant, selon les quatre questions qui la préoccupent, les éléments essentiels de ces références.

ENCADRÉ 8.1 Critères d'analyse d'un article portant sur un examen diagnostique

---

L'étude présente-t-elle une bonne validité interne ?

- L'examen diagnostique est-il comparé à un examen de référence reconnu ?
- La comparaison des résultats de l'examen diagnostique et de l'examen de référence est-elle effectuée en aveugle ?
- La distribution des anomalies est-elle adéquate ?
- Tous les patients ont-ils été soumis à l'examen de référence ?

L'examen diagnostique possède-t-il une bonne reproductibilité ?

- La méthode utilisée pour effectuer l'examen diagnostique est-elle décrite d'une façon suffisamment explicite pour qu'on puisse la reproduire ?
- La variabilité de l'examen diagnostique est-elle analysée ?
- Les résultats sur la variabilité intra-observateur ou interobservateurs sont-ils présentés ?

Les résultats de la validité de l'examen diagnostique sont-ils présentés ?

- Quels étaient la sensibilité, la spécificité, les valeurs prédictives et les rapports de vraisemblance de l'examen pour chaque possibilité de résultat ?
- Les résultats de la validité de l'examen sont-ils acceptables dans le contexte clinique spécifique ?

Cet examen permettra-t-il d'améliorer la qualité des soins dispensés aux malades ?

- L'« applicabilité » de l'examen diagnostique est-elle abordée en tenant compte : de la fréquence de la maladie dans d'autres populations ? de la faisabilité technique ? d'une évaluation économique ?
- Cet examen a-t-il été placé dans le contexte des autres examens utilisés et de leur séquence ?
- Les résultats de l'examen sont-ils applicables à ma patiente Manon ?
- Les résultats de l'examen changent-ils ma prise en charge ?
- Les résultats de l'examen profitent-ils à ma patiente ?

Dans les sections qui suivent, on passe en revue ces critères, en examinant deux exemples pour chacun d'eux. Le premier exemple renvoie à l'article que Lisa entend critiquer. Le second exemple, purement fictif, permet d'approfondir la matière présentée.

8.2 LA VÉRIFICATION DE LA VALIDITÉ INTERNE DE L'ÉTUDE

8.2.1 La comparaison de l'examen diagnostique à un examen de référence reconnu

Un examen diagnostique doit être comparé avec l'examen de référence le plus valide possible, c'est-à-dire celui qui permet le plus adéquatement de classer un individu comme étant malade ou non malade. L'examen de référence doit mener à un diagnostic exact et définitif. Il peut s'agir d'une biopsie, d'une chirurgie, d'une autopsie, d'un suivi à long terme ou de toute autre intervention permettant de rendre compte de l'état de santé de la personne examinée avec la plus grande certitude possible. L'examen de référence doit permettre, en dernière analyse, de départager le normal de l'anormal.

> ### Exemple 8.1
>
> Dans la section « Méthode » de l'article portant sur l'échographie Doppler, Lisa lit :
>
> *L'examen de référence utilisé pour le diagnostic de la phlébothrombose est le défaut de remplissage veineux intraluminal par phlébographie*.*
>
> Le critère de comparaison de l'examen diagnostic à un examen de référence reconnu n'est que partiellement respecté, puisque l'auteur ne mentionne pas le seuil à partir duquel le résultat de l'examen de référence (la phlébographie) est considéré comme anormal. Le défaut de remplissage doit-il être complet ? S'il est incomplet, le degré d'obstruction qui conduit au diagnostic de phlébothrombose doit être précisé. Le fait que le seuil de normalité ne soit pas précisé expose l'étude à un biais d'information.

> ### Exemple 8.2
>
> Dans un autre article, on pourrait lire :
>
> *La coronarographie est l'examen de référence pour le diagnostic de la maladie coronarienne. On considère que le patient souffre d'une maladie coronarienne lorsqu'on observe un rétrécissement de plus de 90 % de la lumière d'un vaisseau coronarien majeur.*
>
> Dans cet article, le seuil de normalité est bien précisé et il est donc possible de juger si l'examen diagnostic est comparé à un examen de référence reconnu.

8.2.2 L'utilisation de la technique en aveugle

Par souci d'objectivité et pour éviter d'introduire un biais d'information, la comparaison des résultats de l'examen diagnostic évalué et de ceux de l'examen de référence doit être effectuée en aveugle. Les examinateurs qui analysent l'un des examens ne doivent pas connaître les résultats de l'autre examen.

> ### Exemple 8.3
>
> Dans la section « Méthode » de l'article qui l'intéresse, Lisa repère le passage suivant :
>
> *Deux groupes distincts de médecins ont interprété et analysé l'un les phlébographies, l'autre les échographies. Les examinateurs ne connaissaient ni les signes cliniques que présentaient les patients, ni les résultats de l'analyse de l'autre examen.*
>
> Le critère d'utilisation de la technique en aveugle est donc respecté dans cette étude.

> ### Exemple 8.4
>
> Lisa évoque le souvenir de monsieur Tremblay, un patient vu en consultation l'année précédente. Il toussait alors depuis plus de six mois et ressentait au côté droit une douleur thoracique qui augmentait à chaque inspiration. Monsieur Tremblay était un fumeur; son frère de 51 ans souffrait d'un cancer du poumon.
>
> >>>

---

* Cet examen consiste à injecter un liquide radio-opaque dans le réseau veineux. L'obstruction d'une ou de plusieurs veines (phlébothrombose) entraînera un défaut de remplissage.

« Je me souviens, raconte-t-elle, avoir à l'époque demandé une radiographie des poumons. L'examen n'avait alors rien révélé d'anormal. Peu rassurée toutefois par l'aggravation des symptômes présentés par monsieur Tremblay, j'avais alors demandé une tomodensitométrie. Les résultats obtenus quelques semaines plus tard révélaient un nodule pulmonaire au segment latéral du lobe moyen. Forte de cette information nouvelle, j'ai examiné à nouveau la radiographie de monsieur Tremblay et j'ai cette fois-ci détecté la lésion qui m'avait échappé à la première inspection. Ma connaissance des résultats du second examen avait influencé rétrospectivement mon jugement porté sur le premier. »

À partir de cette expérience personnelle, Lisa en avait conclu que, dans une étude, il peut se produire un biais notable si les examens diagnostiques et les examens de référence ne sont pas comparés en utilisant une technique en aveugle.

8.2.3 La distribution adéquate des anomalies

Pour qu'il ait une utilité clinique, un examen diagnostique doit permettre de déceler tant les anomalies légères que les anomalies plus graves.

Exemple 8.5

L'article portant sur l'échographie Doppler n'aborde pas directement la question de la distribution des anomalies. Cependant, Lisa lit à la section « Résultats » :

Par ailleurs, 102 des 103 phlébothromboses au-dessus du genou ont été diagnostiquées par écho-graphie comparativement à 12 des 15 phlébothromboses au-dessous du genou.

Lisa sait qu'une obstruction veineuse située au-dessus du genou est associée à un plus grand risque d'embolie pulmonaire. Elle peut donc conclure que la validité de l'échographie Doppler a été évaluée chez des patients qui en présentaient des risques plus ou moins élevés.

Exemple 8.6

Dans un article fictif, on pourrait lire :

La validité d'une mesure effectuée au moyen d'un glucomètre portatif (examen diagnostique) a été éva-luée chez des patients qui présentaient des taux de glycémie très variables (hypoglycémie, glycémie normale, hyperglycémie) à l'examen de référence.

Dans ce cas, on satisfait au critère de distribution adéquate des anomalies.

8.2.4 La soumission de tous les patients à l'examen de référence

Le résultat de l'examen diagnostique ne doit pas influencer la décision d'effectuer l'examen de référence. Tous les patients doivent être soumis à l'examen de référence pour éviter un biais d'information que l'on appelle « biais de vérification ». L'évaluation de la validité intrinsèque (sensibilité et spécificité) de l'exa-men diagnostique serait faussée si les résultats obtenus à cet examen influençaient la décision d'effectuer l'examen de référence.

Exemple 8.7

Dans l'article sur le diagnostic de la phlébothrombose profonde, Lisa prend note du passage suivant, figurant dans la section « Méthode » :

Tous les patients devaient subir une phlébographie et une échographie dans un intervalle maximal de 24 heures.

>>>

Le critère de soumission de l'ensemble des patients à l'examen de référence est respecté et Lisa considère qu'il n'y a pas de biais de vérification.

Exemple 8.8

Un autre article pourrait inclure l'énoncé suivant :

Cette étude menée auprès de 100 personnes vise à évaluer la validité de l'examen de McBurney* pour poser un diagnostic d'appendicite aiguë. L'examen de référence est la laparotomie. Tous les participants présentant une douleur abdominale aiguë et chez qui l'examen de McBurney s'est révélé positif ont subi une laparotomie, et seulement 40 % des individus présentant une douleur abdominale aiguë mais chez qui l'examen de McBurney était négatif ont subi une laparotomie.

Cette dernière étude comporte un biais de vérification évident. En effet, il est possible dans ce cas de départager les individus présentant une appendicite aiguë (vrais positifs) des individus chez qui les résultats de l'examen de McBurney sont positifs mais qui n'ont pas la maladie (faux positifs). Par ailleurs, on ne possède pas d'information sur l'état de santé réel de 60 % des personnes chez qui l'examen de McBurney s'est révélé négatif. C'est donc dire que, en ce qui concerne ces sujets, on ignore si la maladie est présente ou non. Cette situation survient parfois dans le cadre d'études où le risque associé à l'examen de référence est tel que le médecin est moins enclin à l'administrer aux patients chez qui les résultats de l'examen diagnostique sont négatifs. Cette faille de l'étude conduit à une évaluation erronée de la validité intrinsèque de l'examen diagnostique.

En effet, supposons que, chez 50 personnes, l'examen de McBurney se soit révélé négatif. Cela voudrait dire que 30 ($50 \times 0,6$) personnes n'ont pas subi de laparotomie. Supposons également que ces 30 individus ne souffrent pas d'appendicite aiguë (laparotomie négative). Or, parmi les 20 personnes chez qui l'examen de McBurney s'est révélé négatif et qui ont subi une laparotomie, 8 présentent une appendicite aiguë. Enfin, parmi les personnes chez qui les résultats de l'examen de McBurney étaient positifs, 40 souffrent d'appendicite aiguë. Le tableau de contingence présenté ci-après permet de calculer la sensibilité et la spécificité de l'examen diagnostique.

	Laparotomie+	Laparotomie−	Total
Examen de McBurney+	40	10	50
Examen de McBurney−	8	42	50
Total	48	52	100

Dans ce cas, la sensibilité est de 83,3 %, et la spécificité, de 80,8 %.

Supposons encore que toutes les personnes chez qui les résultats de l'examen de McBurney se sont révélés négatifs et qui n'ont pas subi de laparotomie souffrent d'appendicite aiguë. Le tableau de contingence qui suit résume cette nouvelle situation.

	Laparotomie+	Laparotomie−	Total
Examen de McBurney+	40	10	50
Examen de McBurney−	38	12	50
Total	78	22	100

>>>

---

* Cet examen consiste à produire, avec la main, une dépression de la paroi abdominale au quadrant inférieur droit, ce qui provoque une douleur s'il y a inflammation de l'appendice.

Cette fois, la sensibilité est de 51,3 %, et la spécificité, de 54,5 %. Il apparaît clairement que le manque d'information sur l'état de santé réel d'un fort pourcentage d'individus chez qui l'examen de McBurney a été négatif entraîne une distorsion de la mesure de la validité intrinsèque de l'examen diagnostique évalué.

8.3 LA VÉRIFICATION DE LA REPRODUCTIBILITÉ DE L'EXAMEN DIAGNOSTIQUE

Rassurée sur la validité interne de l'étude, Lisa se propose de vérifier la reproductibilité de l'échographie Doppler. La reproductibilité renvoie à la capacité de l'examen à garder une validité semblable quand il est appliqué à diverses populations de patients par des personnes différentes. Cela implique deux conditions : d'abord, que la méthode soit décrite avec suffisamment de détails pour pouvoir de nouveau être appliquée de la même manière, ensuite, que l'interprétation des résultats soit reproductible entre des évaluateurs différents. Ce dernier aspect est abordé au chapitre précédent. Ces mesures permettent de départager l'accord réel de celui qui serait simplement dû au hasard.

8.3.1 Une description suffisamment explicite de la méthode utilisée pouvant permettre de refaire l'examen

L'auteur d'un article qui conclut que l'examen diagnostique étudié devrait être utilisé doit indiquer comment réaliser cet examen (la méthode). Cette description doit traiter de la préparation du patient (régime alimentaire, médicaments à prendre ou à éviter, précautions de circonstance à la suite de l'examen), de l'examen lui-même (technique utilisée, possibilité pour le patient examiné de ressentir des effets indésirables) et de la méthode d'analyse et d'interprétation des résultats.

Exemple 8.9

L'article portant sur l'échographie Doppler ne comporte pas une description détaillée de la méthode adoptée pour effectuer l'examen diagnostique. Cependant, à la section « Méthode », l'auteur indique qu'il est possible d'obtenir cette information en citant les références précises :

Les techniques utilisées pour la phlébographie et l'échographie ont déjà été décrites par d'autres auteurs.

Par conséquent, en s'appuyant sur des références précises, on peut considérer que l'on satisfait au critère de description de la méthode pouvant permettre de refaire l'examen.

Exemple 8.10

Dans un article fictif, Lisa pourrait lire :

La cholestérolémie totale a été mesurée après un jeûne de 14 heures. Les patients à qui l'on avait prescrit un médicament pouvant exercer des effets sur la cholestérolémie totale ont cessé de prendre ce médicament au moins trois jours avant l'examen. De même, la consommation d'alcool et de caféine a été bannie une semaine avant la prise de sang. L'analyse du prélèvement sanguin a été effectuée selon les méthodes recommandées par la Société canadienne de biochimie. Les résultats de l'examen sont présentés en unités internationales.

Exemple 8.11

L'article sur le diagnostic de la phlébothrombose profonde ne fournit pas d'information précise sur la reproductibilité de l'examen diagnostique. Tout au plus signale-t-on dans la section « Méthode » :

>>>

Deux groupes distincts de médecins ont interprété et analysé l'un les phlébographies, l'autre les échographies. Les examinateurs ne connaissaient ni les signes cliniques que présentaient les patients, ni les résultats de l'analyse de l'autre examen. Un premier groupe de trois radiologistes analysait indépendamment les radiographies, et un second groupe regardait l'échographie Doppler sur enregistrement vidéo. Dans les cas où il n'y avait pas d'accord spontané, les deux groupes sont cependant facilement arrivés à un consensus.

Bien que le chercheur ait pris les moyens pour que les radiographies et les échographies soient analysées en aveugle, on ne fournit dans l'article aucune mesure d'accord. Lisa considère donc qu'il lui est difficile de se prononcer sur la reproductibilité de l'examen, malgré le consensus finalement obtenu.

Exemple 8.12

Dans un article encore une fois fictif, on pourrait lire :

Deux psychologues ont évalué en aveugle la présence de symptômes dépressifs chez 40 patients. L'accord entre les examinateurs a été signalé à l'aide de la mesure kappa, celle-ci étant de 0,54.

Les auteurs de cet article donnent les moyens de juger de la reproductibilité des mesures employées.

8.4 LA PRÉSENTATION DES RÉSULTATS DE LA VALIDITÉ DE L'EXAMEN DIAGNOSTIQUE*

Déçue de ne pouvoir juger de la reproductibilité de l'échographie Doppler, Lisa veut tout de même s'assurer que les résultats de la validité de l'examen, c'est-à-dire ses validités intrinsèque et prédictive, sont présentés dans l'article, ou qu'il est possible de les calculer à partir des données qui y sont fournies.

Les auteurs d'une publication portant sur un examen diagnostique doivent en effet rapporter la sensibilité, la spécificité, les valeurs prédictives et, s'il y a lieu, les mesures de vraisemblance de l'examen diagnostique étudié.

Exemple 8.13

À la section « Résultats », Lisa repère facilement l'information sur la sensibilité globale de l'examen étudié : elle est évaluée à 94 %. Cependant, les auteurs font une distinction entre la sensibilité de l'échographie selon que l'obstruction veineuse est située au-dessus du genou (99 %), ou au-dessous (80 %). Quant à sa spécificité, elle est évaluée à 99 %. Les valeurs prédictives** ne sont pas précisées, mais Lisa effectue elle-même le calcul à partir d'un tableau de contingence qu'elle construit à l'aide des données de l'étude et qui se présente comme suit.

> > >

---

* Certains auteurs parleront de « performance de l'examen » ou encore, de « qualités diagnostiques ». Ces termes constituent dans ce contexte des synonymes.

** Il est important de garder en mémoire que les valeurs prédictives pour un examen diagnostique donné dépendent de la prévalence de la maladie. La prévalence est ici de 57 % (118/208). Lorsqu'une étude est réalisée dans un milieu spécialisé, comme dans ce cas à l'urgence d'un grand hôpital, la prévalence de la maladie est souvent très élevée, puisque beaucoup de patients y viennent sur la recommandation d'un médecin. Si une personne présentant une douleur au mollet consulte en clinique de première ligne, la probabilité qu'elle ait une phlébothrombose (prévalence) est beaucoup moins élevée.

	Phlébographies+	Phlébographies−	Total
Échographies+	111	1	112
Échographies−	7	89	96
Total	118	90	208

La valeur prédictive positive est donc dans ce cas de :

$$\frac{111}{111 + 1} \text{, soit } 99\,\%$$

alors que la valeur prédictive négative est de :

$$\frac{89}{7 + 89} \text{, soit } 93\,\%$$

Lisa vérifie également la précision des résultats de la validité présentés. Elle constate qu'aux mesures de sensibilité et de spécificité sont associés des intervalles de confiance dont le niveau de confiance est de 95 %. Lisa juge ces intervalles suffisamment étroits, donc suffisamment précis pour être utiles.

De plus, l'étude fournit de l'information sur les rapports de vraisemblance. Le rapport de vraisemblance est un indice qui permet le calcul rapide des valeurs prédictives en fonction de la prévalence de la maladie. Le rapport de vraisemblance possède également d'autres propriétés intéressantes. La définition et l'interprétation du rapport de vraisemblance sont présentées à l'annexe 8.2.

Exemple 8.14

Lisa trouve à la section « Résultats » de l'article les valeurs des rapports de vraisemblance suivantes :

■ *Au-dessus du genou, le rapport de vraisemblance positif est de 99, et le rapport de vraisemblance négatif, de 0,01.*

■ *Au-dessous du genou, le rapport de vraisemblance positif est de 80, et le rapport de vraisemblance négatif, de 0,20.*

8.5 L'UTILITÉ DE L'EXAMEN DIAGNOSTIQUE POUR AMÉLIORER LA QUALITÉ DES SOINS

En dernier lieu, Lisa juge de l'intérêt clinique de l'examen et évalue s'il peut contribuer à améliorer la qualité des soins offerts à ses patients. En lien avec ses préoccupations, elle s'intéresse donc plus particulièrement aux avantages de l'examen diagnostique et à l'applicabilité de cet examen à ses patients.

8.5.1 Les avantages de l'examen diagnostique proposé comparativement à l'examen de référence

L'examen diagnostique proposé doit offrir certains avantages comparativement à l'examen de référence. Par exemple, il peut comporter moins de risques pour la santé, être plus accessible ou moins coûteux, ou permettre une intervention plus rapide de façon à ralentir ou à freiner l'évolution de la maladie.

Exemple 8.15

Dans l'article sur lequel se penche Lisa, à la section « Introduction », l'auteur souligne les avantages de l'échographie Doppler sur la phlébographie. Il signale son caractère sécuritaire et non invasif ainsi que l'absence de réactions allergiques ou indésirables telles que les bouffées de chaleur ou les nausées, souvent associées à la phlébographie. Il ajoute que l'échographie ne peut provoquer de phlébothrombose profonde ou superficielle, que la grossesse n'est pas une contre-indication à l'administration de l'examen et que, finalement, cet examen peut parfois permettre de poser un autre diagnostic (kyste de Baker, anévrisme, thrombophlébite superficielle, altération de la fonction valvulaire veineuse).

Par ailleurs, à la section « Discussion », l'auteur signale les limites de l'échographie Doppler. Il précise que l'échographie Doppler, comme la phlébographie, est influencée par l'expertise du radiologiste et que le site anatomique est parfois difficile à déterminer (par exemple, derrière le canal adducteur ou la veine iliaque). Il ajoute que :

[...] l'examen est impossible à pratiquer si le membre est plâtré ou sous traction ou s'il présente des plaies importantes ; la visualisation peut être entravée si le patient souffre d'obésité marquée, s'il ne coopère pas, si le membre affecté présente un gonflement important ou si le patient ressent une douleur locale importante.

8.5.2 L'applicabilité des résultats de l'examen diagnostique aux patients traités

Le clinicien doit également évaluer s'il peut obtenir auprès de ses patients des résultats comparables à ceux obtenus auprès des patients participant à l'étude. Les caractéristiques démographiques, le niveau de soins (primaire, secondaire ou tertiaire), le type de patients et leur sélection sont des critères importants qui permettent au clinicien de déterminer si sa clientèle et la clientèle à l'étude présentent un nombre suffisant de traits communs.

Exemple 8.16

À l'urgence, avant d'offrir l'échographie Doppler à Manon, Lisa s'était rappelé le résumé de l'article à la lecture duquel elle avait observé que la population à l'étude provenait d'un contexte de pratique semblable au sien. De plus, à la section « Méthode », elle lit maintenant :

Les patients participant à l'étude ont été sélectionnés parmi ceux qui se sont présentés à la clinique d'urgence de notre centre hospitalier avec des symptômes aux membres inférieurs (gonflement, douleur ou rougeur) donnant à penser qu'une phlébothrombose pouvait être en cause. Lorsqu'il recevait un patient, le médecin de l'urgence lui proposait de participer à l'étude et, après avoir obtenu son accord et lui avoir fait signer un formulaire de consentement, le mettait en contact avec le groupe de recherche. Les patients présentant de la fièvre ou une altération de l'état général étaient exclus.

Si le contexte de pratique du lecteur s'apparente à celui qui est présenté dans l'article, et que ses patients et ceux participant à l'étude présentent un nombre suffisant de traits communs, il peut s'attendre à ce que, dans sa pratique, l'examen diagnostique se révèle d'une efficacité semblable à celle observée dans l'étude qui fait l'objet de l'article.

Lisa constate que le contexte dans lequel les examens ont été réalisés et le type de personnes examinées dans l'étude correspondent de façon générale à ses patients. Elle juge que la validité externe de cette étude est satisfaisante.

Lisa en arrive à la conclusion qu'il est dans l'intérêt de Manon de subir une échographie du membre inférieur pour détecter une éventuelle phlébothrombose, étant donné la capacité de cet examen de déceler cette affection. La sensibilité de l'examen est de 94 %, et la spécificité de 99 %. Avant l'examen, Lisa estime à environ 30 % la probabilité que Manon fasse une phlébothrombose. À partir de ces informations, elle calcule que la VPP est d'environ 99 %, et la VPN d'environ 96 %. Elle juge donc qu'un résultat positif confirmera le diagnostic, et que, en revanche, un résultat négatif l'exclura.

Lui ayant fait part de son raisonnement, Lisa propose à Manon sa démarche diagnostique. Si l'examen se révèle positif, Manon devra prendre des anticoagulants ; par contre, si le résultat est négatif, Manon devra être réévaluée dans les deux jours qui suivront, ou plus tôt si les symptômes s'aggravent.

En résumé

Le clinicien s'interroge quotidiennement sur l'utilité des examens diagnostiques. Plusieurs études sont menées pour répondre aux questions qu'il se pose. On a proposé dans le présent chapitre une démarche analytique et systématique qui permet d'évaluer ces études. Leur validité interne peut être appréciée ; une grille est proposée à cet effet. Leur reproductibilité peut être estimée au moyen des mesures d'accord intra-observateur et interobservateurs. Les résultats de la validité des examens diagnostiques (validités intrinsèque et prédictive) doivent être présentés dans l'étude ; si ce n'est pas le cas, il doit à tout le moins être possible de les calculer à partir des données qui y sont fournies. Enfin, avant de pratiquer un examen diagnostique, le clinicien doit s'assurer que l'étude a été réalisée auprès d'une population qui s'apparente à celle de sa pratique.

www.cheneliere.ca/simpson

Une section Exercices vous est offerte sur ce site Web.

NOTES ET RÉFÉRENCES

1. Jaeschke, R., G. Guyatt et D.L. Sackett. « Users' guide to the medical literature », *Journal of the American Medical Association,* 1994, vol. 271, n° 5 p. 389-391, et n° 9, p. 703-707.

2. Schlienger, J.L., B. Goichot et N. Meyer. *Guide de lecture critique d'un article médical original (LCA),* Strasbourg, Faculté de Médecine de Strasbourg, 2007, p. 26. [en ligne]. [http://www-ulpmed.u-strasbg.fr/medecine/enseignements_formations/enseignements_diplomes/cursus_diplome_docteur_en_medecine/2eme_cycle/dcem_1/pdf/lecture_critique_art_medical_original.pdf] (page consultée le 9 juin 2008)

3. Nendaz, M.R. et A. Perrier. « Étude de la validation de la biopsie endobronchique dans le diagnostic de la sarcoïdose : À propos de la place de la biopsie endobronchique dans le diagnostic de la sarcoïdose », *Revue des maladies respiratoires,* 2002, vol. 19, p. 767-777.

En complément d'information, le *Catalogue et index des sites médicaux francophones* (CISMeF), accessible sur Internet à l'adresse http://doccismef.chu-rouen.fr, permet d'accéder rapidement à plus d'une centaine de lectures critiques d'articles portant sur des examens diagnostiques publiés dans différentes revues scientifiques à l'aide des clés de recherche suivantes : « lecture critique examen diagnostique ».

ANNEXE 8.1

Diagnostic de la phlébothrombose profonde du membre inférieur par échographie Doppler

[Cet article est fictif. Il a été rédigé par Yvan Leduc, à la suite d'une revue de la littérature sur le sujet.]

Résumé

On a comparé la phlébographie à l'échographie Doppler en mode duplex couleur chez des patients consultant à l'urgence d'un centre hospitalier et manifestant des douleurs pouvant être associées à un diagnostic de phlébothrombose profonde. Au total, les deux examens ont été pratiqués sur 208 membres inférieurs. La sensibilité de l'échographie est évaluée à 99 % (ic à 95 % de 98,6 à 99,4) lorsque la phlébothrombose est située au-dessus du genou, et à 80 % (ic à 95 % de 76,8 à 83,2) lorsqu'elle est située au-dessous. Sa spécificité est évaluée à 99 % (ic à 95 % de 99,2 à 99,8). L'échographie Doppler en mode duplex couleur permet d'évaluer les phlébothromboses du membre inférieur d'une façon sécuritaire et non invasive.

Introduction

La phlébothrombose profonde du membre inférieur est un problème de santé fréquent et qui échappe souvent au diagnostic. La façon dont elle se manifeste déjoue parfois la vigilance du clinicien. Aux États-Unis, l'incidence est évaluée comme étant d'approximativement 1 500 000 cas par année, dont le quart seulement sont identifiés et traités. Une phlébothrombose non traitée entraîne plusieurs conséquences importantes ; ainsi, environ 25 % des patients souffrant d'une phlébothrombose profonde du membre inférieur et qui n'ont pas été traités font une embolie pulmonaire.

Dans sa pratique courante, le clinicien doit fréquemment évaluer des patients présentant des signes cliniques de phlébothrombose. Les facteurs de risque qui prédisposent à ce problème de santé se rencontrent fréquemment. Parmi ceux-ci, on trouve l'immobilisation prolongée, la chirurgie et le traumatisme aux membres inférieurs. L'évaluation clinique de la phlébothrombose est difficile, car le questionnaire et l'examen physique sont peu sensibles ; en outre, plusieurs maladies se manifestant également par un gonflement, une rougeur ou une douleur peuvent s'apparenter à une phlébothrombose. C'est entre autres le cas de la cellulite, du kyste de Baker, du traumatisme musculaire, de l'insuffisance veineuse, de la phlébite superficielle et de l'insuffisance cardiaque droite. Le diagnostic de phlébothrombose ne pouvant être établi ou exclu sur la seule base de l'examen physique, un examen diagnostique sensible et spécifique doit être effectué.

La phlébographie demeure l'examen de référence, mais, depuis quelques années, un grand nombre d'examens diagnostiques moins invasifs s'offrent comme solutions de rechange. Mentionnons notamment la pléthysmographie par impédance et l'échographie Doppler. On a évalué l'échographie en la comparant à la phlébographie pour le diagnostic de la phlébothrombose profonde. L'échographie Doppler en mode duplex couleur permet la visualisation directe de la veine et du thrombus ainsi que l'évaluation de sa compressibilité. Les avantages potentiels de l'échographie Doppler en mode duplex couleur sur la phlébographie sont les suivants : son caractère sécuritaire et non invasif, et l'absence de réactions allergiques ou indésirables telles que les bouffées de chaleur ou les nausées, souvent associées à la phlébographie. De plus, l'échographie ne provoquerait pas de phlébothrombose profonde ou superficielle. L'examen n'est pas contre-indiqué lors de la grossesse et il peut parfois permettre d'établir un autre diagnostic (kyste de Baker, anévrisme, thrombophlébite superficielle, altération de la fonction valvulaire veineuse).

Méthode

Les patients participant à l'étude ont été sélectionnés parmi ceux qui se sont présentés à la clinique d'urgence de notre centre hospitalier avec des symptômes aux membres inférieurs (gonflement, douleur ou rougeur) laissant présager qu'une phlébothrombose pouvait être en cause. Lorsqu'il recevait un patient, le médecin de l'urgence lui proposait de participer à l'étude et, après avoir obtenu son accord et lui avoir fait signer un formulaire de consentement, le mettait en contact avec le groupe de recherche. Les patients présentant de la fièvre ou une altération de l'état général étaient exclus. Tous les patients devaient subir une phlébographie et une échographie dans un intervalle maximal de 24 heures.

L'examen de référence utilisé pour le diagnostic de phlébothrombose est le défaut de remplissage veineux intraluminal par phlébographie. Dans le cas de l'échographie Doppler, trois critères sont définis : la visualisation du thrombus, l'incompressibilité veineuse et l'absence de flot et de variation du flot avec la respiration. La présence de l'un de ces critères permet de porter le diagnostic de phlébothrombose. Les auteurs signalent que, tout comme la phlébographie, l'échographie doit être interprétée par un radiologiste. Les techniques utilisées pour la phlébographie et pour l'échographie ont déjà été décrites par d'autres auteurs.

Deux groupes distincts de médecins ont interprété et analysé l'un les phlébographies, l'autre les échographies. Les examinateurs ne connaissaient ni les signes cliniques que présentaient les patients, ni les résultats de l'analyse de l'autre examen. Un premier groupe de trois radiologistes analysait indépendamment les radiographies, et un second groupe regardait l'échographie Doppler sur enregistrement vidéo. Dans les cas où il n'y avait pas d'accord spontané, les deux groupes sont cependant facilement arrivés à un consensus.

Résultats

L'étude a été réalisée entre le 1er juillet 1994 et le 31 mars 1995. Le nombre de patients était de 222 au départ, mais 26 patients ont été exclus, étant donné que l'intervalle entre l'échographie et la phlébographie avait en ce qui les concerne dépassé 24 heures. Douze patients se plaignaient de douleurs aux deux jambes et un total de 208 membres inférieurs ont été étudiés.

L'échantillon était composé de 125 hommes et 71 femmes âgés entre 20 ans et 83 ans. Les signes cliniques initiaux étaient les suivants : gonflement (191 membres), douleur (143 membres) et érythème (44 membres). La durée moyenne des symptômes était de neuf jours (étendue : entre un jour et trois mois).

On a noté 118 phlébographies évoquant une phlébothrombose comparativement à 90 phlébographies négatives. L'échographie Doppler en mode duplex couleur a permis le diagnostic de 111 phlébothromboses. Par ailleurs, 102 des 103 phlébothromboses au-dessus du genou ont été diagnostiquées au moyen de l'échographie comparativement à 12 des 15 phlébothromboses au-dessous du genou. Un examen par échographie a conduit au diagnostic de phlébothrombose, alors que la phlébographie était négative.

La sensibilité globale de l'échographie est évaluée à 94 % (ic à 95 % de 92,3 à 95,7). Cependant, la sensibilité de l'examen lorsque l'obstruction veineuse est située au-dessous du genou est de 80 % (ic à 95 % de 76,8 à 83,2), alors que la sensibilité au-dessus du genou est de 99 % (ic à 95 % de 98,6 à 99,4). Sa spécificité totale est évaluée à 99 % (ic à 95 % de 99,2 à 99,8). Les valeurs pour les rapports de vraisemblance sont les suivantes :

- Au-dessus du genou, le rapport de vraisemblance positif est de 99, et le rapport de vraisemblance négatif de 0,01.
- Au-dessous du genou, le rapport de vraisemblance positif est de 80, et le rapport de vraisemblance négatif de 0,20.

Discussion

L'échographie Doppler en mode duplex couleur nous apparaît comme un moyen efficace de diagnostiquer la phlébothrombose profonde. C'est un examen rapide, non invasif et habituellement accessible. Sa sensibilité totale est évaluée à 94 %. Cependant, la sensibilité de l'examen est de 80 % lorsque l'obstruction veineuse est située au-dessous du genou alors qu'elle est de 99 % lorsque l'obstruction veineuse est située au-dessus du genou. Sa spécificité est évaluée à 99 %. L'échographie comporte certaines limites, qui sont les suivantes : cet examen est influencé par l'expertise du radiologiste, tout comme la phlébographie ; le site anatomique est parfois difficile à évaluer (notamment derrière le canal adducteur ou derrière la veine iliaque) et l'examen est impossible à pratiquer si le membre est plâtré ou sous traction ou s'il présente des plaies importantes ; la visualisation peut être entravée si le patient souffre d'obésité marquée, s'il ne coopère pas, si le membre affecté présente un gonflement important ou si le patient ressent une douleur locale importante. Dans la présente étude, il y a eu huit patients pour lesquels les résultats de l'échographie ont pu être altérés à cause de ces limites. Celles-ci peuvent empêcher un diagnostic adéquat et, malgré le fait que les résultats de la présente étude semblent indiquer que l'échographie Doppler offre des avantages marqués, une phlébographie ou des échographies pratiquées en série pourraient être envisagées dans l'éventualité d'un résultat de l'échographie équivoque. En revanche, dans le cas où l'échographie est positive, le diagnostic de phlébothrombose peut être posé et il n'est pas nécessaire d'effectuer un examen de confirmation avec la phlébographie.

À la lumière de la littérature actuelle et des résultats présentés dans cet article, il est possible d'affirmer que l'échographie Doppler en mode duplex couleur devrait être l'examen diagnostique non invasif de première ligne pour l'évaluation d'une phlébothrombose suspectée aux membres inférieurs. Devant des résultats équivoques ou lorsque le doute clinique demeure, une phlébographie ou des échographies pratiquées en série devraient être envisagées.

ANNEXE 8.2

Le rapport de vraisemblance

Le rapport de vraisemblance (RV) est un indice qui correspond, pour un résultat d'examen donné, au rapport de la probabilité d'être malade sur la probabilité de ne pas l'être. Le rapport de vraisemblance est donc différent selon que le résultat de l'examen diagnostique est positif ou négatif. Le rapport de vraisemblance s'exprime simplement, pour un résultat donné, par le rapport entre la proportion d'individus malades (pM+) et la proportion d'individus non malades (pM–), soit :

$$RV = \frac{pM+}{pM-}$$

Exemple A8.2.1

Dans l'exemple traitant du dépistage du cancer de la prostate au chapitre 7 (voir l'exemple 7.11), les chercheurs ont fixé le seuil de positivité de la mesure des concentrations sériques de l'APS à 3,0 µg/l. Cela signifie que l'examen diagnostique est considéré comme étant positif lorsque le résultat de l'examen est supérieur à 3,0 µg/l, et comme étant négatif lorsqu'il est égal ou inférieur à ce seuil. À partir du tableau 7.2, on peut constituer un tableau comme celui présenté ci-après et calculer le rapport de vraisemblance.

>>>

	M+	pM+	M−	pM−
Concentrations sériques de l'APS+	46	46/57	145	145/945
Concentrations sériques de l'APS−	11	11/57	800	800/945
Total	57		945	

Pour un résultat positif, le RV est ici égal à :

$$\frac{46/57}{145/945} \text{ , soit } 5,3$$

Cela signifie qu'un résultat positif survient 5,3 fois plus souvent chez les individus atteints d'un cancer de la prostate que chez les individus qui n'en sont pas atteints.

Lorsque le résultat de l'examen est négatif, le RV est égal à :

$$\frac{11/57}{800/945} \text{ , soit } 0,23$$

Cela signifie qu'un résultat négatif survient presque quatre fois moins souvent chez les individus atteints d'un cancer de la prostate que chez les individus qui n'en sont pas atteints.

Une propriété intéressante du RV tient au fait que l'on peut le calculer pour n'importe quel seuil de positivité fixé par les chercheurs. Ainsi, il est possible de déterminer ce que serait le RV si l'on considérait comme positif un résultat situé entre 2,6 μg/l et 3,0 μg/l. Toujours à partir du tableau 7.2, on pourrait construire le tableau suivant.

	M+	pM+	M−	pM−
Concentrations sériques de l'APS+	3	3/57	896	896/945
Concentrations sériques de l'APS−	54	54/57	49	49/945
Total	57		945	

Pour un résultat positif, le RV est égal à 0,05. Cela signifie qu'un résultat positif survient 20 fois moins souvent chez les individus atteints d'un cancer de la prostate que chez les individus qui n'en sont pas atteints.

Cet exemple permet de faire deux constats en ce qui a trait au rapport de vraisemblance.

En premier lieu, le fait que le rapport de vraisemblance soit calculé à l'aide du rapport entre la proportion d'individus malades et non malades implique que d'une part, lorsque le résultat de l'examen diagnostique est positif, la proportion d'individus malades correspond à la proportion des vrais positifs (sensibilité), et la proportion des individus non malades, à la proportion des faux positifs (1 − spécificité). Le rapport de vraisemblance peut donc être calculé de la façon suivante :

$$\frac{\text{sensibilité}}{1 - \text{spécificité}}$$

D'autre part, lorsque le résultat de l'examen diagnostique est négatif, la proportion d'individus malades correspond à la proportion des faux négatifs (1 − sensibilité), et la proportion d'individus non malades à la proportion des vrais négatifs (spécificité). Le rapport de vraisemblance peut donc être calculé de la façon suivante :

$$\frac{1 - \text{sensibilité}}{\text{spécificité}}$$

La sensibilité et la spécificité d'un examen diagnostique sont des valeurs invariables pour un seuil de positivité donné. Cela implique que le rapport de vraisemblance est également invariable, contrairement à la valeur prédictive, qui elle varie en fonction de la prévalence.

Exemple A8.2.2

Dans une étude portant sur l'évaluation d'un examen rapide pour la détection de *Streptococcus pyogenes* chez un patient qui présente une pharyngite, on en arrive à la conclusion que l'examen a une sensibilité de 85 % et une spécificité de 99 %. Le rapport de vraisemblance positif est donc de :

$$\frac{0,85}{1 - 0,99}, \text{ soit } 85,0$$

Le rapport de vraisemblance négatif est de :

$$\frac{1 - 0,85}{0,99}, \text{ soit } 0,15$$

Cela signifie qu'un résultat positif est 85 fois plus fréquent chez les patients ayant une pharyngite à *Streptococcus pyogenes* que chez les patients non porteurs de cette maladie, et qu'un résultat négatif est 6,5 fois moins fréquent chez ces mêmes patients.

En second lieu, le fait que le rapport de vraisemblance puisse être calculé pour n'importe quel seuil de positivité donné constitue une propriété particulièrement intéressante lorsque le résultat de l'examen diagnostique s'exprime sur une échelle par intervalle. Ainsi, il est possible de refaire chaque fois le calcul du rapport de vraisemblance selon le résultat de l'examen d'un patient.

On peut obtenir, à partir du rapport de vraisemblance, la valeur prédictive positive d'un examen diagnostique si l'on dispose des données de prévalence. Cette opération est réalisable en effectuant quelques manipulations algébriques. Cependant, pour plus de commodité et de rapidité, on peut utiliser le nomogramme adapté de Fagan, présenté à la figure A8.2.1.

Ainsi, pour obtenir la valeur prédictive d'un examen diagnostique, on trace une droite qui relie la valeur de la prévalence à celle du rapport de vraisemblance. La valeur prédictive correspond au point de rencontre de cette droite et de l'échelle de la valeur prédictive. Évidemment, on utilise le rapport de vraisemblance approprié en fonction du résultat obtenu.

Exemple A8.2.3

Dans l'exemple traitant du cancer de la prostate, on a calculé, pour un seuil de positivité supérieur à 3,0 µg/L, que le rapport de vraisemblance était de 5,3 lorsque le résultat de l'examen diagnostique était positif, et qu'il était de 0,23 lorsque le résultat était négatif.

>>>

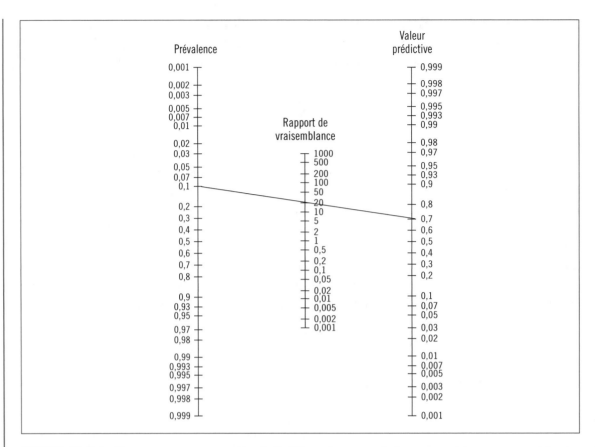

FIGURE A8.2.1 Nomogramme permettant d'utiliser le rapport de vraisemblance pour obtenir la valeur prédictive positive d'un examen diagnostique en fonction des données de prévalence

Source : Deeks J. J., Altman D. G., Diagnostic tests 4 : likelihood ratios, British Medical Journal, vol. 329 17 July 2004 p. 168-169. [en ligne]. [http://www.bmj.com/cgi/reprint/329/7458/168] (page consultée le 20 juin 2008)

Si l'on suppose que la prévalence du cancer de la prostate est de 3 %, quelle est la valeur prédictive positive de cet examen ? Si l'on utilise le nomogramme de Fagan, à partir de la droite qui relie la valeur de la prévalence (3,0 %) et celle du rapport de vraisemblance obtenu lorsque le résultat est positif (5,3), on obtient rapidement la valeur prédictive positive d'environ 14 %.

Par ailleurs, si l'on calcule la valeur prédictive positive à partir de données telles que la prévalence de la maladie (3 %), et la sensibilité (80,7 %) et la spécificité (84,6 %) de l'examen diagnostique, on obtient une valeur prédictive positive de 13,9 %. Le tableau qui suit illustre ce propos.

	M+	M−	Total
Concentrations sériques de l'APS+	24	149	173
Concentrations sériques de l'APS−	6	821	827
Total	30	970	1 000

En fait, on arrive sensiblement au même résultat, que l'on utilise l'une ou l'autre des méthodes ; il appartient au clinicien de choisir celle qui lui convient.

Le rapport de vraisemblance sert également à guider notre jugement sur l'utilité d'un examen diagnostique. Un rapport de vraisemblance ayant une valeur de 1 signifie que, pour un résultat donné, la probabilité d'obtenir ce résultat (positif ou négatif) est semblable chez les individus malades et chez les individus non malades. C'est donc dire que la valeur prédictive correspond à la valeur de la prévalence (soit la probabilité de présence de la maladie avant l'examen), conclusion qui peut aisément être vérifiée à l'aide du nomogramme adapté de Fagan. Évidemment, dans un tel cas, l'examen n'apporte aucun gain d'information et n'est d'aucune utilité.

Si le rapport de vraisemblance est plus grand que 1, la probabilité d'obtenir un résultat positif ou négatif est plus forte chez les individus malades que chez les individus non malades. Dans ce cas, la valeur prédictive positive ou négative diffère de la prévalence (soit la probabilité de présence de la maladie avant l'examen), et l'examen fournit un gain d'information au clinicien. Inversement, si le rapport de vraisemblance est plus petit que 1, la probabilité d'obtenir un résultat positif ou négatif est moins élevée chez les individus malades que chez les individus non malades. Cela implique ici également que la valeur prédictive positive ou négative diffère de la prévalence et que l'examen fournit un gain d'information au clinicien.

Généralement, un examen diagnostique dont le rapport de vraisemblance est plus grand que 10 ou plus petit que 0,1 est utile, étant donné qu'il procure un gain d'information intéressant du point de vue clinique. Par contre, plus le rapport de vraisemblance se rapproche de la valeur 1, moins l'examen est utile, puisque la valeur prédictive tend alors à se rapprocher de la prévalence.

9 | LA LECTURE CRITIQUE DES ÉTUDES ÉPIDÉMIOLOGIQUES DESCRIPTIVES

Auteurs de la deuxième édition : André Simpson, Pierre Deshaies,
Thomas Matukala Nkosi
Auteurs de la première édition : Pierre Deshaies, André Simpson

Au terme de ce chapitre, vous pourrez :

- juger de la pertinence d'un article portant sur une étude épidémiologique descriptive ;
- juger de la qualité scientifique d'un article portant sur une étude épidémiologique descriptive ;
- prendre une décision appropriée sur la pertinence de modifier votre pratique clinique à la lumière d'un article portant sur une étude épidémiologique descriptive.

Objectifs	Contenu
1. Décrire l'intérêt d'une étude épidémiologique descriptive	1.1 Importance, pertinence, utilité, forces et faiblesses
2. Distinguer les différents types d'études épidémiologiques descriptives	2.1 Études transversales, longitudinales, de tendance, écologiques
3. Établir les mesures de fréquence en fonction de la question à l'étude	3.1 Mesures de prévalence et d'incidence (taux d'incidence, incidence cumulée, taux de mortalité)
4. Expliquer les critères permettant de juger de la qualité d'une publication portant sur une étude épidémiologique descriptive	4.1 Grille d'évaluation (résumé, introduction, méthode, résultats et discussion)
5. Décrire les objectifs et l'utilité de la surveillance de l'état de santé des populations et de ses déterminants	5.1 Surveillance de l'état de santé des populations et de ses déterminants 5.2 Système de surveillance

Un cas

Lisa et Jean viennent de prendre connaissance du Rapport final sur les résultats de la Conférence nationale de concertation sur les maladies évitables par la vaccination au Canada (mars 2008)[1]. Ils se remémorent une période, quelques années auparavant, au cours de laquelle on observait dans la population une recrudescence des cas de méningococcémie*. Lisa raconte à Jean le décès par méningococcémie d'un jeune homme de 18 ans qu'elle avait reçu alors qu'elle était de garde à l'urgence. En parfaite santé à peine 48 heures auparavant, il avait commencé à se sentir fiévreux et « grippé » la veille. Vers midi, il avait senti son état s'aggraver, mais n'avait été transporté à l'urgence qu'à 20 heures, en état de choc. Lisa avait alors tout de suite appliqué tous les traitements appropriés, mais sans succès. Elle avait appris par la suite que le jeune homme n'était pas vacciné contre le méningocoque.

Quelques cas de décès d'adolescents et de jeunes adultes causés par cette maladie, qui frappe habituellement davantage les poupons, avaient justement fait les manchettes des journaux les semaines précédentes. Aucun n'était vacciné. Certains médias parlaient d'épidémie et réclamaient une campagne massive de vaccination. Jean relate à son tour que, justement, plusieurs professionnels de la santé publique — dont lui-même — avaient été saisis de ce problème et qu'ils avaient alors évalué la pertinence d'offrir la vaccination à l'ensemble de la population.

Les observations faites à partir d'une série de cas de méningococcémie ont soulevé une inquiétude du fait que plusieurs personnes décédées présentaient les mêmes caractéristiques : il s'agissait d'adolescents ou de jeunes adultes des quatre coins du Québec et, dans tous les cas, la maladie avait évolué rapidement vers la mort. Ces observations ne permettaient cependant pas de confirmer qu'il y avait effectivement une recrudescence des cas de méningococcémie dans la population. Elles ne fournissaient pas non plus d'indications concluantes quant à savoir si ces cas se rencontraient plus fréquemment parmi les plus jeunes ou les plus âgés, ou en fonction des différentes régions du Québec, des conditions socioéconomiques, etc.

Pertinence clinique

Parce qu'elle tient compte d'un nombre beaucoup plus grand de personnes représentatives de la population, l'étude épidémiologique descriptive permet d'établir la fréquence, la sévérité et la répartition d'une maladie ou d'autres caractéristiques relatives à la santé dans les populations. Dans le cas présent, une étude descriptive des infections invasives à méningocoques dans la population du Québec s'avérait nécessaire avant de déterminer s'il y avait lieu de vacciner l'ensemble de cette population. Par la suite, pour surveiller l'évolution de cette maladie et l'efficacité des interventions visant à enrayer sa propagation, la mise en place d'un système de surveillance s'est avérée indispensable. Pour ce faire, on a systématiquement recueilli l'information sur la survenue de tous les nouveaux cas afin de calculer le taux d'incidence de la maladie, sa létalité et le taux de mortalité attribuable à cette maladie.

9.1 L'UTILITÉ DES ÉTUDES ÉPIDÉMIOLOGIQUES DESCRIPTIVES

Au chapitre 4, nous avons traité de l'évaluation de la qualité d'une publication portant sur l'étude d'un cas et d'une série de cas. Bien que ces études soient d'un intérêt évident, elles ne permettent pas d'apprécier ou d'estimer l'importance des problèmes de santé étudiés dans la population en général. En revanche, les études épidémiologiques descriptives, appelées aussi études descriptives de population, s'attardent à une population composée de sujets atteints et de sujets sains.

---

* La méningococcémie est une septicémie, c'est-à-dire une infection par voie sanguine, causée par une bactérie appelée méningocoque ou *Neisseria meningitidis*.

L'étude épidémiologique descriptive porte généralement sur des phénomènes spontanés qui surviennent naturellement dans une population donnée. Elle permet de connaître la prévalence ou l'incidence de la maladie étudiée et la mortalité dans une population, selon des variables de personnes, de temps et de lieux. Elle permet aussi de mesurer la fréquence des facteurs de risque et des conséquences d'une maladie selon les mêmes variables.

> ### Exemple 9.1
>
> Un chercheur s'intéresse à la prévalence de l'hypertension artérielle chez les personnes de 18 ans et plus au Québec. Un autre chercheur mesure la mortalité attribuable aux traumatismes routiers depuis 10 ans, dans les différentes régions du Québec et par groupes d'âge. Dans les deux situations, la population du Québec sert de dénominateur pour le calcul des mesures de fréquences de ces problèmes de santé.

Les connaissances acquises par la lecture des études épidémiologiques descriptives permettent une meilleure compréhension de l'histoire naturelle de la maladie ou du problème d'intérêt. De telles études permettront d'identifier certains sous-groupes de la population chez qui la maladie est plus susceptible de se développer. De ce fait, elles contribueront à juger de la pertinence ou de l'utilité d'intervenir, soit au moyen de campagnes de sensibilisation et de prévention, de mesures de dépistage ou d'identification précoce, de vaccination, etc. Les résultats de ce type d'étude permettront également de formuler des hypothèses étiologiques, c'est-à-dire de chercher à explorer la possibilité qu'il existe des liens de causalité entre des facteurs d'exposition et la maladie ou les décès. Ces hypothèses, inspirées par les résultats des études épidémiologiques descriptives, pourront par la suite être vérifiées notamment à l'aide des modèles d'études à visées étiologiques.

Puisque le vaccin contre le méningocoque, disponible à cette époque, pouvait comporter certains inconvénients, Jean et Lisa se rappellent qu'avant de l'offrir à tous, ils avaient dû s'assurer que le risque de méningococcémie était suffisamment important chez certains groupes de la population.

Ainsi, après avoir observé et décrit les quelques cas de décès par maladie invasive à méningocoques, Jean avait étudié la fréquence et la répartition de cette maladie dans la population. De plus, il s'était efforcé de comprendre l'évolution de ce phénomène dans le temps de manière à déterminer si l'augmentation soupçonnée du nombre de cas était bien réelle. Une étude descriptive de cohorte rétrospective des infections à méningocoques pour les 10 dernières années avait alors été réalisée.

Les résultats de l'étude épidémiologique descriptive permettent également de vérifier la pertinence de certains programmes ou services de santé visant à contrôler la propagation de la maladie dans la population. Ce type d'étude peut aussi servir à décrire les effets secondaires des médicaments et les répercussions de certaines interventions, qu'il s'agisse de traitements, de campagnes de vaccination, de programmes de promotion de la santé ou de dépistage, etc. Enfin, en santé publique, la connaissance des groupes à risque permet de mieux orienter les interventions et les moyens de prévention.

> ### Exemple 9.2
>
> Durant cette période, les études épidémiologiques descriptives réalisées dans les pays industrialisés avaient permis d'établir que l'épidémicité des infections invasives à méningocoques se traduit par trois changements principaux, soit une létalité à la hausse, un déplacement de la répartition des cas vers les groupes plus âgés et l'apparition d'une souche bactérienne prédominante plus virulente. L'étude épidémiologique descriptive avait également permis de cerner l'évolution de la létalité et de la répartition des cas selon l'âge. Ces données, combinées à la connaissance des autres caractéristiques des personnes atteintes, avaient permis de prendre une décision éclairée sur la pertinence de réaliser une campagne massive de vaccination contre le méningocoque.

9.2 LES LIMITES DE L'ÉTUDE ÉPIDÉMIOLOGIQUE DESCRIPTIVE

Les principales limites de ce type d'étude tiennent à l'absence de groupes de comparaison. En effet, bien qu'elles permettent de dégager certaines connaissances utiles à la formulation d'hypothèses étiologiques, ces limites font en sorte qu'elles ne peuvent servir à vérifier l'existence de liens de causalité entre un facteur donné et une maladie.

Comme dans la plupart des types d'études, différents biais peuvent entacher la validité des études épidémiologiques descriptives. Pour ce type d'études, ces biais pourront entraîner une sous-estimation ou une surestimation des mesures de fréquences de la maladie et des décès.

Pour diminuer la possibilité de biais de sélection, on devra, dans la mesure du possible, recourir à des stratégies d'échantillonnage aléatoire.

Des biais d'information peuvent aussi influer sur les résultats. Ce type de biais peut notamment survenir lors d'enquêtes effectuées au moyen de questionnaires qui font appel à la mémoire; il s'agit alors d'un biais de rappel. Lorsqu'on veut comparer la fréquence du problème de santé qui fait l'objet de l'étude dans divers sous-groupes de la population, déterminés selon des caractéristiques d'âge, de sexe ou de lieu, par exemple, des biais de confusion peuvent survenir. Il en va ainsi quand on veut comparer les résultats obtenus dans des populations ayant des caractéristiques différentes. L'analyse stratifiée et le recours aux méthodes d'ajustement et de standardisation des mesures de fréquences permettront de réaliser une comparaison valide de ces résultats.

Les études épidémiologiques descriptives peuvent également mener à une estimation imprécise des mesures de fréquences lorsque la maladie ou l'événement étudié est rare ou lorsque le nombre d'individus qui compose l'échantillon étudié est insuffisant. Ainsi, avant de généraliser les résultats de ces études à l'ensemble de la population cible, on devra tenir compte de la précision de l'étude.

Exemple 9.3

Plusieurs sources potentielles de données s'offraient aux épidémiologistes pour décrire les infections à méningocoques. Pour connaître le nombre de cas, ils auraient pu consulter des sources de données existantes, tels le fichier des maladies à déclaration obligatoire et les registres ou fichiers de données hospitalières. Des données inédites auraient également pu être obtenues en procédant à une enquête auprès des autorités locales de santé publique, des hôpitaux et des médecins. Cette deuxième stratégie était toutefois plus laborieuse et onéreuse.

Par ailleurs, pour obtenir des données de population servant de dénominateur, Jean et ses collègues ont pu s'appuyer sur les données officielles de recensement correspondant à la région qui les intéressait.

Le déploiement récent des dossiers patients informatisés dans les centres hospitaliers constitue une opportunité nouvelle pour des recherches épidémiologiques. On doit alors s'assurer de respecter les exigences légales et éthiques d'accès à de telles informations.

L'exploitation des différentes sources de données — de même que certaines stratégies de collecte d'information nécessaires à la réalisation d'une étude épidémiologique descriptive et à la lecture critique des articles scientifiques relatifs à ce type d'étude — pose le défi de l'adéquation entre les stratégies d'analyse des données et des caractéristiques du problème de santé à l'étude, comme en témoigne l'exemple suivant.

Exemple 9.4

Pour évaluer la recrudescence réelle des cas de maladie invasive à méningocoques durant les 10 années antérieures, Jean aurait pu se baser uniquement sur les données issues du fichier national des maladies à déclaration obligatoire. Or, historiquement, il a été observé que les médecins et les laboratoires ont omis de déclarer certains cas d'infection à méningocoques; donc, pour certaines années antérieures, le nombre réel de cas est sous-estimé. Par ailleurs, le battage médiatique suscité par la recrudescence de cette maladie aurait très bien pu inciter les médecins à déclarer davantage ces cas. L'augmentation de la mesure d'incidence de la maladie aurait plutôt traduit, dans ce contexte, une augmentation de la déclaration. Conclure à une hausse réelle du nombre de cas aurait été une erreur.

Pour éviter cette distorsion, Jean avait complété les données tirées du fichier national des maladies à déclaration obligatoire avec celles du fichier national sur les hospitalisations. Il est en effet légitime de croire que la grande majorité des patients souffrant de maladie invasive à méningocoques se sont présentés à un hôpital de soins aigus pour recevoir un traitement. Cette source de données, vraisemblablement plus exhaustive, minimisait un biais d'information lié aux pratiques, variables dans le temps, de déclaration des cas par les médecins.

Les variables de personnes que l'on considère le plus souvent dans les études descriptives sont l'âge, le sexe, la race ou le groupe ethnique, les conditions socioéconomiques (c'est-à-dire le revenu, le niveau de scolarité et le statut d'emploi), et l'environnement familial et social; sont également considérées les variables pertinentes au sujet d'intérêt telles les habitudes de vie (notamment le tabagisme et la sédentarité) ou l'exposition à des contaminants en milieu de travail.

Les variables de temps permettent de décrire des variations cycliques comme les variations saisonnières, annuelles ou décennales.

Exemple 9.5

Le fichier de données sur les hospitalisations contient plusieurs informations qui seront retenues pour l'étude, notamment l'âge et le sexe du patient, la date d'entrée et de sortie de l'hôpital, les diagnostics précis et, s'il y a lieu, le décès en cours d'hospitalisation.

Les variables de lieux peuvent concerner des ensembles très différents allant des grands regroupements géographiques séparés par des barrières naturelles (chaîne de montagnes, cours d'eau, etc.) aux divisions administratives (pays, provinces et régions sociosanitaires), en passant par les zones urbaines et rurales et jusqu'aux microenvironnements comme les classes d'une école ou les aires de travail dans une entreprise.

Exemple 9.6

Compte tenu de l'état des connaissances sur les infections à méningocoques, Jean avait souhaité obtenir des données sur le lieu exact où chaque individu avait contracté la maladie, ainsi que sur certaines caractéristiques particulières de son milieu de vie (nombre de personnes vivant sous le même toit, tabagisme, etc.). Cependant, pour avoir accès à ces données, il lui aurait fallu joindre chaque médecin, ou encore chaque patient survivant, parce que le fichier de données sur les hospitalisations n'identifie ni la municipalité de résidence du patient ni l'hôpital où le patient s'était d'abord présenté. Une solution possible : consulter chaque dossier hospitalier, ce qui représentait un travail énorme. Heureusement, une équipe d'archivistes médicaux avaient appuyé Jean dans cette tâche.

9.3 LES TYPES D'ÉTUDES ÉPIDÉMIOLOGIQUES DESCRIPTIVES

9.3.1 L'étude descriptive transversale

Lorsqu'on réalise une étude descriptive transversale, on s'intéresse à un événement, à une caractéristique ou à une maladie à un moment précis dans le temps; par exemple, au nombre ou à la proportion des individus atteints d'une maladie à un moment donné. Il s'agit d'un portrait instantané de la situation. La mesure de fréquence du problème de santé d'intérêt dans la population à l'étude est alors la prévalence (voir à ce sujet le chapitre 3). Une telle étude est particulièrement utile pour déterminer la fréquence et la répartition des problèmes de santé touchant la population à un moment précis.

> *Exemple 9.7*
>
> L'enquête Santé Québec réalisée en 1987 a permis d'estimer que, parmi la population de 15 ans et plus, les cinq principaux problèmes de santé rapportés par les répondants sont l'arthrite et le rhumatisme (10,6 %), les maladies mentales (8,8 %), les maux de tête (8,3 %), les allergies et affections cutanées (7,7 %), et les maux de dos (7,2 %). Une enquête subséquente réalisée en 1998 a démontré que les problèmes de santé les plus fréquents sont demeurés les mêmes entre 1987 et 1998, mais leur prévalence s'est légèrement accrue durant cette période [2].

9.3.2 L'étude descriptive longitudinale

Le chercheur qui entreprend une étude longitudinale s'intéresse à l'apparition des nouveaux cas d'une maladie (appelés aussi «cas incidents») durant une période donnée. Pour réaliser ce type d'étude, il établit d'abord, dans la population cible, une cohorte d'individus représentative des personnes qui ne sont pas atteintes de la maladie étudiée. Les personnes malades sont donc exclues d'emblée[3]. L'observation — durant une période déterminée — de cette cohorte d'individus en bonne santé au début de la période permettra d'établir les mesures de fréquences suivantes : le taux d'incidence ou le taux de mortalité et l'incidence cumulée (risque, létalité ou survie) pour la durée d'observation. Dans ce contexte, le chercheur observe une population dynamique fermée. S'il n'est pas en mesure d'identifier les individus en bonne santé au début de la période d'observation, parce que, par exemple, le nombre d'individus qui compose la population étudiée est trop élevé, le chercheur pourra estimer ces mesures de fréquences de la maladie à partir d'une population dynamique ouverte (voir le chapitre 3).

> *Exemple 9.8*
>
> Les données du fichier des hospitalisations et du fichier des maladies à déclaration obligatoire qui couvrent la population totale du Québec n'avaient pas permis l'identification des personnes en bonne santé au début de la période d'observation. Jean avait donc dû travailler dans le contexte d'une population dynamique ouverte. Il avait ainsi comptabilisé 799 cas d'infection invasive à méningocoques entre le 1er avril 1981 et le 31 mars 1991. Pour calculer le taux d'incidence, il avait utilisé au dénominateur la somme de la population québécoise moyenne pour les 10 années à l'étude, soit 67 447 257 personnes-année. Ces données avaient permis d'estimer un taux d'incidence d'infection à méningocoques de 1,2 cas pour 100 000 personnes-année (soit 799/67 447 257 × 100 000).
>
> En plaçant au numérateur le nombre de décès survenus en cours d'hospitalisation, soit 43 décès, Jean avait établi le taux de mortalité attribuable à cette maladie à 0,064 décès pour 100 000 personnes-année, ou, exprimé autrement, à 6,4 décès pour 10 000 000 personnes-année.
>
> À partir des 799 cas d'infection invasive à méningocoques qu'il a inventoriés, Jean avait également mesuré le temps écoulé entre le début du traitement et le décès pour chacun des cas.

Cette mesure avait permis à Jean de connaître la durée et la probabilité de survie associées à cette maladie parmi les cas traités. Il avait aussi pu calculer la létalité des infections invasives à méningocoques de la façon suivante : 43 décès sur 799 cas entre le 1er avril 1981 et le 31 mars 1991, soit 5,4 % pour une durée d'observation de 11 ans.

En repensant à tout cela, Jean et Lisa se disent satisfaits d'avoir contribué — par leur action et par la réalisation de cette étude épidémiologique descriptive de la fréquence et de la répartition des infections invasives à méningocoques — à l'établissement des connaissances de base qui ont permis de formuler les recommandations pour la vaccination de populations ciblées.

9.3.3 L'étude de tendance

L'étude de tendance vise à mesurer la fréquence et à évaluer l'évolution d'une maladie ou des décès dans le temps. Le chercheur répète alors une même étude à des périodes ou à des moments différents, ou sépare simplement ces données en périodes d'intérêt. L'étude de tendance est réalisée à partir de données de prévalence, d'incidence ou de mortalité. Elle nécessite que l'on collecte les données à au moins trois moments distincts ou que l'on considère trois périodes différentes. De telles études peuvent couvrir une longue période. Une étude de tendance permettrait de connaître, notamment, l'évolution d'un problème en lien avec des interventions tels des programmes de prévention ou de dépistage dans la population.

Exemple 9.9

Jean avait étudié l'évolution du taux d'incidence des infections invasives à méningocoques dans la population totale et dans chaque groupe d'âge d'année en année pour les 10 ans à l'étude telle qu'elle se présente à la figure 9.1. Les taux d'incidence annuelle et leur évolution avaient montré que, depuis 1986, l'augmentation était plus marquée dans le groupe des 10-19 ans que dans la population générale. Cette information, combinée à une évaluation de la pertinence d'une vaccination systématique, avait permis à Lisa de mieux soupeser le bénéfice réel que ses jeunes patients retireraient s'ils recevaient le vaccin.

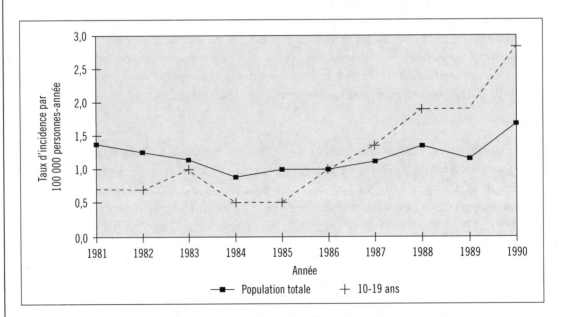

FIGURE 9.1 Taux d'incidence annuelle des infections invasives à méningocoques dans la population totale et dans le groupe des 10-19 ans de 1981 à 1990 au Québec

Source : Deshaies, P. « Épidémiologie des infections invasives à *Neisseria Meningitidis* au Québec de 1981 à 1990 », mémoire de maîtrise en épidémiologie, Université Laval, 1993.

Les effets âge, période et cohorte

L'analyse et l'interprétation des résultats d'une étude de tendance visent généralement à mesurer trois effets liés au temps écoulé durant la période totale, soit l'effet âge, l'effet période et l'effet cohorte[4].

L'effet âge existe lorsque la fréquence de la maladie varie avec l'âge, indépendamment de la période étudiée et de l'année de naissance des individus.

Exemple 9.10

Une étude de tendance visant à connaître l'évolution de la prévalence de la perte auditive est réalisée. On considère qu'un sujet présente un problème d'audition important lorsque la perte moyenne d'audition mesurée aux fréquences 0,5 kHz, 1 kHz, 2 kHz et 4 kHz à l'audiométrie est de 25 dB ou plus. L'étude de la prévalence de la surdité est réalisée chez des adultes de 20 ans à 65 ans en 1960, 1980 et 2000. On observe que la baisse de la capacité auditive due à l'âge (presbyacousie) affecte pratiquement tous les individus de la population et que la proportion de la population présentant une telle baisse augmente avec l'âge, par le simple effet du vieillissement normal. Les courbes de prévalence des atteintes auditives présentées à la figure 9.2 illustrent ce phénomène. Quelle que soit l'année de l'étude, et donc l'année de naissance des sujets, on trouve la même prévalence pour un âge donné.

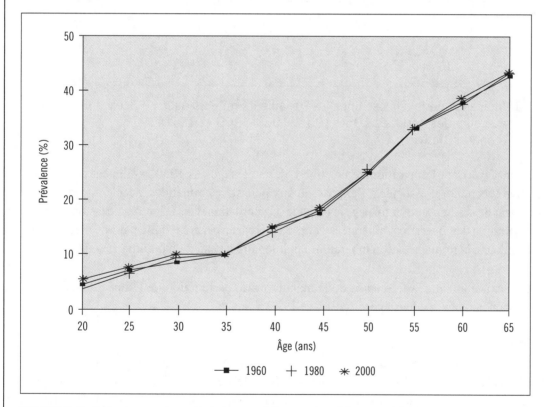

FIGURE 9.2 Prévalence des atteintes auditives selon l'âge en 1960, 1980 et 2000 (données fictives)

L'effet période existe lorsque la fréquence de la maladie varie avec le temps, indépendamment de l'âge des individus et de leur année de naissance.

Exemple 9.11

Une étude de tendance visait à comparer l'incidence de la silicose chez les travailleurs miniers du Québec à diverses périodes. On compare les résultats des données collectées au cours des périodes 1950-1955,

>>>

1960-1965 et 1970-1975. On observe, comme l'indique la figure 9.3, une incidence plus grande au cours de la période 1950-1955 pour toutes les catégories d'âge.

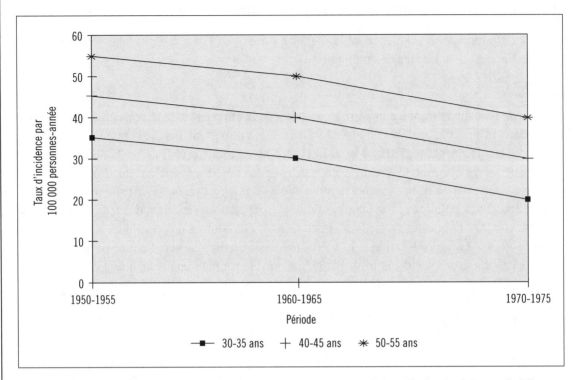

FIGURE 9.3 Incidence de la silicose chez les travailleurs miniers âgés de 30 ans à 55 ans au cours des périodes 1950-1955, 1960-1965 et 1970-1975 (données fictives)

Deux facteurs favorisant l'apparition de la silicose durant les années 1950 expliquent cette situation : d'une part, la tuberculose, associée à l'exposition aux poussières minérales, accélérait grandement le développement de la silicose ; d'autre part, le manque de ventilation dans les mines occasionnait une plus forte concentration de poussières minérales. Cette dernière cause a été réduite par une meilleure ventilation. Par ailleurs, la fréquence de la tuberculose pulmonaire a beaucoup diminué depuis cette époque.

L'effet cohorte existe lorsque la fréquence de la maladie varie en fonction de l'année de naissance des individus, indépendamment de leur âge.

Exemple 9.12

Les auteurs d'une étude de tendance s'intéressent à la prévalence de la surdité congénitale dans la population d'Israël entre 1982 et 2002. Trois mesures de prévalence ont été réalisées, soit en 1982, en 1992 et en 2002. Les résultats présentés par groupes d'âge à la figure 9.4 laissent voir une prévalence significativement plus élevée chez les 10-19 ans en 1982, chez les 20-29 ans en 1992 et chez les 30-39 ans en 2002.

Ce phénomène s'explique par une épidémie importante de rubéole dans la population d'Israël en 1972. Un grande proportion des femmes enceintes ont alors été affectées. Or, on sait que la rubéole chez la

> > >

femme enceinte constitue une cause importante de surdité congénitale. La prévalence plus élevée est observée dans la cohorte des individus nés durant l'année 1972.

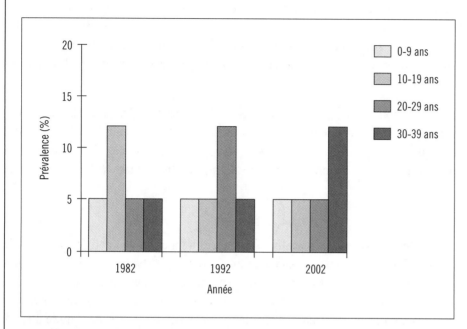

FIGURE 9.4 Prévalence de la surdité congénitale dans la population d'Israël en 1982, 1992 et 2002 (données fictives)

Une tendance observée, à la hausse ou à la baisse, peut ainsi résulter de l'un de ces trois effets ou d'une combinaison de ceux-ci. La connaissance de facteurs étiologiques particuliers permet parfois de les isoler, comme l'illustrent les exemples précédents. Dans d'autres situations, il peut être difficile de distinguer leur effet respectif.

9.3.4 L'étude écologique

L'étude écologique, qualifiée aussi d'étude corrélationnelle, est un type particulier d'étude épidémiologique descriptive. Sa spécificité réside dans le fait que l'unité d'observation pour les variables de personnes, de temps et de lieux n'est plus l'individu lui-même avec ses caractéristiques individuelles (âge, sexe, lieu de résidence), mais un groupe d'individus, tels une classe, les travailleurs d'une usine ou les habitants d'un quartier, d'une ville, d'une région, voire d'un pays. Ainsi, comme pour les autres types d'études, on doit disposer d'information sur l'apparition du problème de santé à l'étude et sur le ou les facteurs d'intérêt qui y sont potentiellement associés pour chacune des unités d'observation.

L'étude écologique peut donc prendre la forme d'un des trois types d'études décrits précédemment. Les données sur l'exposition prennent alors la forme d'un indicateur de groupe : par exemple, la consommation d'alcool estimée à partir des taxes perçues ou l'exposition à l'arsenic contenu dans l'eau potable à partir des analyses d'eau potable par réseau d'aqueduc. On comprend que l'on n'obtient pas, dans le cadre de ce type d'étude, d'information sur la consommation individuelle d'alcool ou d'arsenic, mais bien sur la consommation collective, puisque l'on ne tient pas compte des caractéristiques des individus mais de celles de leur groupe d'appartenance.

Une limite de ce type d'étude réside dans le fait qu'il ne permet pas de cerner l'effet des caractéristiques individuelles, les mesures de fréquences étant basées sur des moyennes d'exposition dans une population, ce qui peut entraîner une interprétation erronée des résultats que les Anglo-Saxons appellent *ecological fallacy*. L'*ecological fallacy* est le biais qui survient lorsqu'une association observée entre des variables à l'échelle du groupe ne correspond pas nécessairement à l'association qui serait observée au niveau individuel. Une autre limite des études écologiques est leur incapacité de prendre en compte les facteurs de confusion possible.

Les études écologiques sont néanmoins utiles pour décrire des différences dans les populations et permettent de formuler des hypothèses en vue d'études plus poussées. Ainsi, elles peuvent faire ressortir des phénomènes de population qu'un autre type d'étude descriptive ne saurait cerner. En définitive, il importe que le chercheur accorde une attention particulière à l'adéquation entre ce type d'étude et l'objet de sa recherche.

Exemple 9.13

Une étude a pour objectif d'estimer les taux de mortalité par cancer en fonction de l'activité industrielle dans des zones géographiques définies. On trouve des taux plus élevés de mortalité par cancer des voies respiratoires dans les zones où des industries pétrolières, du papier et du transport sont en activité. Ces observations mettent les chercheurs sur la piste d'un lien entre ces cancers et certaines des substances potentiellement cancérigènes provenant de ces industries. Si les données de l'étude ne permettent évidemment pas de connaître l'exposition précise à ces substances de chaque individu décédé — pas plus qu'elles ne permettent de tenir compte de l'exposition individuelle à des produits cancérogènes tel le tabac —, elles établissent néanmoins une moyenne basée sur le lieu de résidence par rapport aux industries.

Exemple 9.14

Lors d'une épidémie de fièvre dengue[*], on ne trouve pas de relation entre la quantité de larves du moustique vecteur de la maladie dans une maison donnée et le risque qu'encourt un individu habitant cette maison de contracter la maladie. Cependant, on obtient une nette association entre la quantité moyenne de larves et le risque de maladie par quartier de la ville étudiée. Dans ce cas, l'unité d'observation qui permet de mieux comprendre l'épidémie n'est pas l'individu et son exposition au vecteur de la maladie, mais le quartier de la ville.

9.4 LES EXIGENCES DE PUBLICATION

Danielle, infirmière à la polyclinique, travaille aussi dans un établissement d'enseignement collégial. Elle y rencontre de nombreuses jeunes femmes aux prises avec une infection à *Chlamydia*. Comme elle est désireuse de leur fournir une information utile, elle met la main sur une étude de Massé et autres[5] intitulée « Infection à *Chlamydia trachomatis* du col de l'utérus : sa prévalence et ses déterminants parmi les femmes qui se présentent pour un examen gynécologique de routine ». Il s'agit d'une étude descriptive réalisée dans un CLSC de Montréal ; Danielle décide de faire une lecture critique de l'article afin d'évaluer s'il satisfait ou non aux exigences de publication habituelles.

---

[*] La fièvre dengue est une maladie virale survenant dans les pays tropicaux et transmise par le moustique *Aedes egypti*.

9.4.1 Le résumé

L'article propose d'abord un résumé des différentes sections de l'étude. Les questions suivantes permettront d'apprécier la qualité de ce type de résumé, appelé « résumé structuré » :

■ Est-ce que l'article répond aux préoccupations du lecteur (clientèle comparable, niveaux de soins, etc.) ?

■ Est-ce que toutes les sections de l'étude y sont résumées ?

> **Exemple 9.15**
>
> Danielle, gardant à l'esprit ces questions, prend connaissance de la section « Résumé ».
>
> **Objectif :** Déterminer la prévalence et les indicateurs de risque d'infection cervicale à *Chlamydia trachomatis* chez les femmes qui se présentent à un examen médical périodique.
>
> **Conception :** Étude de prévalence.
>
> **Contexte :** Nous avons recruté toutes les femmes qui se sont présentées à un examen gynécologique périodique au Centre local de services communautaires (CLSC) Saint-Louis du Parc, Montréal de mai 1985 à juillet 1986. Des 773 femmes (99 %) qui ont accepté de participer, 56 ont été exclues, soit parce que les épreuves diagnostiques étaient inadéquates (34), soit parce qu'elles avaient pris des antibiotiques au cours des 6 semaines précédentes (19) ou encore parce que le suivi était impossible après la première visite (3).
>
> **Mesures des résultats :** La culture était la norme diagnostique, mais on a également utilisé des examens diagnostiques rapides. À partir des cas décelés, on a utilisé des analyses de régression logistique pour évaluer les indicateurs de risque suivants : âge, lieu de résidence, utilisation de contraceptifs oraux, nombre de partenaires sexuels et fréquence des rapports sexuels, antécédents d'infection transmissible sexuellement (ITS) et anomalies constatées à l'examen génital.
>
> **Principaux résultats :** Cinquante et une femmes étaient atteintes d'une infection à *Chlamydia trachomatis*, pour une prévalence de 7,1 % ; 32 femmes (63 %) étaient complètement asymptomatiques. Trois indicateurs indépendants ont été isolés : un âge de 25 ans ou moins (rapport de cote [RC] de 3,2 ; intervalle de confiance [ic] à 95 % de 1,8 à 5,9), un érythème cervical, une hémorragie de contact ou un exsudat muco-purulent (RC de 2,5 ; ic à 95 % de 1,4 à 4,5) et lieu de résidence sur le territoire du CLSC (RC de 2,3 ; ic à 95 % de 1,1 à 5,1). Des antécédents d'ITS ou de vaginite avaient un effet de protection significatif chez les femmes âgées de 30 ans ou plus (RC de 0,2).
>
> **Conclusions :** Le dépistage des infections à *Chlamydia* pourrait être une mesure de santé publique efficace chez les femmes âgées de 25 ans ou moins et chez celles qui présentent des signes de cervicite au moment d'un test de Papanicolaou.

D'entrée de jeu, Danielle considère donc que l'article répond aux critères de qualité en ce qui concerne le résumé structuré. De plus, le contenu de l'article semble répondre à ses besoins professionnels. Elle poursuit donc sa lecture.

9.4.2 L'introduction

L'introduction doit exposer les grandes lignes de l'étude descriptive réalisée et souligner de façon succincte l'intérêt que revêt cette étude en s'appuyant sur des références pertinentes. On y présente, par une revue de la littérature, un bilan de l'état des connaissances en ce qui concerne le problème qui fait l'objet de la recherche. L'auteur définit son approche du sujet ainsi que les objectifs de l'étude.

Les questions suivantes permettront d'apprécier la qualité de l'introduction :

▪ Les objectifs de l'étude sont-ils clairement énoncés ?

▪ Le raisonnement justifiant la pertinence de l'étude est-il bien conduit ?

▪ Ce raisonnement est-il appuyé de façon adéquate par des références ?

▪ Précise-t-on de quel type d'étude épidémiologique descriptive il s'agit ?

> **Exemple 9.16**
>
> Dans l'introduction de l'article, Danielle trouve les informations suivantes appuyées par une dizaine de références :
>
> *L'infection par la* Chlamydia trachomatis *est le type d'infection transmissible sexuellement le plus commun en Amérique du Nord. Aux États-Unis, on évaluait à plus de 2,2 milliards de dollars les coûts directs et indirects associés à cette maladie en 1990. Il est difficile de diagnostiquer cette maladie parce que plus de 70 % des femmes infectées sont asymptomatiques. L'identification des femmes asymptomatiques pourrait être un moyen de contrôle de la maladie dans la population consultant dans les centres locaux de services communautaires (CLSC).*
>
> L'étude transversale réalisée dans ce contexte a donc pour objet de déterminer les indicateurs de risque d'infection du col utérin par la *Chlamydia trachomatis* et sa prévalence chez les femmes consultant ces services de santé de première ligne. On cherche à connaître l'ampleur du problème de santé dans cette population et à identifier les groupes de femmes pour lesquels il pourrait être justifié de procéder à un dépistage systématique.

Danielle considère que la pertinence de l'étude est établie de façon satisfaisante et que ses objectifs sont clairement définis. En outre, les références fournies semblent adéquates et suffisantes, et le type d'étude est précisé.

9.4.3 **La méthode**

La section « Méthode » doit clairement décrire la population à l'étude, le procédé au moyen duquel les cas ont été retenus, soit la définition de cas utilisée, la ou les sources de données, les variables retenues, les observations faites et la façon dont celles-ci l'ont été. Cette section devrait aussi contenir un plan d'analyse des données. On y trouve souvent des précisions sur les méthodes statistiques utilisées. En se fondant sur ces renseignements, le lecteur devrait pouvoir estimer que la population à l'étude est comparable ou non à celle dont sont issus ses patients.

Les questions suivantes permettront d'apprécier la qualité de la section « Méthode » :

▪ La population à l'étude est-elle clairement définie ?

▪ Les variables sont-elles retenues en fonction du problème à l'étude ?

▪ Les sources de données sont-elles bien définies et valides ?

▪ Les critères retenus pour définir les cas sont-ils nettement présentés ?

▪ Le type d'observations effectuées et la manière dont celles-ci l'ont été sont-ils explicitement exposés ?

▪ Les procédés par lesquels les cas ont été retenus pour l'analyse sont-ils clairement décrits ?

▪ Le plan d'analyse est-il clair, bien structuré et adapté à la question de recherche ?

▪ Les méthodes statistiques utilisées sont-elles adéquates pour le type de données et le plan d'analyse ?

▪ Les méthodes utilisées pour la réalisation de l'étude permettent-elles de répondre aux objectifs ?

Exemple 9.17

Dans la section « Méthode » de l'article, Danielle peut lire :

On a offert un dépistage de la Chlamydia trachomatis *à toutes les femmes qui se sont présentées à un examen gynécologique périodique de mai 1985 à juillet 1986 dans un CLSC de Montréal. Des 773 femmes (99 %) qui ont accepté de participer, 56 ont été exclues pour les motifs suivants : les épreuves diagnostiques étaient inadéquates (34) ; des femmes avaient consommé des antibiotiques pendant les 6 semaines précédentes (19) ; le suivi était impossible après la première visite (3). Les analyses sont donc réalisées sur un échantillon de 717 sujets.*

Les cas ont été identifiés sur la base du résultat de cultures du col utérin et d'examens diagnostiques rapides. Des analyses de régression logistique* ont été effectuées pour évaluer les indicateurs de risque reconnus dans la littérature, c'est-à-dire l'âge, le lieu de résidence, l'utilisation de contraceptifs oraux, le nombre de partenaires sexuels et la fréquence des rapports sexuels, les antécédents d'infection transmissible sexuellement (ITS) et les anomalies constatées à l'examen génital.

Toutes les questions que Danielle doit se poser pour apprécier la qualité de la section « Méthode » trouvent donc dans l'article une réponse satisfaisante.

9.4.4 Les résultats

La section « Résultats » doit fournir de l'information sur les caractéristiques générales des patients. Des données de fréquence de la maladie en fonction des variables retenues doivent s'y trouver. Selon le cas, les résultats sont présentés sous forme de tableaux et de figures ; les valeurs des tests statistiques y figurent aussi.

Les questions suivantes permettront d'apprécier la qualité de la section « Résultats » :

- Les résultats sont-ils présentés de façon claire, systématique et en lien à la fois avec le sujet de recherche et le plan d'analyse ?
- Les mesures de fréquences des observations spécifiques sont-elles crédibles et exposées clairement en fonction de toutes les variables retenues dans l'étude ?
- Les valeurs des tests statistiques sont-elles présentées de façon claire et en lien avec le plan d'analyse ?

Exemple 9.18

À la lecture de la section « Résultats » de l'étude, Danielle retient les éléments suivants :

Cinquante et une femmes étaient atteintes d'une infection à Chlamydia trachomatis, *pour une prévalence de 7,1 % ; 32 femmes (63 %) étaient complètement asymptomatiques. Trois indicateurs indépendants pouvant constituer des facteurs de risque ont été établis à l'aide de la régression logistique : être âgée de 25 ans ou moins (RC de 3,2 ; ic : 1,8-5,9) ; présenter une rougeur, une hémorragie de contact ou un exsudat muco-purulent au niveau du col utérin (RC de 2,5 ; ic : 1,4-4,5) ; habiter le territoire du CLSC (RC de 2,3 ; ic :1,1-5,1). Des antécédents d'ITS ou de vaginite avaient un effet de protection significatif pour les femmes âgées de 30 ans ou plus (RC de 0,2)*

Comme on le constate, la prévalence de la maladie est précisée. Les indicateurs de risque, présentés sous forme de rapports de cotes (RC), permettent de trouver un antécédent médical ayant un effet protecteur et trois caractéristiques des femmes davantage à risque d'être porteuses de l'infection. Les valeurs des tests statistiques sont clairement exposées, sauf pour les antécédents d'ITSS ou de vaginite. Danielle

---

* Voir dans le chapitre 12 du présent ouvrage la section intitulée « La régression logistique ».

considère donc que les réponses satisfaisantes apportées aux questions permettent d'apprécier la qualité de la section « Résultats ».

9.4.5 La discussion

On doit trouver dans cette section de l'article, outre un énoncé des principaux résultats de l'étude, une interprétation de ceux-ci. Une comparaison avec d'autres études permet de mettre en évidence les différences observées à la lumière des connaissances actuelles. Cette section doit non seulement présenter les explications et interprétations possibles des résultats obtenus, mais également une discussion concernant les validités interne et externe de l'étude et des significations clinique et statistique (soit la précision) des résultats. Cette section des études de tendance doit aborder la question des effets âge, période et cohorte. On y indique également la portée de l'étude en ce qui a trait aux hypothèses étiologiques ou aux mesures de santé publique qui pourraient en découler et l'on y donne en conclusion des indications sur la direction que pourraient prendre des études futures. Finalement, c'est dans cette section que les biais sont discutés et les limites de l'étude présentées.

Les questions suivantes permettront d'apprécier la qualité de la section « Discussion » :

- L'énoncé et l'interprétation des résultats sont-ils présentés clairement en s'appuyant sur la littérature pertinente ?
- Les biais potentiels font-ils l'objet d'une discussion explicite ?
- Les limites des résultats de l'étude sont-elles présentées ?
- La possibilité de généraliser les résultats est-elle abordée ?
- Les indications sur la direction que pourraient prendre de futures études sont-elles fournies et discutées ?

Exemple 9.19

Les auteurs de l'étude qu'analyse Danielle indiquent dans la section « Discussion » :

La prévalence des infections à Chlamydia trachomatis *de 7,1 % confirme l'importance du problème dans la population des femmes s'étant présentées au CLSC pour une consultation. Ce résultat est comparable à ceux obtenus dans les études canadiennes récentes. L'analyse par régression logistique révèle que l'âge est le principal indicateur d'une atteinte (facteur de risque). Ce résultat a également été observé dans plusieurs études antérieures. Cette relation entre l'âge et l'apparition de la maladie n'est pas causale, mais elle traduit probablement un lien avec plusieurs autres facteurs de risque difficilement mesurables, tels l'évolution des comportements sexuels avec l'âge, le recours aux services de santé ou la prédisposition accrue à ce type d'infection.*

La présence de biais d'information a été vérifiée en comparant le résultat des examens diagnostiques rapides aux résultats de cultures. L'identification des faux négatifs et des faux positifs a permis d'estimer à 7,6 % la prévalence réelle de la maladie. Les biais de confusion potentiels ont été contrôlés lors de l'analyse à l'aide de la régression logistique. L'étude visait la totalité des femmes qui se sont présentées au CLSC pour une consultation durant la période d'observation. Un biais de sélection pourrait être associé aux femmes qui ont refusé de participer à l'étude. Elles ne représentent cependant que 1 % des femmes qui ont demandé une consultation. Le CLSC était situé en milieu urbain et des études antérieures ont révélé des différences de prévalence entre les milieux rural et urbain. De plus, l'étude a permis de reconnaître des différences de prévalence significatives selon les quartiers étudiés dans la région de Montréal. On doit donc être prudent avant de généraliser les résultats de l'étude à d'autres populations. Le dépistage des infections à chlamydia pourrait être une mesure de santé publique efficace chez les femmes âgées de 25 ans ou moins et chez celles qui présentent des signes de cervicite lors de l'examen de Papanicolaou. Il serait cependant souhaitable de mener d'autres études pour trouver d'autres facteurs de risque et établir à quelle fréquence (périodicité) l'examen devrait être administré.

Danielle trouve dans la section « Discussion » des réponses claires et précises qui lui permettent d'en apprécier la grande qualité. Cependant, elle dénote un manque de réserve de la part des auteurs en ce qui a trait au dépistage ; plutôt que de mentionner son efficacité, il aurait été plus approprié de seulement l'envisager, puisque l'objectif de l'étude ne portait pas sur l'efficacité d'un dépistage éventuel. En définitive, après sa lecture de l'étude de Massé et autres, Danielle sera plus apte à informer adéquatement les jeunes femmes qu'elle rencontre dans cet établissement d'enseignement collégial.

9.5 LA SURVEILLANCE DE LA SANTÉ DES POPULATIONS ET DE SES DÉTERMINANTS

Après avoir lu le rapport canadien, Lisa et Jean se disent heureux de constater qu'il est désormais possible de connaître la fréquence et la répartition des infections invasives à méningocoques dans la population — notamment à l'aide de données mises à jour périodiquement sur le site Web de l'Agence de santé publique du Canada. Ainsi, le système de surveillance accrue des méningococcies invasives au Canada [6] mis en place par l'Agence de santé publique du Canada leur permet de faire certaines constatations. Entre autres que le taux d'incidence de cette maladie est passé d'environ 1,5 nouveau cas pour 100 000 personnes-année au début des années 1990 à environ 0,6 nouveau cas pour 100 000 personnes-année en 2003. Ils constatent avec satisfaction l'efficacité des mesures de vaccination mises en place. Puis, ils se questionnent sur l'apport que peuvent avoir de tels systèmes de surveillance sur leurs activités professionnelles.

9.5.1 Une description de la surveillance

S'appuyant sur les modèles et approches des études épidémiologiques descriptives, la surveillance de l'état de santé des populations et de ses déterminants consiste en plusieurs activités. Il s'agit en fait : de recueillir, produire et diffuser de façon systématique et régulière une information pertinente afin de dresser un portrait global ; d'observer des variations selon le lieu, le temps et les caractéristiques des personnes ; d'identifier les problèmes de santé prioritaires ; de détecter des problèmes en émergence ; d'alerter sur des problèmes nécessitant des actions immédiates de protection de la santé ; d'élaborer des scénarios prospectifs de l'état de santé ; et finalement de suivre l'évolution de certains problèmes spécifiques[7].

Les activités de surveillance s'appuient habituellement sur des systèmes informatisés de gestion de l'information qui reposent sur des collectes d'information spécifiques continues (hospitalisations) ou périodiques (enquêtes) ou encore sur des bases de données administratives existantes. Ces deux types de sources de données pourront également s'avérer complémentaires.

Un système de surveillance se distingue d'un outil de collecte d'information périodique dans la mesure où, par la mise à jour systématique des données selon une périodicité établie, un tel système permet la normalisation des bases de données. Cette caractéristique assure des comparaisons valides des résultats selon le lieu, le temps et les caractéristiques des personnes, de même qu'une normalisation des méthodes statistiques et épidémiologiques utilisées pour produire ces mesures de façon systématique.

Un système de surveillance peut tantôt s'appuyer sur des sources de données couvrant la population totale du territoire ciblé tantôt sur des processus de « surveillance sentinelle » en comptant plutôt sur la participation de polycliniques ou de centres hospitaliers sélectionnés.

Exemple 9.20

On veut connaître l'évolution de la fréquence et de la répartition du cancer du sein à l'aide des données du système d'information qui permet de soutenir les activités quotidiennes d'un programme de dépistage. Ce système soutient l'enregistrement, le traitement et la circulation de l'information relative au questionnaire médical des participantes, à la réalisation de la mammographie de dépistage et à la transmission des résultats. Bien qu'il puisse constituer une source d'information importante, ce système à lui seul ne permettra pas une mesure exhaustive du cancer du sein dans la population parce qu'il ne génère que les données relatives aux participantes au programme de dépistage. Pour obtenir un portrait exhaustif de la fréquence et de la répartition du cancer du sein dans la population, les données du système d'information du dépistage devront être complétées par d'autres données (notamment, celles du registre national des tumeurs ou d'une base de données administrative du système de santé qui regroupe les renseignements portant sur les diagnostics et les hospitalisations). Ces trois sources de données gagneront également à être étoffées par une collecte d'information complémentaire essentielle, mais absente de ces sources; le grade de cancer, par exemple. Lisa et Jean constatent ainsi que les mesures épidémiologiques issues des activités et des systèmes de surveillance sont d'un intérêt et d'une utilité comparables à celles des études épidémiologiques descriptives. En fait, ces systèmes de surveillance peuvent constituer des sources d'information utile dans le cadre d'études épidémiologiques descriptives, et ce, dans divers domaines de la santé.

9.5.2 Les objets de surveillance

Les objets de surveillance ou indicateurs de santé et de bien-être sont déterminés en tenant compte des enjeux de santé et de bien-être dans la population ciblée. Ces objets de surveillance peuvent couvrir l'ensemble des dimensions de la santé des populations et de ses déterminants. L'encadré suivant présente les grandes classes d'objets de surveillance*.

ENCADRÉ 9.1 Classes d'objets de surveillance

Déterminants de la santé
- Conditions démographiques
- Conditions socioéconomiques
- Conditions socioculturelles
- Environnement social
- Environnement physique
- Habitudes de vie et comportements
- Services de santé
- État de santé

Incapacité
- Morbidité
- Mortalité

>>>

---

* L'annexe 1 du présent chapitre, accessible sur le site web du volume, complète cet encadré en proposant sous forme de tableaux, pour chacune de ces grandes classes, des objets de surveillance et des exemples de mesures épidémiologiques et d'indicateurs pouvant faire partie d'un système de surveillance. Ces tableaux illustrent que les mesures épidémiologiques périodiques de la santé des populations et de ses déterminants que l'on retrouve dans le cadre des systèmes de surveillance permettent la réalisation d'études épidémiologiques descriptives de population.

ENCADRÉ 9.1 Classes d'objets de surveillance (*suite*)

- État de santé psychosociale/santé mentale
- Problèmes de santé physique
- Problèmes liés à la santé des nouveaux nés et des nourrissons
- Traumatismes
- Maladies infectieuses
- Intoxications d'origine environnementales
- Affections liées au milieu de travail

9.5.3 L'utilité de la surveillance

Comme pour les études épidémiologiques descriptives de population, les mesures épidémiologiques réalisées dans le cadre des activités de surveillance de la santé des populations et de ses déterminants visent à informer la population sur son état de santé et ses déterminants et ainsi éclairer ses choix en matière de santé. Ces mesures permettent également de soutenir les intervenants et les décideurs dans leur processus de planification et d'élaboration de politiques, de programmes ou de plans d'action.

Par la production et la diffusion de mesures épidémiologiques en continu—ou mises à jour périodiquement—, la surveillance de l'état de santé des populations permet aussi de soutenir les cliniciens dans le processus diagnostique. D'une part, elle les informe de la fréquence et de la répartition des maladies dans la population selon le lieu, le temps et les caractéristiques des personnes. D'autre part, elle peut contribuer à déterminer lesquelles des pratiques cliniques préventives sont les plus pertinentes compte tenu des caractéristiques et des besoins des populations. Ainsi, on dira que la surveillance de la santé constitue «un élément essentiel des pratiques en matière de décision fondée sur des preuves[8]».

9.5.4 Exemples de systèmes de surveillance

Exemple 9.21

Le Québec produit à intervalles de cinq ans une grande étude descriptive de la santé de sa population et de ses déterminants. Une première édition a été produite en 2001 et une deuxième en 2006[9]. Cette dernière étude présentait 200 mesures épidémiologiques et statistiques de la santé des Québécois et de ses déterminants réalisées à partir de 70 bases de données différentes. Cette étude a permis de mesurer, d'une part, que l'espérance de vie est en hausse constante au Québec, se situant parmi les plus élevées au monde, et d'autre part, que son espérance de vie en bonne santé est l'une des plus élevées au Canada. Cette étude traduit également un recul important de la mortalité infantile, une diminution importante de la mortalité par maladie de l'appareil circulatoire et une diminution constante du tabagisme. De plus, on y observe que la mortalité par cancer constitue désormais la première cause de décès et que la mortalité par cancer du poumon a doublé chez les femmes. Elle fait état d'une progression importante de l'obésité, révèle plus de cas rapportés de négligence chez les enfants, une mortalité par suicide très élevée et une disparité importante de la santé selon les régions, le statut socioéconomique, le sexe et l'appartenance à une nation autochtone.

En complément au document papier, ces 200 indicateurs ont été repris dans le cadre d'un système de surveillance. Mis à jour selon une périodicité adaptée aux différents indicateurs, et accessibles sur un portail informationnel, ils peuvent être exploités de façon dynamique en ligne à l'aide de requêtes simples s'appuyant sur des progiciels statistiques et cartographiques; ces derniers permettent de produire des résultats adaptés aux besoins des chercheurs, planificateurs et décideurs. Un processus de mise à jour systématique des données selon une périodicité établie, une normalisation des bases de données permettant des comparaisons valides des résultats, selon le lieu, le temps et les caractéristiques des personnes, et une normalisation des méthodes statistiques et épidémiologiques sont autant de caractéristiques qui permettent de parler de système de surveillance de l'état de santé de la population et de ses déterminants.

Exemple 9.22

Santé Canada et l'Organisation mondiale de la santé

Sur le site Web de l'Agence de santé publique du Canada, on peut accéder à 19 programmes et systèmes de surveillances couvrant des domaines de santé spécifiques et répondant à des besoins particuliers de connaissance, de contrôle et d'intervention pour la planification et la protection de la santé des populations.

Les systèmes de surveillance peuvent avoir une portée régionale, nationale ou internationale, comme le système de surveillance de la grippe à l'Organisation mondiale de la santé (OMS).

L'Organisation mondiale de la santé œuvre à la surveillance et au contrôle de la grippe depuis 1948[10]. Cette surveillance a évolué jusqu'à permettre la mise en place d'un système de surveillance de cette maladie infectieuse dans le cadre d'un partenariat mondial. Depuis 1998, ce système incite 110 laboratoires, dans 82 pays, à surveiller continuellement les virus grippaux isolés localement et à s'informer mutuellement de l'émergence et de la propagation des différentes souches. Grâce à l'information ainsi recueillie, les experts associés au système de surveillance peuvent formuler des recommandations sur les trois souches virales à inclure dans le vaccin antigrippal de la saison suivante. Ainsi, les données issues de la surveillance mondiale soutiennent les actions de santé publique et l'élaboration des plans nationaux et mondiaux de lutte systématique. Elles soutiennent également les interventions cliniques en permettant la fabrication de vaccins plus efficaces et en favorisant la mise en place d'actions rapides et ordonnées à l'échelle mondiale dans les cas d'émergence d'épidémies ou de pandémies.

9.6 LES ENJEUX ÉTHIQUES DES ÉTUDES ÉPIDÉMIOLOGIQUES DESCRIPTIVES ET DE LA SURVEILLANCE

La réalisation des études épidémiologiques descriptives et des activités de surveillance ainsi que la mise en place de systèmes de surveillance soulèvent des enjeux éthiques incitant à une grande vigilance. On doit notamment assurer la sécurité des données et la protection des renseignements personnels. Pour ce type d'étude, on doit procéder à la collecte des données avec le consentement éclairé et la participation volontaire des sujets. L'accès aux données existantes nécessite transparence et respect des règles et lois relatives à la sécurité des données et à la protection des renseignements personnels.

La réalisation d'études épidémiologiques descriptives et la mise en place de systèmes de surveillance s'appuyant sur des bases de données existantes peuvent requérir le jumelage de bases de données, accentuant ainsi le risque de non-respect de la protection des renseignements personnels.

Enfin, on doit procéder à l'exploitation des données et à la diffusion des résultats issus de ces activités en veillant à ne pas nuire aux sujets de l'étude, c'est-à-dire à éviter qu'ils soient indirectement identifiables par des résultats présentant des petits nombres, à l'aide de caractéristiques individuelles, de lieu et de temps. On doit aussi veiller à éviter de stigmatiser des sous-groupes de population en utilisant notamment un vocabulaire approprié pour les risques reliés à certaines de leurs caractéristiques telles l'appartenance religieuse ou les pratiques sexuelles.

En résumé

L'étude épidémiologique descriptive s'attarde à une population bien déterminée qu'elle analyse en fonction des variables retenues. On distingue deux principaux types d'études épidémiologiques descriptives : les études transversales (ou études de prévalence), et les études longitudinales (étude d'incidence, de mortalité, de létalité ou de survie). Si le chercheur observe une population à divers intervalles, il mène ce que l'on appelle une « étude de tendance ». L'étude écologique constitue également une étude épidémiologique descriptive de population dont la particularité est de tenir compte d'un groupe d'individus plutôt que de considérer l'individu isolément.

L'étude épidémiologique descriptive sert d'abord à connaître la fréquence et la répartition de la maladie ou du problème d'intérêt dans la population selon les caractéristiques de personne, temps et lieu. S'appuyant sur les modèles et approches des études épidémiologiques descriptives, la surveillance de l'état de santé des populations et de ses déterminants permet les réalisations suivantes : dresser de façon périodique ou en continu un portrait global de la santé des populations et de ses déterminants ; observer des variations selon le lieu, le temps et les caractéristiques des personnes ; identifier les problèmes de santé prioritaires ; détecter des problèmes en émergence ; alerter sur des problèmes nécessitant des actions immédiates de protection de la santé ; élaborer des scénarios prospectifs de l'état de santé ; et suivre l'évolution de certains problèmes spécifiques.

En santé publique, l'étude épidémiologique descriptive ainsi que la surveillance de la santé de la population et de ses déterminants permettent de cibler des populations à risque alors qu'en recherche épidémiologique, elles permettent de dégager les connaissances de base nécessaires à la formulation d'hypothèses étiologiques.

www.cheneliere.ca/simpson

Une section Exercices vous est offerte sur ce site Web.

NOTES ET RÉFÉRENCES

1. Agence de santé publique du Canada. « Rapport final sur les résultats de la Conférence nationale de concertation sur les maladies évitables par la vaccination au Canada », du 12 au 14 juin 2005, Québec, *Relevé des maladies transmissibles au Canada,* volume 34S2, mars 2008, ISSN : ISSN 1188-4169.

2. Les pourcentages constituent une estimation des problèmes de santé survenus au cours des 12 mois précédant l'enquête. N'ont été retenus que les cas ayant nécessité une consultation médicale ou ayant entraîné une limitation des activités ou une consommation de médicaments. Ces données sont tirées de : Santé et Bien-être social Canada, sous la coordination de Lorraine Bernier. *Guide d'utilisation de 40 indicateurs sociosanitaires,* 1992, p. 95. On peut par ailleurs trouver les résultats plus exhaustifs de cette enquête dans l'ouvrage suivant : Ministère de la Santé et des Services sociaux. *Et la santé, ça va ? Rapport de l'enquête Santé Québec 1987,* Tome 1, Québec, Les Publications du Québec, 1988, 337 p. La conclusion de l'enquête de 1998 est tirée de : Chenard, L., C. Daveluy et A. Émond (2000). « Conclusion générale » dans *Enquête sociale et de santé 1998,* 2e édition, Québec, Institut de la statistique du Québec, chapitre 30 [en ligne]. [http://www.stat.gouv.qc.ca/publications/sante/e_soc-sante98_pdf.htm]

3. Lorsque l'étude porte sur une population dynamique fermée, pour ne pas biaiser le calcul du taux d'inci-dence, il est essentiel d'exclure du calcul les personnes atteintes au début de la période d'observation (qui ne risquent donc pas de devenir malades pendant la période d'observation). Par contre, lorsque l'étude est réalisée auprès d'une population dynamique ouverte, le nombre d'individus est généralement beaucoup plus élevé (population d'une ville, d'un pays, etc.) et l'exclusion des personnes atteintes au début de la période d'observation n'a pas d'effet significatif sur le calcul du taux d'incidence, sauf si la prévalence de la maladie étudiée est grande (c'est-à-dire de plus de 10 % de façon générale).

4. Les définitions retenues pour les effets âge, période et cohorte sont tirées de : Bernard, P.-M., et C. Lapointe. *Mesures statistiques en épidémiologie,* Sillery, Presses de l'Université du Québec, 1987, p. 11-12.

5. Les extraits présentés sont une traduction et une adaptation libres (par Pierre Deshaies) de : Massé, R., H. Laperrière, H. Rousseau et autres. « *Chlamydia trachomatis* cervical infection : Prevalence and determinants among women presenting for routine gynecologic examination », *Journal de l'Association médicale cana-dienne,* 1991, vol. 145, n° 8, p. 953-961. Certains passages présentés dans les exemples ne constituent pas des citations intégrales et ont été construits à partir de plusieurs sections de l'article. Ainsi, l'exemple 9.17 est inspiré de la section « Méthode », l'exemple 9.18 est tiré de la section « Résultats », et l'exemple 9.19 est en partie adapté de données tirées de la section « Discussion ». L'Association médicale canadienne se dégage de toute responsabilité en ce qui concerne la traduction et l'adaptation des passages « cités ».

6. Agence de santé publique du Canada. « Surveillance accrue des méningococcies invasives au Canada : du 1er janvier 2002 au 31 décembre 2003 », *Relevé des maladies transmissibles au Canada*, vol. 32, n° 8, 2006.

7. Rothman, K.J., S. Greenland et L.L. Timothy. *Modern Epidemiology,* 3e édition, Philadelphie, Lippincott Williams & Wilkins, mars 2008, p. 459-460.

8. Émond A. *CADRE D'ORIENTATION pour le développement et l'évolution de la fonction surveillance au Québec,* Gouvernement du Québec, Direction générale de la santé publique, mai 2007, p 19-20. Santé Canada, Comité de coordination de la surveillance de la santé, Direction générale de la santé de la popu-lation et de la santé publique (DGSPSP). *CADRE ET OUTILS D'ÉVALUATION DES SYSTÈMES DE SURVEILLANCE DE LA SANTÉ,* mars 2004, p. 8. ISBN : H39-4/46-2004F 0-662-76992-9.

9. Institut national de santé publique du Québec. Pageau, M., R. Choinière, M. Ferland et Y. Sauvageau. *Le por-trait de santé. Le Québec et ses régions. Édition 2001,* Québec, Les Publications du Québec, 2001, 453 p. Institut national de santé publique du Québec en collaboration avec le ministère de la Santé et des Services sociaux du Québec et l'Institut de la statistique du Québec. *Portrait de santé du Québec et de ses régions 2006 : les analyses – Deuxième rapport national sur l'état de santé de la population du Québec,* 131 pages.

10. Agence de santé publique du Canada. « Relevé des maladies transmissibles au Canada, Surveillance des maladies – Rôle de l'OMS », décembre 1998, *Relevé épidémiologique hebdomadaire de l'OMS,* vol. 73, n° 43, 1998.

10

LA NORMALITÉ STATISTIQUE ET LA NORMALITÉ CLINIQUE

Auteure de la deuxième édition : Suzanne Gingras
Auteurs de la première édition : Chantal Guimont, Clément Beaucage, Pierre Mercier

Au terme de ce chapitre, vous pourrez :

- expliquer les concepts de la normalité statistique et de l'inférence statistique ;
- prendre une décision éclairée, en vous appuyant sur les principes de l'inférence statistique, quant à la pertinence de modifier votre pratique clinique à partir de résultats présentés dans des études scientifiques.

Objectifs	Contenu
1. Définir une probabilité	1.1 Probabilité objective : fréquentiste, *a priori* 1.2 Propriétés d'une probabilité objective
2. Distinguer une population d'un échantillon	2.1 Paramètre et statistique : définitions 2.2 Avantages de l'échantillonnage
3. Expliquer l'inférence statistique : distribution de probabilités	3.1 Caractéristiques de la distribution normale 3.2 Distribution normale centrée et réduite : définition et utilisation 3.3 Distribution échantillonnale 3.4 Distinction entre écart type et erreur type 3.5 Théorème de la limite centrale
4. Distinguer la normalité statistique de la normalité clinique	4.1 Normalité statistique : définition et limites 4.2 Normalité clinique : seuil de morbidité, traitement possible

Un cas

Charles consulte Lisa afin qu'elle prenne sa tension artérielle, qu'il croit anormale. En effet, quelques jours plus tôt, à l'occasion d'une campagne de dépistage de l'hypertension artérielle (HTA) dans son milieu de travail, on a mesuré sa tension artérielle. La mesure indiquait 150/98 mm Hg ; on lui a donc recommandé de consulter son médecin de famille. Charles a 48 ans, se croit en très bonne santé et ne présente aucun symptôme. En revanche, il fume un paquet de cigarettes par jour depuis l'âge de 20 ans. Sa mère, qui souffrait d'HTA, est décédée des suites d'un accident vasculaire cérébral. La taille et le poids de Charles sont dans les limites de la normale. Sa tension artérielle est mesurée à trois reprises selon les méthodes recommandées ; elle est élevée, se situant à 156/100 mm Hg. Lisa lui prescrit quelques examens de laboratoire visant à compléter l'investigation. Elle lui demande de faire mesurer sa tension artérielle au moins une fois par semaine d'ici le prochain rendez-vous, dans six semaines. Elle lui recommande également de réduire sa consommation de cigarettes et de sel, de bien dormir et de se détendre.

Pertinence clinique

Un cas comme celui de Charles amène Lisa à s'interroger. L'anomalie de la tension artérielle que présente Charles se rencontre-t-elle fréquemment ? Comporte-t-elle des risques pour la santé ? Pour répondre à ces questions, Lisa peut certes se fier à son expérience clinique et à ses connaissances. Elle peut aussi consulter la littérature scientifique pour mieux reconnaître les problèmes liés à l'HTA. Ce faisant, Lisa est mise en présence d'études qui décrivent la répartition des différentes valeurs de la tension artérielle dans la population ou qui tentent d'établir des relations entre certaines valeurs de la tension artérielle et la survenue de problèmes de santé. Pour bien utiliser l'information transmise dans ces études, Lisa doit posséder les connaissances indispensables à la compréhension des études statistiques en général. Ces notions essentielles font l'objet du présent chapitre et des deux chapitres suivants.

10.1 LA NOTION DE PROBABILITÉ

Lisa se demande quelle est la probabilité qu'un individu présente les mêmes valeurs de tension artérielle que Charles. Une probabilité peut être définie de façon intuitive ; il s'agit alors d'une estimation personnelle ou d'une impression basée sur l'expérience. Une probabilité peut aussi être définie de façon objective : on parle alors de « probabilité fréquentiste » et de « probabilité *a priori* ».

Dans le cas de l'approche « fréquentiste » des probabilités, une expérience est répétée un très grand nombre de fois et, chaque fois, un ou plusieurs événements se produisent. Chacune des expériences constitue un événement aléatoire puisque l'on ne peut en prévoir le résultat avec certitude, bien que l'on puisse en décrire tous les résultats possibles. La probabilité qu'un certain événement survienne s'exprime comme suit :

$$\frac{\text{nombre de fois que l'événement s'est produit}}{\text{nombre total d'événements}}$$

Exemple 10.1

Supposons qu'on lance un dé 100 fois et que l'on obtienne les résultats suivants :

Face du dé	Nombre de lancers (événements)
1	20
2	16
3	13
4	17
5	16
6	18

On remarque que la proportion d'obtention du 1 est de 20/100, alors que celle du 5 est de 16/100. On peut donc dire que les probabilités d'obtenir le 1 et le 5 sont respectivement estimées à 20/100 et 16/100.

Une probabilité peut aussi être définie de façon objective *a priori*. S'il s'agit d'événements dont la probabilité de survenir est égale, elle s'exprime alors de la manière suivante :

$$\frac{\text{nombre de fois qu'un événement peut se produire}}{\text{nombre total d'événements possibles}}$$

Exemple 10.2

Six événements sont possibles lorsqu'un dé est lancé : obtenir le 1, le 2, le 3, le 4, le 5 ou le 6. À chaque lancer, un seul événement peut se produire ; la probabilité d'obtenir le 1 est donc de 1/6. La probabilité d'obtenir le 5 est également de 1/6. Cela n'est évidemment vrai que si le dé est bien balancé.

Exemple 10.3

Lorsqu'une carte est choisie au hasard dans un jeu de cartes, quelle est la probabilité d'obtenir le 8 de pique ? Comme il y a 52 cartes dans un jeu de cartes, il y a 52 événements possibles. La probabilité d'obtenir le 8 de pique lors d'un essai est donc de 1/52. Quelle est la probabilité d'obtenir le 5, peu importe la couleur ? Comme 4 cartes portent le chiffre 5 (pique, cœur, carreau et trèfle), cette probabilité est de 4/52, soit de 1/13.

Exemple 10.4

Une future mère aux yeux bleus et un futur père aux yeux bruns s'interrogent sur ce que sera la couleur des yeux de leur enfant. La génétique indique que chacun des parents fournit un gène à l'enfant, que le gène brun (que l'on désignera par la lettre « B ») est dominant et que le gène bleu (que l'on désignera par la lettre « b ») est récessif. Par conséquent, la mère a le génotype bb puisqu'elle a les yeux bleus ; elle transmettra le gène b à son enfant. Le père a, soit le génotype Bb, soit le génotype BB. S'il a le génotype Bb, il transmettra soit le gène b, soit le gène B à son enfant. Les événements possibles sont donc : bb (yeux bleus) ou Bb (yeux bruns). La probabilité que l'enfant ait les yeux bleus (bb) est donc de 1/2, soit de 50 %, si le père est porteur du génotype Bb. Elle est évidemment de 0 % s'il est porteur du génotype BB.

Une probabilité objective comporte des propriétés, dont celles que voici.

Premièrement, la probabilité de survenue de chaque événement varie entre 0 et 1.

Exemple 10.5

La probabilité que survienne un événement impossible, comme celle de lancer un dé et d'obtenir le 7, est de 0, soit de 0/6, car le chiffre 7 n'est représenté sur aucune face du dé. La probabilité que survienne un événement certain, comme celle d'obtenir une valeur entre 1 et 6 lors du lancer du dé, est de 1, soit de 6/6, car cet événement se produira nécessairement à chaque essai. La probabilité de tous les autres événements ou groupes d'événements possibles se situe entre ces deux extrêmes.

Deuxièmement, la somme des probabilités de tous les événements possibles pour une expérience est 1.

Exemple 10.6

Tous les événements possibles, lors du lancer d'un dé, sont d'obtenir le 1, le 2, le 3, le 4, le 5 ou le 6. La probabilité associée à chacun de ces événements, selon l'expérience qui fait l'objet de l'exemple 10.1, est respectivement de 20/100, 16/100, 13/100, 17/100, 16/100 et 18/100. La somme des probabilités de tous les événements possibles pour cette expérience est donc de :

$$\frac{20+16+13+17+16+18}{100} = \frac{100}{100}, \text{ soit } 1$$

Troisièmement, chaque expérience est dite « dépendante » si elle influence le résultat des expériences subséquentes. Au contraire, elle est dite « indépendante » si le résultat obtenu n'a pas d'influence sur le résultat des expériences subséquentes.

Exemple 10.7

Un 5 est choisi au hasard dans un jeu de cartes. La probabilité d'obtenir un 5 était de 4/52, soit de 1/13. Si la carte n'est pas replacée dans le jeu, la probabilité d'obtenir un autre 5 est de 3/51 pour l'expérience subséquente, car le jeu ne compte plus que 51 cartes, dont 3 seulement portent le chiffre 5. Ces deux expériences sont donc dépendantes.

En revanche, si la carte est replacée dans le jeu, la probabilité d'obtenir un 5 est à nouveau de 1/13 ; le résultat de cette expérience n'est pas influencé par le résultat précédent. Ces expériences sont donc indépendantes.

La notion de probabilité comporte plusieurs autres lois qui ne sont pas présentées ici. Elles concernent notamment l'addition et la multiplication des probabilités selon qu'il y a indépendance ou dépendance entre les événements[1].

À retenir

- Les probabilités « fréquentiste » et « *a priori* » sont des probabilités objectives.
- La probabilité de survenue d'un événement varie entre 0 et 1.
- La somme des probabilités de tous les événements possibles pour une expérience est de 1.
- Une expérience est dite « indépendante » si le résultat obtenu n'influence pas le résultat des autres expériences.

10.2 LES NOTIONS DE POPULATION ET D'ÉCHANTILLON

10.2.1 La population

En statistique, le terme «population» est utilisé pour désigner un ensemble d'éléments dotés de caractéristiques communes; ces éléments peuvent être des individus ou des objets inanimés.

Exemple 10.8

Une étude porte sur tous les patients de la polyclinique Milo. Chacun des patients est un élément, et l'ensemble des patients constitue la population.

Exemple 10.9

Danielle, l'infirmière qui travaille avec Lisa à la polyclinique, s'intéresse au nombre d'enfants vaccinés contre la rougeole. La population qu'elle étudie est formée des élèves d'une école où elle travaille également. Les éléments sont les enfants participant à l'étude.

Exemple 10.10

Une population peut être constituée de tous les dossiers de la polyclinique Milo, des lames du laboratoire de cytologie d'un hôpital ou des différentes pièces anatomiques qui sont apportées au laboratoire de pathologie d'un hôpital. Les éléments sont alors respectivement les dossiers, les lames et les pièces anatomiques.

Exemple 10.11

Une étude porte sur la proportion d'ordonnances de narcotiques par rapport aux autres médicaments prescrits au cours d'une même journée. La population est formée de toutes les ordonnances remplies dans une pharmacie pendant cette journée. Chacune des ordonnances constitue l'un des éléments.

La notion de paramètre

Lorsqu'on mesure la moyenne d'une variable observée chez tous les individus d'une population, on obtient le paramètre, c'est-à-dire la moyenne de cette variable dans la population en question. Il en est de même pour toute autre mesure de tendance centrale ou de dispersion telle que la médiane, le mode ou l'écart type.

Exemple 10.12

Lisa décide de mesurer la tension artérielle (la variable observée) de tous les hommes qui se présentent à la polyclinique Milo le lendemain de la visite de Charles. Cet ensemble d'individus constitue la population à l'étude. Lisa obtient les résultats présentés dans le tableau 10.1.

Pour les 10 hommes âgés entre 37 ans et 71 ans, la moyenne de la tension artérielle diastolique est de 78 mm Hg et l'écart type est de 2,4 mm Hg. La moyenne de la tension artérielle systolique est de 125 mm Hg et l'écart type est de 6 mm Hg. Ces mesures sont les paramètres de cette population.

>>>

TABLEAU 10.1 Population constituée de l'ensemble des hommes qui se sont présentés à la polyclinique le lendemain de la visite de Charles (population à l'étude)

Numéro d'identification	Âge (ans)	Tension artérielle systolique (mm Hg)	Tension artérielle diastolique (mm Hg)
1	37	115,0	74,0
2	41	118,0	75,0
3	46	120,0	76,0
4	47	122,0	77,0
5	49	124,0	78,0
6	52	126,0	78,0
7	56	128,0	79,0
8	61	130,0	80,0
9	65	132,0	81,0
10	71	135,0	82,0

10.2.2 L'échantillon

Lorsqu'on s'intéresse à un sous-ensemble d'une population, on constitue un échantillon.

Exemple 10.13

Le sous-ensemble présenté dans le tableau 10.2 a été formé à partir de la population dont il est question à l'exemple 10.12.

TABLEAU 10.2 Échantillon constitué à partir de la population à l'étude

Numéro d'identification	Âge (ans)	Tension artérielle systolique (mm Hg)	Tension artérielle diastolique (mm Hg)
2	41	118,0	75,0
7	56	128,0	79,0

Cet ensemble d'individus constitue un échantillon de la population à l'étude.

Un échantillon peut être obtenu à partir de n'importe quelle population. Ainsi, certains dossiers de la polyclinique, une classe d'élèves d'une école ou une série de lames provenant du laboratoire de cytologie peuvent constituer des échantillons.

Afin d'étudier un problème, il est le plus souvent indispensable de constituer un échantillon à partir de la population à l'étude. En effet, pour des raisons liées aux coûts ou aux contraintes de temps, il est souvent impossible d'étudier l'ensemble des éléments d'une population. L'étude d'un échantillon permet de concentrer les efforts pour obtenir les meilleurs résultats possibles. En outre, on peut utiliser dans l'étude d'un échantillon des instruments de mesure de meilleure qualité, en particulier si les ressources humaines et financières sont limitées. De ce fait, les résultats obtenus à partir de l'étude de l'échantillon sont souvent plus adéquats que ceux que l'on obtiendrait en étudiant toute la population.

Exemple 10.14

Un chercheur s'intéresse à la relation entre la tension artérielle et l'apparition de maladies cardiovasculaires. Or, il existe un appareil ambulatoire d'enregistrement de la tension artérielle; mais cet appareil

>>>

est onéreux et il doit être porté 24 heures par jour par la personne chez qui on effectue la mesure. Par conséquent, on ne peut l'utiliser pour étudier l'ensemble des individus d'une population. Cependant, en constituant un échantillon à partir de cette population, on rend possible l'utilisation de l'appareil tout en limitant les frais et on obtient une mesure dont la qualité est grandement augmentée.

Il existe deux catégories de population : la population à l'étude, soit celle à partir de laquelle le chercheur sélectionne des éléments pour former un échantillon, et la population cible, qui est la population à laquelle il veut généraliser ses résultats. La population à l'étude est souvent constituée des patients plus facilement accessibles et qui répondent à certains critères d'admissibilité.

Exemple 10.15

Dans l'étude que mène Lisa, la population cible est constituée des hommes qui se présentent à la polyclinique Milo. La population à l'étude est formée des hommes qui se présentent à la polyclinique Milo le lendemain de la visite de Charles. L'échantillon est formé de deux individus faisant partie de cette population.

Les résultats obtenus lors de l'étude de la population à l'étude s'appliquent-ils à la population cible ? Oui, à la condition que la population à l'étude soit comparable à la population cible, ce que l'on peut vérifier en s'assurant que la distribution de certaines variables importantes est semblable dans les deux populations. Ce jugement est clinique et non statistique ; il confirme la validité externe de l'étude.

Exemple 10.16

Il est important de s'assurer que l'âge des patients qui se présentent à la polyclinique Milo le lendemain de la visite de Charles est comparable à l'âge des patients qui s'y présentent de manière habituelle. De plus, comme la population à l'étude est formée uniquement d'hommes, les résultats que Lisa obtiendra ne pourront être appliqués qu'à une population cible masculine, soit les hommes qui se présentent à la polyclinique Milo. De même, lorsque Lisa consultera la littérature scientifique, elle devra définir la population cible des études publiées, de manière à savoir à qui les résultats obtenus peuvent s'appliquer. Ainsi, elle ne pourra pas utiliser les résultats d'une étude décrivant les différentes valeurs de la tension artérielle obtenues dans un échantillon d'hommes âgés entre 20 ans et 24 ans pour évaluer la probabilité d'obtenir, en ce qui concerne Charles, une valeur de tension artérielle de 156/100 mm Hg. Elle devra plutôt consulter une étude effectuée à partir d'un échantillon d'hommes âgés entre 45 ans et 49 ans, groupe d'âge correspondant à celui auquel appartient Charles ; en effet, la tension artérielle augmente avec l'âge.

L'échantillon électif est formé d'individus sélectionnés par le chercheur de façon non aléatoire. C'est le cas des échantillons utilisés lors d'études à visée étiologique. Souvent, dans de telles études, les échantillons sont formés en tenant compte de critères de similitude entre les individus pour un certain nombre de variables, sauf pour la variable qui fait l'objet de l'étude.

Exemple 10.17

Une étude porte sur la relation entre les maladies cardiovasculaires et la tension artérielle. Les individus sélectionnés sont comparables en ce qui concerne l'âge, le sexe, la consommation de tabac et les habitudes alimentaires, mais les valeurs de la tension artérielle observées chez eux diffèrent. Si une différence dans l'apparition de la maladie cardiovasculaire est notée, elle sera plus certainement associée au niveau de la tension artérielle qu'aux autres variables.

Certains résultats provenant de l'étude d'un échantillon électif peuvent ne pas s'appliquer à l'ensemble de la population à l'étude. Les caractéristiques des individus de l'échantillon ne sont pas forcément comparables à celles des individus de l'ensemble de la population à l'étude, car l'échantillon a été choisi plutôt que formé au hasard. Ainsi, dans l'exemple précédent, il serait possible de compter une proportion de 75 % de fumeurs dans les deux groupes, ce qui n'est certainement pas représentatif de ce que l'on peut observer dans la population. Par contre, les associations observées, c'est-à-dire, dans ce cas, le lien (risque relatif ou rapport de cotes) entre les maladies cardiovasculaires et la tension artérielle, sont applicables à la population à l'étude.

La notion de statistique

Une statistique est une valeur mesurée dans un échantillon. Cette valeur peut être la moyenne, l'écart type, la médiane, etc. Des statistiques différentes sont calculées pour chaque échantillon constitué à partir d'une population.

Exemple 10.18

Dans l'échantillon formé des individus 2 et 7 présenté dans le tableau 10.2, la moyenne échantillonnale, c'est-à-dire la statistique, de la tension artérielle diastolique est de 77 mm Hg. Si l'échantillon est formé des individus 1 et 3, la moyenne est de 75 mm Hg.

Les principales différences entre un paramètre (dans ce cas, celui mesuré dans la population à l'étude, soit tous les hommes qui se présentent à la polyclinique Milo le lendemain de la visite de Charles) et une statistique (dans ce cas, celle mesurée dans l'échantillon formé à partir de cette population) sont présentées dans le tableau 10.3.

TABLEAU 10.3 Principales différences entre le paramètre mesuré dans la population à l'étude et la statistique mesurée dans l'échantillon formé à partir de cette population

	Paramètre	Statistique
Source	Population	Échantillon (individus 2 et 7)
Moyenne Notation Valeur	μ 78,0 mm Hg	$\bar{x}$ 77,0 mm Hg
Écart type Notation Valeur	σ 2,4 mm Hg	s 2,0 mm Hg

À retenir

- La population est l'ensemble des éléments dotés de caractéristiques communes.
- L'échantillon est un sous-ensemble de la population. S'il est choisi au hasard, il est aléatoire; il peut alors être représentatif de la population. S'il est choisi autrement, il est électif; il risque alors de ne pas être représentatif de la population.
- Un paramètre est une mesure effectuée sur la population.
- Une statistique est une mesure sur un échantillon tiré de la population.

10.3 L'INFÉRENCE

L'inférence est le processus par lequel on induit la valeur d'un paramètre à partir de la statistique correspondante mesurée dans un échantillon représentatif de la population. L'inférence statistique peut être effectuée selon deux méthodes basées sur la théorie des probabilités : le test d'hypothèse et l'estimation des paramètres.

10.3.1 Le test d'hypothèse

L'approche du test d'hypothèse consiste à soupeser deux hypothèses en comparant la statistique et le paramètre présumé. Le test d'hypothèse permet de conclure, avec une certaine marge d'erreur, quant à la valeur réelle de la moyenne dans la population (soit le paramètre) à partir de l'analyse de l'échantillon. La notion de « test d'hypothèse » sera définie et expliquée plus en détail au chapitre 11 (voir la section intitulée « Le test d'hypothèse »).

10.3.2 L'estimation des paramètres

Comme l'étude de l'ensemble de la population est souvent impossible, le paramètre demeure inconnu. L'estimation de ce paramètre consiste à supposer que sa valeur s'apparente à la valeur de la statistique correspondante mesurée dans l'échantillon.

> *Exemple 10.19*
>
> La moyenne de la tension artérielle diastolique dans l'échantillon formé des individus 2 et 7 (77 mm Hg) est une estimation de la moyenne de cette mesure dans la population à l'étude. La moyenne obtenue avec les individus 1 et 3 (75 mm Hg) constitue également une estimation de la moyenne dans la population étudiée par Lisa.

La valeur de la statistique représente l'estimation ponctuelle du paramètre. Cette estimation est imprécise, car la probabilité que le paramètre soit égal à la statistique est très faible. Afin d'augmenter la probabilité d'obtenir la valeur réelle de la mesure dans la population à l'étude (soit le paramètre) lorsqu'elle est estimée à partir d'une statistique, un intervalle peut être construit autour de l'estimation ponctuelle. C'est ce que l'on appelle l'« intervalle de confiance ». Cet aspect de l'inférence est abordé au chapitre 11 (voir la section intitulée « L'intervalle de confiance (ic) »).

10.3.3 La distribution de probabilités

Afin d'estimer correctement un paramètre, sa distribution de probabilités doit être connue. Or, qu'est-ce qu'une distribution de probabilités ? C'est un modèle de représentation de la fréquence des différentes valeurs d'une variable dans un échantillon ou une population.

Certaines distributions de probabilités sont importantes en statistique ; c'est le cas, plus particulièrement, de la distribution dite « normale ».

> *Exemple 10.20*
>
> Dans la ville de Québec, les valeurs de la tension artérielle diastolique sont mesurées chez 1 000 individus. Pour construire la distribution de probabilités, les différentes valeurs de la tension artérielle sont regroupées en classes. Le nombre d'individus que compte chaque classe est ensuite calculé et divisé par le nombre total d'individus afin d'obtenir des proportions. La distribution de probabilités est présentée dans un graphique comme celui de la figure 10.1, où l'on trouve en abscisse les classes et le nombre d'individus par classe, et les proportions correspondantes en ordonnée.

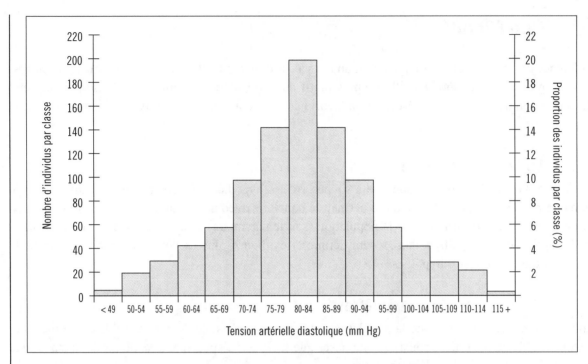

FIGURE 10.1 Distribution des valeurs de la tension artérielle diastolique mesurée chez 1 000 individus de la ville de Québec

La distribution normale

En statistique, une variable se distribue normalement si elle possède certaines caractéristiques mathématiques : être continue, en forme de cloche et symétrique par rapport à la moyenne (μ), comme l'illustre la figure 10.2 (cholestérolémie).

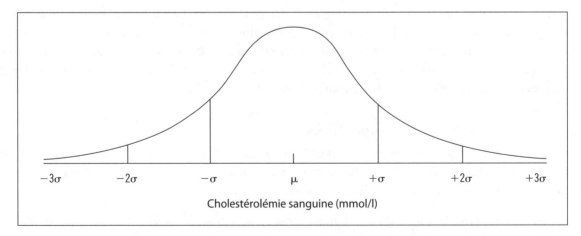

FIGURE 10.2 Illustration d'une distribution normale (cholestérolémie)

Le premier écart type (σ) correspond à la distance entre la moyenne et le point d'inflexion de la courbe, c'est-à-dire l'endroit où la courbe, de convexe qu'elle était, devient concave. La moyenne et l'écart type sont les deux paramètres de la distribution normale : ils constituent les deux seuls éléments d'information nécessaires pour définir la distribution normale. Il y a autant de courbes normales qu'il y a de paramètres μ et σ différents. Comme la distribution normale est une distribution de probabilités, l'aire sous la courbe est égale à 1, car elle représente la probabilité que tous les événements possibles surviennent.

D'autres caractéristiques de la distribution normale sont également importantes. D'une part, la moyenne, la médiane et le mode ont une même valeur. D'autre part, la moyenne ± 1 écart type contient approximativement 68,3 % de l'aire sous la courbe, soit 68,3 % des événements possibles ; la moyenne ± 2 écarts types contient approximativement 95,4 % des événements possibles ; et la moyenne ± 3 écarts types contient approximativement 99,7 % des événements possibles.

Exemple 10.21

Si les valeurs possibles de la tension artérielle diastolique chez les 1 000 individus de la ville de Québec de l'exemple 10.20 (présentées à la figure 10.1) sont distribuées normalement, la tension artérielle se situera entre -1 écart type et +1 écart type, soit entre 70 mm Hg et 94 mm Hg chez approximativement 683 individus, entre 55 mm Hg et 109 mm Hg chez 954 individus et entre 50 mm Hg et 114 mm Hg chez 997 individus.

Il faut noter qu'une certaine prudence s'impose lorsqu'on emploie l'expression « normale », car le qualificatif « normal » est d'usage fréquent. Ici, l'expression ne désigne pas la normalité clinique, c'est-à-dire ce que l'on observe chez des individus normaux ou sains, mais plutôt la normalité statistique.

Exemple 10.22

Lors d'une récente réunion d'une association professionnelle québécoise, son président explique que, à l'échelle canadienne, les salaires suivent une distribution « normale » avec une moyenne de 70 000 $ par an. Pourtant, dans la salle, plusieurs personnes ne trouvent pas « normal » de toucher un salaire moins élevé que celui de collègues travaillant dans la province voisine. Ainsi, bien que le salaire de 70 000 $ par an puisse, à l'échelle canadienne, se situer dans la moyenne statistique pour la profession, il n'est pas forcément comparable avec celui que touchent les spécialistes participant à la réunion. Qu'est-ce qui est normal ? Qu'est-ce qui ne l'est pas ? Il n'est pas contradictoire de constater que les salaires se distribuent normalement à l'échelle canadienne, tout en considérant comme anormal le fait qu'ils soient bas ou élevés dans des régions données.

La distribution normale centrée et réduite

La distribution normale est utile pour évaluer la proportion des éléments qui se situent dans un intervalle de valeurs de la variable étudiée. Ses caractéristiques mathématiques correspondent à un nombre entier d'écarts types ; cependant, ceux-ci ne sont pas les seuls intervalles intéressants. Ainsi, si l'on s'intéresse à la proportion d'individus dont la tension artérielle diastolique est supérieure à 80 mm Hg, ou à la proportion d'individus chez qui cette valeur est inférieure à 70 mm Hg, il est impossible d'obtenir les proportions sans faire un calcul très difficile[2]. Pour apprécier ces proportions, il est nécessaire d'utiliser une distribution où les proportions ont été calculées à l'avance pour des intervalles plus fins.

Comme nous l'avons signalé plus haut, il y a autant de courbes de distribution normale qu'il y a de types de variables et de répartitions de ces variables ; ce principe est illustré dans les figures 10.3 et 10.4, qui représentent respectivement la distribution des différentes valeurs de la cholestérolémie totale et de la tension artérielle systolique dans la population.

Afin d'éviter d'avoir une distribution différente pour chaque valeur de la moyenne et de l'écart type, on utilise la distribution normale centrée et réduite. Il s'agit d'une distribution normale pour laquelle la moyenne est de 0 et l'écart type de 1. Cette distribution est aussi appelée « distribution standard » ou « distribution de Z ». La distribution normale centrée et réduite est présentée à la figure 10.5.

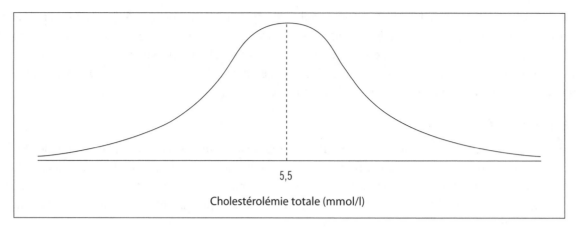

FIGURE 10.3 Distribution des valeurs de la cholestérolémie totale dans la population

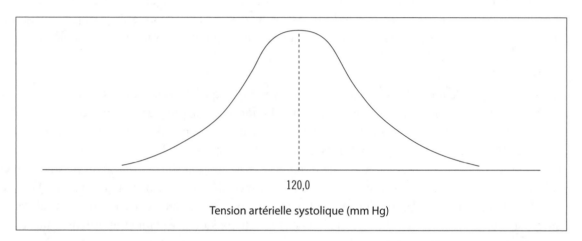

FIGURE 10.4 Distribution des valeurs de la tension artérielle systolique dans la population

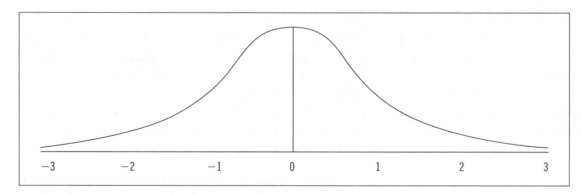

FIGURE 10.5 Distribution normale centrée et réduite

On peut transformer l'ensemble des distributions normales en une distribution normale centrée et réduite en effectuant l'opération suivante (où Z représente une variable ayant une distribution normale centrée et réduite et x la variable à transformer) : on appelle communément cette opération le « score Z ».

$$Z = \frac{x - \mu}{\sigma}$$

Pour obtenir la proportion d'individus se situant dans n'importe quelle aire sous la courbe, on utilise généralement une table comme celle présentée dans le tableau 10.4.

TABLEAU 10.4 Table de la distribution normale centrée et réduite

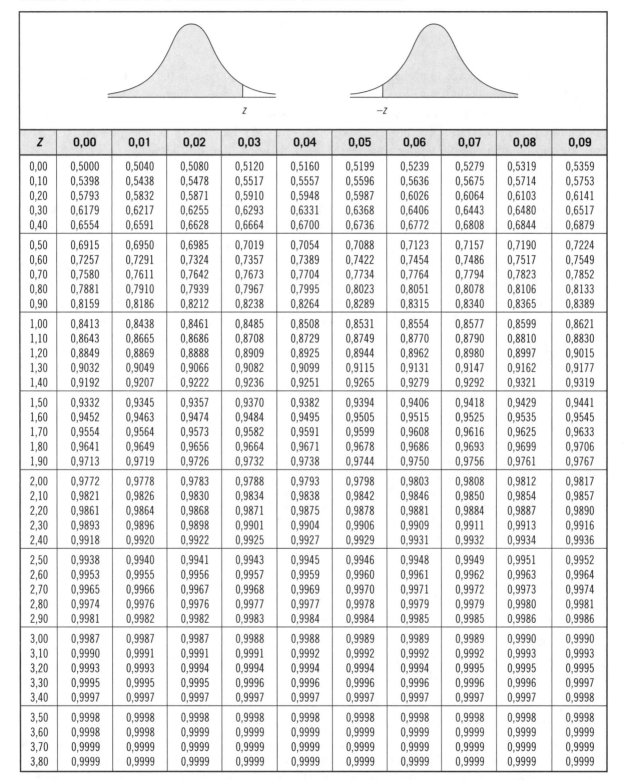

z	0,00	0,01	0,02	0,03	0,04	0,05	0,06	0,07	0,08	0,09
0,00	0,5000	0,5040	0,5080	0,5120	0,5160	0,5199	0,5239	0,5279	0,5319	0,5359
0,10	0,5398	0,5438	0,5478	0,5517	0,5557	0,5596	0,5636	0,5675	0,5714	0,5753
0,20	0,5793	0,5832	0,5871	0,5910	0,5948	0,5987	0,6026	0,6064	0,6103	0,6141
0,30	0,6179	0,6217	0,6255	0,6293	0,6331	0,6368	0,6406	0,6443	0,6480	0,6517
0,40	0,6554	0,6591	0,6628	0,6664	0,6700	0,6736	0,6772	0,6808	0,6844	0,6879
0,50	0,6915	0,6950	0,6985	0,7019	0,7054	0,7088	0,7123	0,7157	0,7190	0,7224
0,60	0,7257	0,7291	0,7324	0,7357	0,7389	0,7422	0,7454	0,7486	0,7517	0,7549
0,70	0,7580	0,7611	0,7642	0,7673	0,7704	0,7734	0,7764	0,7794	0,7823	0,7852
0,80	0,7881	0,7910	0,7939	0,7967	0,7995	0,8023	0,8051	0,8078	0,8106	0,8133
0,90	0,8159	0,8186	0,8212	0,8238	0,8264	0,8289	0,8315	0,8340	0,8365	0,8389
1,00	0,8413	0,8438	0,8461	0,8485	0,8508	0,8531	0,8554	0,8577	0,8599	0,8621
1,10	0,8643	0,8665	0,8686	0,8708	0,8729	0,8749	0,8770	0,8790	0,8810	0,8830
1,20	0,8849	0,8869	0,8888	0,8909	0,8925	0,8944	0,8962	0,8980	0,8997	0,9015
1,30	0,9032	0,9049	0,9066	0,9082	0,9099	0,9115	0,9131	0,9147	0,9162	0,9177
1,40	0,9192	0,9207	0,9222	0,9236	0,9251	0,9265	0,9279	0,9292	0,9321	0,9319
1,50	0,9332	0,9345	0,9357	0,9370	0,9382	0,9394	0,9406	0,9418	0,9429	0,9441
1,60	0,9452	0,9463	0,9474	0,9484	0,9495	0,9505	0,9515	0,9525	0,9535	0,9545
1,70	0,9554	0,9564	0,9573	0,9582	0,9591	0,9599	0,9608	0,9616	0,9625	0,9633
1,80	0,9641	0,9649	0,9656	0,9664	0,9671	0,9678	0,9686	0,9693	0,9699	0,9706
1,90	0,9713	0,9719	0,9726	0,9732	0,9738	0,9744	0,9750	0,9756	0,9761	0,9767
2,00	0,9772	0,9778	0,9783	0,9788	0,9793	0,9798	0,9803	0,9808	0,9812	0,9817
2,10	0,9821	0,9826	0,9830	0,9834	0,9838	0,9842	0,9846	0,9850	0,9854	0,9857
2,20	0,9861	0,9864	0,9868	0,9871	0,9875	0,9878	0,9881	0,9884	0,9887	0,9890
2,30	0,9893	0,9896	0,9898	0,9901	0,9904	0,9906	0,9909	0,9911	0,9913	0,9916
2,40	0,9918	0,9920	0,9922	0,9925	0,9927	0,9929	0,9931	0,9932	0,9934	0,9936
2,50	0,9938	0,9940	0,9941	0,9943	0,9945	0,9946	0,9948	0,9949	0,9951	0,9952
2,60	0,9953	0,9955	0,9956	0,9957	0,9959	0,9960	0,9961	0,9962	0,9963	0,9964
2,70	0,9965	0,9966	0,9967	0,9968	0,9969	0,9970	0,9971	0,9972	0,9973	0,9974
2,80	0,9974	0,9976	0,9976	0,9977	0,9977	0,9978	0,9979	0,9979	0,9980	0,9981
2,90	0,9981	0,9982	0,9982	0,9983	0,9984	0,9984	0,9985	0,9985	0,9986	0,9986
3,00	0,9987	0,9987	0,9987	0,9988	0,9988	0,9989	0,9989	0,9989	0,9990	0,9990
3,10	0,9990	0,9991	0,9991	0,9991	0,9992	0,9992	0,9992	0,9992	0,9993	0,9993
3,20	0,9993	0,9993	0,9994	0,9994	0,9994	0,9994	0,9994	0,9995	0,9995	0,9995
3,30	0,9995	0,9995	0,9995	0,9996	0,9996	0,9996	0,9996	0,9996	0,9996	0,9997
3,40	0,9997	0,9997	0,9997	0,9997	0,9997	0,9997	0,9997	0,9997	0,9997	0,9998
3,50	0,9998	0,9998	0,9998	0,9998	0,9998	0,9998	0,9998	0,9998	0,9998	0,9998
3,60	0,9998	0,9998	0,9999	0,9999	0,9999	0,9999	0,9999	0,9999	0,9999	0,9999
3,70	0,9999	0,9999	0,9999	0,9999	0,9999	0,9999	0,9999	0,9999	0,9999	0,9999
3,80	0,9999	0,9999	0,9999	0,9999	0,9999	0,9999	0,9999	0,9999	0,9999	0,9999

Source : Adapté de Daniel, W. *Biostatistics : A Foundation for Analysis in the Health Sciences*, 4ᵉ édition, New York, John Wiley, 1989, p. 687-688.

La table de la distribution normale centrée et réduite est utilisée pour répondre à des questions comme celle-ci : « Quelle est la proportion des individus de la population chez qui les valeurs de la tension artérielle diastolique sont supérieures à 80 mm Hg ? » Si l'on sait que la moyenne de la tension artérielle diastolique dans la population est de 78 mm Hg, et l'écart type de 2 mm Hg, le score Z s'exprime comme suit :

$$Z = \frac{80 - 78}{2}, \text{ soit } 1$$

Le tableau 10.4 indique que la probabilité correspondant à $Z = 1,00$ est de 0,8413. C'est la probabilité que la tension artérielle diastolique soit inférieure à 80 mm Hg (zone ombrée de la figure). Comme on s'intéresse à la proportion des personnes qui ont une tension artérielle supérieure à 80 mm Hg dans la population, il faut soustraire cette probabilité de 1 (1 − 0,8413). La proportion de la population présentant une tension artérielle diastolique supérieure à 80 mm Hg est donc de 15,9 %.

Le théorème de la limite centrale

La distribution normale est un outil essentiel en statistique. Malheureusement, très peu de variables sont dotées de toutes les caractéristiques mathématiques de cette distribution. On peut contourner ce problème en utilisant ce que l'on appelle la « distribution échantillonnale » ou « distribution d'échantillonnage ». Celle-ci diffère de la distribution de probabilités des variables. Il s'agit de la distribution de probabilités d'une statistique pour tous les échantillons de même taille pouvant être formés à partir d'une population. Pour définir la distribution échantillonnale, on considère, outre la statistique (soit, dans le cas présent, la moyenne), la sélection de l'échantillon, la taille de l'échantillon et la population à l'étude.

Exemple 10.23

Supposons que la population étudiée par Lisa ne compte que les individus 1 à 5, chez qui les valeurs de la tension artérielle diastolique sont celles présentées dans le tableau 10.5.

TABLEAU 10.5 Valeurs de la tension artérielle diastolique chez cinq individus constituant la population étudiée par Lisa

Numéro d'identification	Tension artérielle diastolique (mm Hg)
1	74,0
2	75,0
3	76,0
4	77,0
5	78,0

La moyenne des valeurs de la tension artérielle diastolique est de 76 mm Hg, et l'écart type de 1,4 mm Hg. La distribution des valeurs de la variable dans la population étudiée représentée à la figure 10.6 n'est donc pas normale, car la variable n'est pas dotée de toutes les caractéristiques mathématiques de la distribution normale.

Or, à partir de cette population, on peut créer une distribution des moyennes échantillonnales. En considérant par exemple tous les échantillons possibles de deux individus (le même individu pouvant être choisi plus d'une fois), on obtient la totalité des échantillons potentiels pour lesquels on peut calculer la moyenne de la tension artérielle diastolique. Ainsi, 25 échantillons de 2 individus peuvent être formés à partir de la population de 5 individus. Le tableau 10.6 présente ces échantillons et les moyennes échantillonnales correspondantes.

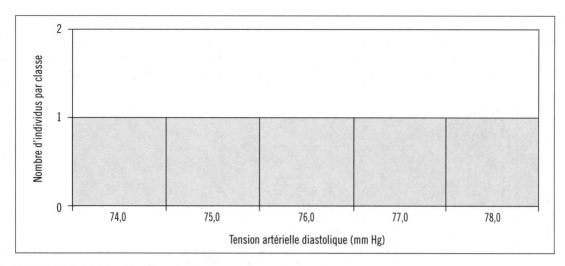

FIGURE 10.6 Distribution des valeurs de la tension artérielle diastolique dans la population étudiée par Lisa

TABLEAU 10.6 Échantillons pouvant être formés à partir de la population de cinq individus

Échantillon	Individus sélectionnés	Tension artérielle diastolique (mm Hg)	Moyenne (mm Hg)
1	1 ; 1	74,0 ; 74,0	74,0
2	1 ; 2	74,0 ; 75,0	74,5
3	1 ; 3	74,0 ; 76,0	75,0
4	1 ; 4	74,0 ; 77,0	75,5
5	1 ; 5	74,0 ; 78,0	76,0
6	2 ; 1	75,0 ; 74,0	74,5
7	2 ; 2	75,0 ; 75,0	75,0
8	2 ; 3	75,0 ; 76,0	75,5
9	2 ; 4	75,0 ; 77,0	76,0
10	2 ; 5	75,0 ; 78,0	76,5
11	3 ; 1	76,0 ; 74,0	75,0
12	3 ; 2	76,0 ; 75,0	75,5
13	3 ; 3	76,0 ; 76,0	76,0
14	3 ; 4	76,0 ; 77,0	76,5
15	3 ; 5	76,0 ; 78,0	77,0
16	4 ; 1	77,0 ; 74,0	75,5
17	4 ; 2	77,0 ; 75,0	76,0
18	4 ; 3	77,0 ; 76,0	76,5
19	4 ; 4	77,0 ; 77,0	77,0
20	4 ; 5	77,0 ; 78,0	77,5
21	5 ; 1	78,0 ; 74,0	76,0
22	5 ; 2	78,0 ; 75,0	76,5
23	5 ; 3	78,0 ; 76,0	77,0
24	5 ; 4	78,0 ; 77,0	77,5
25	5 ; 5	78,0 ; 78,0	78,0

La moyenne des moyennes échantillonnales est de 76 mm Hg, ce qui est égal à la moyenne calculée dans la population. L'écart type des moyennes échantillonnales est de 1 mm Hg, ce qui est inférieur à l'écart type calculé dans la population. La distribution des valeurs des moyennes échantillonnales, dont la figure 10.7 constitue un exemple, a une forme qui rappelle celle de la distribution normale.

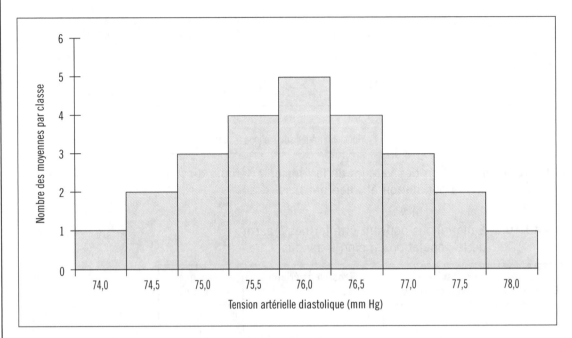

FIGURE 10.7 Distribution des valeurs des moyennes échantillonnales

L'écart type des moyennes échantillonnales est aussi connu sous le nom d'«erreur type». En pratique, on ne connaît pas l'erreur type. On doit l'estimer à partir d'un échantillon par le calcul $s/\sqrt{n}$, où s représente l'écart type de l'échantillon, et n la taille de l'échantillon. L'erreur type ne fournit aucune information sur la dispersion de la variable dans l'échantillon sélectionné à partir de la population à l'étude, au contraire de l'écart type. Elle indique avec quel degré de certitude la moyenne échantillonnale estime la moyenne dans la population. Ainsi, l'erreur type pour l'échantillon formé des individus 1 et 3 présentés dans le tableau 10.5 est de 1 mm Hg. L'erreur type d'un autre échantillon formé des individus 1, 2 et 3 est de 0,58 mm Hg. L'erreur type calculée dans l'échantillon formé de trois individus est plus petite que celle calculée dans l'échantillon formé de deux individus. La moyenne de l'échantillon formé de trois individus estime donc la moyenne de la population avec un plus haut degré de certitude. En fait, plus on augmente la taille de l'échantillon, mieux on estime la valeur du paramètre.

Dans une population dont la moyenne d'une variable est μ et l'écart type est σ, la distribution de probabilités des moyennes échantillonnales a les propriétés suivantes :

■ La moyenne de la distribution échantillonnale, c'est-à-dire la moyenne des moyennes échantillonnales, est égale à la moyenne de la variable dans la population (soit le paramètre).

■ L'erreur type est l'écart type des moyennes échantillonnales et peut être estimée par $s/\sqrt{n}$.

■ Si la distribution de la variable est normale, la distribution des moyennes échantillonnales est elle aussi normale. De plus, pour une taille d'échantillon suffisamment grande $(n \geq 30)$, la distribution des moyennes échantillonnales est normale, quelle que soit la distribution de la variable dans la population.

Ces propriétés sont à la base d'un important théorème en statistique, connu sous le nom de «théorème de la limite centrale». Ce théorème illustre l'importance de la loi de distribution normale, qui peut être utilisée même lorsque les variables ne sont pas distribuées normalement; il permet d'effectuer l'inférence statistique. Il est donc possible de transformer la moyenne en une variable de distribution normale centrée et réduite. Dans ce cas, la transformation Z, ou distribution de Z, s'exprime comme suit:

$$Z = \frac{\bar{x} - \mu}{s / \sqrt{n}}$$

Cette opération permet de répondre à des questions comme celle-ci: « Lorsque la moyenne de la tension artérielle diastolique dans une population est de 76 mm Hg et que l'écart type dans l'échantillon est de 10 mm Hg, quelle est la probabilité qu'un échantillon de 25 individus sélectionnés dans cette population présente une moyenne de la tension artérielle diastolique supérieure à 80 mm Hg? »

Le résultat de la transformation des données sera donc:

$$Z = \frac{80 - 76}{10 / \sqrt{25}} \text{, soit 2}$$

Le tableau 10.4 indique que 2,28 % des éléments se situent dans l'intervalle au-dessus de 2, étant donné que la probabilité correspondant à $Z = 2$ est de 0,0228. Par conséquent, 2,28 % des échantillons tirés de cette population présenteront une moyenne de la tension artérielle diastolique supérieure à 80 mm Hg.

Cette opération de transformation trouvera une application utile lors de l'utilisation des intervalles de confiance (voir à ce sujet le chapitre 11).

À retenir

- La moyenne et l'écart type sont les deux seuls éléments d'information nécessaires pour définir la distribution normale.
- La distribution normale centrée et réduite est une distribution normale avec une moyenne de 0 et un écart type de 1.
- La distribution échantillonnale consiste en la distribution de probabilités d'une statistique pour tous les échantillons de même taille pouvant être formés à partir d'une population.
- L'écart type informe sur la dispersion de la variable dans la population (σ) ou dans l'échantillon (s), alors que l'erreur type informe sur la précision de l'estimation de la moyenne dans la population.
- Le théorème de la limite centrale permet d'effectuer l'inférence statistique, même lorsque les variables ne sont pas distribuées normalement.

10.4 LA NORMALITÉ STATISTIQUE ET LA NORMALITÉ CLINIQUE

10.4.1 La normalité statistique

Comme il a été mentionné au début du présent chapitre, Lisa se demande si l'anomalie de la tension artérielle que présente Charles se rencontre fréquemment. Pour répondre à cette question, un échantillon peut être sélectionné et on peut observer sa distribution de probabilités. La tension artérielle de Charles est anormale sur le plan statistique si elle se situe à l'une ou l'autre des extrémités de la distribution. Dans ce cas, Charles sera considéré comme « anormal » sur le plan statistique. Pour en arriver à cette conclusion, il faut déterminer le niveau extrême : celui-ci définit la région critique, c'est-à-dire la région dite « d'anormalité statistique ». On estime souvent que la région critique se situe dans la dernière tranche de 2,5 % de chaque côté de la courbe de distribution, comme le représente la figure 10.8 ; la région critique contient alors 5 % des éléments observés.

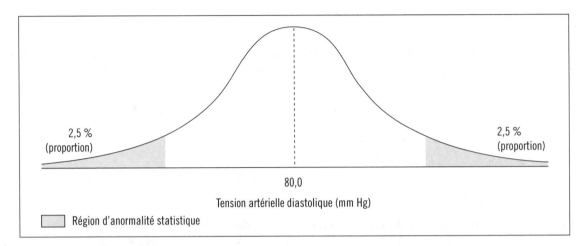

FIGURE 10.8 Normalité statistique : tension artérielle diastolique

10.4.2 **La normalité clinique**

Lisa se demande également si le niveau de tension artérielle que présente Charles constitue un risque pour sa santé. La normalité statistique ne permet pas de répondre à cette question, car on ne connaît pas, à partir d'un échantillon d'individus dont on a mesuré la tension artérielle, le risque de complications qui peut être associé aux différentes valeurs de la tension artérielle. Certaines études ont toutefois tenté de faire le lien entre les différentes valeurs de la tension artérielle et le risque de maladie cardiovasculaire ou d'accident vasculaire cérébral. La plupart de ces études indiquent que les individus dont la tension artérielle diastolique est égale ou supérieure à 90 mm Hg présentent un risque plus élevé de maladie cardio-vasculaire que ceux dont la tension artérielle diastolique se situe à un niveau inférieur à 90 mm Hg, comme l'illustre la figure 10.9.

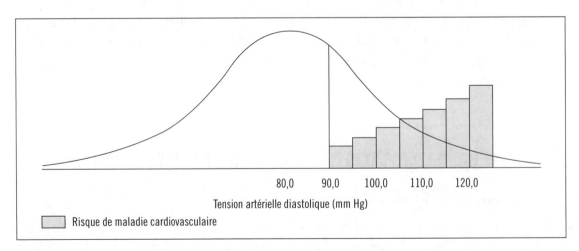

FIGURE 10.9 Normalité clinique : augmentation du risque de maladie cardiovasculaire en fonction de la tension artérielle diastolique

La normalité clinique correspond à des valeurs de la tension artérielle diastolique inférieures à 90 mm Hg. Lisa peut donc en conclure que la tension artérielle mesurée chez Charles (156/100 mm Hg) constitue un risque pour sa santé, puisqu'elle est élevée.

En résumé

La démarche statistique s'applique à plusieurs types de variables, peu importe leur distribution de probabilités. L'inférence statistique peut être utilisée pour analyser les données obtenues lors d'études sur des échantillons. Il faut cependant s'assurer de la validité externe des résultats des études. L'interprétation des résultats obtenus à partir de recherches s'effectuera à la lumière d'autres processus faisant partie de la démarche statistique et sur lesquels portent les deux prochains chapitres.

www.cheneliere.ca/simpson

Une section Exercices vous est offerte sur ce site Web.

NOTES ET RÉFÉRENCES

1. On peut consulter à ce sujet : Bernard, P.-M. et C. Lapointe. *Mesures statistiques en épidémiologie,* Sillery, Presses de l'Université du Québec, 1987, p. 154-157.

2. La formule permettant de calculer l'aire sous la courbe, et donc les proportions, pour une distribution normale est la suivante (où $\pi = 3,1416$, $\infty = $ l'infini, $\mu = $ la moyenne de la variable dans la population et $\sigma = $ l'écart type de la variable dans la population) :

$$\int_{-\infty}^{+\infty} \frac{1}{\sqrt{2\pi\sigma}} \exp\left[-\frac{1}{2}\left(\frac{x-\mu}{\sigma}\right)^2\right] dx$$

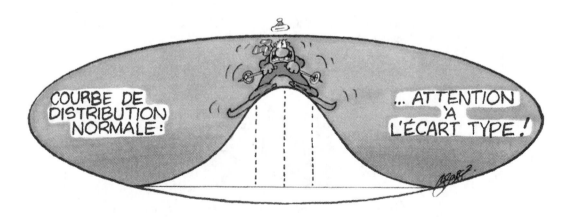

11

LA SIGNIFICATION STATISTIQUE ET LA SIGNIFICATION CLINIQUE

Auteurs de la deuxième édition : Suzanne Gingras, Chantal Guimont, Pamphile Nkogho Mengue

Auteurs de la première édition : Pierre Mercier, Clément Beaucage, Chantal Guimont

Au terme de ce chapitre, vous pourrez :

- expliquer les concepts et les méthodes de base de la signification statistique ;
- juger de la validité scientifique d'une étude et d'un résultat ;
- juger de l'utilité du contenu et des résultats d'un écrit scientifique au regard de votre pratique ;
- prendre une décision éclairée sur la pertinence de modifier votre pratique clinique à la lumière des résultats d'études scientifiques.

Objectifs	Contenu
1. Formuler une hypothèse de recherche	1.1 Hypothèse de recherche 1.2 Hypothèse nulle et hypothèse alternative
2. Exposer le raisonnement qui sous-tend l'inférence statistique	2.1 Inférence statistique 2.2 Limites de l'échantillonnage
3. Interpréter le résultat d'un test d'hypothèse	3.1 Test d'hypothèse : définition, valeur p, erreur alpha et erreur bêta 3.2 Puissance statistique
4. Interpréter l'intervalle de confiance	4.1 Intervalle de confiance : définition, calcul et interprétation 4.2 Utilisation comme test d'hypothèse
5. Distinguer la signification statistique de la signification clinique des résultats d'une étude	5.1 Importance et conséquences cliniques des résultats

Un cas

Charles se présente à son rendez-vous pour le suivi de sa tension artérielle. Il a bien observé les consignes de Lisa, mais sa tension artérielle est toujours élevée, se situant à 160/100 mm Hg. Les résultats des examens de laboratoire révèlent par ailleurs une cholestérolémie totale légèrement élevée. Un diagnostic d'hypercholestérolémie et d'hypertension artérielle (HTA) essentielle est posé. Parmi les conséquences possibles de ces problèmes de santé figure l'augmentation du risque qu'une maladie cardiovasculaire se développe. Il existe des médicaments permettant de traiter efficacement l'HTA, mais le traitement doit se poursuivre sur une très longue période. Lisa prescrit un médicament antihypertenseur à Charles et lui recommande une diète pauvre en sel ainsi que le maintien de saines habitudes de vie. Lisa lui suggère aussi de consulter Stéphanie, une nutritionniste de la polyclinique Milo, afin d'établir les habitudes alimentaires susceptibles de réduire son hypercholestérolémie. Lisa prévoit de revoir Charles un mois plus tard.

Pertinence clinique

Lisa a décelé la présence de facteurs associés à une augmentation du risque de maladies cardiovasculaires. Elle a informé son patient des conséquences qu'entraîne l'HTA pour sa santé et lui a prescrit un traitement jugé efficace. Ces conduites constituent autant de facettes du travail clinique qui s'appuient sur des données particulières. Celles-ci sont obtenues à partir d'études épidémiologiques. Le plus souvent, ces études portent sur un échantillon, c'est-à-dire sur un sous-ensemble de la population. La question suivante se pose donc : « Est-ce que le résultat d'une étude, obtenu à partir d'un échantillon, constitue une estimation valable du résultat que l'on aurait obtenu si l'on avait observé l'ensemble des individus de la population d'où est tiré cet échantillon ? »

Le présent chapitre est en continuité avec le précédent. Il traite de l'inférence statistique, c'est-à-dire du processus permettant d'induire la valeur d'un paramètre à partir d'une mesure obtenue (soit une statistique) dans un échantillon représentatif de la population. De plus, une distinction y sera faite entre la signification statistique et la signification clinique.

Lisa vient de lire une publication qui présente les résultats d'une étude portant sur un nouveau médicament contre l'HTA. De la lecture attentive de l'étude, elle retient les éléments suivants.

L'étude consiste en un essai thérapeutique visant à évaluer les avantages présumés du nouveau médicament antihypertenseur, le Novel. Quatre-vingts hommes hypertendus (tension artérielle diastolique ≥ 90 mm Hg en l'absence d'un traitement) de race blanche, âgés de 35 ans à 49 ans, sont répartis aléatoirement (par hasardisation) en deux groupes. Les 40 sujets du premier groupe, appelé « groupe N », reçoivent le nouveau médicament ; les sujets du second groupe, appelé « groupe P », reçoivent le plus efficace des médicaments actuellement en usage, le Périm. Le nouveau médicament a été évalué sous deux aspects, soit l'efficacité et la rapidité d'action : l'efficacité, en comparant la moyenne des valeurs de la tension artérielle diastolique (TAD) des deux groupes, et la rapidité d'action, en comparant les proportions d'individus de chacun de ces deux groupes présentant une TAD normale après deux mois de traitement. Ni les sujets ni les chercheurs ne savaient à quel groupe appartenait chacun des individus (il s'agissait d'une étude en double aveugle). Tous les sujets ont été suivis pendant toute la durée de l'étude.

À la fin de la période d'observation, la moyenne de la TAD pour le groupe N ($\overline{x}_n$) est de 86 mm Hg, alors qu'elle est de 89 mm Hg pour le groupe P ($\overline{x}_p$), ce qui constitue un écart observé de -3 mm Hg entre les deux groupes. Ce résultat est jugé statistiquement significatif pour un seuil de signification fixé à 0,05 (5 %). Par ailleurs, 80 % ($p_n = 32/40$) des individus du groupe N présentent une TAD normale à la fin de la période d'observation, tandis que ce pourcentage est de 65 % ($p_p = 26/40$) pour le groupe P, ce qui constitue un écart de 15 %. Ce résultat n'est pas jugé statistiquement significatif pour un seuil de signification fixé à 0,05. Les auteurs concluent à la plus grande efficacité du nouveau médicament, mais non à une plus grande rapidité d'action. Cependant, que veut donc dire l'expression « statistiquement significatif » ?

11.1 LE PRINCIPE DE L'INFÉRENCE STATISTIQUE

Tout d'abord, l'étude est de type expérimental hasardisé et elle a été effectuée en double aveugle. Ce type d'étude réduit au minimum la possibilité de biais et conduit à des résultats en général valides. Ainsi, l'étude a une bonne validité interne. La validité externe concerne, quant à elle, la capacité de généraliser un résultat à une population cible. Ici, la population à l'étude est constituée d'hommes hypertendus de race blanche âgés de 35 ans à 49 ans. Par conséquent, on ne pourrait appliquer les résultats de cette étude aux hommes âgés de moins de 35 ans ou de plus de 49 ans, aux femmes ou aux personnes de race noire, par exemple.

Les résultats de cette étude ont été obtenus à partir de l'observation de deux échantillons de 40 hommes hypertendus[*]. En fonction de ces échantillons, on peut conclure à la plus grande efficacité du nouveau médicament, puisqu'on observe un écart de -3 mm Hg entre la moyenne de la TAD du groupe N et celle du groupe P. Par contre, ce qui intéresse vraiment Lisa, c'est de juger de l'efficacité de ce nouvel antihypertenseur chez tous les hommes hypertendus susceptibles de le recevoir. Est-il possible d'y arriver à partir de la seule observation de deux échantillons de 40 hommes hypertendus ?

Cette question relève de l'inférence statistique, c'est-à-dire du processus qui permet d'induire la valeur d'un paramètre à partir d'une mesure obtenue (soit une statistique) dans un échantillon représentatif de la population. L'inférence statistique peut être effectuée selon deux approches : le test d'hypothèse[1] et l'intervalle de confiance. Il faut toutefois faire attention : les méthodes que sous-tendent ces approches ne peuvent suppléer à un protocole d'étude déficient et ne permettent pas de porter un jugement sur les biais susceptibles de rendre moins valides les résultats obtenus. Il ne faut pas confondre validité de l'étude et inférence statistique.

Les deux approches statistiques susmentionnées comportent des aspects mathématiques relativement complexes, mais il n'est pas nécessaire de les maîtriser pour comprendre la logique qui sous-tend leur utilisation. Pour un professionnel de la santé, il s'agit plutôt d'être capable de reconnaître et d'interpréter correctement les informations d'ordre statistique. L'énoncé « ce résultat est statistiquement significatif pour un seuil de signification fixé à 0,05 » est fréquent dans les publications scientifiques. Il s'agit tout simplement de la conclusion d'un test d'hypothèse... mais de quelle hypothèse ?

À retenir

- L'inférence statistique est un processus qui permet d'induire la valeur d'un paramètre à partir d'une mesure obtenue dans un échantillon représentatif de la population.
- Le test d'hypothèse et l'intervalle de confiance sont deux approches statistiques qui relèvent de l'inférence statistique.

---

[*] Pour la suite du chapitre, l'expression « hommes hypertendus » désignera toujours des hommes hypertendus de race blanche âgés de 35 ans à 49 ans.

11.2 LES LIMITES DE L'ÉCHANTILLONNAGE

Dans l'article qui intéresse Lisa, les chercheurs ont émis l'idée que le nouveau médicament antihypertenseur, le Novel, a une efficacité différente de celle du médicament actuellement en usage, le Périm. Cela constitue une hypothèse de recherche. Les chercheurs veulent vérifier cette hypothèse dans la population des hommes hypertendus. Puisqu'il est à peu près impossible d'observer la totalité de cette population, l'étude porte sur deux échantillons de 40 individus. À la lumière de cette seule expérience, la différence observée (−3 mm Hg) est jugée statistiquement significative et les chercheurs concluent à la plus grande efficacité du Novel dans la population des hommes hypertendus.

Pour comprendre le raisonnement statistique qui appuie cette conclusion, nous allons revoir le déroulement de cette étude, mais de façon à utiliser les propriétés du théorème de la limite centrale (voir, au chapitre 10, la section intitulée « Le théorème de la limite centrale »).

Les chercheurs ont réalisé une seule expérience avec deux échantillons de 40 hommes hypertendus. Après 2 mois de traitement, ils ont observé dans l'échantillon des 40 hommes hypertendus traités avec le Périm une moyenne de la TAD de 89 mm Hg. Ce résultat est une estimation de la valeur réelle de la moyenne de la TAD qu'on pourrait obtenir si on observait tous les hommes hypertendus traités avec le Périm. Si on répétait cette même expérience, dans les mêmes conditions, avec un autre échantillon de 40 hommes hypertendus traités avec le Périm, la moyenne de la TAD serait sans doute un peu différente du premier résultat obtenu, par exemple de 86 mm Hg. Une troisième expérience portant sur un autre échantillon de la même taille permettrait encore une fois de calculer une moyenne de la TAD différente, par exemple de 90 mm Hg. Ces différences entre les moyennes de la TAD mesurées sont attribuables aux fluctuations d'échantillonnage, au hasard en quelque sorte. Si on calculait les moyennes de la TAD pour tous les échantillons possibles de 40 hommes hypertendus traités avec le Périm (ce nombre est presque illimité), on observerait que les différentes valeurs de la moyenne de la TAD suivent une distribution normale. La moyenne de cette distribution (soit la moyenne des moyennes) serait égale au paramètre (μ_p), c'est-à-dire à la valeur réelle de la moyenne de la TAD de cette population. Ce paramètre n'est pas connu, mais si l'on suppose, à titre d'exemple, que sa valeur dans la population des hommes hypertendus traités avec le Périm est de 88 mm Hg, on pourrait la représenter comme dans la figure 11.1.

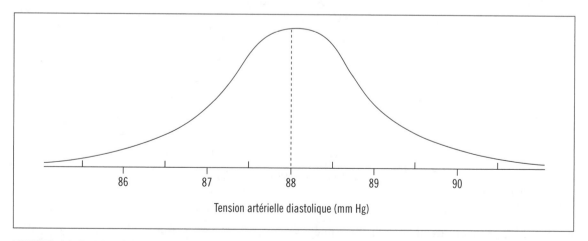

FIGURE 11.1 Distribution d'échantillonnage des valeurs de la moyenne de la TAD (mm Hg) de tous les échantillons possibles de 40 hommes hypertendus traités avec le Périm (lorsque le paramètre supposé est de 88 mm Hg)

À partir de cette distribution, on remarque que certaines valeurs de la moyenne de la TAD sont plus ou moins fréquentes. La moyenne de la TAD de l'échantillon traité avec le Périm, soit 89 mm Hg, est plutôt rapprochée du paramètre supposé. En utilisant un échantillon de 40 hommes sélectionnés dans cette population d'hommes hypertendus traités avec le Périm et en supposant que l'écart type dans cet échantillon serait de 6 mm Hg, l'erreur type serait de $6/\sqrt{40}$, soit de 0,95 ; la probabilité d'obtenir une moyenne de la TAD de 89 mm Hg ou plus serait donc de 0,15 ou 15 %[2]. C'est ce qui illustre la figure 11.2.

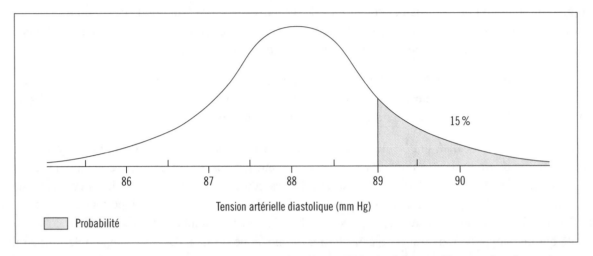

FIGURE 11.2 Probabilité d'obtenir une moyenne de la TAD de 89 mm Hg ou plus à partir d'un échantillon de 40 hommes sélectionnés dans une population d'hommes hypertendus traités avec le Périm (lorsque le paramètre supposé est de 88 mm Hg, et l'écart type dans l'échantillon de 6 mm Hg)

Par ailleurs, dans cette même population d'hommes hypertendus traités avec le Périm, quelle serait la probabilité d'obtenir une moyenne échantillonnale de 86 mm Hg ou moins ? Cette probabilité est de 0,02, soit de 2 %[3], et elle est beaucoup plus faible que celle d'obtenir une moyenne de la TAD de 89 mm Hg ou plus (voir la figure 11.3).

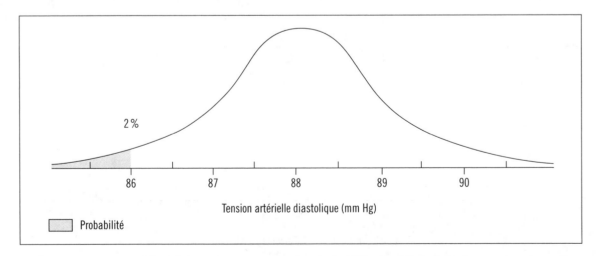

FIGURE 11.3 Probabilité d'obtenir une moyenne de la TAD de 86 mm Hg ou moins à partir d'un échantillon de 40 hommes sélectionnés dans une population d'hommes hypertendus traités avec le Périm (lorsque le paramètre supposé est de 88 mm Hg, et l'écart type dans l'échantillon de 6 mm Hg)

Les chercheurs ont également étudié un échantillon de 40 individus traités avec le Novel. Après deux mois de traitement, on a observé chez les individus formant cet échantillon une moyenne de la TAD de 86 mm Hg. Ce résultat observé à partir d'un seul échantillon est inférieur à la moyenne de la TAD mesurée à partir de l'échantillon des hommes hypertendus traités avec le Périm (89 mm Hg); ici, le résultat semble indiquer une plus grande efficacité du Novel. On a vu qu'il est également possible d'observer une moyenne de la TAD de 86 mm Hg ou moins dans la population traitée avec le Périm selon une probabilité de 2 %. Alors, la moyenne de la TAD calculée à partir d'un échantillon d'individus recevant le Novel est-elle réellement différente de celle des individus recevant le Périm, ou bien a-t-on tiré au hasard un échantillon provenant de l'extrémité gauche de la même distribution d'échantillonnage, c'est-à-dire celle de la population des hommes hypertendus traités avec le Périm ? Naturellement, on ne connaît pas les paramètres des populations. On a supposé que les paramètres de la population des hommes hypertendus traités avec le Périm étaient connus afin de montrer qu'il existe une probabilité, même si elle est très faible, que la moyenne de la TAD du groupe traité avec le Novel soit une valeur possible de la moyenne de la TAD du groupe traité avec le Périm.

Ainsi, à la lumière d'une seule expérience portant sur 2 échantillons de 40 individus, l'écart de -3 mm Hg observé entre les deux moyennes de la TAD peut être attribuable tant au simple fruit du hasard qu'à l'efficacité réelle du Novel. Ce sont là des limites dues aux fluctuations d'échantillonnage.

11.3 LE TEST D'HYPOTHÈSE

Comment savoir si les résultats obtenus sont attribuables au hasard ou à la réelle efficacité du Novel ?

En fait, il est possible de le découvrir si on construit un test d'hypothèse, c'est-à-dire si on utilise une procédure qui permet de choisir entre deux hypothèses statistiques. Pour tester une hypothèse de recherche, on confronte deux hypothèses statistiques. Ces deux hypothèses sont l'hypothèse nulle, qu'on désigne par «H_0», et l'hypothèse alternative, qu'on désigne par «H_1». Le test d'hypothèse est une approche générale qui s'applique à plusieurs types de mesures en épidémiologie : une différence de moyennes, une différence de proportions, des mesures d'association, etc. Dans le cas présent — une différence de moyennes —, l'hypothèse nulle consiste à supposer que, dans la population des hommes hypertendus, il n'y a pas de différence entre la moyenne de la TAD des individus soumis au Novel et celle des individus soumis au Périm, une hypothèse qu'on exprime par $\mu_n = \mu_p$. L'hypothèse alternative correspond à l'hypothèse de recherche et prétend qu'il y a, dans cette population, une différence[4] entre la moyenne de la TAD des individus soumis au Novel et celle des individus soumis au Périm; on pourrait exprimer cela par $\mu_n \neq \mu_p$.

Après avoir formulé les hypothèses statistiques, on utilise une procédure qui vise à convaincre, au moyen du rejet de H_0, de la vraisemblance de H_1. Pour y parvenir, on suppose que H_0 est vraie. Si cette supposition ne résiste pas à l'examen des données des échantillons, elle est rejetée au profit de H_1. Dans le cas présent, cette procédure amène à conclure qu'il y a, selon toute vraisemblance, une différence d'efficacité entre le Novel et le Périm.

Si H_0 est vraie, cela veut dire que les différences observées entre les deux groupes ne sont attribuables qu'aux fluctuations d'échantillonnage. En fait, cela signifie que les deux groupes proviennent de deux populations comparables en tous points — d'une même population, pourrait-on dire — en ce qui a trait à la moyenne de la TAD. La figure 11.4 représente ce phénomène.

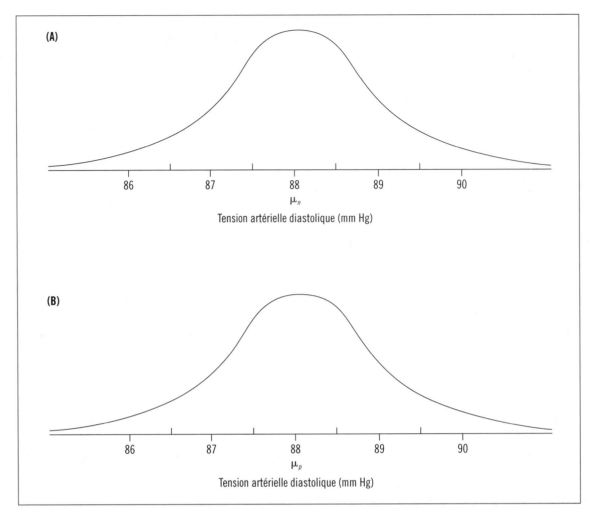

FIGURE 11.4 Distribution d'échantillonnage des valeurs de la moyenne de la TAD (mm Hg) de tous les échantillons possibles de 40 hommes hypertendus traités avec le Novel (en A) ou avec le Périm (en B), si H_0 est vraie ($\mu_n = \mu_p$)

Ici, on ne compare pas une moyenne échantillonnale à un paramètre, mais deux moyennes échantillonnales entre elles. Si on répète un très grand nombre de fois l'expérience consistant à former deux échantillons de 40 individus et à calculer chaque fois les écarts entre les moyennes de la TAD observées, on obtient des valeurs plus ou moins différentes de cet écart, certaines de ces valeurs étant observées plus ou moins fréquemment. Il est alors possible de construire une distribution d'échantillonnage de ces écarts. Si H_0 est vraie, il est raisonnable d'imaginer que cette distribution sera approximativement normale et que la plus grande proportion de ces mesures se situera autour de 0, la valeur moyenne de cette distribution[5]; on pourrait illustrer cette distribution dans une figure comme la figure 11.5. Plus rarement, toujours si H_0 est vraie, des écarts positifs ou négatifs plus importants seront observés.

C'est à partir de cette distribution d'échantillonnage des écarts qu'il est possible de porter un jugement sur la vraisemblance de l'une ou l'autre des hypothèses. Le truc est simple : si H_0 est vraie, les valeurs des écarts gravitent autour de 0. Plus ces valeurs s'éloignent de 0, moins les écarts sont jugés compatibles avec H_0. En présence d'un écart très important, il est permis de douter de la vraisemblance de H_0. L'hypothèse nulle est donc rejetée au profit de l'hypothèse alternative jugée plus vraisemblable. On conclut alors que l'écart entre les moyennes de la TAD n'est probablement pas attribuable au hasard, c'est-à-dire aux fluctuations d'échantillonnage, mais bien à l'efficacité du nouveau médicament.

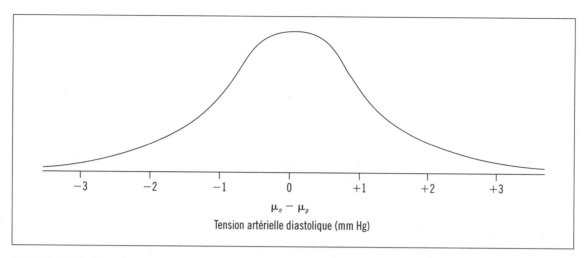

FIGURE 11.5 Distribution d'échantillonnage des écarts entre les valeurs de la moyenne de la TAD (mm Hg) de tous les échantillons possibles de 40 hommes hypertendus traités avec le Novel ou le Périm, si H_0 est vraie ($\mu_n = \mu_p$)

À retenir

- Le test d'hypothèse informe sur le rôle que peut jouer le hasard dans l'observation des résultats obtenus à partir d'un échantillon de la population.

- Le test d'hypothèse est une démarche qui permet de faire, sur le plan statistique, le choix le plus judicieux entre deux hypothèses statistiques : l'hypothèse nulle (H_0) et l'hypothèse alternative (H_1).

11.4   LA VALEUR p

Dans l'étude, les chercheurs ont observé un écart de -3 mm Hg entre les deux moyennes de la TAD. Cela veut dire que si H_0 est vraie dans la population des hommes hypertendus, la probabilité d'observer au moins cet écart est plus faible que 0,0001[*].

Puisque H_1 est *a priori* une hypothèse bilatérale, on doit prendre en compte la possibilité que le Novel soit plus efficace que le Périm et celle qu'il soit moins efficace. On doit donc considérer également la probabilité d'observer un écart de $+3$ mm Hg et plus. Cette probabilité est aussi de 0,0001. Alors, la probabilité d'observer un écart plus grand que -3 mm Hg ou que $+3$ mm Hg et plus est de 0,0002, les deux probabilités s'additionnant ; voilà une observation qu'on peut représenter par une figure telle que la figure 11.6.

La probabilité de 0,0002 étant faible, l'écart est peu compatible avec H_0. L'hypothèse nulle pourrait être rejetée au profit de H_1, jugée plus vraisemblable. On conclut alors que l'écart observé est, selon toute vraisemblance, non pas attribuable au hasard, mais bien à l'efficacité du nouveau médicament. On vient ainsi d'effectuer un test d'hypothèse.

---

[*]   Le calcul du score *Z*, et celui de la probabilité correspondante, pour une différence de moyennes entre deux échantillons est présenté à l'annexe 11.1. Pour faciliter certains calculs, on dira que cette probabilité est égale à 0,0001.

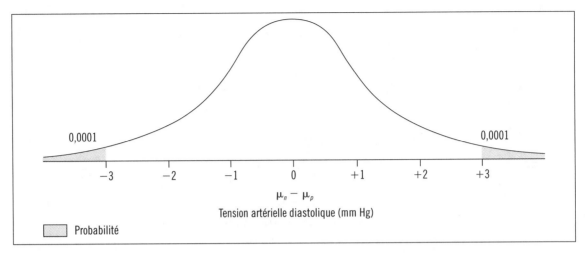

FIGURE 11.6 Probabilité d'observer un écart plus grand que -3 mm Hg ou que $+3$ mm Hg, si H_0 est vraie ($\mu_n = \mu_p$)

Avec une probabilité de 0,0002, il y a quand même un risque de se tromper 2 fois sur 10 000 si on rejette H_0. Cette erreur consistant à rejeter H_0, alors qu'en réalité c'est elle qui est vraie, correspond à l'erreur dite « de type I », et la probabilité de la commettre s'appelle la « valeur p », p signifiant « probabilité ». La valeur p, ici égale à 0,0002, est obtenue à l'aide d'un test statistique. Elle indique, si H_0 est vraie, la probabilité d'obtenir par hasard un résultat aussi extrême ou plus extrême que celui observé dans les échantillons. Évidemment, plus la valeur p est petite, moins H_0 est jugée vraisemblable.

À retenir

La valeur p est la probabilité d'obtenir par hasard un résultat aussi extrême ou plus extrême que celui observé dans l'échantillon si H_0 est vraie.

11.5 L'ERREUR ALPHA ET L'ERREUR BÊTA

Comment décider si le risque de se tromper, lorsqu'on rejette H_0, est acceptable ? Le niveau de risque jugé acceptable est fixé par le chercheur lui-même, mais l'usage et la tradition suggèrent une probabilité de 0,05 ou de 0,01. Cette probabilité correspond au seuil de signification statistique, aussi appelé « erreur alpha », désignation qu'on représente au moyen de la lettre grecque α. L'erreur alpha correspond à la probabilité consentie de commettre une erreur de type I ; il s'agit en quelque sorte d'un seuil de décision qui permet de rejeter ou non H_0. Il est primordial de fixer cette probabilité avant le début de l'étude et de ne pas la modifier en cours de route.

Dans l'étude à laquelle Lisa s'intéresse, les chercheurs ont fixé le seuil de signification à 0,05. Cela veut dire qu'ils acceptent de se tromper 1 fois sur 20 lorsqu'ils concluent à une différence d'efficacité entre le Novel et le Périm[*]. Si la valeur p calculée est égale ou inférieure au seuil de signification fixé, H_0 sera rejetée. Dans cette même étude, si H_0 est vraie, la valeur p calculée pour l'écart entre les moyennes de

---

[*] Sur le plan formel, cet énoncé signifie que, si l'on répétait un grand nombre de fois cette même expérience, l'hypothèse nulle serait rejetée 5 fois sur 100, alors que c'est pourtant elle qui est vraie.

la TAD est égale à 0,0002. Comme cette valeur p est plus petite que le seuil de signification fixé à 0,05, H_0 est rejetée et les résultats obtenus à partir de l'échantillon sont alors dits «statistiquement significatifs pour le seuil de signification fixé».

Ce dernier énoncé est la conclusion d'un test d'hypothèse. Il signifie que, tout en reconnaissant l'existence d'un certain risque d'erreur, on accepte que le nouveau médicament soit plus efficace que le médicament actuellement en usage.

Cependant, que conclure si la valeur p était de 0,06 ou de 0,25? Dans ces cas, le résultat ne serait pas considéré comme statistiquement significatif, puisque le seuil de signification a été fixé à 0,05. Ainsi, lorsqu'on fixe le seuil de signification à 0,05, cela implique que toute valeur p supérieure à 0,05 conduit à la même conclusion, celle consistant à ne pas rejeter H_0.

De façon générale, la valeur p doit être considérée comme une mesure de vraisemblance d'une hypothèse. Plus la valeur p est petite, plus grande est la vraisemblance de H_1. Pour cette raison, il est suggéré, même si un résultat est jugé non statistiquement significatif, de présenter la valeur p et de laisser le lecteur interpréter cette valeur en fonction de la taille des échantillons, de la nouveauté des résultats ou de l'intérêt qu'ils suscitent.

Pour évaluer la rapidité d'action des deux médicaments, les chercheurs ont comparé la proportion des individus recevant le Novel et la proportion des individus recevant le Périm dont la TAD était redevenue normale (< 90 mm Hg) après deux mois de traitement. Ils ont observé une différence de proportion de 15% en faveur du Novel. Cependant, même si cette différence de 15% semble intéressante du point de vue clinique, ils n'ont pas jugé qu'elle était statistiquement significative, ce qui veut dire que la valeur p obtenue à l'aide d'un test statistique était plus élevée que le seuil fixé à 0,05. Doit-on conclure qu'il n'y a pas de différence de rapidité d'action entre les deux traitements dans la population à l'étude? Voilà certes une conclusion qui pourrait correspondre à la réalité. Toutefois, on peut aussi, à partir des résultats de l'échantillon, conclure à tort qu'il n'y a pas de différence de rapidité d'action entre les deux médicaments, alors que cette différence existe bel et bien dans la population; autrement dit, retenir H_0 alors que c'est H_1 qui est vraie. Cette erreur correspond à l'erreur de type II, et la probabilité de la commettre correspond à l'erreur bêta (β).

Les conclusions qu'il serait possible de tirer à la suite de la confrontation des résultats d'un test d'hypothèse (jugement statistique) et de la vérité, même si, en pratique, celle-ci demeure inconnue, sont présentées dans le tableau 11.1. Quatre conclusions sont possibles. On peut rejeter ou non H_0 et avoir raison dans un cas comme dans l'autre puisque, dans le premier cas, c'est bien H_1 qui est vraie et que, dans le second, c'est plutôt H_0 qui l'est. En revanche, on peut faire exactement l'inverse, c'est-à-dire rejeter H_0 alors que c'est elle qui est vraie ou la retenir, alors que c'est H_1 qui est vraie.

TABLEAU 11.1 Conclusions possibles à la suite de la confrontation des résultats d'un test d'hypothèse (jugement statistique) et de la vérité

	Vérité: H_1 vraie	Vérité: H_0 vraie
Jugement statistique: rejet de H_0	Aucune erreur: jugement concordant avec la vérité	Erreur de type I: rejet de H_0 alors que H_0 est vraie
Jugement statistique: non-rejet de H_0	Erreur de type II: non-rejet de H_0 alors que H_1 est vraie	Aucune erreur: jugement concordant avec la vérité

Si on revient à la question de la comparaison de la rapidité d'action des deux médicaments, on souhaite, bien sûr, éviter l'erreur qui consisterait à ne pas reconnaître la présence d'une différence entre deux traitements (donc ne pas rejeter H_0) lorsque celle-ci existe réellement dans la population (c'est-à-dire lorsque H_1 est vraie). Toutefois, jusqu'à présent, on n'a pas précisé l'ampleur de cette différence entre les deux proportions. Intuitivement, il est raisonnable de penser que, pour un seuil de signification fixé, plus la différence observée entre les proportions est grande, plus il est facile de juger de la signification statistique des résultats obtenus avec un échantillon de petite taille. Par contre, plus cette différence observée dans la population est petite, plus la taille de l'échantillon doit être grande pour permettre de conclure quant à la signification statistique des résultats. Cela signifie que la probabilité de commettre une erreur bêta est directement liée à cette différence dans la population. Dans l'étude à laquelle Lisa s'intéresse, les chercheurs ont observé une différence de 15 %. Si on répétait cette expérience plusieurs fois à partir d'autres échantillons de même taille, on obtiendrait différentes valeurs pour ces différences de proportions, par exemple 12 %, 16 % ou 26 %. Donc, à chacun de ces résultats, pour une même taille d'échantillon, correspondrait une probabilité différente de commettre une erreur bêta et de retenir à tort H_0. Comme l'erreur alpha, l'erreur bêta est une valeur fixée à l'avance. Cependant, contrairement à l'erreur alpha, elle peut aussi se calculer à la fin de l'étude à partir d'éléments connus, tels que la variabilité de la mesure, le seuil de signification fixé, la taille des échantillons et la différence observée.

À retenir

L'erreur alpha est l'erreur commise si on rejette H_0 alors qu'elle est vraie, et l'erreur bêta est l'erreur commise si on ne la rejette pas alors qu'elle est fausse.

11.6 LA PUISSANCE STATISTIQUE

La valeur complémentaire de l'erreur bêta, soit $1 - \beta$, s'appelle la « puissance de l'étude ». La puissance d'une étude est, pour une taille d'échantillon donnée, la probabilité de déceler une certaine différence lorsque cette différence existe vraiment dans la population. Dans l'étude qui intéresse Lisa, la puissance correspond à la capacité de mettre en évidence, à partir de 2 échantillons de 40 hommes hypertendus traités avec le Novel ou le Périm, une différence de proportion de 15 % lorsque cette différence existe vraiment dans la population à l'étude.

Il est possible que cette étude ne soit pas suffisamment puissante pour permettre de conclure qu'une différence de 15 % est statistiquement significative pour un seuil de signification fixé à 0,05. Plusieurs facteurs permettent d'améliorer la puissance d'une étude, et la taille des échantillons est le plus important d'entre eux.

Il est possible, avant le début de l'étude, de déterminer le nombre de sujets nécessaires pour déceler une certaine différence avec une certaine puissance[6]. En règle générale, une puissance de l'ordre de 80 % est jugée acceptable. C'est bien sûr l'intérêt clinique d'une certaine différence qui détermine en bonne partie la pertinence de vouloir la déceler. Ainsi, il serait peu intéressant, du point de vue clinique, de réaliser une étude afin de déceler une différence de survie moyenne de quelques jours chez des patients cancéreux soumis à un nouveau traitement antinéoplasique.

Lorsque les résultats d'une étude ne sont pas considérés comme statistiquement significatifs, on doit donc s'interroger sur la puissance de l'étude. Plus la puissance est élevée, plus les conclusions statistiques inspireront confiance. Si, à l'opposé, l'étude n'est pas assez puissante, la prudence sera de mise avant de conclure définitivement en ce qui a trait à ses résultats.

Donc, avant de considérer comme vrai qu'il n'y a pas de différence entre la rapidité d'action du Novel et celle du Périm, il faudrait vérifier la puissance statistique de l'étude. Malheureusement, l'information sur la puissance de l'étude n'est pas toujours présentée dans les publications scientifiques.

À retenir

La puissance statistique est la probabilité de détecter une certaine différence lorsqu'elle existe vraiment dans la population.

11.7 L'INTERVALLE DE CONFIANCE (ic)

Le test d'hypothèse ne procure aucune information sur la valeur des paramètres étudiés. Les moyennes des deux échantillons sont en fait des estimations ponctuelles du paramètre de chacune des populations. Ces estimations sont sujettes aux fluctuations d'échantillonnage, et la probabilité qu'une telle estimation ponctuelle soit égale au paramètre est presque nulle. Il existe un moyen de mieux estimer ce paramètre dans chacune des deux populations à l'étude. En fait, il faut trouver un intervalle de valeur qui a de bonnes probabilités de contenir la valeur du paramètre de la population.

Exemple 11.1

Si on essaie de déterminer le poids exact de Lisa, on a peu de chances d'y arriver. Cependant, si on tente de l'estimer avec un intervalle (± 5 kg), les chances que son poids soit compris dans cet intervalle sont plus grandes, et elles le seront encore davantage si on essaie de l'estimer à ± 10 kg. En effet, supposons que son poids réel est de 62 kg et qu'on l'estime à 65 kg avec un intervalle de ± 5 kg (soit de 60 kg à 70 kg), les chances sont plus grandes que son poids réel soit compris dans l'intervalle que celles d'avoir misé juste avec l'estimation de 65 kg, et elles seront encore plus grandes pour un intervalle allant de 55 kg à 75 kg (65 ± 10 kg). Cependant, dans le cas de ce dernier intervalle, la précision de l'estimation est plus faible.

Dans l'étude dont il est actuellement question, pour mieux estimer les paramètres de la moyenne de la TAD des deux populations d'hommes hypertendus, soit celle traitée au Novel et l'autre recevant le Périm, on pourrait présenter une estimation par intervalle à partir des résultats obtenus dans les échantillons. Cependant, cet intervalle doit avoir une probabilité assez élevée de recouvrir le paramètre. Cette probabilité correspond au niveau de confiance de l'intervalle. On peut penser que plus l'intervalle est large, plus la probabilité de recouper le paramètre est forte. Par contre, un intervalle trop large conduit à une estimation peu précise du paramètre. Il faut trouver un juste milieu entre le niveau de confiance désiré et la précision de l'estimation, soit la largeur de l'intervalle.

Dans l'étude, l'estimation ponctuelle de la moyenne de la TAD pour le Novel est de 86 mm Hg. Si on présente une estimation par intervalle de 86 ± 3 mm Hg, c'est-à-dire de 83 mm Hg à 89 mm Hg, on a certes beaucoup de chances de recouper le paramètre; en revanche, l'intervalle sera large, ce qui entraîne un manque de précision de l'estimation. Par ailleurs, un intervalle de 86 ± 1 mm Hg, c'est-à-dire de 85 mm Hg à 87 mm Hg, est moins large et donc plus précis; mais quelle est la probabilité qu'il recouvre le paramètre? En d'autres termes, quelle confiance a-t-on que cet intervalle recouvre le paramètre et comment déterminer le niveau de confiance acceptable?

Tout comme le seuil de signification d'un test d'hypothèse, le niveau de confiance d'un intervalle est fixé par le chercheur. Il s'agit d'un choix arbitraire, mais on recommande de conserver une probabilité de recouvrir la valeur du paramètre de 95 %. On parle alors d'un « intervalle de confiance à 95 % ». Toutefois, rien n'empêche de choisir un niveau de confiance à 90 % ou à 99 %.

Toujours grâce au théorème de la limite centrale, on peut calculer cet intervalle. On doit cependant disposer de trois informations : la distribution des probabilités de la mesure, c'est-à-dire la moyenne en ce qui concerne l'étude, le niveau de confiance désiré, qui s'exprime par $1 - \alpha$, et l'erreur type de la mesure obtenue dans l'échantillon. On utilise ensuite une formule comme celle qui suit.

$$moyenne \pm \left[Z_{1-\alpha} \times \frac{s}{\sqrt{n}} \right]$$

Pour le Novel, le théorème de la limite centrale énonce que la distribution des moyennes échantillonnales de la TAD suit une distribution normale. Ce théorème permet d'utiliser la table de la distribution normale centrée et réduite afin de déterminer le score Z correspondant au niveau de confiance désiré. Un niveau de confiance établi à 95 %, c'est-à-dire exprimé par $1 - 0,05$, signifie que l'intervalle doit contenir 95 % des événements possibles. Les autres 5 % d'événements possibles doivent se répartir également, soit par tranches de 2,5 %, de chaque côté de l'intervalle de confiance à 95 %. La table de la distribution normale centrée et réduite (voir le tableau 10.4, à la section intitulée « La distribution normale centrée et réduite » du chapitre 10) indique que, pour obtenir une probabilité de 0,025 dans chacune des extrémités de la courbe normale, le score Z doit être de 1,96, ce qui est représenté par la figure 11.7.

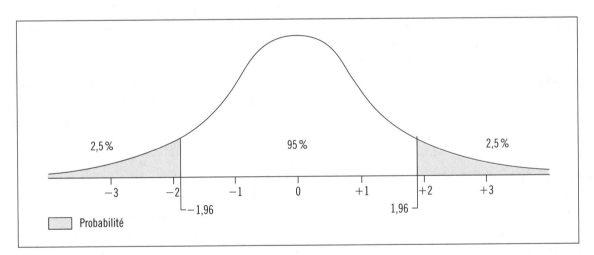

FIGURE 11.7 Intervalle de confiance à 95 % par rapport à la distribution normale centrée et réduite

Il ne reste plus maintenant qu'à calculer l'erreur type. Dans l'article, les chercheurs précisent que l'écart type des échantillons pour les deux groupes de traitement est le même, soit 3,2 mm Hg. Or, on connaît la taille des échantillons. L'erreur type sera donc de $3,2/\sqrt{40}$. L'intervalle de confiance à 95 % se calcule alors ainsi :

$$86 \pm \left[1,96 \times \frac{3,2}{\sqrt{40}} \right]$$

Le calcul conduit aux valeurs s'échelonnant de 85 mm Hg à 87 mm Hg. Ces valeurs constituent les limites inférieure et supérieure de l'intervalle de confiance. Il y a donc une probabilité de 95 % que l'intervalle compris entre 85 mm Hg et 87 mm Hg recouvre la vraie valeur de la moyenne de la TAD, c'est-à-dire le paramètre, observée dans la population des hypertendus traités avec le Novel.

Si on utilise la même formule pour obtenir une estimation par intervalle pour le paramètre de la population des hypertendus traités avec le Périm, l'intervalle de confiance à 95 % s'étendra de 88 mm Hg à 90 mm Hg.

L'intervalle de confiance permet de juger de la précision d'une estimation faite à partir d'un échantillon de la population. Un autre avantage de l'intervalle de confiance tient au fait qu'on peut parfois l'utiliser comme un test d'hypothèse. Si on connaissait toutes les moyennes de la TAD calculées à partir de tous les échantillons possibles de 40 hommes hypertendus traités avec le Novel ou le Périm, on pourrait théoriquement obtenir une certaine étendue des valeurs des TAD. En comparant les intervalles de confiance à 95 % des moyennes de la TAD des deux groupes au moyen d'une figure comme la figure 11.8, on constate que les intervalles de confiance ne se recoupent pas. On peut alors conclure que la différence observée entre les moyennes de la TAD des deux groupes est statistiquement significative pour un seuil de signification fixé à 0,05.

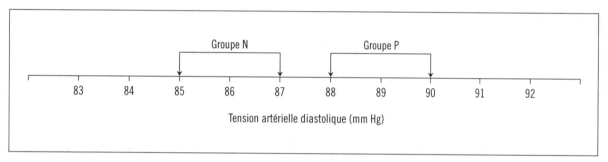

FIGURE 11.8 Intervalle de confiance à 95 % pour les valeurs de la moyenne de la TAD (mm Hg) des deux groupes de traitement (groupe N et groupe P)

Il y a deux façons de juger de la signification statistique lorsqu'on compare deux moyennes. D'abord, on peut recourir à un test statistique approprié en déterminant une valeur p et en vérifiant si elle est égale ou inférieure au seuil de signification fixé. Ensuite, on peut utiliser une méthode plus approximative en comparant les intervalles de confiance à 95 % des deux moyennes. Dans ce cas, si les deux intervalles ne se recoupent pas, la différence entre les deux moyennes est jugée statistiquement significative pour un seuil de signification fixé à 0,05.

Pour des raisons statistiques, lorsqu'on veut juger de la signification statistique en comparant deux moyennes (ou deux proportions) sur la base de la comparaison de leur intervalle de confiance, et que ces intervalles se chevauchent, il est préférable d'avoir plutôt recours à un test statistique.

On peut toutefois utiliser sans restriction l'intervalle de confiance comme test d'hypothèse pour des mesures d'association, comme un risque relatif, ou RR. À partir d'un échantillon, lorsqu'on étudie une association entre une exposition et une maladie à l'aide des mesures d'incidences cumulées, on a le choix entre deux stratégies pour juger de la signification statistique des résultats. Premièrement, on peut comparer la différence entre les deux incidences cumulées, c'est-à-dire la proportion de malades chez les exposés et la proportion de malades chez les non-exposés, à l'aide d'un test statistique approprié, pour déterminer ensuite une valeur p et finalement vérifier si elle est égale ou inférieure au seuil de signification fixé à 0,05. Deuxièmement, on peut calculer la mesure d'association correspondante, soit le RR, et calculer l'intervalle de confiance à 95 % pour cette mesure. Si l'intervalle de confiance à 95 % ne recouvre pas la valeur 1, c'est-à-dire la valeur de non-association, le RR calculé à partir de l'échantillon est jugé statistiquement significatif pour un seuil de signification fixé à 0,05. Par contre, si l'intervalle recouvre la valeur 1, le résultat ne sera pas statistiquement significatif.

> ### Exemple 11.2
>
> Si on étudie la relation entre la consommation de cigarettes et les maladies cardiaques dans un échantillon de la population, et que le RR calculé est de 2,1 avec un intervalle de confiance à 95 % qui s'étend de 1,3 à 3,5, on conclura que le RR est statistiquement significatif pour un seuil de signification fixé à 0,05.

Pour chaque type de mesure en épidémiologie, il existe une équation particulière servant à calculer l'intervalle de confiance désiré. L'important ici n'est pas de savoir comment calculer ces intervalles, mais d'en faire une interprétation correcte. Si l'auteur d'une étude cas-témoins calcule un rapport de cotes, soit un RC, égal à 1,8, avec un intervalle de confiance à 95 % qui s'étend de 0,7 à 2,9, alors ce RC ne sera pas jugé comme statistiquement significatif pour un seuil de signification fixé à 0,05 et on pourra se questionner sur la puissance statistique de l'étude.

À retenir

L'intervalle de confiance est un intervalle de valeurs qui a une certaine probabilité de contenir la valeur du paramètre.

11.8 LA SIGNIFICATION STATISTIQUE ET LA SIGNIFICATION CLINIQUE

Lisa devrait-elle prescrire le nouveau médicament à Charles ? Dans sa prise de décision, après avoir porté un jugement sur la validité et la signification statistique des résultats de l'étude, elle doit absolument tenir compte de leur signification clinique.

Une différence significative sur le plan statistique ne l'est pas nécessairement sur le plan clinique. Dans l'étude sur le Novel, après deux mois de traitement, les moyennes de la TAD des groupes N et P sont respectivement de 86 mm Hg et de 89 mm Hg. L'écart observé est différent de 0 et statistiquement significatif pour un seuil de signification fixé à 0,05. Cependant, le nouveau médicament présente-t-il pour autant un intérêt clinique ?

Pour répondre à cette question, il faut d'abord juger de l'importance clinique de l'écart. Il revient au clinicien de juger, à partir des connaissances qu'il possède sur le sujet, si un écart de -3 mm Hg présente un quelconque intérêt clinique. Il s'agit ici d'un jugement clinique, et non statistique. La valeur p ne permet pas de porter un jugement sur l'importance clinique des résultats.

Outre l'importance clinique des résultats, il faut tenir compte de certains autres facteurs : le profil d'effets secondaires du nouveau médicament est-il connu ? Ce médicament cause-t-il moins d'effets secondaires que le médicament en usage actuellement ? Quelles seront les répercussions du coût et des modalités posologiques du nouveau médicament sur l'observance du traitement ? Est-ce que la très courte période d'observation (deux mois) permet d'évaluer l'innocuité à long terme du nouveau médicament ?

De la même façon, la prudence s'impose avant de conclure qu'un résultat qui n'est pas statistiquement significatif n'a aucun intérêt sur le plan clinique. C'est le cas de la différence de rapidité d'action entre le Novel et le Périm, pour lesquels, au terme de deux mois de traitement, respectivement 80 % et 65 % des individus ont une TAD normale, soit une différence de 15 %. Bien qu'elle ne soit pas significative sur le plan statistique, cette différence peut sembler intéressante d'un point de vue clinique. Dans un tel cas, il est très important de vérifier la puissance de l'étude. Si la puissance de l'étude est insuffisante, il faudra attendre les résultats d'autres études avant de porter un jugement définitif.

Finalement, la signification clinique correspond à une différence jugée importante et qui porte à conséquence sur le plan clinique. La signification statistique fait plutôt référence à la probabilité que la différence observée dans les données soit attribuable au hasard (aux fluctuations d'échantillonnage). La figure 11.9 présente sous la forme d'un algorithme la démarche qui permet, en fonction des significations clinique et statistique d'un résultat, de juger de la pertinence de modifier ou non sa pratique.

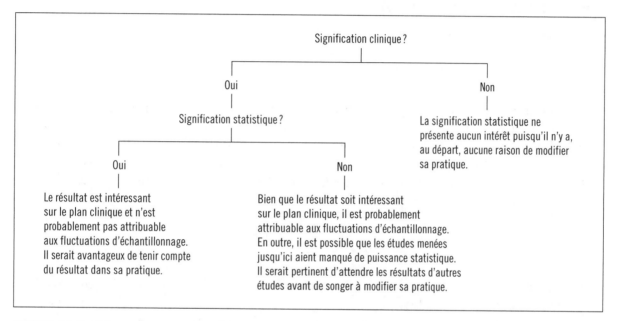

FIGURE 11.9 Démarche permettant, en fonction de la signification clinique et de la signification statistique d'un résultat, de juger de la pertinence de modifier ou non sa pratique

Après une lecture attentive de la publication portant sur l'utilité du Novel dans le traitement de l'HTA, il s'avère pertinent d'attendre les résultats d'autres études sur le sujet avant de le prescrire. En effet, l'efficacité et l'innocuité à long terme du Novel n'ont pas été établies, les auteurs n'ont pas précisé la puissance de l'étude et ils n'ont pas fait mention des effets secondaires potentiels de ce nouveau médicament. En revanche, le Périm, médicament efficace et dont l'innocuité a été établie, a fait l'objet de plusieurs publications.

En résumé

L'inférence statistique est un processus qui permet d'induire la valeur d'un paramètre à partir d'une mesure obtenue dans un échantillon représentatif de la population. Le test d'hypothèse et l'intervalle de confiance sont deux approches statistiques qui relèvent de l'inférence statistique. Le test d'hypothèse est une démarche qui permet de faire, sur le plan statistique, le choix le plus judicieux entre deux hypothèses statistiques : l'hypothèse nulle (H_0) et l'hypothèse alternative (H_1). Le seuil de signification d'un test d'hypothèse (erreur α) est la probabilité consentie de rejeter H_0 quand elle est vraie. À l'aide d'un test statistique, on détermine une valeur p à partir des résultats de l'échantillon. La valeur p est la probabilité d'obtenir par hasard un résultat aussi extrême ou plus extrême que celui observé dans l'échantillon si H_0 est vraie. L'obtention d'une petite valeur p (inférieure au seuil α fixé) permet de conclure quant à la signification statistique d'un résultat, mais elle ne compense en rien les faiblesses d'une étude mal construite et comportant des biais importants.

L'intervalle de confiance permet d'apprécier la précision d'une estimation faite à partir d'un échantillon.

Un résultat significatif sur le plan statistique ne l'est pas nécessairement sur le plan clinique. Sur le plan clinique, les résultats doivent être jugés utiles et tenir compte des répercussions sur la santé des individus.

Une section Exercices vous est offerte sur ce site Web.

NOTES ET RÉFÉRENCES

1. L'utilisation du test d'hypothèse exige que le ou les échantillons soient formés aléatoirement (par tirage au sort). Il est à noter que la formation de groupes de comparaison à partir d'un procédé aléatoire (soit la hasardisation), procédure utilisée pour les études de type expérimental, permet également et sans aucune restriction l'application des tests d'hypothèse.

2. Le théorème de la limite centrale permet la transformation Z suivante (voir au chapitre 10, la section intitulée «La distribution normale centrée et réduite»):

$$Z = \frac{(89 - 88)}{\left(\frac{6}{\sqrt{40}}\right)}, \text{soit } 1,05$$

Selon la table de la distribution normale centrée et réduite (voir le tableau 10.4), la probabilité correspondant à $Z = 1,05$ est de 0,1469, soit de 15 %.

3. Le théorème de la limite centrale permet la transformation Z suivante:

$$Z = \frac{(86 - 88)}{\left(\frac{6}{\sqrt{40}}\right)}, \text{soit } -2,10$$

La probabilité correspondant à $Z = -2,10$ est de 0,0179, soit de 2 %.

4. L'hypothèse alternative est ici une hypothèse bilatérale. Les chercheurs ne présument pas de la nature de la différence; on désire vérifier l'hypothèse selon laquelle le Novel serait plus efficace que le Périm, mais également celle selon laquelle il serait moins efficace. Les chercheurs croient bien sûr que le Novel est plus efficace que le Périm, mais il s'agit d'un nouveau médicament et on ne peut écarter la possibilité, même faible, que le Novel soit moins efficace. Une hypothèse bilatérale traduit une forme de prudence devant l'inconnu. Une hypothèse est unilatérale lorsqu'elle indique une seule possibilité: par exemple, le Novel est plus efficace que le Périm ($\mu_n < \mu_p$). Cette hypothèse unilatérale ne permet pas de vérifier statistiquement l'hypothèse qui voudrait que le Novel soit moins efficace que le Périm. En règle générale, il est préférable d'utiliser une hypothèse bilatérale lorsqu'on compare deux traitements.

5. La théorie statistique soutient cette intuition. Si l'hypothèse nulle est vraie, on peut construire une distribution d'échantillonnage des écarts entre les valeurs des moyennes de la TAD. Cette distribution est symétrique autour de la moyenne et se rapproche de la distribution normale en fonction de l'augmentation de la taille des échantillons. Cette distribution a une moyenne de 0 et une erreur type calculée à partir des tailles des deux échantillons et de leurs écarts types respectifs. Or, lorsqu'on connaît la moyenne et l'erreur type d'une distribution échantillonnale, il est possible de construire un test statistique. Pour la comparaison de deux moyennes,

on utilise le test de Student, aussi appelé «test de *t*», lorsque la taille des échantillons est petite (inférieure à 30 sujets), ou encore le test du score *Z* pour des échantillons dont la taille est égale ou supérieure à 30 sujets.

6. La taille d'un échantillon est calculée à l'aide d'une formule mathématique adaptée à la mesure qui fait l'objet de l'étude (différence de moyennes, différence de proportions, différence de risques, rapport de risques, etc.). Cette formule prend en compte la différence que l'on veut observer, la puissance désirée $(1 - \beta)$, mais aussi la variabilité de la mesure et le seuil de signification fixé (erreur alpha). Ces calculs assurent dans une certaine mesure l'obtention d'une puissance acceptable. Cependant, le verdict final repose sur le calcul de la puissance effectué à partir des résultats obtenus dans les échantillons.

ANNEXE 11.1

Test d'hypothèse pour la comparaison de deux moyennes

Lorsqu'on compare deux moyennes, deux situations peuvent se présenter. Ces deux situations se définissent par deux distributions d'échantillonnage différentes déterminées principalement par la taille des échantillons.

La première situation s'apparente à l'exemple de l'étude visant à évaluer les mérites du nouveau médicament antihypertenseur, le Novel, discutée dans le présent chapitre, dans laquelle les échantillons présentent les caractéristiques suivantes:

- Les populations cibles sont importantes (population de tous les hommes hypertendus).
- Les deux échantillons sont formés de façon aléatoire.
- La taille respective des deux échantillons est de 30 individus ou plus.

Dans ce cas, la démarche du test d'hypothèse se résume comme suit. On veut comparer la moyenne de la TAD de deux populations d'hommes hypertendus recevant deux médicaments différents (le Novel et le Périm). La comparaison est basée sur l'écart entre les moyennes de la TAD observées dans les deux échantillons. La distribution d'échantillonnage de l'écart entre les deux moyennes est connue; il s'agit d'une distribution normale. Il est donc possible de calculer un score *Z* et de déterminer sa valeur p. Cette valeur p est comparée au seuil de signification fixé afin de juger de la signification statistique des résultats.

Le test d'hypothèse peut être réalisé en cinq étapes.

1. Formuler les hypothèses statistiques en tenant compte des deux populations:

    - Hypothèse nulle (H_0): la moyenne de la TAD dans la population des hommes hypertendus traités avec le Novel (groupe N) = la moyenne de la TAD dans la population des hommes hypertendus traités avec le Périm (groupe P).

    - Hypothèse alternative (H_1): la moyenne de la TAD dans la population des hommes hypertendus traités avec le Novel $\neq$ la moyenne de la TAD dans la population des hommes hypertendus traités avec le Périm.

2. Fixer le seuil de signification statistique:

    - Les chercheurs ont fixé ce seuil à 0,05.

3. Choisir le test statistique en relation avec la loi normale centrée et réduite pour la comparaison de deux moyennes:

■ La formule du score Z servant au calcul d'une différence de moyennes est la suivante :

$$Z = \frac{\bar{x}_n - \bar{x}_p}{\sqrt{\dfrac{s_n^2}{n_n} + \dfrac{s_p^2}{n_p}}}$$

4. Calculer le score Z (valeur de l'abscisse dans la table de la distribution normale centrée et réduite) :

   ■ On pose que :

   - $\bar{x}_n$ = moyenne de la TAD du groupe N = 86 mm Hg ;
   - $\bar{x}_p$ = moyenne de la TAD du groupe P = 89 mm Hg ;
   - $n_n = n_p = 40$ (taille des échantillons) ;
   - $s_n = s_p = 3{,}2$ mm Hg (écart type).

   ■ Le score Z est donc de 4,19.

5. Juger de la signification statistique des résultats :

   ■ En consultant la table de la distribution normale centrée et réduite (tableau 10.4), on constate, si H_0 est vraie, qu'un score Z de $-4{,}19$ et moins (ou de 4,19 et plus) correspond à une valeur p $< 0{,}0001$. Cette valeur p est inférieure au seuil de signification fixé. H_0 est donc rejetée et on accepte H_1. La différence entre les moyennes de la TAD (-3 mm Hg) est jugée statistiquement significative pour un seuil de signification fixé à 0,05.

La deuxième situation survient lorsque la taille d'au moins un des deux échantillons est inférieure à 30 individus. Dans ce cas, on doit supposer que les échantillons proviennent de populations où la distribution des écarts entre les moyennes est normale et que les variances sont identiques. Alors, les fluctuations d'échantillonnage se distribuent selon la loi de Student. À partir de la moyenne et de l'erreur type de cette distribution, il est possible de construire un test statistique (test de t) qui permet, à l'aide d'une table de probabilités, de déterminer une valeur p[*].

ANNEXE 11.2

Test d'hypothèse pour la comparaison de deux proportions

Comme pour la comparaison de deux moyennes, on doit connaître la distribution d'échantillonnage de la différence de deux proportions si l'hypothèse nulle est vraie. En règle générale, les fluctuations d'échantillonnage de la différence de deux proportions se répartissent selon la loi normale centrée et réduite si les échantillons sont tirés au hasard et de façon indépendante, et si la taille des deux échantillons est égale ou supérieure à 30 individus. Si ces conditions sont respectées, le test d'hypothèse peut être réalisé en cinq étapes.

1. Formuler les hypothèses statistiques en tenant compte des deux populations :

   ■ Hypothèse nulle (H_0) : le pourcentage d'hommes normotendus après deux mois de traitement dans la population d'hommes hypertendus recevant le Novel (groupe N) = le pourcentage d'hommes normotendus après deux mois de traitement dans la population d'hommes hypertendus recevant le Périm (groupe P).

---

[*] La table de la distribution de Student peut être consultée sur le site www.cheneliere.ca/simpson.

■ Hypothèse alternative (H_1): le pourcentage d'hommes normotendus après deux mois de traitement dans la population d'hommes hypertendus recevant le Novel ≠ le pourcentage d'hommes normotendus après deux mois de traitement dans la population d'hommes hypertendus recevant le Périm.

2. Fixer le seuil de signification statistique :

■ Les chercheurs ont fixé ce seuil à 0,05.

3. Choisir le test statistique en relation avec la loi normale centrée et réduite pour la différence de deux proportions :

■ La formule du score Z servant au calcul d'une différence de proportions est la suivante :

$$Z = \frac{p_n - p_p}{\sqrt{\dfrac{p_n q_n}{n_n} + \dfrac{p_p q_p}{n_p}}}$$

4. Calculer le score Z (valeur de l'abscisse dans la table de la distribution normale centrée et réduite) :

■ On pose que :

• p_n = proportion d'hommes normotendus traités avec le Novel = 0,80, alors q_n = 0,20 ;

• p_p = proportion d'hommes normotendus traités avec le Périm = 0,65, alors q_p = 0,35 ;

• $n_n = n_p$ = 40 (taille de l'échantillon).

■ Le score Z est donc de 1,52.

5. Juger de la signification statistique des résultats :

■ En consultant la table de la distribution normale centrée et réduite (tableau 10.4), on constate, si H_0 est vraie, qu'un score Z de 1,52 et plus correspond à une valeur p > 0,05, le seuil de signification fixé. On ne peut pas rejeter H_0. La différence entre les pourcentages de normotendus (15 %) n'est pas jugée statistiquement significative pour un seuil de signification fixé à 0,05.

Il importe de noter que, selon les conditions liées à la distribution d'échantillonnage et à la taille des échantillons, il existe d'autres tests statistiques permettant de comparer des proportions; entre autres, le test du khi carré (x^2) permet de comparer deux proportions ou plus entre elles.

12 | LA VISION ENGLOBANTE DE L'ANALYSE MULTIVARIÉE

Auteurs de la deuxième édition : Jocelyne Moisan, Jean-Pierre Grégoire, Suzanne Gingras
Auteurs de la première édition : Jocelyne Moisan, Jean-Pierre Grégoire, Renée Bourbonnais

Au terme de ce chapitre, vous pourrez :

- expliquer les concepts et les méthodes de base de l'analyse multivariée ;
- juger de la validité scientifique d'une étude et d'un résultat ;
- prendre une décision éclairée sur la pertinence de modifier votre pratique clinique à la lumière des résultats d'études scientifiques.

Objectifs	Contenu
1. Expliquer les fonctions de l'analyse multivariée	1.1 Analyse multivariée : définition 1.2 Fonctions : contrôle des biais de confusion, mesure de l'effet simultané de plusieurs variables indépendantes sur une variable dépendante
2. Discuter des situations nécessitant des mesures d'association ajustées	2.1 Influence simultanée de plusieurs variables indépendantes sur une variable dépendante 2.2 Biais de confusion 2.3 Modification de la mesure d'association
3. Décrire les principales méthodes d'ajustement de la mesure d'association utilisées en épidémiologie	3.1 Méthode d'ajustement de Mantel-Haenszel, régression linéaire, régression logistique, régression à effet proportionnel ou régression de Cox
4. Établir les conditions d'utilisation des différentes méthodes d'analyse multivariée	4.1 Choix de la méthode en fonction de la variable dépendante et de la mesure estimée
5. Interpréter les résultats de différentes mesures d'association ajustées	5.1 Résumé d'études dans lesquelles on trouve des mesures d'association ajustées

Un cas

Un mois plus tôt, Lisa prescrivait à Charles un médicament antihypertenseur. Elle mesure aujourd'hui sa tension artérielle et constate que celle-ci est encore anormalement élevée. Elle se demande pourquoi. Il se peut que la dose de médicament prescrite ne soit pas suffisante, que Charles ait omis de prendre son médicament ou qu'il n'ait pas pris toutes les doses prescrites. Il se peut aussi que Charles ait pris de façon concomitante un autre médicament dont l'un des effets aurait été d'augmenter la tension artérielle, qu'il ait consommé plus de sel, pris du poids ou diminué son niveau d'activité physique, tous ces facteurs étant reconnus comme susceptibles de modifier la tension artérielle. Lisa vérifie auprès de Charles si l'un de ces facteurs pourrait expliquer l'échec du traitement. Elle apprend que, depuis 10 jours, il prend un médicament contre le rhume. Lisa vérifie auprès de Marie-Louise pour savoir si ce médicament peut augmenter la tension artérielle, ce que lui confirme sa collègue pharmacienne. Cette dernière lui suggère de dire à son patient d'utiliser des vaporisations nasales de solution saline et de cesser de prendre son médicament contre le rhume. Lisa donne suite aux suggestions de Marie-Louise et prescrit à Charles le même médicament antihypertenseur pour une période de un mois.

Pertinence clinique

Lorsque Lisa a constaté que la tension artérielle de Charles était toujours anormalement élevée après un mois de traitement, elle a envisagé plusieurs explications possibles.

L'analyse multivariée permet de mesurer la part respective des différents facteurs qui peuvent expliquer l'échec d'un traitement, comme c'est ici le cas. La littérature scientifique abonde en études qui considèrent les effets de plusieurs facteurs sur le risque qu'une maladie donnée se développe. Des méthodes d'analyse multivariée sont habituellement utilisées pour prendre en compte l'effet simultané de plusieurs variables sur une autre variable. Le présent chapitre porte sur les principes de base de ces méthodes, sur leurs conditions d'application et sur l'interprétation que l'on doit faire des résultats obtenus. L'analyse multivariée ne sera pas abordée dans le détail; ceux qui désirent approfondir leurs connaissances à ce sujet peuvent consulter des ouvrages spécialisés[1].

12.1 LA VARIABLE DÉPENDANTE ET LES VARIABLES INDÉPENDANTES

Pour bien comprendre l'utilité de l'analyse multivariée, il faut établir une distinction entre une variable dépendante et des variables indépendantes. La variable dépendante, comme son nom l'indique, «dépend» en quelque sorte des variables indépendantes. Elle représente le phénomène ou l'événement à décrire. Les variables indépendantes représentent pour leur part les phénomènes ou événements qui peuvent influencer la variable dépendante. Ainsi, si l'on désire évaluer l'efficacité d'un traitement antihypertenseur, les variables indépendantes sont le traitement lui-même, l'âge, le poids, etc., alors que la variable dépendante est la tension artérielle.

L'analyse multivariée permet de mesurer la force des associations entre la variable dépendante et chacune des variables indépendantes. De plus, chacune des mesures d'association entre la variable dépendante et l'une des variables indépendantes tient compte de l'effet simultané des autres variables indépendantes considérées dans l'analyse. Dans certains contextes, la mesure d'association ainsi ajustée présente de grands avantages comparativement à la mesure d'association brute qui ne considère que l'effet d'une seule variable indépendante; la figure 12.1 illustre la distinction entre une mesure d'association brute et une mesure d'association ajustée.

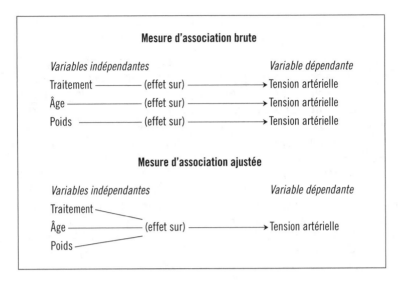

FIGURE 12.1 Distinction entre une mesure d'association brute et une mesure d'association ajustée

12.2 L'EFFET DE PLUSIEURS VARIABLES INDÉPENDANTES SUR UNE VARIABLE DÉPENDANTE

Charles se rend à la pharmacie. Marie-Louise, la pharmacienne, lui remet son médicament antihypertenseur en lui rappelant l'importance d'être fidèle au traitement prescrit. Charles confie à Marie-Louise qu'il a de la difficulté à accepter de prendre des médicaments jusqu'à la fin de ses jours et qu'il préfèrerait prendre un produit naturel. Il remet à la pharmacienne un dépliant publicitaire décrivant l'hypotense, un produit naturel qui ferait des miracles contre l'hypertension. Au premier coup d'œil, l'attention de la jeune femme est attirée par l'affirmation suivante : «Dans une étude récente, la consommation d'hypotense a été associée à une diminution statistiquement significative de l'hypertension. Le risque d'être encore hypertendu six mois après le début de l'étude était moindre chez les patients hypertendus ayant pris de l'hypotense que chez les patients hypertendus ayant pris un placebo.»

Intéressée, Marie-Louise promet à Charles de s'informer sur l'hypotense et de lui faire part de son opinion le plus tôt possible. Le lendemain, elle repère rapidement sur Internet l'étude sur l'hypotense dont le dépliant publicitaire faisait mention. Il s'agit d'une étude expérimentale hasardisée au cours de laquelle 200 patients souffrant d'hypertension ont reçu l'hypotense, et 200 autres, un placebo; un programme d'aide a été offert aux participants des deux groupes afin qu'ils diminuent leur consommation de sel, fassent plus d'exercice et perdent du poids.

Les chercheurs ont d'abord calculé le risque relatif brut (RR_b) d'hypertension pour le groupe consommant l'hypotense par rapport au groupe recevant le placebo. Ce RR_b était de 0,8. L'intervalle de confiance à 95 % de ce rapport était de 0,7 à 0,9. Le RR_b étant inférieur à 1 et statistiquement significatif, puisque l'intervalle de confiance ne recouvrait pas la valeur 1, l'hypotense semblait plus efficace qu'un placebo contre l'hypertension. Toutefois, l'analyse ne s'arrêtait pas là. Les chercheurs, craignant que les participants des deux groupes n'aient pas adhéré dans la même proportion aux recommandations du programme d'aide, ont calculé un risque relatif ajusté (RR_a). Ils ont inclus dans l'analyse les variables indépendantes suivantes : la prise de l'hypotense ou du placebo et les changements au cours de la période d'observation de la consommation de sel, du niveau de l'activité physique et du poids. Le RR_a a alors été de 0,9 avec un intervalle de confiance à 95 % de 0,8 à 1,2. L'intervalle recouvrant la valeur 1, il n'existait plus d'association statistiquement significative entre l'hypotense et l'hypertension. Donc, lorsque les chercheurs ont pris en considération d'autres facteurs pouvant influencer la tension artérielle, ils ont observé que l'effet attribué à l'hypotense n'était pas réel. Les chercheurs soupçonnent la présence d'un biais de confusion : les patients ayant reçu l'hypotense ont peut-être adhéré en plus grand nombre aux recommandations visant à modifier leur comportement que ceux ayant reçu le placebo. La diminution de la tension artérielle chez ces individus serait alors attribuable moins à l'hypotense qu'au fait qu'ils ont diminué leur consommation de sel, augmenté leur activité physique ou perdu du poids. Marie-Louise informe donc Charles que l'hypotense n'est pas un produit miracle, puisqu'il ne diminue pas la tension artérielle plus qu'un placebo.

12.2.1 Un rappel sur le biais de confusion

En tenant compte de l'effet de plusieurs variables indépendantes sur une variable dépendante, l'analyse multivariée permet de contrôler les biais de confusion. Le biais de confusion se définit comme une erreur systématique induite par la présence d'un facteur associé à la fois à la variable dépendante et à la variable indépendante. Pour qu'il introduise un biais de confusion, ce facteur ne doit pas appartenir à la chaîne causale entre ces deux variables. La présence d'un tel facteur de confusion est à l'origine d'une erreur dans la mesure d'association brute. Lorsqu'il y a confusion dans les données, la mesure d'association brute est biaisée et incorrecte.

Deux possibilités s'offrent alors aux chercheurs : présenter les mesures d'association spécifiques pour chacune des strates de la variable confondante ou présenter une mesure d'association ajustée. La première démarche est pertinente lorsqu'il n'y a qu'une variable confondante, ce qui est rare. Dans tous les autres cas, il est plus commode de présenter une mesure d'association ajustée. Cette mesure d'association ajustée est exempte de l'erreur due aux facteurs de confusion considérés et résume bien l'information contenue dans l'ensemble des strates. L'analyse multivariée permet de calculer cette mesure d'association ajustée.

Exemple 12.1

Une étude à visée étiologique cas-témoins a pour objectif de mesurer l'association entre le poids du bébé à la naissance et le tabagisme chez la mère. Dans cette étude, le gain de poids de la mère pendant la grossesse est considéré comme un facteur de confusion potentiel, car il est associé au tabagisme et peut influencer le poids du bébé à la naissance. Pour les besoins de l'exemple, on considère que le poids de la mère n'appartient pas à la chaîne causale entre le tabagisme chez la mère et le poids du bébé à la naissance. Les mères sont partagées en deux strates : celles dont le gain de poids pendant la grossesse a été égal ou supérieur à 10 kg (strate A) et celles chez qui il a été inférieur à 10 kg (strate B). Les résultats de l'étude sont présentés dans le tableau 12.1.

Le rapport de cotes brut (RC_b) de 2,32 indique que les mères qui fument risquent de mettre au monde un bébé de faible poids à la naissance 2,3 fois plus que les mères qui ne fument pas. Le rapport de cotes spécifique (RC_s) pour la strate des mères ayant pris 10 kg ou plus étant de 3,08, et celui observé pour la strate des mères ayant pris moins de 10 kg étant de 2,84, on constate que les mesures d'association spécifiques pour chacune des strates ne sont que légèrement différentes. De plus, les intervalles de confiance des rapports de cotes spécifiques se recoupant, on ne peut conclure qu'il y a une différence

TABLEAU 12.1 Résultats d'une étude à visée étiologique cas-témoins portant sur l'association entre le tabagisme chez les mères et le poids des bébés à la naissance (données stratifiées selon le gain de poids de la mère)

Strate A : Femmes ayant pris 10 kg ou plus

	Fumeuses	Non-fumeuses	Total
Cas	80	352	432
Témoins	28	380	408
Total	108	732	840

RC_s = 3,08 (intervalle de confiance à 95 % : 1,96 à 4,86).

Strate B : Femmes ayant pris moins de 10 kg

	Fumeuses	Non-fumeuses	Total
Cas	85	104	189
Témoins	68	236	304
Total	153	340	493

RC_s = 2,84 (intervalle de confiance à 95 % : 1,91 à 4,20).

Ensemble des femmes, sans égard au gain de poids

	Fumeuses	Non-fumeuses	Total
Cas	165	456	621
Témoins	96	616	712
Total	261	1 072	1 333

RC_b = 2,32 (intervalle de confiance à 95 % : 1,76 à 3,07).

significative entre les deux rapports de cotes ; la différence s'explique peut-être alors par les fluctuations d'échantillonnage. Cependant, on s'attendrait à ce que le RC_b (que l'on peut se représenter comme une sorte de mesure moyenne) résume l'information que l'on trouve dans les strates et qu'il se situe par conséquent entre 3,08 et 2,84. Or, ici, le RC_b (2,32) se situe à l'extérieur de l'étendue formée par les rapports de cotes spécifiques, ce qui signifie qu'il est biaisé.

12.2.2 Le contrôle des biais de confusion

Lorsque plusieurs variables risquent de biaiser la mesure d'association entre une variable dépendante et une variable indépendante, il est essentiel de procéder à l'analyse multivariée. En effet, dans ce cas, il devient à peu près impossible de stratifier les données, car chaque stratification fragmente le groupe initial. On se trouve donc rapidement devant une réduction des effectifs qui rend l'analyse presque impossible. L'analyse multivariée permet d'obtenir une mesure d'association entre la variable dépendante et la variable indépendante ajustée simultanément pour toutes les variables confondantes. Toutefois, avant d'utiliser une telle mesure ajustée, il faut évaluer s'il y a modification de la mesure d'association dans les strates.

Exemple 12.2

L'étude qui porte sur l'association entre le poids des bébés à la naissance et le tabagisme chez les mères illustre cette première fonction de l'analyse multivariée. Le gain de poids de la mère pendant la grossesse est une variable qui a introduit un biais de confusion dans la mesure de l'association. D'autres variables, comme l'âge de la mère, son état de santé et son poids au début de la grossesse peuvent également biaiser la mesure de l'association entre le poids du bébé à la naissance et le tabagisme chez la mère. L'analyse multivariée permet de contrôler toutes ces variables confondantes à la fois et d'obtenir une mesure ajustée exempte de biais de confusion.

12.2.3 La modification de la mesure d'association

Parfois, les mesures présentées dans chacune des strates sont très différentes. Il y a alors modification de la mesure d'association, c'est-à-dire qu'une variable vient modifier l'association entre la variable dépendante et la variable indépendante considérée. S'il existe des tests statistiques qui permettent de déterminer la présence ou l'absence de modification, la conclusion de ces tests étant en général rapportée dans les publications, on peut aussi l'estimer en observant les intervalles de confiance. Si les intervalles de confiance calculés pour les mesures obtenues dans chacune des strates respectives ne se recoupent pas, c'est qu'il y a modification. Cependant, si ces intervalles de confiance se recoupent, on ne peut conclure qu'il n'y a pas de modification, cette façon de faire ayant une puissance statistique plus faible que l'utilisation d'un test statistique.

Il est généralement reconnu que la variable *sexe* modifie l'association entre l'âge et l'incidence des maladies cardiovasculaires. En effet, chez les hommes, l'incidence des maladies cardiovasculaires augmente graduellement avec l'âge, alors que chez les femmes, elle ne commence à augmenter qu'après la cinquantaine. Lorsqu'il y a modification, comme dans ce cas, il n'est pas approprié de calculer une mesure ajustée qui résumerait les mesures spécifiques d'association de toutes les strates, car ce faisant, on perdrait des informations précieuses. Il est en effet intéressant de savoir que les femmes sont en quelque sorte « protégées » des maladies cardiovasculaires jusqu'à la ménopause.

Exemple 12.3

Marie-Louise a repéré un autre article décrivant une étude sur le traitement de l'hypertension artérielle. Au total, 200 hommes et 200 femmes ont participé à cette étude expérimentale hasardisée dont l'objectif consistait à mesurer l'effet de l'activité physique sur le contrôle de l'hypertension artérielle. Au début de l'étude, tous les sujets étaient hypertendus et sédentaires. Puis, 200 participants (100 hommes et 100 femmes) ont fait de l'activité physique 3 fois par semaine pendant 1 an, alors que l'on s'est abstenu d'inciter les 200 autres à augmenter leur niveau d'activité. L'association entre l'activité physique et le contrôle de l'hypertension a été mesurée en établissant les risques relatifs. Les chercheurs soupçonnaient une influence de la variable *sexe* sur l'association entre l'activité physique et l'hypertension. Ils ont donc effectué une analyse stratifiée selon le sexe ; les résultats obtenus sont présentés dans le tableau 12.2.

Ils ont obtenu un risque relatif spécifique (RR_s) de 2,67 pour les hommes, et un autre de 1,41 pour les femmes. De plus, les intervalles de confiance de ces RR_s ne se recoupaient pas. L'association entre l'activité physique et la diminution de la tension artérielle serait donc plus forte chez les hommes que chez les femmes. Afin de mettre cette différence bien en évidence, les chercheurs ont décidé de ne pas résumer l'association entre l'activité physique et le contrôle de l'hypertension à l'aide d'une mesure d'association ajustée selon le sexe. La mesure ajustée aurait en effet nivelé la différence, et la réalité s'en serait trouvée inadéquatement reflétée.

>>>

TABLEAU 12.2 Résultats d'une étude expérimentale hasardisée portant sur l'effet de l'activité physique sur le contrôle de l'hypertension artérielle (données stratifiées selon le sexe)

Strate A : Hommes

	Hypertension artérielle contrôlée	Hypertension artérielle non contrôlée	Total
Activité physique	80	20	100
Inactivité physique	30	70	100

RR_s = 80/100 ÷ 30/100 = 2,67 (intervalle de confiance à 95 % : 1,95 à 3,65).

Strate B : Femmes

	Hypertension artérielle contrôlée	Hypertension artérielle non contrôlée	Total
Activité physique	58	42	100
Inactivité physique	41	59	100

RR_s = 58/100 ÷ 41/100 = 1,41 (intervalle de confiance à 95 % : 1,06 à 1,89).

Lorsqu'il y a modification, deux possibilités s'offrent aux chercheurs : présenter les mesures d'association spécifiques ou tenir compte de la modification dans l'analyse multivariée. Souvent, si la modification est considérable et permet de décrire avec précision les résultats de l'étude, les chercheurs préféreront présenter les mesures spécifiques. Prendre en considération la modification de la mesure d'association dans l'analyse multivariée est complexe et nécessite l'ajout d'un élément appelé « terme d'interaction ». Il n'en sera pas question ici ; le lecteur pourra se reporter aux ouvrages spécialisés[2] pour approfondir le sujet.

12.3 LA MÉTHODE D'AJUSTEMENT DE MANTEL-HAENSZEL

La méthode d'ajustement de Mantel-Haenszel est une méthode simple qui permet de contrôler le biais de confusion lorsqu'il n'y a qu'un petit nombre de variables confondantes. Cette méthode peut être utilisée lorsqu'on souhaite ajuster un rapport de cotes, un risque relatif ou un rapport de taux d'incidence.

Exemple 12.4

À l'exemple 12.1, on a conclu que le gain de poids de la mère durant la grossesse était une variable qui introduisait un biais de confusion dans la mesure de l'association entre le tabagisme chez les mères et le poids des bébés à la naissance. En effet, les mesures d'association (rapports de cotes) pour chacune des deux strates de cette variable étaient semblables (3,08 et 2,84), alors que la mesure brute (le rapport de cotes brut) était de 2,32. Puisque cette mesure brute était biaisée, pour obtenir une mesure résumant l'information contenue dans chacune des deux strates, la mesure d'association pourrait être ajustée en utilisant la méthode de Mantel-Haenszel. Cette mesure d'association ajustée serait alors de 2,95.

La méthode de Mantel-Haenszel n'est utilisée qu'en analyse stratifiée ; en raison de la taille des effectifs que nécessite la constitution des strates, cette méthode ne peut prendre en compte qu'un petit nombre de variables. En revanche, les méthodes d'analyse multivariée présentent l'avantage de pouvoir prendre en compte un plus grand nombre de variables.

À retenir

La méthode de Mantel-Haenszel permet de contrôler les biais de confusion et de connaître l'effet simultané d'un nombre restreint de variables indépendantes sur une variable dépendante.

12.4 L'ANALYSE MULTIVARIÉE

Les fonctions de l'analyse multivariée consistent à contrôler les biais de confusion, en ce qui concerne les variables incluses dans le modèle, et de mesurer l'effet simultané de plusieurs variables indépendantes sur une variable dépendante. Cependant, aussi pointue que puisse être l'analyse multivariée, elle ne peut corriger les faiblesses d'une étude qui a été menée de façon inadéquate. L'appréciation d'une étude doit d'abord porter sur les méthodes utilisées par les chercheurs pour vérifier leur hypothèse de recherche. En effet, si l'analyse multivariée permet de contrôler un biais de confusion, elle ne peut corriger un biais d'information ou un biais de sélection. De plus, elle ne peut pallier un manque de puissance statistique, une taille d'échantillon trop petite, ou l'absence de mesure d'une variable importante.

Il existe plusieurs méthodes d'analyse multivariée. Chacune d'entre elles repose sur un modèle mathématique et sur un ensemble de conditions d'application. Un modèle mathématique est constitué d'expressions mathématiques qui représentent la variable dépendante en fonction de plusieurs variables indépendantes. Les modèles mathématiques sont donc des représentations plus ou moins simplifiées de l'association qui existe entre la variable dépendante et les variables indépendantes. Ces modèles peuvent être utilisés à différentes fins : ils peuvent servir à décrire un phénomène, à l'expliquer ou à le prédire.

Les méthodes d'analyse multivariée les plus fréquemment utilisées en épidémiologie sont la régression linéaire multiple, la régression logistique et la régression à effet proportionnel ou régression de Cox. Le choix de l'une ou l'autre de ces méthodes est fonction du type de variable dépendante et des mesures d'intérêt, comme le résume le tableau 12.3.

TABLEAU 12.3 Méthodes d'analyse multivariée les plus fréquemment utilisées en fonction de la variable dépendante et de la mesure d'intérêt

Variable dépendante	Mesure d'intérêt	Méthode d'analyse multivariée
Quantitative continue	Coefficient de régression (β)	Régression linéaire multiple
Catégorielle	RC	Régression logistique
Catégorielle	RI	Régression à effet proportionnel (de Cox)

À retenir

L'analyse multivariée permet de contrôler les biais de confusion et de connaître l'effet simultané de plusieurs variables indépendantes sur une variable dépendante.

12.4.1 La régression linéaire

La régression linéaire est utilisée lorsque la variable dépendante est une variable quantitative continue. La régression linéaire produit un coefficient qui donne l'amplitude du changement de la variable dépendante pour chaque unité de la variable indépendante. Ainsi, elle rendra compte de la relation qui existe entre le poids et l'hypertension artérielle en indiquant que les variations de l'une de ces variables entraîneront des variations pour l'autre.

Exemple 12.5

Une étude menée auprès de 20 individus souffrant d'hypertension établit l'association entre la tension artérielle diastolique (la variable dépendante) et le poids (la variable indépendante). L'étude a été faite aux États-Unis auprès d'hommes d'âge moyen et de race blanche. Les valeurs de la tension artérielle diastolique et les valeurs du poids obtenues pour chaque sujet sont inscrites dans la figure 12.2, laquelle représente d'ailleurs la relation entre ces deux variables.

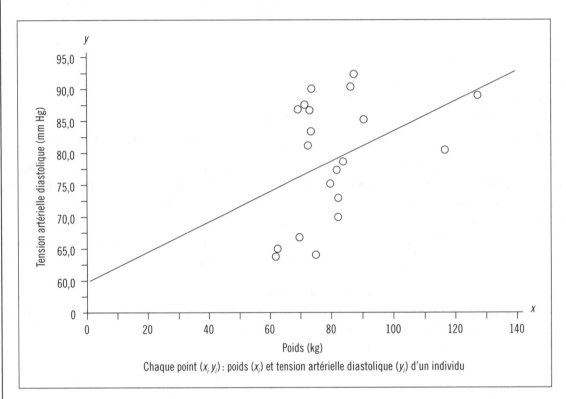

FIGURE 12.2 Relation entre la tension artérielle diastolique et le poids chez 20 États-Uniens d'âge moyen et de race blanche

Le nuage de points qu'on y observe illustre le fait que plus les sujets sont lourds, plus leur tension artérielle diastolique est élevée, et vice versa.

La régression linéaire décrit donc la relation entre une variable indépendante (x_1) et une variable dépendante (y) en déterminant, par une opération mathématique, la droite qui s'ajuste le mieux au nuage de points, c'est-à-dire la droite qui décrit le mieux la relation entre x_1 et y. Les caractéristiques de cette droite sont représentées par le modèle mathématique suivant :

(Modèle 12.1) $$y = \beta_0 + \beta_1 x_1$$

Dans ce modèle, β_0 correspond à la valeur de y lorsque x_1 est égal à 0 ; il s'agit donc du point de rencontre entre la droite et l'axe des y. β_0 est appelé l'« intersection » ou l'« ordonnée » à l'origine de y.

β_1 correspond à la pente de la droite de régression. Il indique dans quelle mesure un changement dans la valeur de x_1 affecte la valeur de y.

Le modèle mathématique de la droite de régression correspondant à la figure 12.2 est le suivant :

$$\text{Tension artérielle diastolique (mm Hg)} = 59{,}311 + 0{,}223 \text{ (poids en kg)}$$

La valeur « 59,311 » correspond au symbole β_0 donné au modèle 12.1. Pratiquement, cette valeur n'est pas très utile dans l'interprétation des données, puisque personne ne pèse 0 kg. La valeur « 0,223 » correspond au symbole β_1 donné à ce même modèle. Cette valeur signifie que chaque kilogramme gagné entraîne une augmentation de la tension artérielle diastolique de 0,223 mm Hg. À la lumière de ce modèle de régression, une perte de 5 kg est associée à une diminution de la tension artérielle de 1,1 mm Hg.

La relation entre la tension artérielle diastolique et le poids est décrite par une régression linéaire simple parce qu'il n'y a qu'une seule variable indépendante. Toutefois, on pourrait aussi considérer plusieurs variables indépendantes (x_1, x_2, x_3, ... x_i) en effectuant une régression linéaire multiple. Cette dernière s'exprime par le modèle mathématique suivant :

(Modèle 12.2) $\qquad y = \beta_0 + \beta_1 x_1 + \beta_2 x_2 + \beta_3 x_3 + ... + \beta_i x_i$

Les éléments de droite du modèle 12.2 correspondent aux variables indépendantes : ainsi, chaque β_i représente le coefficient de régression associé à une variable indépendante x_i. Théoriquement, un modèle de régression linéaire multiple peut considérer n'importe quel nombre de variables indépendantes. Ce type de modèle peut donc être utilisé pour expliquer les variations de la tension artérielle diastolique en tenant compte de plusieurs variables indépendantes.

Par exemple, dans une étude faite au Québec, les chercheurs ont mis au point le modèle mathématique plus complexe que voici :

$$\text{Tension artérielle diastolique (mm Hg)} =$$
$$58{,}214 + 0{,}20 \text{ (poids en kg)} - 0{,}18 \text{ (heures d'activité physique par semaine)}$$

Dans ce modèle, l'effet de l'activité physique sur la tension artérielle diastolique est pris en compte. Selon ce modèle, chaque heure d'activité physique hebdomadaire correspond à une diminution de la tension artérielle de 0,18 mm Hg.

Les résultats de la régression linéaire multiple présentés dans le tableau 12.4 portent sur les facteurs de risque de l'hypercholestérolémie. Dans ce tableau, les coefficients de régression (β) sont présentés pour chacune des variables indépendantes et sont accompagnés d'une valeur p.

TABLEAU 12.4 Résultats de la régression linéaire multiple de variables prédictives de la cholestérolémie (mmol/l)

Variable	β (coefficient de régression)	Valeur p
Âge (années)	0,022	$< 0{,}001$
Sexe*	$-0{,}198$	0,17
IMC** (kg/m^2)	0,046	$< 0{,}004$
Apport alimentaire en cholestérol (mg/jour)	$< 0{,}001$	0,32

R^2 total = 0,20.
* Le sexe masculin a servi de référence.
** L'IMC (indice de masse corporelle) se calcule en divisant le poids (kg) par la taille au carré (m^2).

Chacune des informations que contient ce tableau peut aider à mieux comprendre les variables qui influencent la cholestérolémie. Chacun des coefficients de régression renseigne sur l'importance de la relation entre une variable indépendante et la variable dépendante. La valeur p indique la probabilité que cette relation soit due au hasard si H_0 (hypothèse nulle) est vraie. Ainsi, le β de 0,022 montre qu'il y a une relation entre l'âge et la cholestérolémie et que cette relation est statistiquement significative ($p < 0,001$). Le β de 0,046 obtenu pour l'indice de masse corporelle ainsi que la valeur p qui l'accompagne ($p < 0,004$) indiquent que l'indice de masse corporelle est associé à la cholestérolémie. Par contre, ni le sexe ni l'apport alimentaire en cholestérol ne sont associés significativement à la cholestérolémie.

De plus, une valeur de R^2 accompagne le tableau. Le R^2, aussi appelé « coefficient de détermination multiple », est le carré du coefficient de corrélation. Le R^2 indique quelle proportion de la variation de la variable dépendante est attribuable à l'ensemble des variables indépendantes incluses dans le modèle. Si R^2 égalait 1, le modèle prédirait sans erreur la variable dépendante pour chaque individu. Les variables incluses dans le modèle expliqueraient 100 % de la variation; c'est évidemment là une situation que l'on ne trouve jamais dans la littérature scientifique. Ainsi, un modèle dont le R^2 est de 0,84 fournira plus de renseignements sur la variation de la variable dépendante qu'un modèle dont le R^2 est de 0,20.

Dans le tableau 12.4, le R^2 s'élève à 0,20. Cela signifie que les variables indépendantes incluses dans le modèle de régression sont à l'origine de 20 % de la variation de la variable dépendante. Les variables indépendantes *âge, sexe, indice de masse corporelle* et *apport alimentaire en cholestérol* expliquent donc 20 % de la variation de la cholestérolémie observée chez les individus. D'autres variables expliqueraient la proportion de la variation qui échappe au présent modèle, soit 80 %; ces variables pourraient être l'hérédité, l'activité physique, le tabagisme, etc.

Pour le clinicien, le R^2 sert surtout à déterminer dans quelle mesure un modèle peut être utilisé pour prédire le risque que présentent pour la santé d'un individu les variables analysées. Par exemple, les variables indépendantes considérées dans le modèle présenté dans le tableau 12.4, soit l'âge, le sexe, l'indice de masse corporelle et l'apport alimentaire en cholestérol, expliquent une part relativement faible de la variation de la cholestérolémie.

À retenir

- La régression linéaire multiple permet d'analyser l'association entre une variable dépendante et plusieurs variables indépendantes lorsque la variable dépendante est une variable quantitative continue.
- Les coefficients $\beta_i (i > 0)$ de la régression linéaire renseignent sur l'importance de la relation entre une variable indépendante i et la variable dépendante.
- Lorsque plusieurs variables indépendantes sont considérées, les coefficients $\beta_i (i > 0)$ obtenus sont ajustés pour les variables indépendantes incluses dans le modèle.
- Le R^2 indique la proportion de la variation de la variable dépendante qui est attribuable à l'ensemble des variables indépendantes incluses dans le modèle.

12.4.2 La régression logistique

La régression logistique est une technique d'analyse multivariée qui est utilisée lorsque la mesure d'association est un rapport de cotes et que la variable dépendante est catégorielle et dichotomique, c'est-à-dire qu'elle ne comporte que deux valeurs possibles.

Comme on l'a vu au début du présent chapitre, Charles a pris un médicament en vente libre pour soulager les symptômes du rhume. Lisa se rappelle avoir lu une étude dans laquelle des chercheurs se sont penchés sur l'hypothèse voulant que l'automédication puisse diminuer le nombre de visites chez le médecin. Les chercheurs ont d'abord étudié l'association entre le fait d'avoir consommé un médicament sans l'avis d'un médecin dans les deux jours précédant l'enquête et celui d'avoir consulté un médecin dans les deux semaines précédentes. Ils en sont arrivés à une association statistiquement significative entre la consommation d'un médicament en vente libre et la consultation d'un médecin. En effet, le rapport de cotes brut était de 1,51, et les limites de l'intervalle de confiance à 95 % de 1,36 à 1,68. Cette mesure brute donnait à penser que les personnes qui avaient consulté récemment un médecin prenaient en plus grande proportion que les autres des médicaments en vente libre. Ces résultats un peu étonnants ont motivé les chercheurs à procéder à une analyse multivariée.

À l'aide d'une régression logistique, ils ont réexaminé l'association entre la consommation de médicaments en vente libre et le recours aux soins médicaux, en tenant compte, cette fois, d'autres variables reconnues pour être associées à la fois à l'utilisation de soins médicaux et à la consommation de médicaments en vente libre : l'âge, le sexe et le nombre de problèmes de santé.

La régression logistique a donné le modèle mathématique suivant :

$$\text{Consommation de médicaments en vente libre} =$$
$$\beta_0 + \beta_1 \text{ (consultation d'un médecin)} + \beta_2 \text{ (âge)} + \beta_3 \text{ (sexe)} + \beta_4 \text{ (nombre de problèmes de santé)}$$

Au moyen d'une transformation algébrique, les β obtenus par régression logistique peuvent être facilement transformés en rapports de cotes, soit des rapports de cotes ajustés (RC_a).

Les résultats de l'analyse effectuée par les chercheurs sont présentés dans le tableau 12.5.

La mesure d'association ajustée, soit un rapport de cotes de 0,80 avec un intervalle de confiance à 95 % de 0,65 à 0,95, est très différente de la mesure d'association brute (1,51). En fait, à la lumière de ces données, on constate que les personnes qui ont récemment consulté un médecin prennent en moins grande proportion que les autres des médicaments en vente libre.

Comment expliquer que deux analyses portant sur la même population conduisent à des résultats contradictoires ? C'est que, dans l'analyse brute, une seule variable indépendante — la consultation d'un médecin — a été considérée, alors que l'analyse multivariée a pris en compte quatre variables. Ainsi, on peut envisager que le nombre de problèmes de santé que présente un individu soit associé à la fois à la consommation de médicaments en vente libre et à la consultation d'un médecin. Cet exemple illustre la façon dont l'analyse multivariée permet de contrôler un tel biais de confusion.

À retenir

- La régression logistique permet d'analyser l'association entre une variable dépendante et une ou plusieurs variables indépendantes, lorsque la variable dépendante est une variable dichotomique.
- Les coefficients β_i $(i > 0)$ de la régression logistique se transforment pour obtenir des rapports de cotes.
- Lorsque plusieurs variables indépendantes sont considérées, les rapports de cotes obtenus sont ajustés pour les variables indépendantes incluses dans le modèle.

TABLEAU 12.5 Rapports de cotes ajustés et intervalles de confiance à 95 % pour les variables associées à la consommation de médicaments en vente libre

Variable	Rapport de cotes	Intervalle de confiance à 95 %
Consultation d'un médecin		
Non	1,00	
Oui	0,80	0,65 à 0,95
Âge (années)		
15-24	1,00	
25-34	1,19	1,03 à 1,37
35-44	1,36	1,17 à 1,59
45-54	1,35	1,15 à 1,60
55-64	1,11	0,93 à 1,33
≥ 65	0,94	0,78 à 1,14
Sexe		
Hommes	1,00	
Femmes	1,49	1,37 à 1,61
Nombre de problèmes de santé		
Aucun	1,00	
1	3,30	2,96 à 3,67
> 1	6,69	5,99 à 7,48

12.4.3 La régression à effet proportionnel ou régression de Cox

Lorsqu'on cherche à estimer le risque que survienne une maladie ou un événement en tenant compte du temps écoulé entre l'exposition à la variable indépendante et la survenue de la maladie ou de l'événement — c'est-à-dire lorsqu'on veut calculer des rapports de taux d'incidence —, on peut utiliser la régression à effet proportionnel ou régression de Cox, qui sert notamment à l'analyse des études de cohorte(s). Ainsi, si l'événement est la mort du sujet, le temps écoulé depuis le début de l'étude jusqu'à la mort du sujet est sa survie.

L'objectif thérapeutique que vise Lisa est la baisse de la tension artérielle diastolique de son patient, car une tension artérielle élevée, qu'elle soit diastolique ou systolique, augmente le risque de problèmes cardiovasculaires. Une étude démontrant ce risque associé à la tension artérielle systolique a été menée à Québec, il y a plusieurs années.

Exemple 12.6

En 1974, des chercheurs ont recruté 4 828 hommes alors âgés entre 35 ans et 64 ans[3]. La tension artérielle systolique, le tabagisme, la cholestérolémie et le niveau de scolarité de chaque participant ont été mesurés au début de l'étude. Des informations sur la survie des participants ont été recueillies pendant 12 ans. De janvier 1974 à janvier 1986, 417 participants sont décédés. Les chercheurs ont calculé des rapports de taux de mortalité.

Pour mesurer l'effet de la tension artérielle systolique sur la mortalité, les chercheurs auraient-ils pu simplement se contenter de comparer deux taux d'incidence, c'est-à-dire la mortalité chez les participants ayant une tension artérielle systolique élevée et celle chez les participants ayant une tension artérielle systolique normale ? Non, puisqu'ils auraient alors obtenu une mesure d'association brute potentiellement biaisée, de nombreuses variables pouvant fausser l'association entre la tension artérielle systolique et la mortalité. L'âge, par exemple, est une variable confondante, puisque tant le risque de souffrir d'hypertension artérielle que celui de décéder augmentent avec l'âge.

Afin d'obtenir une mesure non biaisée de l'association entre la tension artérielle systolique et la mortalité, les chercheurs ont dû calculer un rapport de taux d'incidence ajusté (RTI_a) pour les variables confondantes. Ils ont pour ce faire utilisé une régression à effet proportionnel ou régression de Cox. Il s'agit d'un modèle de régression qui permet de tenir compte du calcul des personnes-temps. Grâce à une transformation algébrique, les coefficients de régression (β) obtenus à l'aide d'une régression de Cox peuvent être transformés en rapports de taux d'incidence ou de mortalité.

Le tableau 12.6 présente quelques résultats obtenus par l'équipe de chercheurs québécois.

TABLEAU 12.6 Résultats d'une étude, incluant les rapports de taux de mortalité, toutes causes confondues, ajustés selon l'âge, la cholestérolémie, le tabagisme et le niveau de scolarité en fonction du quintile de tension artérielle systolique

Tension artérielle systolique (mm Hg)	Nombre de personnes-année	Nombre d'hommes	Nombre de décès	Rapport de taux de mortalité toutes causes confondues	Intervalle de confiance à 95 %
< 125	9 909	931	49	1,0	
125-132	10 632	985	59	1,1	0,7 à 1,5
133-140	9 163	863	69	1,4	0,9 à 1,9
141-152	9 827	928	93	1,5	1,1 à 2,2
> 152	8 904	868	147	2,0	1,5 à 2,8

Source : Adapté de Dagenais, G.R., Z. Ahmed, N.M. Robitaille et autres. « Total and coronary heart disease mortality in relation to major risk factors – Quebec cardiovascular study », *Canadian Journal of Cardiology*, 1990, vol. 6, no 7, p. 59-65. Reproduit avec l'autorisation de l'éditeur.

On note que les rapports de taux de mortalité, toutes causes confondues, sont plus élevés dans les quintiles supérieurs de tension artérielle. L'association entre la tension artérielle systolique et la mortalité est statistiquement significative pour les deux quintiles supérieurs ; cette association n'est pas biaisée par les variables confondantes incluses dans le modèle.

À retenir

- La régression à effet proportionnel ou régression de Cox permet d'estimer le risque que survienne une maladie ou un événement en tenant compte du temps écoulé entre l'exposition à la variable indépendante et la survenue de la maladie ou de l'événement, tout en contrôlant les variables confondantes.
- Les coefficients $\beta_i (i > 0)$ se transforment pour estimer des rapports de taux d'incidence ou de mortalité.
- Ce type de régression permet d'obtenir une estimation ajustée du rapport de taux d'incidence ou de mortalité.

En résumé

Après avoir défini les variables dépendantes et indépendantes, on a vu dans ce chapitre que l'analyse multivariée permet de contrôler les biais de confusion et de connaître l'effet simultané de plusieurs variables indépendantes sur une variable dépendante. On a établi la distinction entre les notions de confusion et de modification de la mesure d'association, et on a exploré les limites de la méthode d'ajustement de Mantel-Haenszel. Enfin, on a souligné que la méthode d'analyse multivariée à utiliser (régression linéaire multiple, régression logistique, régression à effet proportionnel ou régression de Cox) est fonction des caractéristiques de la variable dépendante et de la mesure d'association d'intérêt.

www.cheneliere.ca/simpson

Une section Exercices vous est offerte sur ce site Web.

NOTES ET RÉFÉRENCES

1. On peut consulter à ce sujet: Rothman, K.J., S. Greenland et T.L. Lash. *Modern Epidemiology,* 3ᵉ édition, Philadelphie, Lippincott Williams & Wilkins, 2008, chapitre 20; Bouyer, J., D. Hémon, S. Cordier et autres. *Épidémiologie. Principes et méthodes quantitatives,* Paris, Les éditions INSERM, 1995, chapitre 12.

2. Voir la note 1.

3. Dagenais, G.R., Z. Ahmed, N.M. Robitaille et autres. «Total and coronary heart disease mortality in relation to major risk factors – Quebec cardiovascular study», *Canadian Journal of Cardiology,* 1990, vol. 6, nº 7, p. 59-65.

13

L'ANALYSE CRITIQUE DES ÉTUDES EXPÉRIMENTALES

Auteures de la deuxième édition : Danielle Laurin, Chantal Guimont
Auteurs de la première édition : Louis Gabriel Latulippe, Yv Bonnier Viger,
Clément Beaucage

Au terme de ce chapitre, vous pourrez :

- réaliser la lecture critique d'articles scientifiques portant sur les études expérimentales selon une méthode structurée et systématique ;
- juger de la pertinence de modifier votre pratique à la lumière des résultats d'une publication scientifique portant sur les études expérimentales.

Objectifs	Contenu
1. Décrire les facteurs qui peuvent influencer la réponse à un traitement ou à une intervention	1.1 Histoire naturelle de la maladie, effet placebo, effet de l'attention accordée au sujet, effet réel d'un traitement ou d'une intervention
2. Définir une étude expérimentale et ses variantes	2.1 Plans d'étude : en parallèle, en croisé
3. Énoncer les critères de qualité d'une étude expérimentale	3.1 Clarté des objectifs
	3.2 Plan d'étude approprié
	3.3 Contrôle des biais de sélection, d'information et de confusion
	3.4 Précision de l'étude : erreur alpha, puissance statistique
	3.5 Signification statistique et signification clinique des résultats

Un cas

À la polyclinique Milo, Lisa voit entrer sa grand-mère. La vieille dame, qui vient la consulter pour une verrue sous le pied, refuse de recevoir quelque traitement que ce soit sans l'accord de sa petite-fille. Certaines personnes lui ont suggéré d'utiliser l'un de ces médicaments en vente libre dans les pharmacies tandis que d'autres lui ont recommandé un médicament homéopathique.

« À ton avis, Lisa, quel est le meilleur traitement ? » lui demande sa grand-mère.

Pertinence clinique

Devant l'abondance des publications scientifiques, et amenés de plus en plus à appuyer leur conduite sur des preuves scientifiques, il importe pour les professionnels de la santé de savoir lire les études expérimentales, car ce sont elles qui offrent les preuves les plus solides quant à l'efficacité d'un traitement, d'une intervention ou d'un programme. Elles constituent de ce fait l'une des principales sources d'information.

13.1 LES FACTEURS QUI PEUVENT EXPLIQUER LA RÉPONSE À UN TRAITEMENT OU À UNE INTERVENTION

Quatre facteurs peuvent expliquer la réponse à un traitement ou à une intervention : l'histoire naturelle de la maladie, l'effet placebo, l'effet de l'attention accordée au sujet et l'effet réel du traitement ou de l'intervention.

13.1.1 L'histoire naturelle de la maladie

L'évolution d'une maladie suit habituellement un parcours précis, parfois inconnu, ou encore tellement complexe qu'il est difficile de le prédire. En l'absence d'intervention, la maladie peut se résorber graduellement jusqu'à disparaître; elle peut aussi se stabiliser ou progresser. L'évolution de la maladie est indépendante du traitement, mais peut être confondue avec l'effet de celui-ci. L'évaluation d'un traitement ne peut se faire que si l'on constitue deux groupes; l'un recevant le traitement et l'autre servant de témoin. On pourra ainsi distinguer l'évolution naturelle de la maladie de l'effet du traitement.

> *Exemple 13.1*
>
> La verrue plantaire qu'a la grand-mère de Lisa peut guérir sans être traitée. En effet, selon certaines études, environ 10 % des verrues plantaires disparaissent un mois après être apparues. Dans de tels cas, si l'on menait une étude sur le traitement de la verrue plantaire, sa disparition pourrait s'expliquer tout aussi bien par son histoire naturelle que par l'effet du traitement. On ne peut donc tirer de conclusion sur l'efficacité réelle du traitement.

13.1.2 L'effet placebo

Le placebo* est par définition un traitement factice. Il peut tout de même soulager, voire guérir, certaines affections. C'est alors la croyance en l'efficacité du traitement proposé qui déclenche un processus de soulagement ou de guérison[1].

---

* Le terme « placebo » s'applique généralement au médicament utilisé, à l'effet observé ou au groupe témoin. Lorsqu'il désigne un médicament, il signifie que la substance administrée n'a aucun effet pharmacologique reconnu.

L'article-clé de Beecher[2] portant sur des études effectuées sans groupe témoin mais en aveugle rapporte que, dans l'une de ces études, 31 % des patients affirment avoir été soulagés grâce à un traitement administré après une opération alors qu'il s'agissait en fait d'un placebo. Dans le même article, l'auteur observe que 58 % des personnes victimes du mal de mer disent que leur état s'est amélioré à la suite de l'administration d'un placebo.

13.1.3 L'effet de l'attention accordée au sujet

Dans le cadre d'un programme visant à améliorer la productivité des employés, la compagnie Western Electric de Chicago a procédé, il y a près d'un demi-siècle, à une évaluation de l'impact de l'éclairage des sites de travail. Les employés ont participé activement aux consultations et l'éclairage a été amélioré en tenant compte de leurs suggestions. Les résultats ont été impressionnants : la productivité s'est accrue d'un très fort pourcentage. Afin de savoir si le nouvel éclairage était véritablement à l'origine de l'augmentation de la productivité, on y a apporté plusieurs changements, allant jusqu'à remettre en fonction les anciens systèmes. La productivité est restée la même. L'attention accordée aux employés expliquait donc l'amélioration de la productivité.

Dans toutes les disciplines des sciences de la santé, on reconnaît que l'attention donnée au sujet entraîne des effets. Le médecin tout comme l'infirmier ou l'ergothérapeute accordent beaucoup d'attention à la personne souffrante à laquelle ils administrent des soins. Les effets apparemment thérapeutiques de cette attention doivent donc être estimés et distingués lorsqu'on veut évaluer les effets d'un traitement.

Exemple 13.2

Les sujets d'une étude portant sur l'association entre l'alimentation et les maladies cardiovasculaires sont interrogés chaque année sur leur régime alimentaire. Cette attention peut les amener à modifier graduellement leurs habitudes. Pour équilibrer les effets de l'attention accordée aux sujets et ceux du traitement évalué, on accordera la même attention aux deux groupes soit celui recevant le placebo et celui recevant le traitement. Il sera alors possible de distinguer l'influence respective du traitement de l'attention accordée aux sujets sur l'état de leur santé.

Exemple 13.3

Lisa accorde beaucoup d'attention à sa grand-mère et à ses préoccupations quant à sa verrue plantaire. Si elle envisageait de réaliser une étude sur la verrue plantaire, il lui faudrait s'assurer d'accorder la même attention à tous les sujets de l'étude, qu'ils appartiennent au groupe traité ou au groupe témoin, et qu'il s'agisse de sa grand-mère ou d'une parfaite inconnue. Comme elle sait que cela lui est impossible, elle s'abstiendrait de mener une étude dont sa grand-mère serait l'un des sujets.

13.1.4 L'effet réel d'un traitement ou d'une intervention

Afin d'être en mesure d'évaluer les effets réels d'un traitement ou d'une intervention, les chercheurs doivent tout mettre en oeuvre pour maîtriser ou exclure l'effet de l'histoire naturelle de la maladie, l'effet placebo et l'effet de l'attention accordée aux sujets. Ces deux derniers effets sont souvent difficiles à départager.

Exemple 13.4

En 1948, une étude expérimentale[3] portant sur l'efficacité de la streptomycine dans le traitement de la tuberculose — maladie qui, à l'époque, entraînait de nombreux décès — était réalisée. On a exercé alors

>>>

un contrôle rigoureux des effets autres que ceux réellement liés au traitement en comparant deux groupes de sujets, dont l'un recevait la streptomycine. On a pu ainsi établir avec certitude l'efficacité du médicament. L'administration de ce traitement a conduit à une diminution marquée du nombre de décès dans le groupe traité.

Dans une étude expérimentale, on utilise un groupe témoin pour estimer l'effet de l'intervention ou du traitement étudié en contrôlant les autres facteurs. Tant dans le groupe qui reçoit le traitement que dans le groupe témoin, les effets de l'histoire naturelle et de l'attention accordée au sujet se manifestent. La seule caractéristique qui distingue le second groupe du premier, c'est qu'il reçoit un placebo. Les différences entre les deux groupes ne peuvent donc être imputables qu'à l'intervention ou au traitement étudié.

13.2 QU'EST-CE QU'UNE ÉTUDE EXPÉRIMENTALE ?

13.2.1 Définition et étapes de la démarche

Une étude expérimentale est un modèle d'étude dont les sujets sont assignés ou non au traitement étudié. La méthode utilisée pour distribuer les sujets doit être précisée dans le protocole. Lorsque la distribution des sujets dans les groupes est déterminée aléatoirement (au hasard), on parle d'étude expérimentale « hasardisée ». Lorsqu'il est impossible de recourir à cette méthode, on parle d'étude expérimentale « non hasardisée ».

Il arrive aussi que les sujets ne puissent être individuellement assignés au traitement étudié par risque de contamination entre les groupes. Dans ce cas, on doit assigner les groupes — et non les sujets — au traitement étudié. Il s'agit alors d'une étude dite « quasi expérimentale ». Tout comme l'étude expérimentale, l'étude quasi expérimentale peut être hasardisée si l'assignation des groupes au traitement se fait de façon aléatoire.

Exemple 13.5

Lors de l'accouchement, il arrive que le bébé à naître présente des signes inquiétants qui contraignent l'équipe de soins à intervenir rapidement. Leveno et autres[4] ont comparé l'efficacité du monitorage foetal universel (offert à toutes les femmes) et celle du monitorage sélectif (offert aux femmes à risque seulement) pour déceler les signes de détresse chez le bébé. Or, bien que la répartition par hasardisation des femmes dans les groupes ait été possible, elle ne permettait pas d'assurer le respect des consignes. En effet, les médecins qui croyaient en l'efficacité du monitorage universel auraient eu tendance à l'utiliser auprès de leurs patientes à la moindre difficulté, qu'elles soient ou non à risque, et cela, en dépit du fait que leur décision de participer à l'étude aurait dû normalement les inciter à ne pas tenir compte de leurs convictions. Afin de contourner ce problème, les chercheurs ont plutôt choisi de limiter le nombre d'appareils de monitorage. Pendant un mois donné, le petit nombre d'appareils forçait les médecins à ne les utiliser qu'auprès des femmes à risque, alors que, le mois suivant, leur nombre était suffisant pour offrir le monitorage universel à toutes les femmes. Cette étude quasi expérimentale, d'une durée de 36 mois, a permis de conclure que le monitorage universel était inutile.

Bien que l'expression « étude expérimentale » renvoie à un plan d'étude précis, les études de ce type possèdent différentes appellations selon le contexte. En effet, une étude expérimentale qui a pour but d'évaluer l'efficacité d'un nouveau médicament ou d'une nouvelle intervention est communément appelée « essai clinique ». Une étude sur l'efficacité d'une intervention dans une communauté, une campagne de vaccination par exemple, est appelée « essai communautaire ».

L'étude expérimentale respecte une démarche précise. Le chercheur formule d'abord une hypothèse ; celle-ci pourrait énoncer, par exemple, que le traitement homéopathique de la verrue plantaire est plus efficace que le placebo. Il détermine ensuite la population cible à laquelle il souhaite généraliser ses résultats. Puis, il définit la population à l'étude à partir de laquelle il pourra constituer un échantillon. Il établit alors des critères d'inclusion ou d'exclusion, posant par exemple que les personnes de 6 ans à 59 ans — ayant au moins une verrue plantaire — seront incluses et que les femmes enceintes et celles qui allaitent seront exclues. Ensuite, il constitue l'échantillon et il forme les groupes par hasardisation, puis il détermine les critères de jugement qui serviront à mesurer les effets du traitement. Finalement, il choisit des méthodes de prévention et de contrôle des biais telles que la technique en aveugle, l'évaluation des interventions autres que le traitement évalué (co-interventions) ou l'adoption de stratégies pour éviter de perdre de vue des sujets pendant l'étude. Il procède également à une analyse des aspects éthiques du projet, pour ensuite effectuer l'étude, en analyser les résultats et rédiger un rapport. L'encadré 13.1 passe en revue les étapes de la démarche utilisée pour réaliser une étude expérimentale.

ENCADRÉ 13.1 Étapes de la démarche utilisée pour réaliser une étude expérimentale

1. Formuler l'hypothèse de recherche.
2. Définir la population cible.
3. Considérer les aspects éthiques de l'étude.
4. Définir la population à l'étude.
5. Établir les critères d'inclusion et d'exclusion.
6. Constituer un échantillon.
7. Former les groupes par hasardisation.
8. Établir les critères de jugement qui permettront de mesurer les résultats de l'étude.
9. Déterminer les méthodes de prévention et de contrôle des biais.
10. Effectuer la collecte des données de l'étude.
11. Analyser les résultats de l'étude.
12. Rédiger un rapport.

13.2.2 La sélection des sujets

La sélection des sujets est une étape importante d'une étude expérimentale. Idéalement, le choix des sujets s'effectue à l'intérieur de la population à l'étude où l'on procède à une sélection aléatoire. On parle alors d'un échantillon « aléatoire ». Cette technique permet généralement d'obtenir un groupe représentatif de cette population, ce qui réduit au minimum les biais de sélection.

Exemple 13.6

Une étude de prévalence a révélé que, parmi les 1 800 habitants d'Anoukville, 75 avaient au moins une verrue plantaire. De ce nombre, 30 ont été choisis aléatoirement pour participer à une étude sur l'efficacité de l'homéopathie dans le traitement de la verrue plantaire.

La sélection aléatoire est rarement utilisée en pratique parce que les chercheurs sont dans l'impossibilité de définir ou de connaître la population à l'étude. Pour ce faire, il faut souvent réaliser au préalable une étude de prévalence, ce qui entraîne des coûts élevés et demande un temps considérable. Le recours à des sujets volontaires est dans ce cas une solution acceptable. On parle alors d'un échantillon « électif » ou « de convenance ».

Les sujets volontaires peuvent être recrutés à partir d'une population accessible, comme les étudiants d'une école ou les individus qui se présentent à un hôpital. Dans de telles circonstances, il faut comprendre que, puisqu'ils se portent volontaires, les sujets ne sont probablement pas représentatifs de l'ensemble des personnes qui ont des verrues plantaires. En effet, il semble que les sujets volontaires soient généralement plus motivés et en meilleure santé que les sujets qui choisissent de ne pas participer à l'étude; il semble que leur niveau de scolarité soit également plus élevé. Toutefois, bien que cela ait un effet sur la validité externe, les mesures obtenues à partir d'un échantillon électif n'affecteront pas pour autant la validité interne de l'étude.

Exemple 13.7

Les 3 500 élèves de l'école Madeleine ont été invités à participer à une étude ayant pour but de comparer le traitement homéopathique de la verrue plantaire et un placebo. L'invitation a été lancée par l'entremise du journal, de la radio et du personnel du service de santé de l'établissement qui informait les élèves en consultation de l'existence du projet. Quarante élèves ont manifesté leur désir de participer à l'étude.

La sélection des sujets doit parfois être restreinte à certains sous-groupes afin d'éviter d'introduire des biais de sélection. Cette démarche, dite « par restriction », a pour but d'assurer une plus grande homogénéité des groupes, ce qui réduit la nécessité de créer des strates lors de l'analyse des données.

Pour contrecarrer d'éventuels biais de sélection, il faut donc définir clairement les critères d'inclusion et d'exclusion des sujets de l'étude. Ces critères contribuent à améliorer le processus de sélection des sujets et, par conséquent, la validité interne de l'étude.

Exemple 13.8

L'étude comparant le traitement homéopathique de la verrue plantaire à un placebo réalisée à l'école Madeleine comportait certains critères d'inclusion et d'exclusion. Les garçons comme les filles étaient admissibles. Les élèves qui résidaient loin de l'école étaient exclus, car les visites médicales avaient lieu après les cours, à 15 h 30, heure à laquelle les élèves devaient prendre l'autobus. Ceux qui consommaient des médicaments ou qui étaient atteints d'une maladie chronique étaient également exclus, ces caractéristiques pouvant influer sur les taux de guérison.

13.2.3 La répartition des sujets par hasardisation

La hasardisation est une méthode rigoureuse qui consiste à répartir les sujets dans les groupes selon un procédé aléatoire, ce qui signifie que chaque sujet présente sensiblement la même probabilité de faire partie de l'un ou l'autre groupe. Cette méthode vise à réduire non seulement les biais de sélection mais aussi les biais de confusion. Elle permet généralement une répartition plus homogène des variables de personnes dans les groupes. Une période de « *wash-out* » peut parfois précéder la hasardisation et l'administration du traitement : aucun traitement actif n'est alors administré aux sujets. Cette période a pour objectif d'éliminer les effets du traitement actif habituel, susceptibles d'interagir avec ceux du traitement étudié, ou encore de s'assurer que les sujets inclus dans l'étude sont atteints de la maladie d'intérêt après l'interruption du traitement actif habituel. Ainsi, dans un essai clinique portant sur un nouveau médicament pour l'hypertension artérielle, il est bon de procéder à une période de *wash-out* pour vérifier que les sujets qui seront hasardisés en fonction du traitement étudié sont effectivement hypertendus au départ.

Exemple 13.9

Le fait de choisir les sujets devant recevoir un traitement A ou un traitement B selon des critères qui, à la limite, fournissent certains indices sur le traitement attribué peut conduire à une erreur systématique. Par exemple, les sujets se présentant à l'urgence pour un traumatisme oculaire sont assignés à un traitement de la façon suivante : les personnes qui se présentent le jour reçoivent le traitement A et celles qui se présentent en soirée reçoivent le traitement B. Les personnes qui viennent le jour y sont peut-être incitées par des raisons particulières. Ainsi, les gens à la retraite ou qui ne travaillent pas se présenteront surtout le jour, tandis que les personnes qui travaillent le jour se présenteront davantage en soirée. Par ailleurs, le fait d'avoir un traumatisme sévère amènerait les personnes travaillant le jour à consulter le jour. En somme, pour plusieurs raisons, connues et inconnues, les sujets recevant le traitement A et ceux recevant le traitement B risquent d'être difficilement comparables.

On peut réaliser la hasardisation en utilisant une table de nombres aléatoires, un générateur de nombres aléatoires ou encore une autre méthode qui offre à chaque sujet la même probabilité d'être assigné à l'un ou l'autre groupe. On peut ainsi se servir d'enveloppes opaques, scellées, qui contiennent un papier indiquant le traitement à donner, ou encore téléphoner à une centrale téléphonique qui annoncerait le traitement selon une liste de nombres aléatoires. Lorsque le recrutement s'effectue dans plusieurs milieux, il est possible de constituer des « blocs » de permutation, c'est-à-dire une petite série de traitements, choisis aléatoirement, dont une moitié serait le traitement A, et l'autre le traitement B. Ainsi, avec des blocs de six, un premier bloc pourrait être A, B, A, B, B, A, un second bloc A, A, B, B, A, B, un troisième bloc B, B, B, A, A, A, etc. Ces blocs garantissent une répartition égale des sujets dans chacun des milieux pour chaque groupe de sujets à chaque nombre donné (ici six) de sujets inclus dans l'étude.

Exemple 13.10

Worrall[5] a réalisé une étude portant sur l'utilité d'une technique stérile stricte lors du traitement de plaies cutanées superficielles. Les sujets admissibles à l'étude ont été affectés au groupe A (technique stérile stricte) ou au groupe B (technique dite « eau et savon ») par tirage au sort. Worrall a déposé dans un sac de papier opaque six billes, soit trois billes jaunes et trois billes rouges. La sélection d'une bille jaune indiquait que le patient allait faire partie du groupe A et celle d'une bille rouge qu'il serait affecté au groupe B.

13.2.4 **Les considérations éthiques particulières aux essais cliniques**

De façon générale, un projet d'expérimentation sur des sujets humains n'est pas considéré comme éthiquement acceptable s'il existe des preuves irréfutables que l'un des traitements à l'étude est plus efficace que l'autre. De plus, le traitement étudié doit avoir franchi les différentes étapes qui permettent d'estimer qu'il a toutes les chances d'être plus efficace que le traitement habituel[6].

Afin de tenter de réduire au minimum les risques de préjudices pour les sujets, les comités d'éthique des hôpitaux et des universités établissent des règles qui doivent permettre de critiquer les projets d'études avant qu'ils ne débutent.

Un sujet invité à participer à une étude expérimentale doit signer, en toute connaissance de cause, un formulaire de consentement. Ce dernier contient toute l'information utile que le sujet doit connaître avant de participer au projet. Le chercheur, quant à lui, doit faire la démonstration qu'il respectera un ensemble de règles. Les aspects éthiques sont considérés à toutes les étapes de l'étude, depuis sa planification jusqu'à la rédaction.

La qualité de l'étude, en ce qui a trait tant à sa puissance statistique qu'au plan adopté ou à la rigueur du déroulement, doit nourrir la réflexion du chercheur et celle du comité d'éthique qui analyse le projet. Il serait raisonnable de s'interroger sur la pertinence de réaliser une étude dont la puissance statistique serait insuffisante, qui utiliserait une méthode de collecte d'information non rigoureuse ou à l'intérieur de laquelle le contrôle des biais de confusion serait escamoté.

13.2.5 **Deux plans d'études expérimentales : en parallèle et en croisé**

On utilise fréquemment deux plans d'études expérimentales hasardisées, soit le plan d'étude en parallèle et le plan d'étude en croisé.

Le plan d'étude en parallèle consiste à comparer deux ou plusieurs groupes simultanément. Après la hasardisation, les patients demeurent dans le même groupe et reçoivent le même traitement tout au long de l'étude.

La figure 13.1 présente de façon schématique les étapes d'une étude expérimentale menée en parallèle.

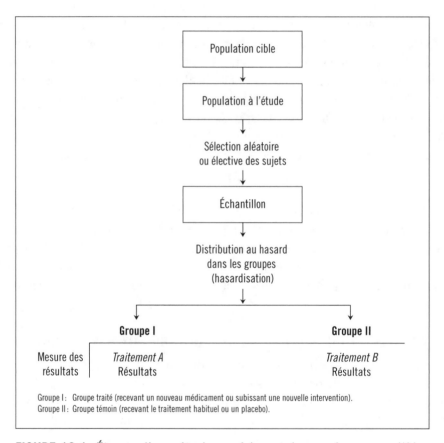

FIGURE 13.1 Étapes d'une étude expérimentale menée en parallèle

---

Exemple 13.11

En 1981, un groupe norvégien a publié les résultats d'une étude[7] portant sur l'efficacité du timolol, un médicament antihypertenseur administré aux survivants d'un infarctus aigu pour réduire le risque d'un nouvel infarctus aigu du myocarde. Les sujets ont été sélectionnés à partir des admissions pour infarctus dans 20 hôpitaux de Norvège. Au total, 11 125 sujets étaient admissibles. Après l'application des critères d'inclusion et d'exclusion, 1 884 sujets ont été répartis par hasardisation dans le groupe témoin (939) ou le groupe traité avec le timolol (945). Tout au long de l'étude, les sujets de chaque groupe ont toujours reçu le même médicament.

Dans le plan d'étude en croisé, les sujets de l'étude reçoivent alternativement les deux traitements. La séquence d'administration des traitements est différente pour les deux groupes. Ainsi, le premier groupe recevra le traitement A puis le traitement B, tandis qu'on administrera le traitement B puis le traitement A au second groupe.

Ce plan d'étude est surtout utilisé lorsque les mesures varient beaucoup chez le sujet et entre les sujets. Le plan d'étude en croisé est également utilisé pour étudier des phénomènes plus subjectifs, tels que la douleur ou le bourdonnement d'oreille.

La figure 13.2 présente les étapes d'une étude expérimentale menée en croisé.

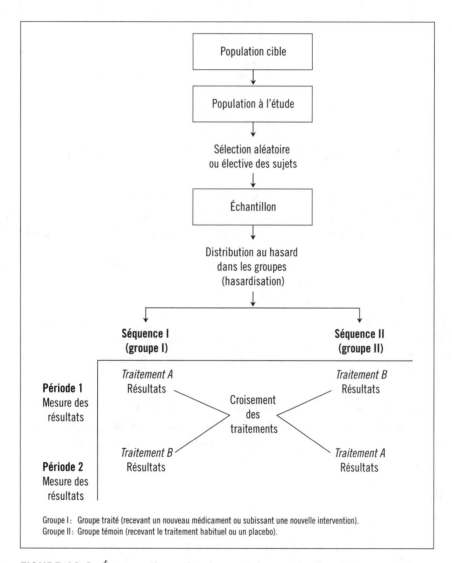

FIGURE 13.2 Étapes d'une étude expérimentale menée en croisé

Exemple 13.12

James et autres[8] ont étudié les effets de l'oxprénolol, un bêtabloquant à très courte durée d'action, sur le trac des musiciens avant un spectacle. Tous les musiciens d'un orchestre (24) ont été répartis au hasard dans 2 groupes. Les 12 musiciens du premier groupe recevaient le placebo le premier soir de concert et l'oxprénolol le deuxième soir; puis inversement pour les 12 musiciens de l'autre groupe. L'étude a révélé que le trac était moindre dans le groupe recevant l'oxprénolol.

Le tableau 13.1 résume les principaux avantages et désavantages des plans d'études en parallèle et en croisé.

TABLEAU 13.1 Avantages et désavantages des plans d'études en parallèle et en croisé

	Plan d'étude en parallèle	**Plan d'étude en croisé**
Avantages	• Permet un meilleur contrôle des données manquantes.	• Compare le sujet à lui-même. • Exige un moins grand nombre de sujets que le plan d'étude en parallèle. • Est moins coûteux que le plan d'étude en parallèle.
Désavantages	• Compare des individus potentiellement différents dans leur façon de réagir au traitement et arrivés à des stades différents de la maladie. • Exige un plus grand nombre de sujets que le plan d'étude en croisé. • Est plus coûteux que le plan d'étude en croisé.	• Exige une analyse statistique complexe. • Fournit des résultats fortement influencés par les sujets perdus de vue.

13.3 L'ANALYSE CRITIQUE D'UNE ÉTUDE EXPÉRIMENTALE

La publication scientifique résume le travail accompli par les chercheurs et retrace les grandes étapes de l'étude réalisée. Elle met en évidence l'objectif de cette étude, les méthodes utilisées pour atteindre cet objectif, les principaux résultats obtenus et propose une discussion sur le travail accompli.

De nombreux auteurs se sont intéressés à la présentation et la critique des études expérimentales. L'énoncé CONSORT, maintenant révisé, propose des normes relatives à l'organisation de la rédaction des études expérimentales[9]. D'autres auteurs ont proposé des grilles de critères d'évaluation permettant de juger des résultats des études expérimentales. Le choix d'une grille de critères d'évaluation sera toujours subjectif. Une démarche d'analyse critique d'un article portant sur une étude expérimentale est présentée à l'encadré 13.2. Cette grille d'évaluation est basée en partie sur les critères de Guyatt et autres[10].

Afin de pouvoir indiquer à sa grand-mère quel traitement semble le plus efficace pour traiter sa verrue plantaire, Lisa s'est penchée sur un article intitulé « Traitement homéopathique de la verrue plantaire »[11]. Cette étude servira d'exemple pour la suite du présent chapitre; à l'occasion, d'autres exemples serviront à préciser le propos.

> **Exemple 13.13**
>
> Le résumé de l'article portant sur le traitement homéopathique de la verrue plantaire se lit comme suit.
>
> **Objectif :** *Évaluer l'efficacité d'un traitement homéopathique de la verrue plantaire.*
>
> **Plan de l'étude :** *Essai clinique hasardisé, en double aveugle et avec placebo.*
>
> **Contexte :** *Unité de médecine familiale en milieu hospitalier.*
>
> **Participants :** *853 personnes ont été évaluées à l'unité de médecine familiale de décembre 1987 à janvier 1989. De ce nombre, 174 étaient admissibles (elles étaient âgées de 6 ans à 59 ans et avaient eu une ou plusieurs verrues plantaires non traitées pendant les trois mois précédant l'étude) et avaient consenti à participer à l'étude. Cent soixante-deux sujets (93 %) ont été suivis pendant toute la période de l'étude (18 semaines).*

>>>

ENCADRÉ 13.2 Grille d'analyse critique d'un article portant sur une étude expérimentale

---

RÉSUMÉ

- Le résumé est-il structuré ?
- Le résumé présente-t-il le but de l'étude ?
- Y décrit-on brièvement les méthodes utilisées ?
- Y fournit-on les principaux résultats ?
- Y expose-t-on les principales conclusions ?

INTRODUCTION

- La revue des connaissances actuelles sur le sujet est-elle présentée ? Les références sont-elles fournies ?
- Le ou les objectifs de l'étude sont-ils adéquatement décrits ?

MÉTHODE

Devis

- La justification du modèle d'étude est-elle présentée ?

Population (ces renseignements aident à juger de la prévention des biais de sélection et de confusion)

- La population à l'étude est-elle bien définie ?
- La population cible est-elle définie ?
- Décrit-on le mode de sélection des sujets ?
- Des moyens sont-ils mis en place pour réduire le nombre des sujets perdus de vue, les non-réponses à la sollicitation ou les refus de participer ?
- Les critères d'inclusion et d'exclusion des sujets sont-ils mentionnés et permettent-ils de bien cerner la population à l'étude ?
- Les lieux où les sujets sont recrutés sont-ils mentionnés ?
- Les groupes sont-ils comparables ?

Mesure de l'exposition et de l'effet (ces informations aident à juger de la prévention des biais d'information)

- La définition de ce que constitue un cas ou un événement est-elle claire ?
- La définition de ce que constitue une exposition est-elle claire ?
- La méthode de collecte de l'information est-elle bien décrite ?
- L'information sur l'exposition et la maladie est-elle obtenue de la même manière pour tous les sujets ? Est-elle obtenue en aveugle ?
- Les caractéristiques des instruments utilisés sont-elles précisées et indique-t-on les limites de ces instruments ?
- L'homogénéité de la formation des évaluateurs est-elle mesurée ?

Calcul de la taille de l'échantillon

- Le calcul effectué pour fixer la taille de l'échantillon est-il précisé et expliqué ?
- L'erreur alpha et la puissance statistique de l'étude sont-elles précisées ?

Plan d'analyse

- Le plan d'analyse est-il présenté ?
- A-t-on pris les mesures nécessaires pour en assurer la précision ?
- Pour les études non expérimentales, le plan d'analyse prend-il en compte le contrôle des variables de confusion ?
- Y a-t-il des sujets perdus de vue ? Si oui, sont-ils pris en considération dans l'analyse ?

RÉSULTATS

- Présente-t-on un schéma permettant d'apprécier le nombre de refus et de pertes au suivi ?
- Est-ce que les périodes de recrutement sont clairement précisées ?
- Présente-t-on des données sociogéographiques de base pour chacun des groupes à l'étude ?
- Est-ce que le résultat principal est clairement défini et présente-t-on à la fois la mesure d'effet et sa précision ?
- A-t-on tenu compte de tous les facteurs confondants ou modifiants reconnus lors de l'analyse par stratification ou modélisation ?

DISCUSSION ET CONCLUSION

- Est-ce que les auteurs avancent une interprétation des résultats principaux ?
- Est-ce que ces résultats sont mis en lien avec le reste de la littérature ?
- Les auteurs discutent-ils de la validité interne de l'étude, c'est-à-dire des différents biais (de sélection, d'information, de confusion) qui ont pu l'entacher ?
- Les conclusions de l'étude tiennent-elles compte de la signification clinique des résultats ?
- Les auteurs discutent-ils de la validité externe de l'étude ?

Interventions : *Un traitement homéopathique constitué de thuya 30 « centésimal hahnemannien » (CH) (un tube de 200 granules par semaine), d'antimonium crudum 7 CH (5 granules par jour) et de nitricum acidum 7 CH (un tube de 200 granules par jour) a été administré pendant une durée totale de six semaines. L'apparence et le goût des granules placebos étaient identiques à ceux des granules homéopathiques.*

Mesure des principaux résultats : *La proportion de patients guéris à l'intérieur de la période de l'étude a été établie. Un sujet était considéré comme guéri lorsque toutes ses verrues avaient disparu.*

Principaux résultats : *La proportion de personnes guéries à 6, 12 et 18 semaines était respectivement de 4,8 %, 13,4 % et 20 % dans le groupe homéopathie, et de 4,6 %, 13,1 % et 24,4 % dans le groupe placebo.*

Conclusion : *La médication homéopathique étudiée n'est pas plus efficace qu'un placebo pour traiter les verrues plantaires.*

La lecture de l'article confirme l'intérêt de l'article et Lisa décide d'en poursuivre la lecture.

13.3.1 L'introduction

L'introduction contient habituellement trois informations très utiles à l'évaluation de l'article. En premier lieu, elle précise la population cible et la population à l'étude ; en deuxième lieu, elle fournit le ou les objectifs de l'étude ; et en troisième lieu, elle peut indiquer le ou les critères de jugement principaux auxquels les auteurs ont recouru. Ces critères peuvent aussi se trouver dans la section « Méthode ». L'introduction explique brièvement le cheminement du chercheur, à la lumière de son questionnement de départ. Elle permet de vérifier à quelles interrogations répond la recension des écrits et d'évaluer les propos des auteurs sur la pertinence de l'étude.

L'auteur d'un article scientifique, et à plus forte raison celui d'une étude expérimentale, doit préciser les caractéristiques de la population à l'étude. En effet, l'étude expérimentale exige un contrôle rigoureux des variables de personnes, de temps et de lieu qui peuvent influer directement ou indirectement sur les résultats. Par ailleurs, le chercheur doit également décrire la population à laquelle il veut généraliser les résultats de son étude et préciser les caractéristiques de la population d'où provient l'échantillon qu'il a choisi. Dès lors, le lecteur est en mesure de juger de la pertinence du choix de l'échantillon.

Exemple 13.14

Dans l'article qu'elle lit, Lisa repère le passage suivant :

L'étude a été réalisée à l'Unité de médecine familiale du Centre hospitalier de l'Université Laval à Sainte-Foy [aujourd'hui le Centre hospitalier universitaire de Québec]. *Les patients recrutés l'ont été à partir des consultations régulières à l'unité, par le réseau de télévision locale, par la radio, les journaux ou par des contacts personnels.*

Les auteurs de cette étude ont choisi des volontaires (échantillon électif). Ce choix était pertinent, car les auteurs ne connaissaient pas la population à l'étude. Aucune étude de prévalence n'ayant été réalisée, une sélection aléatoire n'était pas possible.

Les objectifs de l'étude sont habituellement présentés à la fin de la section « Introduction ». Des objectifs décrits adéquatement et suffisamment précis permettent au lecteur de suivre le raisonnement des auteurs. Les méthodes utilisées – décrites en détail dans la section « Méthode » – doivent permettre d'atteindre les objectifs.

Exemple 13.15

Dans l'étude sur la verrue plantaire, on peut lire : « La présente étude a pour objectif d'évaluer l'efficacité d'un traitement homéopathique de la verrue plantaire. » Comme ils le précisent dans la section « Résumé », afin d'atteindre cet objectif, les auteurs ont opté pour une étude hasardisée et à double insu ; ils ont donc choisi le devis d'étude le plus rigoureux. Selon les informations, le plan d'étude serait en parallèle.

Exemple 13.16

Lisa se rappelle avoir lu dans un autre article :

L'objectif de la présente étude est de comparer l'efficacité d'une injection de méthylprednisolone et celle d'une injection de sérum physiologique dans l'articulation du genou de patients consultant pour la première fois pour une crise de goutte aiguë.

On précise parfois dans l'introduction le ou les critères de jugement retenus par les auteurs, mais il arrive aussi que cet élément figure dans la section « Méthode ». Le ou les critères de jugement renvoient à la mesure de l'efficacité du traitement évalué.

Exemple 13.17

Dans l'étude sur la verrue plantaire, les auteurs précisent dans la section « Méthode » : « La verrue était considérée comme disparue si les plis cutanés étaient réapparus dans le site de la lésion. »

Exemple 13.18

Une étude[12] réalisée au Nicaragua, dont le but était d'évaluer l'efficacité d'un traitement homéopathique de la diarrhée, était hasardisée. Les auteurs ont considéré le nombre de selles par jour comme un critère de jugement de l'efficacité du traitement.

13.3.2 La méthode et les résultats

La section « Méthode » présente le plan de travail utilisé pour répondre à la question de départ. Une étude expérimentale étant d'abord et avant tout une étude comparative, le lecteur vigilant porte une attention particulière à l'identification des groupes comparés, au plan d'étude utilisé et au traitement offert au groupe témoin (placebo ou autre). De plus, il note si l'étude est hasardisée et réalisée en aveugle.

La section « Résultats » permet de juger si les travaux ont été réalisés selon le plan prévu et si des contretemps ont perturbé le déroulement des opérations (sujets perdus de vue, non-réponses à la sollicitation ou refus de participer). Pour étayer son jugement critique, Lisa recherche dans ces sections les éléments qui lui permettent de juger de l'effet du traitement, ainsi que de la validité et de la précision de l'estimation de l'effet du traitement.

L'évaluation de la validité interne de l'étude

La validité interne d'une étude consiste en sa capacité de rendre compte d'un phénomène ou d'en mesurer la valeur réelle. Une mesure valide est exempte d'erreur systématique ou de biais.

Exemple 13.19

Dans l'étude portant sur la verrue plantaire, les auteurs ont choisi des sujets volontaires et ont appliqué des critères d'inclusion et d'exclusion. De plus, ils ont réparti les sujets dans les groupes par hasardisation. Des critères précis servaient de référence pour poser le diagnostic et estimer la disparition de la verrue. Finalement, des mesures ont été prises pour réduire le nombre de sujets perdus de vue. Toutes ces mesures ont été mises en place pour réduire les biais.

a) La prévention et le contrôle des biais de sélection

La sélection des sujets est une étape importante de la réalisation d'une étude expérimentale. Une description détaillée du processus de sélection doit par conséquent être fournie.

Il est préférable d'exclure d'une étude certains sujets. Ainsi, on n'admettra pas les femmes enceintes parce que, dans leur cas, l'innocuité du traitement n'a pas été démontrée. On peut aussi décider que les sujets de l'étude appartiendront à certains groupes d'âge ou qu'ils ne devront pas souffrir d'une maladie chronique. Ces exclusions précédant la hasardisation ont l'avantage de favoriser l'homogénéité des groupes. En revanche, une sélection trop rigide limitera les conclusions de l'étude à un groupe très restreint d'individus.

Exemple 13.20

Labrecque et autres ont indiqué dans leur article :

Tous les sujets de 6 ans à 59 ans ayant au moins une verrue plantaire étaient admissibles. Les critères d'exclusion comprenaient : avoir été traité pour une verrue plantaire dans les trois mois précédant l'étude, avoir une verrue en mosaïque, prendre un médicament prescrit, être atteint d'une maladie chronique ou d'une immunodéficience. Les femmes enceintes et celles qui allaitaient n'étaient pas admissibles, de même que les patients demeurant à l'extérieur de la ville de Québec.

Les auteurs de l'étude ont donc choisi d'exclure des sujets lors de la sélection. Leurs critères d'exclusion semblent réalistes. En effet, ils ont choisi d'exclure les sujets résidant en dehors des limites de Québec, car l'observance du traitement aurait pu en être affectée ; ils ont tenu compte de facteurs pouvant avoir un effet sur la guérison des verrues tels que l'âge, les maladies chroniques et le fait d'être enceinte ou d'allaiter, et ils ont exclu les cas de diagnostic incertain. Le tableau ci-après, tiré de l'article, renseigne sur les motifs d'exclusion.

TABLEAU 13.2 Motifs d'exclusion des sujets lors du recrutement

Motif	Nombre (%) de patients ($n = 853$)
Exclus après un questionnaire téléphonique	**485 (56,9)**
Verrue traitée au cours des trois derniers mois	127 (26,2)
Patient désirant de l'information seulement	123 (25,4)
Résidence hors des limites de Québec	69 (14,2)
Autres lésions plantaires	67 (13,8)
Maladies chroniques traitées	47 (9,7)
Verrue non plantaire	24 (4,9)
Âge < 6 ans ou > 59 ans	21 (4,3)
Patiente enceinte ou qui allaite	7 (1,4)
Exclus après un examen physique	**111 (13,0)**
Autres lésions plantaires	69 (62,2)
Absence de *microthrombi*	24 (21,6)
Verrue en mosaïque	18 (16,2)
Refus de participer	**83 (9,7)**

Les biais de sélection peuvent être prévenus à l'étape de l'échantillonnage. Le chercheur peut alors s'assurer de la qualité des banques de données ou des listes à partir desquelles il sélectionnera les cas ; il prend les moyens pour éviter de perdre de vue des sujets au cours de l'étude et limiter le nombre de refus de participer. Les résultats d'un essai clinique dépassant 20 % d'abandons ou de pertes au suivi témoignent souvent de la présence d'un biais de sélection[13].

À l'étape de l'analyse, le contrôle des biais de sélection est presque impossible. Le chercheur doit tenter d'estimer l'impact d'un éventuel biais de sélection sur les résultats obtenus en tenant compte dans son analyse des refus de participer à l'étude, ainsi que des sujets perdus de vue et des abandons en cours d'étude. Pour ces deux derniers cas, le chercheur peut effectuer une analyse de sensibilité. En l'absence d'information sur le devenir réel des sujets perdus de vue ou ayant abandonné en cours d'étude, le chercheur refait alors ses analyses en attribuant à chacun de ces sujets d'abord le moins favorable des effets, puis le plus favorable d'entre eux.

Exemple 13.21

Le groupe norvégien[14] qui a étudié l'efficacité du timolol en le comparant à un placebo s'est trouvé dans une situation où certains sujets ont cessé de suivre le traitement tel qu'il était recommandé à cause d'effets indésirables ; d'autres sujets ont abandonné le traitement en cours de route. Enfin, d'autres ont été simplement perdus de vue. Cette erreur systématique a été en quelque sorte « corrigée » en procédant à une analyse de sensibilité. Les différences observées étaient assez similaires, que les sujets ayant abandonné l'étude ou ayant été perdus de vue aient été inclus ou exclus des calculs. Les auteurs ont conclu que le timolol était efficace pour réduire la mortalité postinfarctus.

Bien qu'il existe des moyens de réduire au minimum les effets attribuables aux sujets perdus de vue, ce phénomène constitue un problème majeur que l'analyse statistique la plus rigoureuse ne peut résoudre. Les propos des auteurs quant à l'impact de ces sujets sur les résultats obtenus sont très importants.

Exemple 13.22

Dans l'article dont Lisa fait l'analyse critique, on lit dans la section « Discussion » :

Nous avons pris soin de minimiser les sources de biais. La proportion des « perdus de vue », qui peut entraîner un biais de sélection dans un essai clinique, a été réduite à un minimum (7 % dans chaque groupe). Une nouvelle analyse des données ainsi que l'attribution du meilleur résultat possible à ceux qui avaient abandonné le groupe traité par homéopathie et du pire résultat à ceux qui avaient quitté le groupe traité par un placebo n'ont pas changé les résultats.

Le lecteur vigilant doit donc s'interroger sur les aspects suivants : les patients ont-ils été suivis jusqu'à la fin de l'étude ? Sinon, la situation est-elle, toute proportion gardée, comparable entre les groupes ? Les auteurs en tiennent-ils compte dans l'analyse ?

b) La prévention des biais d'information

Comme on le sait, le sujet, l'intervenant qui effectue l'évaluation du sujet ou le chercheur qui est informé de la nature du traitement administré est influencé par cette connaissance. En effet, le sujet qui sait qu'il a consommé un placebo pourra difficilement croire aux vertus curatives de ce traitement. En revanche, s'il ne sait pas ce qu'il consomme, il peut attribuer des propriétés au produit même s'il s'agit d'un placebo et sa croyance en l'efficacité du médicament est peut-être ce qui le soulage. Il en va de même pour le chercheur qui croit à l'efficacité d'un traitement. Son évaluation du résultat sera influencée par le préjugé qu'il risque de nourrir s'il sait qui reçoit le placebo et qui reçoit le traitement.

La technique en aveugle permet de prévenir le biais d'information. La technique en double ou triple aveugle (voir le chapitre 6) est préférable à la technique en simple aveugle et cette dernière vaut mieux qu'aucune. Il revient au lecteur de juger s'il se trouve vraiment devant une étude menée en aveugle : certaines sont prétendument menées en aveugle alors que ce n'est pas le cas.

Exemple 13.23

Une compagnie a subventionné la réalisation d'une étude comparant un nouvel antibiotique à un placebo. Les sujets sélectionnés étaient des volontaires et la distribution dans les groupes était hasardisée. De plus, l'étude était dite en double aveugle. Or, le nouvel antibiotique était une molécule de la famille des érythromycines, des médicaments qui provoquent des troubles gastro-intestinaux. Ainsi, l'antibiotique à l'étude a provoqué des nausées et des crampes abdominales chez 66 % des sujets alors que ces symptômes se sont manifestés chez seulement 8 % des sujets recevant le placebo. Il était donc possible pour les sujets et pour les évaluateurs de présumer qu'en présence de troubles gastro-intestinaux, il y avait de plus fortes chances d'appartenir au groupe traité avec l'antibiotique. Par conséquent, l'étude n'était pas véritablement menée en aveugle.

Outre la technique en aveugle, le chercheur doit préciser les mesures prises pour réduire ou éviter les biais d'information. Ainsi, la méthode de collecte d'information doit être bien décrite. On doit s'assurer de la qualité des instruments utilisés, qu'il s'agisse d'un questionnaire ou d'un examen diagnostique. De plus, les auteurs doivent mentionner les caractéristiques et les limites des instruments utilisés. Lorsqu'il y a plus d'un évaluateur, l'homogénéité de leur formation doit être assurée. Cette homogénéité est souvent démontrée par des résultats sur l'accord interjuges (coefficient de corrélation ou mesure Kappa).

Exemple 13.24

Dans l'étude portant sur le traitement de la verrue plantaire, les auteurs ont demandé à des médecins d'évaluer le diagnostic posé et la guérison obtenue :

Recourir à plusieurs observateurs peut entraîner une erreur de classification à l'étape de la sélection des patients et à celle de l'évaluation du résultat. Afin de réduire cette erreur, des critères objectifs ont été utilisés. Le diagnostic de verrue plantaire était posé lorsque les trois signes suivants étaient présents à l'examen : l'hyperkératose, la disparition des plis cutanés et la présence de microthrombi. *La verrue était considérée comme disparue si les plis cutanés étaient réapparus dans le site de la lésion. Un patient était considéré comme guéri si toutes les verrues étaient disparues. Une étude de reproductibilité interobservateurs du diagnostic de verrue plantaire et de l'évaluation de la guérison de la verrue a été réalisée préalablement à la présente étude. En raison d'un accord interobservateurs modéré (80 %, K = 0,6), les critères d'évaluation ont fait l'objet de discussions au sein de l'équipe et des exemples illustrés ont été présentés lors de la formation qui a précédé l'étude. Afin d'accroître la spécificité du diagnostic clinique, deux médecins devaient poser le diagnostic de verrue plantaire.*

On voit donc que les auteurs ont mis en oeuvre une série de moyens pour réduire les biais d'information et que ces moyens semblent appropriés.

À l'étape de l'analyse, un contrôle des biais d'information est généralement très difficile si le chercheur ne connaît pas les valeurs de sensibilité ou de spécificité des instruments utilisés. En l'absence de cette information, il doit tenter d'estimer les effets de tels biais en effectuant des mesures indirectes ou des comparaisons multiples ; il peut par exemple recourir à différents instruments pour mesurer le même phénomène. Toutefois, ces méthodes ne sont que rarement utilisées et il est préférable de privilégier la prévention de ce type de biais.

c) La prévention des biais de confusion

Lors de l'élaboration du protocole, la répartition des sujets dans les groupes par hasardisation est le critère le plus important à respecter si l'on veut éviter les biais de confusion. Le risque d'une erreur systématique doit toujours être envisagé en l'absence de hasardisation. Si elle est réussie, la hasardisation assure l'homogénéité et la comparabilité des groupes tant pour les facteurs de confusion connus que pour ceux encore inconnus. Par ailleurs l'analyse en fonction de l'intention de traitement consiste à analyser les sujets selon l'allocation initiale du sujet à un traitement, sans tenir compte de l'observance ou de la fidélité du sujet au traitement. Aucun ajustement des résultats n'est alors nécessaire. Cette technique assure le respect de la distribution des facteurs confondants connus et inconnus entre les groupes. De ce fait, elle permet également de calculer l'efficacité réelle d'un traitement. En contrepartie, il est possible d'effectuer une analyse par protocole, c'est-à-dire d'analyser les sujets selon le traitement réellement reçu en cours d'étude. Les résultats de ce type d'analyse devraient alors être ajustés en fonction des variables confondantes puisqu'il y aurait non respect de la hasardisation. Une analyse par protocole permettrait de mesurer l'efficacité théorique d'un traitement.

Exemple 13.25

Dans l'étude portant sur la verrue plantaire, les auteurs présentent les caractéristiques de la population étudiée. Le tableau 13.3 résume certaines des informations présentées dans le tableau original.

TABLEAU 13.3 Caractéristiques des sujets selon le type de traitement

Caractéristiques	Type de traitement Nombre (%) de patients	
	Homéopathique *n* = 86	Placebo *n* = 88
Âge < 20 ans	17 (19,8)	33 (37,5)
Sexe féminin	54 (62,8)	59 (67,0)
Verrue présente depuis moins de un an	41 (47,7)	59 (67,0)
Verrue unique	36 (41,9)	38 (43,2)

La hasardisation semble avoir été efficace en ce qui a trait à certaines variables, et moins efficace en ce qui a trait à certaines autres. Les auteurs soupçonnent qu'il existe une différence entre les groupes, notamment en ce qui concerne la proportion des sujets âgés de moins de 20 ans et l'âge de la verrue. Les auteurs précisent dans la section « Résultats » qu'une « analyse stratifiée a été réalisée pour les variables possiblement associées avec la guérison des verrues plantaires : l'âge, le sexe, le nombre de verrues, la douleur, l'âge de la verrue… » En outre, ils indiquent :

[...] les résultats sont demeurés inchangés pour toutes les variables à l'exception de l'âge. Chez les participants de moins de 20 ans, nous avons observé une différence clinique, mais non statistiquement significative, en faveur du traitement homéopathique à la sixième semaine. Cette différence disparaît toutefois avec le temps et à 18 semaines, elle n'était plus significative, ni cliniquement, ni statistiquement.

Il ne semble donc pas y avoir de biais de confusion assez important pour que les résultats soient invalidés.

L'âge est une variable confondante bien connue, et sans doute la plus fréquente. Une étude réalisée à partir d'un petit échantillon constitué de sujets de tous les âges peut poser des problèmes d'interprétation; il peut en effet se révéler impossible d'analyser des sous-groupes en raison de la faiblesse de leurs effectifs. Il est alors préférable de restreindre la participation à l'étude à certains groupes d'âge. Lorsque les variables confondantes sont bien connues, le chercheur décide dès l'étape de l'échantillonnage s'il entend faire une analyse par sous-groupes, par restriction ou par assortiment.

Exemple 13.26

Dans l'étude portant sur la verrue plantaire, les auteurs ont choisi d'exclure les enfants de moins de 5 ans au moment de la sélection. Il s'agit de la technique par restriction.

Certains facteurs, s'ils ne sont pas considérés dans l'analyse, peuvent être à l'origine de confusion. Ces facteurs, qui se manifestent après la hasardisation, sont les co-interventions et l'observance du traitement.

Exemple 13.27

Un sujet a reçu aléatoirement le traitement A pour soigner sa verrue plantaire. En cours d'étude, il décide de consulter un médecin pour qu'il fasse disparaître sa verrue avec de l'azote liquide. Pour être bien sûr d'obtenir les résultats escomptés, il applique également sur sa verrue des disques et autres préparations à base d'acide lactique et d'acide salicylique. Tous ces traitements ont un effet réel ou présumé et peuvent par conséquent modifier l'évolution de la verrue plantaire. L'effet du traitement A ne peut alors être évalué adéquatement.

Si une ou des co-interventions se produisent en cours d'étude, le chercheur doit obtenir du patient le maximum d'information sur celles-ci. Il doit de plus estimer les effets qu'elles peuvent avoir et en tenir compte dans l'analyse. Une analyse stratifiée peut être faite.

Exemple 13.28

Dans l'étude de Labrecque et autres, les auteurs écrivent dans la section « Résultats » : « la proportion de ceux qui n'avaient pas utilisé une autre modalité de traitement pour traiter leur verrue était légèrement inférieure dans le groupe traité par homéopathie. » Le pourcentage de sujets n'ayant recouru à aucun autre traitement était de 76,3 % dans le groupe traité par homéopathie et de 85,4 % dans le groupe recevant un placebo. Les auteurs précisent plus loin qu'une analyse stratifiée a été réalisée pour la variable *utilisation d'un autre traitement* (oui versus non) et que les résultats sont demeurés inchangés selon ces deux strates, c'est-à-dire qu'aucune différence statistique ou clinique n'a été mise en évidence.

Le taux de guérison est souvent proportionnel à l'observance du traitement. Ainsi, les chances de guérir une cellulite de l'avant-bras sont moindres chez un patient qui consomme une seule capsule d'antibiotique que chez celui qui en prend une aux 8 heures pendant 10 jours et qui respecte ainsi la posologie.

En cours d'étude, le chercheur doit mesurer jusqu'à quel point les sujets observent le traitement et il doit en tenir compte dans l'analyse. Une stratification selon les taux d'observance aide le lecteur à se former une opinion quant à l'efficacité réelle du médicament ou de l'intervention faisant l'objet de la recherche. De plus, elle lui fournit un indice sur la façon dont les patients réagiront s'ils n'observent que partiellement le traitement, phénomène qui survient fréquemment dans un contexte clinique.

Exemple 13.29

Dans l'étude sur la verrue plantaire, on constate que 98,8 % des patients qui ont reçu le traitement homéopathique ont bien observé le traitement, comparativement à 95,4 % dans le groupe recevant le placebo. Une analyse stratifiée n'a pas démontré de changement dans les résultats, c'est-à-dire qu'elle n'a pas révélé de différence statistiquement significative entre les strates.

L'évaluation de la précision de l'étude

L'erreur aléatoire peut être réduite de deux façons : par l'utilisation d'instruments de mesure précis et par le recours à une taille d'échantillon suffisamment importante.

Les instruments de mesure utilisés dans une étude expérimentale peuvent être nombreux et variés, allant d'un questionnaire à un instrument de laboratoire. Chacun de ces instruments possède un degré de précision appréciable. Le chercheur qui utilise des instruments doit s'assurer de leur qualité. Une étude de validation est généralement réalisée avant le début de l'étude afin d'estimer la qualité des instruments; en cours d'étude, d'autres tests peuvent être effectués. Dans l'article dont l'étude fait l'objet, les caractéristiques des instruments et les valeurs de la concordance interexaminateurs pour le diagnostic clinique de verrue plantaire ont été présentées dans la section « Méthode ».

Dans la section « Méthode », l'auteur précise la méthode de calcul de la taille de l'échantillon et fixe l'erreur alpha consentie. Plus la taille de l'échantillon sera grande, plus la puissance statistique de l'étude le sera aussi. La puissance statistique de l'étude désigne, pour une taille d'échantillon donnée, sa capacité de déceler une certaine différence lorsque cette différence existe réellement dans la population. Pour chaque type d'étude, des formules mathématiques permettent de calculer la taille appropriée de l'échantillon.

Exemple 13.30

Dans l'article sur la verrue plantaire, les auteurs notent dans la section « Discussion » :

Étant donné que 24 % des sujets étaient guéris après 18 semaines, la probabilité de détecter une différence statistiquement significative entre les deux groupes, en présumant un taux de guérison de 50 % dans le groupe traité par homéopathie, était de 90 %.

La puissance de l'étude était donc de 90 %. On se rappelle que les chercheurs doivent estimer la puissance statistique de l'étude au moment de sa planification.

La présentation du plan d'analyse

Dans la section « Méthode », les auteurs doivent également présenter la méthode d'analyse des données et les différents outils statistiques utilisés.

Exemple 13.31

Dans l'étude portant sur la verrue plantaire, la description du plan d'analyse statistique n'est ni systématique ni très élaborée. La mesure d'accord Kappa a été utilisée pour apprécier la concordance interexaminateurs en ce qui concerne le diagnostic. La taille de l'échantillon a été calculée à l'aide d'un logiciel et la signification statistique des résultats est estimée par des intervalles de confiance à 95 %.

Exemple 13.32

Dans une autre étude[15], on trouve une description plus rigoureuse d'un plan d'analyse.

Une analyse du khi carré, un test exact de Fisher et un test de t pour échantillons indépendants ont été utilisés pour comparer les caractéristiques des sujets exposés et non exposés. Parce que toutes les données concernant l'exposition étaient concentrées du côté positif avec 45 % ou plus classées comme « non exposé » par chacune des procédures de recueil de l'information, des méthodes non paramétriques incluant le test de rang de Wilcoxon et le test de Kruskal-Wallis ont été utilisées pour comparer les niveaux d'exposition entre les groupes. L'indice de corrélation de rang de Spearman a été utilisé pour établir la corrélation entre les variables non catégorielles. Lorsque l'exposition était catégorisée en exposé et non exposé, l'accord entre les méthodes de classification de l'exposition était évalué par le kappa. L'erreur de classification était calculée comme le nombre de sujets pour lesquels les méthodes divergeaient divisé par le nombre total de sujets. Tous les calculs ont été effectués à l'aide du logiciel SAS.

>>>

Bien sûr, il est difficile de juger de la pertinence de tous les tests statistiques utilisés par les auteurs. Cependant, lorsque ceux-ci rapportent explicitement leur plan d'analyse statistique, ils gagnent en crédibilité parce qu'il est facile de consulter, au besoin, des statisticiens ou des épidémiologistes pour juger de son à-propos.

13.3.3 La discussion et la conclusion

La discussion et la conclusion présentent la critique que font les auteurs de l'étude qu'ils ont menée.

L'évaluation de la validité interne de l'étude

Les auteurs passent d'abord en revue les biais (sélection, information et confusion) qui ont entaché l'étude, ou qui auraient pu le faire. Dans chaque cas, ils expliquent les moyens utilisés pour contrôler ces biais ou, à tout le moins, précisent jusqu'à quel point et dans quelle direction les biais résiduels peuvent influer sur les résultats obtenus.

Exemple 13.33

Dans la section « Discussion », Labrecque et autres ont indiqué :

Nous avons pris soin de minimiser les sources de biais. La proportion des « perdus de vue », qui peut entraîner un biais de sélection dans un essai clinique, a été réduite à un minimum (7 % dans chaque groupe). Une nouvelle analyse des données ainsi que l'attribution du meilleur résultat possible à ceux qui avaient abandonné le groupe traité par homéopathie et du pire résultat à ceux qui avaient quitté le groupe traité par un placebo n'ont pas changé les résultats. On a procédé à une analyse stratifiée des données pour détecter des biais de confusion, mais aucune variable ne semble avoir introduit ce type d'erreur. Un biais d'information (erreur de classification) était possible parce que les patients qui ne revenaient pas à l'hôpital pour une visite de contrôle rapportaient eux-mêmes la présence ou l'absence de verrues. Nous pouvons présumer que, dans le contexte d'un essai clinique en double aveugle, il doit s'agir là d'un biais non différentiel qui tend à minimiser les différences entre les deux groupes. Ce biais ne s'est probablement pas produit parce que l'analyse stratifiée a démontré des résultats similaires quelle que soit la personne qui ait reconnu l'issue du traitement, le médecin de famille ou le patient.

L'évaluation de la validité externe de l'étude

Une comparaison avec d'autres études portant sur un même sujet est souvent effectuée. Les sections « Discussion » et « Conclusion » permettent au lecteur de juger de la valeur des résultats et d'estimer si ces résultats sont applicables à une autre population, généralement celle de sa pratique clinique. On parle dans ce cas de « validité externe ».

Exemple 13.34

Dans l'étude de Labrecque et autres, les auteurs concluent :

Le traitement homéopathique est aussi efficace que le traitement placebo. Le taux de guérison par le traitement homéopathique est nettement inférieur aux taux suggérés dans des études antérieures et inférieur aux taux de succès des traitements conventionnels. Dans une série d'essais cliniques, les verrues étaient disparues après trois mois de traitement aux kératolytiques ou à l'azote liquide, ou les deux, dans des proportions allant de 50 % à 80 % des patients. Bien que le traitement homéopathique utilisé dans cette étude soit indiqué pour les verrues plantaires, d'autres traitements homéopathiques ou des durées de traitement plus longues auraient pu donner de meilleurs résultats. D'autres recherches seront

>>>

nécessaires afin d'évaluer l'efficacité de ce type d'intervention. Quoi qu'il en soit, nous ne considérons pas que le traitement homéopathique étudié présente un intérêt clinique pour les patients atteints de verrues plantaires.

Lors d'une seconde rencontre à la polyclinique, Lisa explique à sa grand-mère : « J'ai vérifié l'efficacité de plusieurs traitements de la verrue plantaire. Il faut que vous sachiez que, même sans traitement, votre verrue pourrait disparaître. Il semble qu'environ deux verrues sur trois guérissent sans traitement en un an. Si vous désirez que la vôtre disparaisse plus rapidement, vous pouvez utiliser les médicaments en vente libre dans les pharmacies. La plupart des patients guérissent en quelques mois avec ces traitements. Quant au traitement homéopathique, je doute qu'il soit efficace si je me fie à l'étude que j'ai consultée. Si j'étais à votre place, je choisirais d'appliquer le traitement que nous utilisons fréquemment ici, c'est-à-dire un mélange de vaseline et d'aspirine. Ça ne coûte pas cher et ça fonctionne ! »

En résumé

L'étude expérimentale est le modèle d'étude idéal si l'on souhaite comparer des traitements ou des interventions, car elle s'apparente à une expérience de laboratoire. Ainsi, elle permet de réduire ou d'éviter de nombreux biais grâce à la rigueur de sa méthode. La hasardisation est sa principale caractéristique. Les conclusions de l'étude expérimentale sont, parmi toutes celles auxquelles les différents types d'études peuvent mener, celles qui ont le plus de chances d'être retenues.

Pour faire une analyse critique de ce type d'étude, on doit définir le type de plan d'étude utilisé et en connaître les principales forces et faiblesses. Il faut par la suite en évaluer la validité interne en tentant de repérer les biais de sélection, d'information et de confusion et en analysant les méthodes de contrôle utilisées pour réduire les effets négatifs de ces biais sur les résultats. Enfin, on évalue la précision de l'étude en appréciant sa puissance statistique et l'on porte un jugement sur sa validité externe. L'analyse critique d'une étude expérimentale permet d'en juger les résultats et les conclusions qui, plus tard, pourront être intégrés à la pratique clinique.

www.cheneliere.ca/simpson

Une section Exercices vous est offerte sur ce site Web.

NOTES ET RÉFÉRENCES

1. Nordenberg, T. « The healing power of placebos », *FDA Consumer magazine,* 2000, [en ligne]. [http://www.fda.gov/fdac/features/2000/100_heal.html] (page consultée le 3 juillet 2008).

2. Beecher, H.K. « The powerful placebo », *Journal of the American Medical Association,* 1955, vol. 159, p. 1602.

3. Medical Research Council. « Streptomycin treatment of pulmonary tuberculosis », *British Medical Journal,* 1948, vol. 2, p. 769-782.

4. Leveno, K. et autres. « A prospective comparison of selective and universal electronic fetal monitoring in 34 995 pregnancies », *New England Journal of Medicine,* 1986, vol. 315, n° 10, p. 615-618.

5. Worrall, G.J. « Repairing skin laceration : does sterile technique matter ? », *Le Médecin de famille canadien,* 1987, vol. 3, p. 1185-1187.

6. L'évaluation d'un nouveau traitement se fait habituellement en trois étapes : les études en laboratoire, les études chez l'animal puis les études chez l'humain. Cette dernière étape se déroule en quatre phases. La

phase I qui requiert la participation de quelques volontaires sert à ajuster la dose et à étudier la pharmaco-dynamique d'un médicament. La phase II met à contribution un petit groupe de malades; on s'intéresse alors à l'efficacité thérapeutique et aux effets secondaires. La phase III constitue l'essai clinique proprement dit. L'étude hasardisée en double aveugle exige la participation d'un plus grand nombre de malades et vise à démontrer la supériorité du nouveau traitement sur le traitement habituel. La phase IV se poursuit après la mise en marché du médicament et cherche à déceler d'éventuels effets indésirables rares et tardifs.

7. The Norwegian Multicenter Study Group. «Timolol-induced reduction in mortality and reinfarction in patients surviving acute myocardial infarction», *New England Journal of Medicine,* 1981, vol. 304, p. 801-807.

8. James, I., D.N.W. Griffith, R.M. Pearson et autres. «Effect of oxprenolol on stage-fright in musicians», *Lancet,* 1977, vol. 2, p. 952-954.

9. Moher D. et autres, pour le regroupement CONSORT. *L'énoncé CONSORT : Recommandations révisées pour l'amélioration de la qualité des rapports d'études à groupe parallèle randomisées et contrôlées,* 2001, [en ligne]. [http://www.consort-statement.org/mod_product/uploads/CONSORT%20Statement%202001_French%20(not%20verified).pdf] (page consultée le 3 juillet 2008).

10. Guyatt G. et autres. «Therapy», *Users' guides to the medical literature : A manual for evidence-based clinical practice,* 5e édition, Guyatt, G., D. Rennie, eds., Chicago, AMA press, 2005, p. 55-79.

11. Labrecque, M., D. Audet, L.G. Latulippe et J. Drouin. «Homeopathic treatment of plantar warts», *Journal de l'Association médicale canadienne,* 1992, vol. 146, n° 10, p. 1749-1753.

12. Jacobs, J., M. Jiménez, S.S. Gloyd, J. Gale et D. Crothers. «Treatment of acute childhood diarrhea with homeopathic medicine : a randomized clinical trial in Nicaragua», *Pediatrics,* 1994, vol. 93, n° 5, p. 719-725.

13. Phillips, B., C. Ball, D. Sackett et autres. «Oxford Centre for Evidence-based Medicine Levels of Evidence», *CEBM,* 2001, [en ligne]. [http://www.cebm.net/index.aspx ?o=1025] (page consultée le 26 juin 2008).

14. The Norwegian Multicenter Study Group. «Timolol-induced reduction in mortality and reinfarction in patients surviving acute myocardial infarction», *New England Journal of Medicine,* 1981, vol. 304, p. 801-807.

15. O'Connor, T.Z., T.R. Holford, B.P. Leaderer et autres. «Measurement of exposure to environmental tobacco smoke in pregnant women», *American Journal of Epidemiology,* 1995, vol. 142, n° 12, p. 1315-1321.

14

L'ANALYSE CRITIQUE DES ÉTUDES À VISÉE ÉTIOLOGIQUE : ÉTUDES CAS-TÉMOINS ET DE COHORTES NON EXPÉRIMENTALES

Auteures de la deuxième édition : Helen Trottier, Marie-Hélène Mayrand
Auteurs de la première édition : Yv Bonnier Viger, Clément Beaucage,
Louis Gabriel Latulippe

Au terme de ce chapitre, vous pourrez :

- juger de la pertinence et de la validité scientifique d'une étude à visée étiologique ;
- modifier votre pratique clinique à la lumière des résultats d'études scientifiques, lorsque cela s'avère pertinent.

Objectifs	Contenu
1. Expliquer les particularités des études cas-témoins et de cohorte(s) non expérimentales	1.1 Définitions 1.2 Différences, limites et avantages respectifs
2. Procéder à l'analyse critique des études cas-témoins et de cohorte(s) non expérimentales à l'aide d'une grille d'évaluation	2.1 Clarté des objectifs visés 2.2 Plan d'étude approprié 2.3 Prévention et contrôle des biais de sélection, d'information et de confusion 2.4 Précision de l'étude 2.5 Signification statistique et signification clinique des résultats

Un cas

Geneviève a 40 ans. Elle travaille comme secrétaire juridique dans un bureau d'avocats très réputé. Aujourd'hui, elle consulte Lisa pour une vague douleur abdominale. Manifestement anxieuse, Geneviève explique à Lisa qu'elle a lu dans le dernier numéro de la revue *Jessica* que le café pouvait causer le cancer du pancréas. Or, elle boit de 6 à 10 tasses de café par jour et son père est décédé l'an passé d'un cancer du pancréas à l'âge de 61 ans. Il buvait énormément de café et fumait beaucoup.

Lisa soumet Geneviève à un questionnaire et lui fait subir un examen physique complet qui ne révèle rien de particulier. Elle lui explique qu'elle comprend ses inquiétudes tout en la rassurant car, d'après ce qu'elle a lu, le café ne serait pas un facteur de risque important du cancer du pancréas comparativement au tabac. Avant de lui donner une réponse définitive, elle veut cependant mettre à jour ses connaissances sur les risques associés à ce type de cancer. Elle lui donne rendez-vous deux semaines plus tard et lui recommande, dans l'intervalle, de modérer sa consommation de café et de recourir à quelques techniques de relaxation au travail.

Pertinence clinique

Le cancer du pancréas est une maladie rare, mais il constitue l'une des principales causes de mortalité par cancer en Amérique du Nord. L'étiologie de ce cancer est mal connue. À ce jour, l'efficacité du traitement est limitée et la plupart des personnes qui en sont atteintes meurent moins de un an après le diagnostic. Tout comme le cancer du pancréas, plusieurs autres maladies ne peuvent être traitées avec succès. Une meilleure connaissance de leurs facteurs de risque pourrait contribuer à une meilleure prévention de la maladie.

Pour des raisons éthiques, les études de cohorte(s) expérimentales se prêtent mal à l'étude des causes des maladies. Les connaissances en ce domaine sont le plus souvent obtenues grâce à des études d'observation à visée étiologique : l'étude cas-témoins et l'étude de cohorte(s) non expérimentale (appelée ci-après simplement « étude de cohortes »). La comparaison de groupes exposés et de groupes non exposés à certains facteurs, ou encore de groupes de sujets atteints ou non d'une maladie, peut contribuer à cerner le rôle que jouent certains facteurs dans le développement de cette maladie. Afin de remplir pleinement ses fonctions d'éducateur en matière de soins de santé, le clinicien doit être capable de juger de la qualité des études d'observation et d'interpréter correctement leurs résultats.

De manière à pouvoir répondre adéquatement aux questions de Geneviève, Lisa réunit ses collègues pour discuter des facteurs de risque du cancer du pancréas et pour revoir les principes qui régissent les études à visée étiologique, en particulier les études cas-témoins et de cohortes.

Tout comme eux, nous passerons en revue les principes qui sous-tendent ces études. Nous discuterons d'une étude cas-témoins sur le lien entre le tabagisme, la consommation d'alcool et de café et le cancer du pancréas à l'aide d'un article sur le sujet intitulé «*Tobacco, alcohol, and coffee and cancer of the pancreas*[1]». Nous présenterons également une étude de cohorte portant sur le même sujet et faisant l'objet d'un article intitulé «*A cohort study of smoking, alcohol consumption, and dietary factors for pancreatic cancer (United States)*[2]». Pour ce faire, nous utiliserons une grille d'évaluation.

14.1   L'ÉLABORATION DES ÉTUDES D'OBSERVATION

Lorsqu'on étudie pour la première fois l'étiologie d'une maladie, on ne sait pas quels facteurs de risque rechercher. Les connaissances en biologie, en biochimie et en physiologie de même que les études écologiques dont on dispose permettent de formuler les premières hypothèses. Ainsi, en ce qui concerne le cancer du pancréas[3], un chercheur a mené une étude écologique publiée en 1990 qui fut l'une des premières à désigner la consommation de café comme cause possible de ce cancer chez les hommes[4]. Il a établi une corrélation entre les taux ajustés selon l'âge pour différents cancers et plusieurs variables, dont les habitudes de consommation de café dans une vingtaine de pays. Pour sa part, Spector[5] a remarqué que, entre 1948 et 1978, l'évolution de la mortalité par cancer du pancréas suivait une courbe parallèle à celle des importations de café. Bernarde et Weiss[6], quant à eux, ont constaté que, aux États-Unis, il y avait eu une augmentation puis une diminution de la consommation de café suivies, une dizaine d'années plus tard, d'une augmentation puis d'une diminution du cancer du pancréas. Bref, dans l'ensemble, les études écologiques laissent croire à l'existence d'un lien entre la consommation de café et le cancer du pancréas. Ces études ne permettent toutefois pas de vérifier si les personnes chez qui un cancer s'est développé sont bien celles qui consommaient du café. En fait, pour le savoir, il faut disposer d'études dont les données sont obtenues en observant des individus.

14.2   LES PARTICULARITÉS DES ÉTUDES CAS-TÉMOINS ET DE COHORTES

Lorsqu'on veut trouver les causes d'une maladie ou les facteurs qui prédisposent à son apparition et qu'une étude expérimentale n'est pas possible, il faut s'en tenir à des études d'observation. Comme nous l'avons déjà vu au chapitre 2, deux possibilités s'offrent alors : l'étude cas-témoins et l'étude de cohortes.

14.2.1   Les études cas-témoins

Dans les études cas-témoins, c'est la présence et l'absence de la maladie qui déterminent le choix des sujets et leur appartenance aux groupes d'étude. On sélectionne d'abord des personnes atteintes de la maladie étudiée, qui forment le groupe des cas, et on les compare à des personnes qui n'en sont pas atteintes, lesquelles constituent le groupe des témoins. On recherche ensuite une ou plusieurs expositions à des facteurs qui pourraient expliquer l'apparition de la maladie. Idéalement, les témoins sont issus de la même population que celle d'où proviennent les cas. Par exemple, on pourra sélectionner de nouveaux cas grâce à un registre provincial de cancer et procéder au recrutement de témoins par l'entremise d'une sélection aléatoire de personnes de cette même province. L'étude s'appelle alors « étude cas-témoins populationnelle », ce que les Anglo-Saxons connaissent sous le nom de « *population-based case-control study* ». Souvent, il est difficile de respecter ce critère à la lettre. Ainsi, il peut s'avérer impossible de recruter un échantillon représentatif des nouveaux cas dans une population donnée. Dans une telle situation, l'échantillon pourra, par convenance, être constitué de cas prévalents ou de personnes hospitalisées. On peut également éprouver des difficultés dans le choix des témoins lorsque la population d'où proviennent les cas est mal définie ou lorsqu'il n'est pas possible de tirer de cette population un échantillon aléatoire pour constituer le groupe des témoins. On tente alors de respecter au mieux le critère de recrutement des témoins dans la population d'origine en sélectionnant ceux-ci parmi les patients admis au même hôpital que les cas mais pour une autre maladie. On parle alors d'une « étude cas-témoins en milieu hospitalier », ce que les Anglo-Saxons connaissent sous l'appellation de « *hospital-based case-control study* ».

14.2.2 Les études de cohortes

Dans les études de cohortes, les sujets sont choisis en fonction de leur exposition à l'un des facteurs qu'on croit susceptibles d'induire la maladie. Les groupes à l'étude sont donc définis par leur exposition. En suivant l'évolution de l'état de santé des sujets faisant partie de chaque cohorte, on peut surveiller la survenue de la maladie. Lorsque la période d'observation commence après le début de l'étude, on qualifie la cohorte de « prospective ». Si, par contre, on cherche à cerner dans le passé d'une population un facteur de risque présumé et que la période d'observation précède le début de l'étude ou coïncide avec ce début, on qualifie la cohorte d'« historique ».

14.3 L'EXEMPLE DU CAFÉ ET DU CANCER DU PANCRÉAS

Voyons comment, à partir d'un relevé de la littérature, Lisa peut s'appuyer sur les résultats des études d'observation pour aider sa patiente Geneviève. Puisque le café était l'un des facteurs de risque présumés du cancer du pancréas, elle a d'abord révisé les études cas-témoins pour évaluer plus rapidement cette association. En effet, le devis cas-témoins permet d'étudier simultanément et relativement rapidement plusieurs facteurs de risque pour une maladie donnée.

L'une des premières études de ce genre a été menée par MacMahon[7], à Boston, entre 1974 et 1979. Les chercheurs ont comparé 644 patients, victimes du cancer du pancréas, à un nombre égal de témoins hospitalisés, mais qui ne souffraient pas de maladies pancréatiques ou biliaires ni de maladies reconnues comme ayant un lien avec le tabac ou l'alcool. Les cas et les témoins étaient assortis (appariés) selon l'âge, le sexe, l'état civil et l'hôpital où ils avaient été admis. Les auteurs de l'étude en sont arrivés à la conclusion que le risque de cancer était plus élevé chez les hommes buveurs de café décaféiné, sans qu'il y ait toutefois de relation entre l'augmentation du risque et la quantité consommée. Le risque était également élevé chez les consommatrices de café, mais, cette fois, il y avait une nette corrélation entre la quantité consommée et l'augmentation du risque. Ces résultats demeuraient significatifs même après ajustement selon une variable confondante possible, la consommation de tabac. On notait en fait une faible association avec la consommation de tabac, mais aucun lien avec celle d'alcool. En revanche, d'autres études n'ont pas mis en évidence une telle association entre le cancer du pancréas et le café, mais plutôt un lien entre ce type de cancer et la consommation de tabac ou d'alcool.

Dans la monographie de l'International Agency for Research on Cancer (IARC[8]) publiée en 1991, des 21 études cas-témoins recensées sur la relation entre le cancer du pancréas et le café, 10 ont permis de trouver une association positive modérée. Par contre, la plupart des études cas-témoins publiées après le rapport de l'IARC n'ont pas établi d'association entre le café et le cancer du pancréas[9]. Plusieurs problèmes liés aux études cas-témoins affaiblissaient les conclusions de celles qui avaient trouvé une association positive. Ainsi, dans plusieurs études, notamment dans celle de MacMahon, les chercheurs avaient exclu les témoins qui souffraient d'une maladie pouvant être attribuable au tabagisme. Or, un même individu est souvent fumeur et buveur de café. En excluant les fumeurs, on diminuait donc artificiellement la proportion des buveurs de café parmi les témoins. Dans la recherche des causes du cancer du pancréas, les difficultés tenaient surtout au fait que c'étaient les patients et les témoins eux-mêmes qui indiquaient quelle quantité de café ils avaient consommée et que cela laissait forcément place aux aléas de la mémoire. Les résultats pouvaient donc être biaisés. De plus, les entrevues n'étaient pas effectuées en aveugle. Donc, pour obtenir des conclusions valides, on a dû effectuer des études de cohortes. Elles ont généralement toutes mené à la conclusion qu'il n'y avait pas d'association entre la consommation de café et le cancer du pancréas. Le tabagisme était le facteur de risque le plus reconnu.

14.4 L'ANALYSE CRITIQUE DES ÉTUDES CAS-TÉMOINS ET DE COHORTES[10]

Il est possible de mieux comprendre les lacunes que présentent les études d'observation en utilisant une grille d'évaluation (voir l'encadré 14.1). La structure de cette grille s'inspire de celle utilisée pour l'analyse critique des études expérimentales et permet de juger de la validité d'une étude. Tout comme dans le cas des études expérimentales, cette grille propose une série de critères qui feront certes toujours l'objet de controverses. Malgré ses limites, elle a l'avantage de conserver la même approche à l'égard de toutes les études épidémiologiques, et convient donc à l'analyse des études cas-témoins et de cohortes.

ENCADRÉ 14.1 Grille d'analyse critique d'une étude cas-témoins ou de cohortes

---

RÉSUMÉ

- Le résumé est-il structuré ?
- Le résumé présente-t-il le but de l'étude ?
- Y décrit-on brièvement les méthodes utilisées ?
- Y fournit-on les principaux résultats ?
- Y expose-t-on les principales conclusions ?

INTRODUCTION

- La revue des connaissances actuelles sur le sujet est-elle présentée ?
- Les références sont-elles fournies ?
- Le ou les objectifs de l'étude sont-ils adéquatement décrits ?

MÉTHODE

Devis

- La justification du modèle d'étude est-elle présentée ?

Population (ces informations aident à juger de la prévention des biais de sélection et des biais de confusion)

- La population à l'étude est-elle bien définie ?
- La population cible est-elle définie ?
- Décrit-on le mode de sélection des sujets ?
- Des moyens sont-ils mis en place pour réduire le nombre des perdus de vue, les non-réponses à la sollicitation ou les refus de participer ?
- Les critères d'inclusion et d'exclusion des sujets sont-ils mentionnés et permettent-ils de bien cerner la population à l'étude ?
- Les lieux où ils sont recrutés sont-ils bien décrits ?
- Les groupes sont-ils comparables ?

Mesure de l'exposition et de l'effet (ces informations aident à juger de la prévention des biais d'information)

- La définition de ce qui constitue un cas est-elle claire ?
- La définition de ce qui constitue une exposition est-elle claire ?
- La méthode de collecte de l'information est-elle bien décrite ?
- L'information sur l'exposition est-elle obtenue de la même manière pour les cas et les témoins ? Est-elle obtenue sans qu'on sache pour chaque sujet s'il s'agit d'un cas ou d'un témoin ?
- L'information sur l'effet est-elle obtenue de la même manière pour les sujets exposés et non exposés ? Est-elle obtenue sans qu'on sache pour chaque sujet s'il s'agit d'un sujet exposé ou non ?
- Les caractéristiques des instruments utilisés sont-elles précisées et indique-t-on les limites de ces instruments ?
- L'homogénéité de la formation des évaluateurs est-elle mesurée ?

ENCADRÉ 14.1 Grille d'analyse critique d'une étude cas-témoins ou de cohortes (*suite*)

Calcul de la taille de l'échantillon

- Le calcul effectué pour fixer la taille de l'échantillon est-il précisé et expliqué ?
- L'erreur alpha et la puissance statistique de l'étude sont-elles précisées ?

Plan d'analyse

- Le plan d'analyse est-il présenté ?
- A-t-on pris les mesures nécessaires pour en assurer la précision ?
- Le cas échéant, le plan d'analyse prend-il en compte le contrôle des variables de confusion et/ou modératrices ?
- Y a-t-il des sujets perdus de vue ? Si oui, sont-ils pris en considération dans l'analyse ?

RÉSULTATS

- Présente-t-on un schéma permettant d'apprécier le nombre de refus et de pertes au suivi ?
- Est-ce que les périodes de recrutement sont clairement précisées ?
- Présente-t-on des données sociogéographiques de base pour chacun des groupes à l'étude ?
- Est-ce que le résultat principal est clairement défini et présente-t-on à la fois la mesure d'effet et sa précision ?
- A-t-on tenu compte de tous les facteurs confondants ou modifiants possibles lors de l'analyse par stratification ou modélisation ?

DISCUSSION ET CONCLUSION

- Est-ce que les auteurs avancent une interprétation des résultats principaux ?
- Est-ce que ces résultats sont mis en lien avec le reste de la littérature ?
- Les auteurs discutent-ils de la validité interne de l'étude, c'est-à-dire des différents biais (de sélection, d'information, de confusion) qui ont pu l'entacher ?
- Les conclusions de l'étude tiennent-elles compte de la signification clinique des résultats ?
- Les auteurs discutent-ils de la validité externe de l'étude ?

14.4.1 L'analyse critique d'une étude cas-témoins

Voici un exemple d'analyse critique d'une étude cas-témoins sur les facteurs de risque du cancer du pancréas menée par Ghadirian et autres entre 1984 et 1988 au Québec. Cette analyse critique est effectuée en suivant l'ordre de présentation des critères d'évaluation tels qu'ils sont énoncés dans la grille (voir l'encadré 14.1) en regroupant parfois certains éléments pour éviter les répétitions.

Le résumé

Le résumé d'un article présente en quelques lignes les principaux éléments de l'étude. Idéalement, les résumés devraient être structurés, c'est-à-dire qu'ils devraient fournir l'essentiel des données correspondant à chacune des sections de l'article. Cela permettrait au lecteur d'exercer rapidement un premier jugement critique. Mais ce ne sont pas tous les auteurs qui proposent un résumé structuré. Par exemple, le résumé de l'étude de Ghadirian et autres n'est pas structuré :

Une étude cas-témoins de population portant sur le cancer du pancréas a été réalisée dans le Grand-Montréal entre 1984 et 1988. Un total de 179 cas et de 239 témoins choisis dans la population ont été soumis à une entrevue. Cette étude faisait partie du programme SEARCH de l'Agence internationale de recherche sur le cancer de l'Organisation mondiale de la Santé (International Agency for Research on Cancer of the World Health Organization). Une forte association a été observée entre la consommation totale de tabac et le risque de cancer du pancréas (rapport de cotes [RC] de 3,76 ; intervalle de confiance [ic] à 95 % de 1,80 à 7,83). Le RC pour les fumeurs du dernier quintile était de 5,15 comparativement à 3,99 pour les ex-fumeurs. Ceux qui consommaient de l'alcool présentaient, en général, un moindre risque que les non-consommateurs d'alcool. Les consommateurs de café étaient à moindre risque que les non-consommateurs, particulièrement si le buveur consommait le café durant le repas plutôt que l'estomac vide.

Bien qu'il ne soit pas structuré, ce résumé passe néanmoins en revue les points importants de l'article : le devis d'étude (cas-témoins), ses principaux résultats et les principales conclusions qui en ont été tirées. Par contre, on n'y fait pas mention des objectifs de l'étude.

L'introduction

On devrait trouver au sein de l'introduction d'un article scientifique un bref rappel de ce qu'on sait sur le sujet étudié de même qu'une description claire des objectifs de l'étude. Dans l'étude cas-témoins qui nous intéresse, les auteurs présentent brièvement ce qui ressort de la trentaine d'articles qu'ils ont consultés sur l'association entre la cigarette, l'alcool et le café et le cancer du pancréas. L'association entre le tabagisme et le cancer du pancréas semble faire l'unanimité. Le lien entre l'alcool et ce cancer n'a pas été confirmé dans toutes les études, encore moins celui entre le café et ce cancer. Cependant, les auteurs ne précisent pas pourquoi ils ont décidé de mener à leur tour une étude ou en quoi leur étude diffère des autres études, ni pourquoi ils ont choisi le modèle cas-témoins. À ce chapitre, leur introduction présente des lacunes.

La méthode

a) Le devis

Le devis est mentionné dans le résumé, mais il n'est ni repris ni abordé ailleurs dans l'article.

b) La population

Les auteurs doivent présenter la population cible, la population à l'étude et les méthodes d'échantillonnage utilisées. Ghadirian et autres rapportent ce qui suit concernant le choix des cas :

De 1984 à 1988, tous les patients âgés de 35 ans à 79 ans ayant un diagnostic clinique ou histologique de cancer du pancréas, des voies ou de la vésicule biliaires ont été identifiés par les bureaux d'admission, les départements de pathologie, les services de gastroentérologie et les départements d'archives médicales de 19 hôpitaux francophones du Grand-Montréal [...]

Les auteurs expliquent ensuite que les participants à l'étude sont tous les francophones qui ont pu être interrogés avec l'accord du médecin traitant. L'entrevue a été réalisée avec le patient lui-même lorsque c'était possible. Lorsque c'était impossible parce que la personne était trop malade ou était décédée, les chercheurs se sont adressés à des proches. Quatre personnes ont été exclues à la suite d'une erreur de diagnostic (diagnostic clinique infirmé à la pathologie finale). Finalement, sur 447 cas identifiés, 179 ont participé à l'étude.

À propos du choix des 239 témoins qui ont été recrutés, les auteurs mentionnent ce qui suit :

Les témoins, issus de la population générale, appariés selon l'âge (par tranches d'âge de cinq ans), le sexe et le lieu de résidence, ont été choisis à l'aide d'une méthode de choix aléatoire des numéros de téléphone.

Quoique les auteurs ne parlent pas directement de la population cible ni de la population à l'étude, on peut croire que la population cible était l'ensemble de la population francophone du Québec âgée de 35 ans à 79 ans, et la population à l'étude la population francophone du Grand-Montréal. D'ailleurs, le sous-titre de leur article est « Une étude cas-témoins de population au Québec, Canada ». On aurait aimé plus de précision sur les raisons du choix de la population à l'étude. En effet, la région de Montréal compte 40 hôpitaux de soins de courte durée et plusieurs centres de soins prolongés. Il serait étonnant que tous les francophones atteints d'un cancer du pancréas aient été admis dans les seuls 19 hôpitaux choisis par les auteurs.

La description de la population devrait permettre d'évaluer la présence de biais de sélection. Le biais de sélection est une erreur systématique dans la sélection des sujets à l'étude qui entraîne une distorsion de la mesure d'association. Il se trouve que l'étude cas-témoins est particulièrement « vulnérable » aux biais de sélection et que la validité de ses résultats dépend pour une grande part des méthodes utilisées pour sélectionner les cas et les témoins. Une méthode de sélection adéquate doit fournir aux chercheurs l'assurance que les cas et les témoins retenus forment un échantillon représentatif de la population à l'étude, c'est-à-dire que chaque individu doit avoir une chance égale – une probabilité égale – d'être sélectionné. Seule une méthode par tirage au sort satisfait à cette exigence. Cette méthode permet d'éviter que la sélection des cas et des témoins ne soit influencée par l'exposition aux facteurs étudiés.

Dans l'article de Ghadirian et autres, on trouve à la section « Méthode » une description de la démarche utilisée pour sélectionner les cas et les témoins :

Entre juin 1984 et juin 1988, 447 cas de cancer du pancréas ont été identifiés dans 19 hôpitaux francophones de la région de Montréal. De ce nombre, 144 cas (32 %) ont été exclus de l'étude pour les raisons suivantes : dans 31 cas, la personne ne se situait pas dans les limites du groupe d'âge étudié (35 ans à 79 ans) ; dans 71 cas, la personne était décédée plus de un an avant la date prévue de l'entrevue ; et dans 42 cas, la personne résidait à l'extérieur de la région de Montréal. Des 303 cas admissibles, 179 personnes (59 %) ont été interviewées. Cent vingt-quatre personnes n'ont pu être interviewées pour les raisons suivantes : 32 médecins traitants n'ont pas accordé aux chercheurs l'autorisation d'interviewer leurs patients ; 29 patients ou proches d'un patient ont refusé de participer à une entrevue ; 21 médecins traitants n'ont pas répondu à la demande faite par les chercheurs pour interviewer leurs patients ; 20 patients n'ont pu être contactés ; il n'y avait pas de répondant fiable pour 18 personnes décédées moins de un an avant l'entrevue ; enfin, 4 cas ont été exclus parce que le diagnostic de cancer du pancréas était erroné.

On y trouve également une description de la méthode de sélection des sujets témoins :

Les sujets témoins, assortis aux cas selon l'âge (selon des tranches d'âge de cinq ans), le sexe et le lieu de résidence, ont été sélectionnés aléatoirement à partir d'une liste de numéros de téléphone. L'indicatif régional et les trois premiers chiffres correspondant à l'indicatif local du numéro de téléphone de chacun des cas ont été appariés à un numéro de téléphone choisi par tirage au sort. Le numéro de téléphone était composé ; lorsqu'un témoin admissible acceptait d'être interviewé, on convenait d'un rendez-vous pour une entrevue [...] Bien que cette méthode se soit avérée adéquate pour l'étude pilote, il s'est révélé très difficile de sélectionner ainsi l'ensemble des témoins, car on s'est heurté à un très fort taux de refus de participer. Nous avons été obligés de modifier la méthode de sélection des témoins : les témoins ont donc été sélectionnés à partir de l'annuaire téléphonique dans lequel le cas correspondant était inscrit (à noter que tous les cas étudiés étaient inscrits dans l'annuaire téléphonique, seulement 1 % des familles de la région de Montréal n'ayant pas le téléphone). Une page de l'annuaire téléphonique a été choisie au hasard et le nom et l'adresse de 10 personnes ayant le même indicatif local (soit les trois premiers numéros) que le cas ont été retenus. Une lettre dans laquelle on expliquait le but de l'étude a par la suite été acheminée à ces adresses. Environ une semaine plus tard, on a téléphoné à ces numéros pour vérifier s'il s'y trouvait un témoin dont l'âge et le sexe correspondaient à ceux du cas à apparier. Lorsque c'était le cas et que la personne jointe acceptait de participer à l'étude, une entrevue était réalisée à son domicile. Lorsque la personne refusait d'être interviewée, on passait au numéro suivant. S'il y avait plus d'une personne admissible à un numéro donné, cette information était conservée dans la banque de données pour un usage ultérieur.

Pour être admissible, un témoin devait avoir été vivant au moment où le diagnostic de cancer avait été posé chez le patient auquel on cherchait à apparier ce témoin. Les témoins vivants ont été interviewés directement. Lorsque le témoin était décédé entre le diagnostic de cancer du cas assorti et la date de l'entrevue, un proche du témoin était interviewé. Au total, 239 témoins ont été interviewés à leur domicile.

Bien que la méthode utilisée par les chercheurs pour sélectionner les cas et les témoins semble adéquate, certaines limites existent quant à la sélection finale. Tous les nouveaux cas de cancer du pancréas survenus au cours d'une période de 4 ans dans les 19 hôpitaux francophones de la région de Montréal sélectionnés ont probablement été identifiés. Les sujets témoins ont été choisis aléatoirement dans la population francophone résidant dans la région de Montréal. Les cas et les témoins ont dû satisfaire aux mêmes critères d'inclusion et d'exclusion : les personnes âgées entre 35 ans et 79 ans ont été incluses dans l'étude ; les patients ne résidant pas dans la région de Montréal et ceux décédés plus de un an avant la date de l'entrevue ont été exclus.

Par contre, la population d'où proviennent les cas n'est pas bien définie, puisque 21 hôpitaux de courte durée et plusieurs centres de soins prolongés n'ont pas été inclus dans l'étude. Ces centres reçoivent une bonne proportion de patients francophones. Il est possible que le niveau de surspécialisation des différents hôpitaux ait influencé le spectre de sévérité des cas inclus.

Par ailleurs, une forte proportion des cas ont refusé de participer à l'étude. Un nombre non spécifié mais probablement encore plus important de témoins ont également refusé d'être interviewés. Les auteurs ont dû changer de méthode de recrutement des témoins en cours d'étude à cause d'un taux de refus très élevé. Une telle situation peut introduire un biais de sélection et invalider les résultats. Il est possible que ceux ayant refusé de participer n'aient pas été exposés aux facteurs de la même façon que les sujets qui ont accepté de participer à l'étude. Ainsi, ces derniers ont pu être au courant de rumeurs quant au lien possible entre le café et le cancer du pancréas : on peut envisager que les gros buveurs de café – les cas admissibles fortement exposés – ont systématiquement refusé de participer à l'étude. Dans ce cas, la cote de l'exposition parmi les cas participants sera sous-estimée. De la même façon, il est possible que les témoins admissibles les moins exposés, c'est-à-dire ceux qui buvaient peu ou pas de café, aient refusé de participer. Dans ce cas, la cote de l'exposition des témoins participants sera surestimée. En conséquence, la mesure du RC pourrait être surestimée ou sous-estimée. En somme, même une méthode adéquate de sélection des cas et des témoins peut être invalidée par une forte proportion de refus de participer.

Il faut cependant ajouter qu'une proportion différente de refus de participer chez les cas et chez les témoins n'entraîne pas automatiquement un biais de sélection. En effet, il se peut que la proportion des exposés et des non-exposés parmi les gens qui ont refusé de participer soit la même que celle parmi ceux qui ont accepté de participer. Dans ce cas, il n'y aurait pas de biais de sélection. Pour le démontrer, imaginons une étude cas-témoins portant sur le lien entre le cancer du poumon et le tabagisme où 200 cas et 400 témoins ont été identifiés à l'aide d'une procédure aléatoire. Tous ont accepté de participer. Les observations pourraient être résumées dans un tableau de contingence qui ressemblerait à celui que voici :

	Tabagisme+	Tabagisme−	Total
Cas	120	80	200
Témoins	80	320	400
Total	200	400	600

RC = 6.

La mesure d'association obtenue, soit un RC de 6, n'est pas biaisée puisque tous les cas et tous les témoins sélectionnés participent à l'étude. La proportion de cas fumeurs est de 60 % (120/200) et la proportion de témoins fumeurs est de 20 % (80/400). Maintenant, supposons que 30 % des cas (60) et 40 % des témoins (160) refusent de participer. Manifestement, la proportion des cas et des témoins qui ont refusé de participer est alors différente. Supposons encore que 60 % des cas (36) et 20 % des témoins (32) qui refusent de participer sont des fumeurs (les mêmes proportions de fumeurs que celles dans la réalité). Les observations relatives aux cas et aux témoins qui ont accepté de participer pourraient être cette fois résumées dans un tableau de contingence comme celui que voici :

	Tabagisme+	Tabagisme−	Total
Cas	84 (120 − 36)	56 (80 − 24)	140
Témoins	48 (80 − 32)	192 (320 − 128)	240
Total	132	248	380

RC = 6.

On voit bien que les refus de participer lors de la sélection des cas et des témoins n'ont pas changé le RC ; le RC mesuré est le même à cause d'une répartition égale de l'exposition chez les participants et les non-participants à l'étude. Donc, le RC n'est pas biaisé.

Certes, lorsqu'on mène une étude, on ne connaît pas l'exposition des personnes invitées à y participer mais qui refusent de le faire. Par conséquent, comment les chercheurs doivent-ils agir ? Y a-t-il aussi moyen de prévenir ou de contrôler le biais possible associé aux refus de participer ? Dans l'article de Ghadirian et autres, on ne trouve ni information ni discussion sur les efforts consentis pour prévenir ou contrôler ce biais de sélection. Or, la prévention du biais de sélection au moment du choix des participants est sûrement la conduite à privilégier, puisqu'il est très difficile de le contrôler à l'étape de l'analyse. Cependant, la prévention n'est possible que dans une certaine mesure. Ainsi, des stratégies peuvent être mises au point afin d'inciter les médecins traitants à donner leur accord pour que leurs patients participent à l'étude et d'inciter ces derniers à s'y engager. Par ailleurs, déterminer si un patient décédé est un participant adéquat est une tâche difficile, parfois irréalisable.

Si les mesures préventives n'ont pas permis d'éviter les refus de participer, on peut toujours contrôler le biais de sélection à l'étape de l'analyse. Pour exercer un contrôle efficace, il faut cependant connaître les caractéristiques d'exposition des cas et des témoins qui ont refusé de participer. Ainsi, les cas qui ont refusé de participer sont-ils plus nombreux à fumer ou à boire du café que ceux qui ont accepté ? Il est souvent difficile d'estimer l'exposition à des facteurs de risque chez les personnes qui ont refusé de participer à l'étude. On doit émettre des hypothèses. Par exemple, on peut refaire les analyses en prenant en considération les refus et en leur attribuant les pires caractéristiques d'exposition. On peut, par exemple, considérer que les cas qui ont refusé de participer sont tous des non-fumeurs et que les témoins, par contre, sont tous de gros fumeurs. À partir de cette hypothèse, on refait le calcul du RC. Il est clair qu'il va alors se rapprocher de la valeur nulle (RC = 1). Mais si l'intervalle de confiance ne contient pas la valeur nulle, on aura prouvé que ce biais possible ne modifie pas les conclusions de l'étude, même dans les pires conditions.

Malheureusement, on ne peut écarter la possibilité que l'étude de Ghadirian et autres présente un sérieux biais de sélection du seul fait qu'on a noté un nombre très élevé de refus de participer et qu'aucune information n'est présentée pour évaluer l'impact de ces refus.

Par ailleurs, il pourrait aussi exister un biais d'échantillonnage (un biais de sélection particulier aux études cas-témoins). Le biais d'échantillonnage, ou biais de survie sélective, fait référence à une situation dans laquelle les personnes asymptomatiques et celles ayant connu des épisodes de maladies courtes et fatales sont moins susceptibles d'être admises dans l'étude. Il peut en résulter une erreur dans la mesure d'association et, selon les circonstances, la vraie valeur pourrait être surestimée ou sous-estimée. Le biais d'échantillonnage peut être évité en n'admettant dans l'étude que les nouveaux cas, c'est-à-dire les cas incidents.

Dans la section « Méthode » de l'étude de Ghadirian et autres, on peut lire : *Entre juin 1984 et juin 1988, 447 cas de cancer du pancréas ont été identifiés dans 19 hôpitaux francophones de la région de Montréal.* Cette description laisse soupçonner que l'étude porte sur de nouveaux cas de cancer, mais on ne peut porter un jugement définitif, puisque les auteurs ne précisent pas si les personnes déjà hospitalisées pour un cancer au début de l'étude, soit les cas prévalents, ont été incluses ou non dans l'étude. Si elles ont été incluses dans l'étude, il pourrait s'agir de personnes moins exposées à des facteurs de risque comme la consommation de tabac et de café, et pour lesquelles le pronostic pourrait être meilleur, ce qui entraînerait une sous-estimation de la mesure d'association. Par ailleurs, 16 % des cas potentiels étaient décédés plus de un an avant l'entrevue. D'une part, cela sème le doute sur l'inclusion exclusive de cas incidents. D'autre part, il est possible que les cas avec le pire pronostic n'aient pas été inclus dans l'étude.

Un autre type de biais de sélection susceptible de se présenter dans les études cas-témoins est le biais de surveillance. Ce type de biais peut survenir lorsque la maladie étudiée est asymptomatique ou peu symptomatique. Les cas ont alors plus de chances d'être détectés chez les personnes qui font déjà l'objet d'une surveillance médicale attentive. On peut, pour illustrer ce propos, rappeler un exemple souvent cité dans la littérature scientifique. Il y a quelques années, l'augmentation du risque de cancer de l'endomètre chez les femmes recourant aux oestrogènes pour contrer les symptômes de la ménopause a fait l'objet de publications. Comme les oestrogènes entraînent des saignements utérins et que, pour cette raison, les femmes qui en prennent font l'objet d'une surveillance médicale particulière, on a émis l'hypothèse que la surveillance médicale accrue a permis de découvrir des cancers asymptomatiques chez des femmes atteintes avant même qu'elles ne commencent à prendre des oestrogènes. De ce fait, on pouvait avoir surestimé la force de l'association entre la prise d'oestrogènes et le cancer de l'endomètre. Il a toutefois été établi depuis que le biais de surveillance n'expliquait pas l'association observée et que les oestrogènes constituaient effectivement un facteur de risque. Cependant, dans l'étude qui nous intéresse, il risque peu d'y avoir un biais de surveillance. En effet, on s'intéresse au cancer du pancréas, un cancer dont les symptômes apparaissent rapidement et pour lequel la survie moyenne est très courte.

La faible participation des témoins contactés nous amène à discuter d'autres stratégies qui auraient pu être utilisées pour sélectionner les témoins. Par exemple, on aurait pu choisir les témoins parmi les patients du même âge et du même sexe, admis au même hôpital, dans la même semaine que les cas pour un autre diagnostic que celui de cancer du pancréas. Tel que mentionné plus haut, les études cas-témoins peuvent se classer en deux groupes selon le procédé utilisé pour identifier et choisir les cas et les témoins : l'étude cas-témoins de population et l'étude cas-témoins en milieu hospitalier. Certains auteurs considèrent que l'étude cas-témoins de population est préférable à l'étude cas-témoins en milieu hospitalier parce qu'elle fournit l'assurance que les cas et les témoins proviennent d'une même population. Par contre, lorsque le refus de participer des témoins sélectionnés dans la population remet en question la validité même de l'étude, il peut s'avérer préférable de procéder à une étude en milieu hospitalier, qui présente alors des avantages certains : les sujets sont plus faciles à joindre et souvent plus coopératifs, et l'accès au dossier médical facilite la collecte de l'information sur la maladie et les examens diagnostiques. Le principal inconvénient de ce type d'étude vient du fait qu'il est alors plus difficile de bien cerner la population à l'étude, même si, en principe, les témoins hospitalisés proviennent de la même population que les cas hospitalisés.

Enfin, bien que l'étude cas-témoins en milieu hospitalier présente certains avantages d'ordre pratique, il demeure difficile de s'assurer que l'exposition au facteur étudié des sujets témoins sélectionnés se compare à celle des non-malades de la population à l'étude. Pour cette raison, il faut lui préférer, quand c'est possible, l'étude cas-témoins de population. Le tableau 14.1 passe en revue les avantages respectifs des études cas-témoins de population et des études cas-témoins en milieu hospitalier.

TABLEAU 14.1 Avantages respectifs des études cas-témoins de population et des études cas-témoins en milieu hospitalier

Caractéristiques	Études cas-témoins de population	Études cas-témoins en milieu hospitalier
Population à l'étude	Bien définie	Souvent mal définie
Provenance des cas et des témoins	Facilement contrôlable	Difficilement contrôlable
Exposition des témoins au facteur étudié	Représentation adéquate de l'exposition des non-malades dans la population à l'étude	Représentation incertaine de l'exposition des non-malades dans la population à l'étude
Accessibilité et coopération des sujets de l'étude	Cas et témoins souvent difficiles à recruter	Cas et témoins sur place
Collecte de l'information	Peut être ardue	Facilitée par l'accessibilité des sujets et de leurs dossiers médicaux

c) La mesure de l'exposition et de l'effet

Dans la section «Méthodologie», les auteurs devraient donner les définitions de ce que constituent un cas et un témoin, un sujet exposé ou non exposé. Les instruments de mesure et leurs caractéristiques devraient également être décrits, de même que leurs modalités d'utilisation. Ces précisions permettent d'évaluer la présence de biais d'information.

Le biais d'information résulte d'une mesure inadéquate ou d'une observation incorrecte d'un phénomène. Ce biais peut être différentiel ou non différentiel. Le biais est différentiel lorsque l'erreur commise est différente selon le groupe auquel appartiennent les sujets, comme les personnes malades et non malades ou les personnes exposées et non exposées. À l'inverse, le biais est non différentiel lorsque l'erreur est la même dans tous les groupes de sujets ayant participé à l'étude.

Ainsi, quand on fait la lecture critique d'une étude, il faut se demander si les auteurs ont cherché à prévenir les biais d'information lors de la planification et de l'exécution de l'étude, ou bien s'ils les ont identifiés et corrigés au moment de l'analyse seulement. Pour prévenir les biais différentiels, il faudra utiliser les mêmes instruments de mesure, administrés de la même façon, pour tous les groupes. Pour prévenir les biais non différentiels, on doit s'assurer que ces instruments sont de bonne qualité et bien calibrés. Enfin, les personnes qui les manipulent doivent avoir reçu une formation adéquate et savoir interpréter les résultats correctement. On trouve habituellement cette information dans la section «Méthode» d'un article. Dans l'étude cas-témoins de Ghadirian et autres, le seul instrument de mesure utilisé est un questionnaire normalisé. On affirme qu'il a été validé par l'agence, l'IARC, qui a commandé l'étude. Les interviewers ont été bien formés et pouvaient compter sur un manuel pour les guider.

Les études cas-témoins présentent souvent un biais non différentiel appelé «biais de mémoire». Plus lointaine est la période à laquelle remonte l'exposition, plus forte est la probabilité de la présence d'un biais de mémoire. Ainsi, lors de la recherche des causes du cancer du pancréas, il faut « réveiller » des souvenirs lointains parce que c'est une maladie qui a une longue période de latence*. Dans l'étude qui nous intéresse, ce biais a vraisemblablement joué un rôle car on a interrogé les participants au sujet d'habitudes de consommation couvrant une vie entière. De plus, une forte proportion des personnes interrogées étaient des proches des cas ou des témoins. Leurs souvenirs devaient être d'autant plus imprécis.

Le biais d'information non différentiel a pour effet de diminuer la force de l'association. Si les auteurs d'une étude concluent qu'il n'existe pas d'association entre un facteur et une maladie (c'est le cas ici pour ce qui est de la consommation de café), on peut penser que le biais non différentiel a peut-être masqué une association présente. Par contre, si on conclut dans la même étude à une association malgré la présence d'un biais non différentiel (c'est le cas ici pour la consommation de tabac et d'alcool), on doit se dire non seulement que l'association existe, mais qu'elle est probablement plus forte que celle qu'on a mise au jour. En somme, on peut donc affirmer que le fait de soupçonner la présence d'un biais d'information non différentiel dans une étude a pour effet de renforcer la crédibilité des conclusions positives et de mettre en doute les conclusions négatives.

La situation est différente dans le cas des biais différentiels. D'abord, pour prévenir ces biais, il faut utiliser les mêmes instruments de mesure pour les cas et pour les témoins, ainsi que pour les personnes exposées et pour les personnes non exposées, ou encore recourir aux mêmes observateurs pour les deux groupes. On peut aussi travailler en aveugle pour la collecte de l'information et pour l'analyse.

Ces stratégies ne mettent cependant pas à l'abri de toutes les erreurs. Le point faible des études cas-témoins réside dans le fait que l'on doit se fier à la mémoire des gens. Or, la mémoire n'introduit pas qu'un biais non différentiel comme celui qu'on vient de voir. Elle est également à l'origine d'un autre biais, différentiel celui-là, qu'on appelle « biais de rappel ». Il y a biais de rappel lorsque la personne malade, consciemment ou inconsciemment, fouille mieux dans sa mémoire pour mettre au jour des facteurs qui expliqueraient son état de santé. Évidemment, la personne qui n'est pas malade n'a pas les mêmes préoccupations que celle qui est malade ; ses souvenirs pourront donc être altérés. Dans l'étude de Ghadirian et autres, on n'aborde pas cette question, sans doute parce que les auteurs sont davantage préoccupés par une forme particulière de biais de rappel, celui dit « de l'informateur de seconde main ». En effet, une faible proportion de malades (25 %) ont répondu eux-mêmes au questionnaire. En ce qui concerne les autres cas, on a obtenu l'information sur l'exposition en interrogeant un proche. Par contre, 83 % des témoins ont répondu directement au questionnaire. Il est certain que, pour des questions concernant la consommation d'alcool, de café ou de tabac, la réponse du proche risque fort de différer de celle qu'aurait donnée la personne en cause. Les auteurs en sont d'ailleurs bien conscients et en discutent longuement. En stratifiant selon le statut du répondant (le cas lui-même comparativement à un proche), ils ont trouvé des résultats différents. Lorsqu'on ne considère que les réponses fournies par les cas, on obtient un RC de 3,04. Par contre, lorsqu'on prend en compte l'information donnée par les proches, on obtient un RC de 5,35. Un biais de rappel risque donc fort d'avoir été introduit dans l'étude puisque les proches surestiment l'exposition au facteur de risque chez les cas.

Une autre lacune des études cas-témoins tient au fait que les interviewers peuvent être influencés. En effet, comme ils savent si la personne interrogée est un cas ou un témoin, ils peuvent être tentés d'interroger plus à fond les cas sur la question de l'exposition présumée. Ici, le questionnaire adéquatement normalisé a peut-être réduit ce biais au minimum. En général, c'est d'ailleurs le seul moyen de le prévenir, parce qu'il est difficile de mener les entrevues en aveugle, sauf si la maladie est peu

---

* La phase de latence est la période pendant laquelle la maladie se développe sans que des symptômes ne se manifestent.

symptomatique ou si toutes les entrevues se font avec des proches plutôt qu'avec les malades eux-mêmes, ou encore si les témoins sont sélectionnés parmi des personnes hospitalisées (donc malades) pour une autre raison.

Enfin, un autre problème que l'on peut repérer dans l'étude de Ghadirian et autres réside dans le fait que les cas n'ont pas tous été sélectionnés en fonction du même critère. Pour la plupart d'entre eux, le diagnostic de cancer a été confirmé par un examen histologique de la tumeur. Toutefois, 17 % des cas ont été classés en fonction d'indices cliniques ou radiologiques.

d) Le calcul de la taille de l'échantillon

Dans l'étude de Ghadirian et autres, on ne mentionne pas toutes les raisons qui ont conduit à la taille des échantillons utilisés. Bien sûr, 179 patients atteints d'un cancer du pancréas ont été utilisés parce que c'est ce qui restait des 447 cas identifiés au cours des 4 ans qu'a duré l'étude. Cependant, les auteurs ne discutent pas de l'influence de ce nombre sur la précision de l'étude. On n'y explique pas non plus pourquoi on a choisi 239 témoins. Par contre, théoriquement, on sait que le nombre de témoins ne devrait pas dépasser quatre pour un cas[11]. En effet, il s'agit là de la meilleure combinaison pour obtenir la plus grande précision possible au moindre coût. Au-delà de cette proportion, le nombre de témoins n'influence plus beaucoup la précision de l'étude.

e) Le plan d'analyse

L'un des éléments les plus importants lorsqu'on considère un plan d'analyse consiste à évaluer si le contrôle des facteurs de confusion potentiels a été pris en compte.

Le biais de confusion est une erreur systématique induite par la présence d'un facteur associé de façon indépendante tant à la maladie qu'au facteur d'exposition à l'étude. Il faut également que ce facteur n'appartienne pas à la chaîne causale de la maladie. Dans l'étude de Ghadirian et autres, différents facteurs de confusion peuvent invalider les conclusions. Cette étude cas-témoins vise à établir un lien entre certaines habitudes de vie, comme le fait de fumer et de consommer du café et de l'alcool, et la survenue du cancer du pancréas. On sait que l'âge est associé, de façon indépendante, à la fois à ces habitudes de vie et au cancer du pancréas; en effet, la fréquence de la plupart des cancers augmente avec l'âge. Le sexe est un autre exemple possible de facteur de confusion. On sait que le cancer du pancréas est plus fréquent chez les hommes que chez les femmes. Le sexe est donc un facteur associé à la maladie. Mais on sait aussi que le sexe est lié aux habitudes de vie. Ainsi, dans la plupart des sociétés, les femmes boivent moins d'alcool que les hommes. Donc, le sexe est aussi associé au facteur d'exposition. En conséquence, l'âge et le sexe sont des facteurs qui, s'ils sont distribués inégalement entre les cas et les témoins, peuvent introduire une distorsion dans la mesure d'association entre les habitudes de vie et le cancer du pancréas.

Le niveau socioéconomique est également associé aux habitudes de vie. Ainsi, il est bien connu que les personnes de niveau socioéconomique peu élevé fument plus. Un niveau socioéconomique peu élevé est donc également un facteur associé à une plus grande fréquence de la plupart des cancers. Le groupe ethnique d'appartenance peut aussi constituer un facteur de confusion. Selon l'appartenance ethnique, les habitudes de vie peuvent varier. La consommation de tabac, d'alcool et de café diffère probablement chez les francophones, les anglophones et les allophones d'origine asiatique vivant au Québec, par exemple. De ce fait, et aussi peut-être pour des raisons génétiques, il est possible que la fréquence du cancer du pancréas varie en fonction du groupe ethnique d'appartenance. Si ces facteurs, à savoir le niveau socioéconomique et l'appartenance ethnique, ne sont pas distribués également entre les cas et les témoins, la mesure d'association pourra être biaisée. Nous conviendrons donc que l'âge, le sexe, le niveau socioéconomique et l'appartenance ethnique sont des facteurs de confusion potentiels qui pourraient être présents dans l'étude.

Il existe plusieurs moyens de contrôler ou de réduire les biais de confusion. Ces moyens sont utilisés, selon le cas, au moment de l'échantillonnage (*a priori*) ou de l'analyse (*a posteriori*). Lors de l'échantillonnage, on peut procéder par restriction : on exclut alors de l'étude les gens qui sont exposés au facteur de confusion possible, ou encore on n'inclut que les individus d'une même catégorie de la variable de confusion potentielle (par exemple, uniquement des hommes ou des jeunes).

Pour contrôler ou réduire les biais de confusion *a priori,* on peut aussi procéder par assortiment (appariement). L'assortiment vise à rendre les groupes étudiés plus homogènes en ce qui concerne les facteurs de confusion possibles[12]. On associe alors à chacun des cas un ou des témoins qui s'apparentent à lui en ce qui a trait à certaines variables confondantes possibles. L'assortiment peut aussi se faire en fonction de certaines catégories de cas. Ghadirian et autres ont utilisé cette méthode : chacun des cas a été assorti à un ou plusieurs témoins appartenant au même groupe d'âge, au même sexe et à la même zone résidentielle[13]. Lorsque l'assortiment se fait selon le rapport « un cas pour un témoin », on parle d'appariement. Pour une plus grande efficacité, l'assortiment exige qu'on utilise des méthodes statistiques particulières lors de l'analyse. Ainsi, l'assortiment peut augmenter la précision des mesures d'association et permet donc d'utiliser des échantillons de plus petite taille. Par contre, l'assortiment demande souvent beaucoup de temps et peut conduire à une perte d'information si des sujets doivent être écartés de l'analyse parce qu'ils n'ont pas été appariés.

Des méthodes de contrôle des biais de confusion peuvent par ailleurs être utilisées au moment de l'analyse, notamment la stratification et la modélisation statistique. Par exemple, Ghadirian et autres ont utilisé une méthode d'analyse multivariée (voir le chapitre 11). Cette méthode est appropriée lorsqu'on veut contrôler simultanément plusieurs variables de confusion potentielles. Le plan d'analyse présenté par les auteurs et inséré dans la section des résultats est extrêmement sommaire. Les auteurs mentionnent qu'ils ont utilisé un modèle de régression logistique conditionnel et que les variables de confusion prises en compte sont l'âge, le sexe, le niveau de scolarisation et le type de répondant. Si l'on considère que les auteurs ont utilisé l'assortiment et la modélisation en prenant en compte la majorité des variables de confusion potentielles, on peut dire que les biais de confusion possibles ont été bien contrôlés dans cette étude.

Les résultats

L'un des éléments importants à évaluer dans la section des résultats réside dans la précision de l'étude, principalement déterminée par la largeur des intervalles de confiance proposés. Plus un intervalle de confiance est large, moins la précision est grande. Cependant, il n'y a pas de normes absolues qui permettent de juger de cette précision. Dans l'étude de Ghadirian et autres, les intervalles de confiance rapportés sont les suivants :

- gros fumeur comparativement à non-fumeur : RC de 3,76 et ic de 1,8 à 7,83 ;
- gros buveur d'alcool comparativement à non-buveur d'alcool : RC de 0,65 et ic de 0,3 à 1,44 ;
- gros buveur de café comparativement à non-buveur de café : RC de 0,55 et ic de 0,19 à 1,62.

La discussion et la conclusion

Généralement, les auteurs discutent de leurs résultats et présentent leurs conclusions dans la dernière section des articles. Cette section devrait présenter un résumé des principales découvertes et les mettre en lien avec la littérature existante. On devrait également y trouver une réflexion sur la validité interne, la validité externe et la signification clinique potentielle des résultats.

Dans l'étude de Ghadirian et autres, les auteurs discutent malheureusement très brièvement de leurs résultats. Voici quelques extraits de cette discussion.

Les résultats de cette étude en ce qui concerne l'usage du tabac confirment les données antérieures. Le risque associé au tabagisme est 3,8 fois plus élevé chez les gros fumeurs que chez les non-fumeurs, si on considère l'ensemble des sujets et le total de cigarettes fumées.

Parmi les cas de cancer du pancréas, 75,4 % étaient des fumeurs comparativement à 63,6 % chez les témoins. Parmi les cas, 40,1 % étaient de gros fumeurs comparativement à 23,2 % chez les témoins [...]

Comme il a déjà été mentionné, 25 % des entrevues des cas ont été faites directement auprès des malades et 75 % d'entre elles auprès d'un proche. En ce qui concerne le nombre total de cigarettes fumées, le RC variait selon que l'entrevue avait été réalisée auprès des cas ou des proches. Dans le cas des entrevues directes, on a obtenu un RC de 3,04 pour tous les sujets (4,56 pour les hommes et 2,66 pour les femmes). Dans le cas des entrevues auprès d'un proche, le RC était de 5,35 pour tous les sujets (1,7 fois plus élevé qu'avec les entrevues directes) et de 6,1 pour les hommes (1,3 fois plus élevé). Le fait que les proches rapportent un risque plus élevé peut être dû à un biais de rappel concernant les habitudes de consommation de tabac des cas, comme cela a déjà été signalé.

L'ensemble des personnes qui buvaient de l'alcool présentait un risque moins élevé que l'ensemble des non-buveurs d'alcool (RC de 0,65) [...]

Les buveurs de café présentaient dans l'ensemble un moindre risque d'être atteints d'un cancer du pancréas que les non-buveurs de café (RC de 0,55) [...] Bien qu'aucune étude n'ait, à notre connaissance, examiné la question des habitudes de consommation de café, nous avons trouvé que le risque, s'il y en a un, diminuait lorsque le café était consommé au cours d'un repas.

En fait, la seule conclusion livrée par les auteurs est que l'étude n'apporte rien de neuf par rapport à d'autres études antérieures, sauf peut-être cette diminution du risque lorsque le café est pris pendant les repas. Mais comme les auteurs avaient déjà établi que le café n'était pas un facteur de risque, cela ne présente pas beaucoup d'intérêt.

La principale préoccupation des auteurs a été de souligner les lacunes que comporte la collecte de données auprès des proches. La discussion des autres biais et de la précision de l'étude est absente. En fait, la discussion se limite à un simple résumé des résultats déjà livrés dans la section « Résultats ». Elle peut donc être jugée comme étant inadéquate.

Outre la validité interne d'une étude, il importe également d'évaluer sa validité externe. Le concept de validité externe d'une étude renvoie au degré avec lequel ses conclusions demeurent valides lorsqu'elles sont appliquées à d'autres personnes en d'autres lieux. Dans l'exemple qui nous intéresse, il est difficile d'évaluer si les conclusions s'appliquent à la population de la polyclinique Milo, puisqu'on ne connaît pas cette population et qu'en plus, la population à l'étude est mal définie.

Par ailleurs, les auteurs ne discutent pas de la signification clinique de leurs résultats. Toutefois, la conclusion principale, c'est-à-dire celle à l'effet que la consommation de tabac constitue un facteur de risque majeur pour le cancer du pancréas et que le risque augmente avec le nombre de cigarettes fumées, a des implications cliniques immédiates.

14.4.2 L'analyse critique d'une étude de cohorte

Voici maintenant l'analyse critique de l'étude de cohorte effectuée par Zheng et autres entre 1966 et 1986 aux États-Unis sur les facteurs de risque du cancer du pancréas. Par souci d'éviter la répétition des principes abordés précédemment, nous ferons preuve de concision.

Le résumé

Voici le résumé de l'étude de cohorte de Zheng et autres :

Les facteurs de risque du cancer du pancréas ont été évalués dans une cohorte de 17 633 Américains de race blanche qui ont répondu à un questionnaire posté en 1966 et qui ont été suivis jusqu'en 1986 pour ce qui est de la mortalité. Le tabagisme et la consommation d'alcool se sont révélés les facteurs de risque les plus importants pour le cancer du pancréas. Les risques augmentaient significativement en fonction du nombre de cigarettes fumées, allant jusqu'à être 4 fois plus élevés chez les fumeurs de 25 cigarettes ou plus que chez les non-fumeurs. L'alcool était également un facteur de risque significatif puisque les consommateurs de 10 portions ou plus par jour présentaient un risque 3 fois plus élevé que les non-consommateurs d'alcool, mais la relation entre la quantité consommée et le risque n'était pas constante. La consommation de café n'était par ailleurs pas associée au risque. D'autre part, les analyses diététiques ont révélé une augmentation du taux de cancer du pancréas lorsque la consommation de viande était plus grande, même après ajustement selon les autres facteurs de risque. Les consommateurs de viande du dernier quartile risquaient environ trois fois plus de présenter un cancer du pancréas que ceux du premier quartile. Par contre, aucune association n'a été trouvée entre le cancer du pancréas et la consommation de fruits, de légumes ou de céréales. Cette étude confirme que la fumée de cigarette est un facteur de risque important pour le cancer du pancréas et apporte des preuves que l'alcool et la viande consommés en grandes quantités peuvent augmenter le risque de contracter cette néoplasie fatale.

Dans ce résumé, le but de l'étude, qui consiste à reconnaître les principaux facteurs de risque du cancer du pancréas, est clairement exposé. La méthode utilisée, à savoir l'observation sur une période de 20 ans de l'évolution de la mortalité dans une cohorte exposée à des facteurs de risque évalués en début d'étude à l'aide d'un questionnaire, est explicitement précisée. Les principaux résultats et les principales conclusions le sont aussi.

L'introduction

L'introduction dans cet article présente une revue de la littérature sur le sujet. Il apparaît particulièrement intéressant qu'on indique d'emblée l'ampleur du problème. Quatre-vingt-dix pour cent des patients chez qui un diagnostic de cancer du pancréas est posé décèdent dans l'année suivante. Il s'agit de la cinquième cause de décès par cancer aux États-Unis : 25 000 personnes en meurent chaque année, soit environ 1 personne sur 10 000. Comme il était mentionné dans l'étude cas-témoins, le tabagisme est le seul facteur de risque clairement reconnu. Les auteurs signalent par ailleurs que des facteurs liés à l'alimentation peuvent aussi se révéler déterminants, notamment une forte consommation d'aliments de source animale, de gras et de protéines, de même qu'une faible consommation de fruits et de légumes. Les glucides pourraient également jouer un rôle dans le développement de la maladie, tout comme le café, l'alcool et l'exposition à certains produits industriels. Le diabète et certains facteurs génétiques pourraient aussi prédisposer à ce cancer. Les auteurs soulignent que le manque de crédibilité des études antérieures tient au fait qu'elles ont été pour la plupart rétrospectives et qu'une bonne partie de l'information obtenue l'a été auprès des proches des malades. Les chercheurs ne pouvaient dès lors être absolument certains qu'ils disposaient de données fiables, particulièrement en ce qui concernait l'alimentation. Pour parer à ce problème, Zheng et autres proposent donc une étude de cohorte échelonnée sur une période de 20 ans. Ils se penchent sur les causes de mortalité chez 17 633 hommes de race blanche pour évaluer l'effet du tabac, de l'alcool et de l'alimentation sur le risque d'être atteint d'un cancer du pancréas.

On peut conclure que l'introduction présentée dans l'article de Zheng et autres satisfait à tous les critères de la grille d'évaluation. Elle fait en effet le bilan des connaissances actuelles sur la question, démontre la pertinence de l'étude et du type d'étude choisi, et expose clairement le but de celle-ci.

La méthode

a) Le devis

Les auteurs mentionnent qu'ils ont effectué une étude de cohorte.

b) La population

Dans l'étude de Zheng et autres, la population à l'étude est décrite de la manière suivante :

Cette étude de cohorte a été menée auprès des détenteurs d'une police d'assurance-vie de la Lutheran Brotherhood Insurance Society (LBS). En octobre 1966, un questionnaire a été envoyé à 26 030 hommes de race blanche détenteurs d'une police. Ils avaient 35 ans ou plus et vivaient dans les États de Californie, New Jersey, Washington, Michigan, Minnesota, Missouri, North Dakota, Ohio et Wisconsin. Au total, 17 818 hommes (68,5 %) ont rempli le questionnaire et ont été inclus dans la cohorte qui a été suivie pour voir l'évolution de la mortalité.

La population cible comprend les hommes de race blanche de plus de 34 ans. La population à l'étude est celle des hommes de race blanche de 35 ans ou plus qui possédaient une assurance-vie de la LBS en 1966. Toute la population à l'étude a été invitée à participer à l'étude.

Il faut d'abord dire que la grande force des études de cohortes réside dans le fait qu'elles permettent d'éviter la plupart des biais de sélection. Un biais de sélection peut tout de même être introduit si le choix des sujets exposés et non exposés est influencé par la présence de la maladie étudiée. Ce problème peut survenir lorsqu'on étudie des maladies chroniques, des cancers, par exemple, pour lesquelles la phase de latence est longue. Il est alors possible de sélectionner un sujet porteur de la maladie, mais qui ne présente pas encore de symptômes. L'étude de Zheng et autres porte sur le cancer du pancréas et n'est pas à l'abri de cette lacune. Dans la section « Résultats », les chercheurs expliquent comment ils ont contrôlé ce biais potentiel :

L'exclusion des décès par cancer du pancréas survenus moins de cinq ans après le début du suivi n'a pas changé de façon significative les résultats relatifs aux effets de l'alimentation, de la consommation de café et d'alcool ou du tabagisme.

On voit que les auteurs, sensibles à cette erreur potentielle mais impossible à prévenir, la contrôlent lors de l'analyse.

Les personnes qui ont été perdues de vue pendant le suivi sont à l'origine du biais de sélection le plus couramment rencontré dans les études de cohortes. Dans l'étude de Zheng et autres, 23 % des personnes ont été perdues de vue pendant le suivi. Les auteurs en discutent ainsi :

[...] environ un cinquième des membres de la cohorte (n = 4 027) ont été perdus de vue pendant le suivi parce que leur police d'assurance n'a pas été renouvelée ou est arrivée à échéance. Il n'existait pas de différence significative quant au tabagisme, à la consommation d'alcool ou à l'apport alimentaire entre les membres encore actifs après 20 ans de suivi et ceux qui ont été perdus de vue. En effet, une étude spéciale effectuée dans le but de connaître le statut vital de ceux qui avaient été perdus de vue après un suivi de 11,5 ans n'a pas permis de détecter de différence significative pour ce qui est de la mortalité par cancer dans les deux groupes. Il est donc peu probable que le suivi incomplet ait biaisé substantiellement nos résultats.

Dans l'étude de Zheng et autres, le tiers des personnes approchées pour l'étude ont refusé d'y participer. Cependant, dans une étude de cohortes, cela ne pose pas un problème important. Dans une étude cas-témoins, le choix des sujets est fait en fonction du résultat final. La personne est malade ou non. C'est là la source de tous les biais. La façon de choisir les participants à l'étude aura nécessairement une influence sur la conclusion, puisque chaque personne choisie a été ou n'a pas été exposée au facteur étudié. Par contre, dans une étude de cohortes, les individus sont choisis en fonction de l'exposition. Si aucune des personnes n'est malade au début du suivi, il ne peut y avoir de biais introduit par les personnes qui refusent de participer. Les problèmes liés au refus ne concernent pas la validité interne. Par contre, si le nombre de refus est grand, l'effectif de la cohorte peut devenir insuffisant pour assurer une précision et une puissance statistique acceptables. Le nombre de refus pourrait aussi influencer la validité externe de l'étude si on prétend que la cohorte est représentative de la population à l'étude. Cependant, même si Zheng et autres ne discutent pas de ce problème, avec 17 000 participants, ou même 13 000 si on exclut les perdus de vue, suivis pendant une vingtaine d'années, cette étude conserve une bonne précision. Pour ce qui est de sa représentativité, nous en discuterons plus bas.

c) La mesure de l'exposition et de l'effet

Dans l'étude de Zheng et autres, on a utilisé deux instruments. L'exposition au facteur étudié a été évaluée à l'aide d'un questionnaire, et l'évolution de la mortalité, grâce aux certificats de décès. Les auteurs ne disent rien des efforts déployés pour valider leur questionnaire. Il n'est pas plus possible dans l'étude de Zheng et autres de connaître la précision du questionnaire utilisé pour évaluer l'exposition au début de l'étude.

On peut envisager qu'il s'agit là d'une source d'erreur systématique (non différentielle), mais on ne peut évaluer l'ampleur de cette erreur. De même, on ne dispose pas d'information sur la validité des certificats de décès fournis par la compagnie d'assurances. Cependant, une erreur non différentielle, tout comme pour l'étude cas-témoins, ne pourra que sous-estimer l'effet réel (ce qui veut dire que si on trouve une association, elle sera réelle, mais simplement sous-estimée).

Une étude de cohorte prospective est certes à l'abri de tous les biais liés à la mémoire. Mais lorsqu'on effectue un suivi différent selon l'exposition, on introduit forcément un biais différentiel. En principe, l'erreur différentielle peut tout aussi bien augmenter que diminuer la force de l'association. Souvent, on ignore quel est son effet. Ce genre de biais peut invalider complètement une étude. Dans l'étude de Zheng et autres, le problème ne se pose pas, puisque la seule intervention effectuée au cours du suivi est le constat de décès. Il n'y a pas de raison de penser que ce constat ait pu différer selon l'exposition. On introduira également un biais si on commet une erreur lors de la classification des sujets en fonction de leur exposition. Ainsi, le fait de ne pas avoir suivi l'évolution de l'exposition tout au long des 20 ans peut avoir entraîné une erreur de classification. Comme le soulignent les auteurs eux-mêmes, si les fumeurs ont suivi la tendance des autres fumeurs américains au cours de cette période, plusieurs auront diminué leur consommation de tabac, voire auront cessé de fumer au cours de l'étude. Pourtant, pendant 20 ans, ils sont restés classés en fonction de leur exposition au début de l'étude. Le même raisonnement tient pour les habitudes alimentaires. Une erreur de classification différentielle possible dont les auteurs font état est la modification de l'alimentation des malades en raison précisément de leur maladie.

d) Le calcul de la taille de l'échantillon

Celui-ci n'est pas présenté. On ne mentionne pas les raisons qui ont conduit les chercheurs à interroger 20 000 personnes plutôt que 10 000 ou 100 000 pour constituer la cohorte. On comprend qu'il s'agissait là du nombre d'assurés de la compagnie d'assurances et qu'on a choisi ce nombre par commodité, mais on ignore quelle est la répercussion de ce choix sur la précision ou la puissance statistique de l'étude.

e) Le plan d'analyse

À la fin de la section « Méthode », un bref plan d'analyse est décrit, centré sur l'utilisation de méthodes statistiques pour contrôler le biais de confusion. De façon générale, on emploie les mêmes méthodes de contrôle du biais de confusion dans les études cas-témoins et les études de cohortes. Dans l'étude de Zheng et autres, on utilise une méthode de contrôle uniquement au moment de l'analyse (*a posteriori*), comme l'indique l'extrait suivant :

Le RR a été utilisé pour mesurer l'association entre la mortalité par cancer du pancréas et les facteurs d'exposition étudiés. On a appliqué la régression multiple de Poisson pour contrôler les facteurs de confusion possibles et pour le calcul des RR ajustés, avec un intervalle de confiance à 95 %.

Les principales variables de confusion potentielles ont été incluses dans le modèle statistique et globalement. On peut donc aussi affirmer ici que les biais de confusion possibles ont été bien contrôlés.

Les résultats

Au début de l'étude, Zheng et autres mesurent la consommation de tabac, d'alcool et de café chez les sujets de l'étude. Les mesures d'effet et les intervalles de confiance rapportés sont alors les suivants :

■ gros fumeur comparativement à non-fumeur : RR de 3,9 et ic de 1,5 à 10,3 ;

■ buveur d'alcool comparativement à non-buveur d'alcool : RR de 2,4 et ic de 1,1 à 5,5 ;

■ buveur de 7 tasses de café et plus par jour comparativement à buveur de moins de 3 tasses de café par jour : RR de 1,2 et ic de 0,3 à 2,4 ;

■ forte consommation de viande comparativement à faible consommation de viande : RR de 3,0 et ic de 1,2 à 7,5.

À première vue, quand on pense que le risque d'être atteint d'un cancer du pancréas chez un gros fumeur peut être de 1,5 à 10,3 fois plus élevé que chez un non-fumeur, il est vrai que cela n'est pas très précis.

La discussion et la conclusion

Les auteurs de l'étude de cohorte soulignent aussi que leurs conclusions vont dans le même sens que celles de la plupart des études antérieures.

Ce que nous avons observé dans notre cohorte va dans le même sens que les recherches antérieures qui indiquaient que le tabagisme constitue un risque majeur pour le cancer du pancréas. Le risque chez les fumeurs au moment de l'entrevue, en 1966, augmente en fonction du nombre de cigarettes fumées chaque jour. Il n'y a pas ou il y a peu d'excès de risque pour les ex-fumeurs, ce qui laisse croire que le fait d'arrêter de fumer peut diminuer le risque que ce cancer se développe [...] Comme dans la plupart des études antérieures, nous n'avons pas trouvé d'association entre la consommation de café et le cancer du pancréas.

En ce qui concerne ce dernier point, les auteurs soulignent que la confirmation des conclusions des études antérieures étant obtenue ici dans le cadre d'une étude prospective, la preuve du caractère inoffensif du café est bien plus concluante. C'est ce qu'indique l'extrait suivant : *Cette observation, fondée sur les données d'une étude prospective, fournit des preuves supplémentaires que le café n'est pas un facteur de risque pour le cancer du pancréas.* L'alcool ressort toutefois nettement comme un facteur de risque, ce que ne démontraient pas les études antérieures, en particulier les études cas-témoins. Dans ces études, le recours obligatoire à des proches pour la collecte de l'information induit un biais d'information non différentiel qui peut avoir en quelque sorte masqué l'association. Zheng et autres soulignent aussi que cette preuve épidémiologique appuie ce qu'on sait déjà de l'histoire naturelle de la maladie, c'est-à-dire que l'alcool est l'une des causes de pancréatite et que la pancréatite prédispose au cancer.

La consommation d'alcool est significativement associée à la mortalité par cancer du pancréas dans notre étude, même si les degrés de consommation étaient relativement bas. Un excès de risque significatif de cancer du pancréas chez les gros buveurs a déjà été rapporté dans des études prospectives en Norvège et au Japon (pour les buveurs de whisky seulement). Par contre, la plupart des enquêtes réalisées auprès d'alcooliques n'ont pu établir un lien entre l'alcool et le cancer du pancréas, même si les auteurs d'une étude récente portant sur une cohorte d'alcooliques suédois ont noté un risque élevé de cancer du pancréas pour les deux sexes. Les résultats des études cas-témoins sont plus équivoques. Quelques études seulement ont établi un lien entre l'augmentation du risque et celle de la consommation d'alcool. Ces résultats contradictoires peuvent être dus à des différences dans la structure des études. De plus, dans la plupart de ces études, une grande proportion des cas étaient décédés, de telle sorte qu'on a dû recueillir les données auprès des proches. Ce recours aux proches a pu mener à une erreur de classification en ce qui a trait à l'exposition à l'alcool, et cette erreur, même si elle n'était probablement pas différentielle, peut avoir atténué l'association avec la maladie. Il est notoire que la consommation importante d'alcool peut provoquer une pancréatite chronique, un facteur de risque possible du cancer du pancréas.

Les auteurs discutent aussi longuement des facteurs diététiques considérés dans leur étude, celle-ci ayant démontré une relation significative entre la quantité de viande consommée et le cancer du pancréas. Par la suite, les auteurs soulignent avec beaucoup de pertinence que l'absence d'information sur les changements de régime alimentaire après le début de l'étude est susceptible d'avoir engendré un biais d'information non différentiel.

Les données concernant la diète n'ont été recueillies qu'une seule fois, en 1966. Or, plusieurs membres de la cohorte peuvent avoir changé leurs habitudes alimentaires au cours des 20 ans qu'a duré le suivi. Parce que cette erreur de classification est probablement non différentielle, elle aura tendance à ramener le RR vers 1 et à obscurcir une association faible ou même modérée avec certains facteurs diététiques.

Ils n'hésitent pas non plus à souligner d'autres erreurs possibles, notamment dans le passage suivant :

Notre étude a aussi d'autres limites. Comme dans le cas des informations sur la diète, nous n'avions aucune information supplémentaire sur l'usage du tabac après 1966, année où les sujets ont rempli le questionnaire. Si les fumeurs de cette cohorte ont suivi la tendance des hommes américains dans les dernières décennies, une proportion substantielle d'entre eux peuvent avoir arrêté de fumer pendant les 20 ans de suivi. Or, dans notre analyse, ils sont toujours considérés comme fumeurs, ce qui entraîne une sous-estimation de l'effet du tabagisme.

Les auteurs discutent aussi de la question des perdus de vue pendant le suivi et des travaux qu'ils ont faits pour en évaluer les répercussions, comme nous l'avons vu quand nous avons discuté des biais de sélection. Ils concluent enfin que, malgré toutes ses lacunes, leur étude établit que le tabac constitue un risque majeur pour le cancer du pancréas. La consommation d'alcool et de viande semble augmenter le risque, mais les auteurs proposent que d'autres études soient réalisées pour établir plus clairement ce lien et les mécanismes biologiques sous-jacents. C'est ce qu'indique l'extrait qui suit :

En résumé, notre étude de cohorte confirme les découvertes des études antérieures, à savoir que l'habitude de fumer la cigarette constitue un facteur de risque majeur pour le cancer du pancréas. On a aussi observé que la consommation d'alcool et de viande augmentait le risque, bien que des études supplémentaires soient nécessaires pour clarifier ces associations et les mécanismes en jeu.

On peut donc affirmer que les auteurs de cette étude présentent une discussion adéquate de leurs résultats et fournissent une conclusion claire aux lecteurs.

Bien que les auteurs n'évoquent pas explicitement la signification clinique de leurs résultats, la conclusion principale concernant le lien entre la consommation de tabac et le cancer du pancréas a des implications cliniques immédiates. Elle renforce notre détermination à travailler à des programmes d'arrêt du tabagisme, d'autant plus que, avec le temps, le risque pour les ex-fumeurs tend à diminuer pour se rapprocher de celui des non-fumeurs. Dans le cas de l'alcool et de la viande, le lien est moins clair. Un autre élément non négligeable qui ressort de l'étude, comme dans celle de Ghadirian et autres, c'est qu'on peut rassurer les patients buveurs de café.

Finalement, Lisa peut-elle conclure que ces résultats peuvent s'appliquer aux patients de la polyclinique Milo ? L'étude de cohorte a été menée dans une population masculine américaine de race blanche âgée de plus de 34 ans et de revenu moyen (puisque les membres de la cohorte pouvaient se payer une assurance). Elle conclut avec raison que les résultats de cette étude peuvent s'appliquer à une grande partie des patients qui consultent à la polyclinique Milo parce que ces derniers partagent les principales caractéristiques de cette population.

14.5 LA RECOMMANDATION CLINIQUE À LA SUITE DE L'ANALYSE CRITIQUE

Après cette rencontre fructueuse avec l'équipe de la polyclinique, Lisa revoit sa patiente Geneviève. Lisa peut alors avec raison lui mentionner que le tabagisme pourrait avoir contribué à l'apparition du cancer chez son père, mais que le café ne semble jouer aucun rôle à ce niveau. Comme Geneviève ne fume pas, elle sera rassurée à cet égard et on pourra essayer de trouver la cause véritable de ses douleurs abdominales.

14.6 LES CONSIDÉRATIONS ÉTHIQUES

Des défis éthiques particuliers sont liés aux études expérimentales (ou essais cliniques randomisés), puisque dans ce type d'étude, c'est le chercheur qui détermine l'exposition. Il serait impensable d'exposer des sujets humains à des facteurs associés au développement de maladies dans le but de quantifier leur rôle. Pour cette raison, les devis non expérimentaux (études de cohortes et cas-témoins) sont fréquemment employés en épidémiologie. Ces études sont du domaine de l'observation, car le recrutement des sujets se fait sur la base des caractéristiques observées (et non sur la base de caractéristiques imposées par le chercheur). Par exemple, on pourra recruter des fumeurs (exposition induite par le sujet lui-même) dans le cadre d'une étude de cohorte pour étudier l'action délétère de la cigarette sur la santé.

Par contre, même si les études de cohortes et cas-témoins sont du domaine de l'observation, il va sans dire qu'elles doivent aussi respecter des critères éthiques stricts reconnus internationalement, tels que la justice, la bienfaisance et le respect (autonomie). Aucune considération de recherche ne pourrait justifier qu'un sujet reçoive, durant sa participation à un projet, des soins en dessous des standards acceptés. Par exemple, au sein d'une étude de cohorte non expérimentale qui aurait pour but d'étudier le rôle des virus du papillome humain dans le développement du cancer du col, il serait inconcevable de laisser évoluer les lésions jusqu'au cancer, puisqu'il y a consensus que les lésions précancéreuses graves doivent être traitées. La santé et la sécurité des individus passent avant tout. Les comités d'éthique (et autres structures locales) des hôpitaux et des universités sont responsables du respect des règles éthiques reconnues. Leurs membres évaluent et approuvent les projets, y compris l'ensemble des procédures et des documents qui y sont reliés. Le chercheur devra se conformer à ces règles et respecter les aspects éthiques dans toutes les dimensions de l'étude.

En résumé

Lorsqu'il est impossible de réaliser des études expérimentales ou quasi expérimentales pour explorer les facteurs de risque associés à certaines maladies, les études de cohortes et les études cas-témoins sont des solutions de rechange fort acceptables. Les études de cohortes présentent des risques moindres d'être entachées par des biais ou des erreurs, mais elles sont plus difficiles à mener sur le plan des conditions matérielles et financières. Les études cas-témoins sont moins onéreuses, mais le risque important qu'elles comportent des biais contraint à une certaine prudence. Elles ne permettent généralement pas d'obtenir des conclusions définitives.

L'analyse critique des articles portant sur des études de cohortes ou des études cas-témoins comprend une évaluation de leur validité interne, soit la recherche de biais de sélection, d'information et de confusion, ainsi qu'une appréciation de leur précision et, finalement, une évaluation de leur validité externe.

www.cheneliere.ca/simpson

Une section Exercices vous est offerte sur ce site Web.

NOTES ET RÉFÉRENCES

1. Ghadirian, P., A. Simard et J. Baillargeon. « Tobacco, alcohol, and coffee and cancer of the pancreas. A population-based, case-control study in Québec, Canada », *Cancer,* 1991, vol. 67, n° 10, p. 2664-2670. Les extraits de cet article présentés dans ce chapitre ont été traduits avec la permission de John Wiley & Sons, Inc. Tous droits réservés.

2. Zheng, W., J.K. McLaughlin, G. Gridley et autres. « A cohort study of smoking, alcohol consumption, and dietary factors for pancreatic cancer (United States) », *Cancer Causes and Control,* 1993, vol. 4, p. 477-482.

3. Gordis, L. « Consumption of methylxanthine-containing beverages and risk of pancreatic cancer », *Cancer Letters,* 1990, n° 52, p. 1-12.

4. *Ibid.,* p. 2.

5. Spector, T. « Coffee, soya and pancreatic cancer », *The Lancet,* 1981, n° 11, p. 474.

6. Bernarde, M.A. et W. Weiss. « Coffee consumption and pancreatic cancer : temporal and spatial correlation », *British Medical Journal,* 1982, n° 284, p. 400-402.

7. MacMahon, B., S. Yen, D. Trichopoulos et autres. « Coffee and cancer of the pancreas », *New England Journal of Medicine,* 1981, vol. 304, n° 11, p. 630-633.

8. International Agency for Research on Cancer. *IARC Monographs on the Evaluation of the Carcinogenic Risks to Humans. Volume 51 : Coffee, Tea, Mate, Methylxanthines and Methylglyoxal,* Lyon, X, 1991, 513 p. Une mise à jour de ce document se trouve à l'adresse Web suivante : http ://monographs.iarc.fr/ENG/Monographs/vol51/volume51.pdf.

9. La Vecchia, C. et A. Tavani. «Coffee and cancer risk : an update», *European Journal of Cancer Prevention,* 2007, vol. 16, n° 5, p. 385-389.

10. Pour un approfondissement des études cas-témoins et de cohortes et des biais potentiels reliés à chacun de ces devis, on pourra aussi consulter avec intérêt : Hennekens, C.H., J.E. Buring et S.L. Mayrent. *Épidémiologie en médecine,* Paris, Frison-Roche, 1998, 375 p.

11. Breslow, N.E. et N.E. Day. *Statistical Methods in Cancer Research, Volume I – The Analysis of Case-Control Studies,* Lyon, IARC Scientific Publications, 1980, n° 32, p. 27.

12. Particulièrement dans les études cas-témoins, il demeure cependant nécessaire de contrôler ces facteurs lors de l'analyse afin d'éliminer le biais de confusion. Pour en savoir davantage à ce sujet, on lira avec intérêt : Rothman, K.J., S. Greenland et L.L. Timothy. *Modern Epidemiology,* 3e édition, Philadelphie, Lippincott Williams & Wilkins, mars 2008, p. 283-289.

13. Il existe plusieurs façons de définir les niveaux socioéconomiques en utilisant une ou plusieurs des variables suivantes : le revenu, le niveau de scolarité, l'occupation, la zone résidentielle, etc. Puisqu'il existe une corrélation entre plusieurs de ces variables et qu'il est plus facile d'assortir en fonction de la zone résidentielle, Ghadirian et autres ont ici opté pour cette solution en se basant sur l'indicatif téléphonique local. Par la suite, pour plus d'efficacité, ils ont introduit le niveau de scolarité lors de l'analyse par modélisation.

15

LA LECTURE CRITIQUE DES ARTICLES DE SYNTHÈSE SYSTÉMATIQUE ET DES MÉTA-ANALYSES

Auteures de la deuxième édition : Agathe Croteau, Danielle Laurin
Auteure de la première édition : Nicole Audet

Au terme de ce chapitre, vous pourrez :

- expliquer les concepts et méthodes de base des synthèses systématiques ;
- juger de la validité scientifique d'une synthèse systématique ;
- prendre une décision éclairée sur la pertinence de modifier votre pratique clinique à la lumière des résultats d'une synthèse systématique.

Objectifs	Contenu
1. Expliquer l'utilité clinique des articles de synthèse systématique	1.1 Qualité des articles de synthèse
2. Décrire les caractéristiques des différents types d'articles de synthèse	2.1 Synthèses traditionnelles ou narratives, synthèses systématiques avec ou sans méta-analyse
3. Décrire les avantages et les limites des articles de synthèse systématique	3.1 Rigueur, objectivité, transparence, reproductibilité, puissance statistique, sources d'hétérogénéité, biais
4. Décrire les principales étapes d'une synthèse systématique	4.1 Recherche, sélection, qualité des études 4.2 Analyse des résultats, estimation de l'hétérogénéité, synthèse quantitative 4.3 Interprétation des résultats
5. Procéder à l'analyse critique d'un article de synthèse systématique	5.1 Critères de l'énoncé QUOROM
6. Prendre en compte les résultats d'un article de synthèse systématique dans sa pratique	6.1 Similitude entre les sujets étudiés et le contexte clinique
7. Décrire la contribution de la Collaboration Cochrane	7.1 Mission, fonctionnement et productions

Un cas

Un groupe de médecins et de pharmaciens dont fait partie Lisa s'interroge sur la pertinence d'utiliser une nouvelle catégorie de médicament, les mimétiques de l'incrétine, pour le traitement du diabète de type 2. Ils se demandent s'il existe des preuves de l'efficacité et de l'innocuité de ce type de traitement. Autrement dit, ils veulent savoir si ces médicaments permettent d'améliorer la qualité des soins prodigués à leurs patients diabétiques.

Mandatée pour répondre à cette question, Lisa se rend à la bibliothèque. Sur le moteur de recherche PubMed, elle effectue une recherche des articles publiés sur le sujet; elle en dénombre 262, dont 148 articles de synthèse. Parcourant rapidement la liste des titres des articles de synthèse, elle repère un article intitulé: «*Efficacy and safety of incretin therapy in type 2 diabetes: systematic review and meta-analysis*[1]». Son choix se porte sur cet article, car il propose non seulement une analyse critique de plusieurs études, mais également une synthèse systématique et une méta-analyse. Lisa souhaite ainsi éviter aux membres du groupe ainsi qu'à elle-même la lecture d'un grand nombre d'articles. Elle leur propose donc de lire l'article et d'en discuter par la suite.

Pertinence clinique

Soucieux de leur formation continue, les professionnels de la santé préfèrent la lecture à toute autre méthode d'apprentissage. Mais devant l'abondance des publications et les conclusions souvent contradictoires que l'on y trouve, ils peinent à utiliser efficacement leur temps de lecture. Comme ils ne peuvent lire un grand nombre d'études portant sur un même sujet pour en acquérir une connaissance approfondie, ils choisissent volontiers un texte qui résume et analyse les études récentes sur un sujet donné, soit l'«article de synthèse» (désigné en anglais par «*review article*»).

Certaines synthèses sont réalisées selon un protocole rigoureux, il s'agit de synthèses systématiques (en anglais «*systematic review*»). Assez souvent, la synthèse systématique comporte un volet quantitatif intégrant les résultats de plusieurs études, que l'on appelle «méta-analyse». Elle propose aussi, le cas échéant, une analyse des résultats contradictoires, utile à une prise de décision éclairée quant à la modification de la pratique clinique[2]. Le professionnel de la santé doit être en mesure d'évaluer et de critiquer les articles de synthèse systématique.

15.1 LES CARACTÉRISTIQUES DES DIFFÉRENTS TYPES D'ARTICLES DE SYNTHÈSE

On retrouve plusieurs types d'articles de synthèse dont la qualité et la valeur scientifique sont susceptibles de varier: les synthèses traditionnelles ou narratives et les synthèses systématiques avec ou sans méta-analyse. Fréquemment rencontrés dans la littérature, les éditoriaux, les consensus d'experts et les guides de pratique sont habituellement de forme narrative.

L'«éditorial» est un article écrit ou commandé par le comité de rédaction d'un périodique qui, en général, souhaite faire connaître son opinion sur un sujet. Les «consensus d'experts» sont des travaux de synthèse réalisés par des professionnels de la santé dont l'expertise est reconnue par leurs pairs. Les «guides de pratique» proprement dits sont rédigés par plusieurs experts qui font des recommandations à l'intention de leurs collègues après avoir procédé à une revue exhaustive de l'ensemble des preuves scientifiques sur un sujet particulier. Notez que parfois les conclusions tirées à partir de «consensus d'experts» font office de guide de pratique. Pour être qualifié d'«article de synthèse», un éditorial, un consensus d'experts ou un guide de pratique doit aborder un seul sujet et s'appuyer sur des études publiant des résultats originaux.

Les articles de formation continue se rencontrent beaucoup plus fréquemment que les articles de synthèse. Ils se distinguent de ces derniers en ce qu'ils portent habituellement sur des sujets d'ordre plus général et, le plus souvent, en ce qu'ils ne précisent pas la stratégie de sélection des publications originales.

Avant d'entreprendre sa lecture, Lisa examine le titre de l'article qu'elle a retenu. Elle bute sur les termes « ...*systematic review and meta-analysis* ». Cette terminologie ne lui est pas familière. Son ami Jean lui explique que les articles de synthèse systématique constituent une forme particulière d'articles de synthèse pouvant comporter une méta-analyse. Les articles de synthèse narrative ou systématique sont des articles scientifiques dans lesquels on résume l'état des connaissances sur une problématique donnée à partir des études originales. Les articles de synthèse systématique se distinguent des synthèses narratives par l'utilisation d'une méthode rigoureuse lors de la sélection et de l'analyse critique des articles retenus[3-5]. De plus, ce type de synthèse comporte fréquemment des suggestions de pistes de recherche ou de développement concernant l'objet d'étude[3]. Une classification des articles de synthèse et de formation continue est présentée à la figure 15.1.

FIGURE 15.1 Classification et fréquence des articles de synthèse et de formation continue

Lisa souhaite en apprendre davantage sur les articles de synthèse systématique comportant ou non une méta-analyse. Ses lectures révèlent que les synthèses systématiques sont réalisées selon un protocole préétabli et se caractérisent par :

- l'utilisation d'une stratégie de recherche visant à recenser toutes les études pertinentes sur un sujet précis ;
- des critères explicites servant à justifier l'inclusion et l'exclusion des études qui seront retenues ;
- des critères standardisés pour évaluer la qualité de ces études ;
- l'exploration des sources possibles d'hétérogénéité (variation parmi les résultats d'études) ;
- la synthèse quantitative de l'estimation de l'effet (dans le cas des méta-analyses) lorsque l'hétérogénéité est jugée acceptable[2,6].

Parce que les articles de synthèse systématique répondent à des exigences méthodologiques bien définies et produisent de meilleures preuves scientifiques, la suite du chapitre portera sur les articles de synthèse systématique avec ou sans méta-analyse.

Une pratique médicale s'appuyant sur des preuves scientifiques s'avère une compétence importante à acquérir pour les futurs diplômés de médecine familiale[7]. Aussi, avant d'aller plus loin, il importe de définir le concept de «preuve scientifique». Il y a preuve scientifique lorsqu'il est possible d'établir un lien entre une exposition (un facteur de risque ou une intervention thérapeutique) et un effet sur la santé. La force de la preuve varie en fonction du type et du nombre d'études qui confirment un résultat[8].

L'étude expérimentale est le devis d'étude par excellence lorsqu'il est question d'évaluer l'efficacité d'un traitement. Dans le cadre d'une étude expérimentale, le chercheur sélectionne les sujets en fonction de critères d'inclusion et d'exclusion et les assigne, généralement de façon aléatoire, à un traitement donné.

Il n'est pas toujours possible de réaliser de telles études, ce qui n'empêche pas que des preuves scientifiques soient établies. Ainsi, une association causale très forte a été établie entre la consommation de tabac et le cancer du poumon à partir de plusieurs études d'observation (voir les critères de causalité au chapitre 5, section 5.2).

Les synthèses systématiques et les méta-analyses faites à partir d'études d'observation sont aussi nombreuses que celles faites à partir d'études expérimentales[2]. Les études d'observation peuvent présenter des biais (de sélection, d'information, de confusion) pouvant rendre leurs résultats moins valides. Dans une méta-analyse d'études d'observation, il est toujours recommandé de rechercher les variations de l'estimation de l'effet en prenant en compte les différentes sources de biais potentiels[5].

À retenir

- Les articles de synthèse résument les connaissances sur un sujet donné à partir d'études originales.
- Les articles de synthèse systématique, une forme particulière d'articles de synthèse, se caractérisent par la rigueur de leur processus de réalisation.
- Une synthèse systématique peut inclure une méta-analyse.
- Des synthèses systématiques peuvent être réalisées à partir d'études expérimentales ou à partir d'études d'observation.

15.2 LES AVANTAGES ET LES LIMITES DES ARTICLES DE SYNTHÈSE SYSTÉMATIQUE

Pour les professionnels de la santé qui veulent se maintenir à jour malgré l'abondance de connaissances dans leur domaine, la lecture d'articles de synthèse s'avère essentielle[2]. Elle leur permet d'épargner du temps et d'avoir accès à des commentaires critiques sur la validité des études recensées. Ces commentaires sont formulés par des experts et apparaissent d'emblée comme fondés. Cependant, les synthèses traditionnelles ou narratives sont souvent subjectives et sujettes à des biais ou faiblesses telles l'inclusion sélective des études qui soutiennent l'opinion de l'auteur de la synthèse, la présentation de conclusions non basées sur une méthode explicite, une source d'information non spécifiée et l'absence d'évaluation standardisée de la qualité méthodologique des études[2,3,6]. Contrairement aux synthèses traditionnelles narratives, les synthèses systématiques, avec ou sans volet quantitatif, sont réalisées en suivant un protocole méthodologique rigoureux, qui améliore l'objectivité de leurs résultats[2,5,6]. Les articles de synthèse systématique, avec ou sans méta-analyses, peuvent être vus comme le pendant des principes de bonne qualité méthodologique qui existent dans le contexte des études individuelles, appliqué au contexte des articles de synthèse[5].

Les auteurs des synthèses systématiques cherchent à recenser toutes les études pertinentes portant sur un sujet donné[2,6]. L'évaluation de l'admissibilité et de la qualité méthodologique des études est justifiée par des critères explicites et les résultats des études y sont rigoureusement analysés[2,6].

Dans un article de synthèse systématique, la méthode et les critères utilisés, présentés à la section «Méthode», permettent un processus de révision transparent et la reproductibilité d'une portion importante du travail de synthèse[2,6].

Dans une méta-analyse, la synthèse quantitative est obtenue par une moyenne pondérée des différents résultats, où les études ayant de grands effectifs ont plus d'influence[2]. Cette méthode a l'avantage de tenir compte des effectifs et des caractéristiques méthodologiques des études, contrairement à la pratique manifestement inadéquate qui consiste à dénombrer les études qui supportent une association versus celles qui ne la supportent pas[2,5].

Exemple 15.1

Une méta-analyse a été réalisée afin de vérifier si le fait de travailler de nuit était associé au risque d'avortement spontané[9]. On présente les résultats de cette méta-analyse à la figure 15.2. Les six premières lignes illustrent les mesures d'association (RR ou RC) de chaque étude originale et la septième, la mesure d'association synthèse, suivie des résultats des analyses de sensibilité.

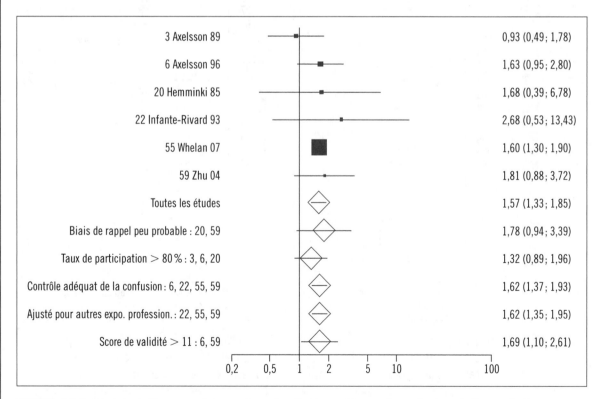

FIGURE 15.2 Présentation graphique des résultats : méta-analyse évaluant l'association entre le travail de nuit et le risque d'avortement spontané

Source : Croteau, A. « L'horaire de travail et ses effets sur le résultat de la grossesse : méta-analyse et méta-régression : mise à jour », *Institut national de santé publique du Québec*, Montréal, 2007. Reproduit avec permission.

>>>

En observant les résultats des six études originales incluses dans cette méta-analyse, on remarque que cinq d'entre elles n'ont pu mesurer une association statistiquement significative. Par contre, la mesure d'association synthèse de toutes les études (7ᵉ ligne de la figure) montre une association statistiquement significative. Il est à noter que le poids relatif de chaque étude ayant servi au calcul de la moyenne pondérée est proportionnel à la taille du rectangle qui représente son résultat.

Lorsqu'appropriée, une synthèse quantitative peut améliorer la précision de l'estimation de la mesure d'association[2], mesurée dans cet exemple par le RR ou le RC. Il est à noter que le RC est une estimation juste du RR lorsque la fréquence de l'événement est rare[2]. Par conséquent, un traitement démontré statistiquement et cliniquement significatif pourrait être envisagé plus rapidement.

Exemple 15.2

Des auteurs ont procédé à une méta-analyse portant sur les effets d'un traitement par les bêtabloquants pour la prévention secondaire de la mortalité de patients ayant survécu à un infarctus du myocarde. Ils ont retenu 17 études[10] et on retrouve les résultats obtenus à la figure 15.3. On y rapporte notamment les résultats de l'addition cumulative des mesures respectives de chaque étude obtenus au moyen de la méthode de Mantel-Haenszel.

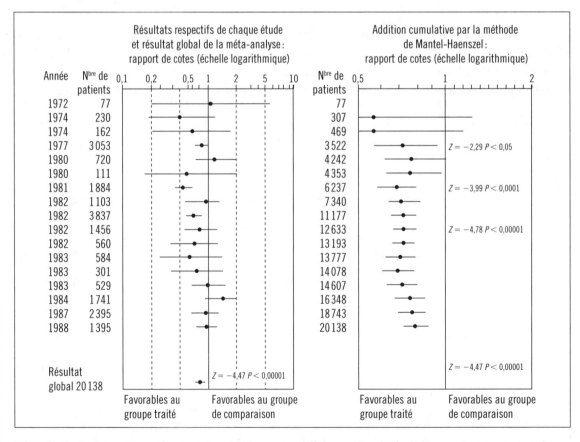

FIGURE 15.3 Résultats d'une méta-analyse et addition cumulative des mesures respectives obtenues au moyen de la méthode de Mantel-Haenszel : efficacité des bêtabloquants pour la prévention secondaire de la mortalité

Source : Antman, E.M., J. Law, B. Kupelnick et autres. « A comparison of results of meta-analyses of randomized control trials and recommendations of clinical experts », *Journal of the American Medical Association*, 1992, vol. 268, n° 2, p. 240-248. © 1992, *Journal of the American Medical Association*. Reproduit avec permission.

>>>

Les résultats respectifs de chacune des études retenues, suivis d'un résultat global, figurent dans la colonne de gauche. Les résultats de la méthode d'addition cumulative de Mantel-Haenszel figurent dans la colonne de droite. Les deux colonnes indiquent la même valeur finale : $Z = 4,47$, favorable au groupe traité. Au-delà de ce résultat final, l'analyse de la colonne de droite offre l'avantage de renseigner le lecteur sur le nombre de sujets requis pour assurer une signification statistique. Dans ce cas-ci, les résultats deviennent statistiquement significatifs dès que la somme des sujets atteint 3 522. Les additions successives subséquentes confirment la signification statistique et font diminuer la largeur des intervalles de confiance. Donc, déjà en 1977, l'efficacité du traitement aurait pu être démontrée. La méta-analyse indique ici que la série des études qui suivent a été inutilement coûteuse, n'était pas justifiée d'un point de vue éthique et a retardé la mise en application d'un traitement efficace.

Cet exemple illustre l'amélioration de la puissance statistique que procurent les méta-analyses qui, en augmentant la taille des échantillons, accroissent la précision des résultats. Un autre avantage des méta-analyses, soit chercher à expliquer l'hétérogénéité par l'évaluation de l'effet de certaines caractéristiques des études ou des sujets, fournit de l'information utile aux cliniciens[2,6]. Les synthèses systématiques peuvent donc contribuer à dissiper l'incertitude lorsque les études originales, les articles de synthèse et les éditoriaux sont en désaccord[2].

Malgré ces qualités, les synthèses systématiques n'énoncent pas de « vérité scientifique absolue » ; leurs auteurs cherchent surtout à faire la synthèse, le plus objectivement possible, des données scientifiques disponibles sur un sujet donné.

D'ailleurs, la description de leur méthode et des critères décisionnels utilisés rend les synthèses systématiques plus susceptibles d'être critiquées que les revues narratives ou les consensus d'experts qui ne suivent pas de méthode scientifique[6]. Une synthèse systématique mal réalisée peut être biaisée en raison de l'exclusion d'études pertinentes, de l'inclusion d'études inadéquates ou d'une synthèse quantitative inappropriée[2]. Par ailleurs, si la qualité méthodologique des études révisées est faible, les résultats de la synthèse laisseront à désirer[2]. Enfin, un biais de publication peut altérer les résultats d'une synthèse systématique, parce que les études dont les résultats sont statistiquement significatifs ont plus de chance d'être publiées que les études dites négatives[2,6].

Cependant, l'application des principes à la base d'une bonne synthèse systématique et le respect des étapes de réalisation peuvent minimiser ces biais[2]. Ainsi, les synthèses systématiques ont plus de chance d'éviter les biais que les synthèses narratives traditionnelles[2].

À retenir

- Les synthèses systématiques sont réalisées selon un protocole méthodologique rigoureux, ce qui améliore l'objectivité de leurs résultats.
- Les synthèses systématiques avec méta-analyse améliorent la précision de la mesure de l'estimation de l'effet et permettent l'exploration des sources d'hétérogénéité.

15.3 LES ÉTAPES DE RÉALISATION D'UNE SYNTHÈSE SYSTÉMATIQUE

La réalisation d'une synthèse systématique suit un processus scientifique qui exige autant de minutie que la réalisation d'une étude originale (expérimentale ou d'observation)[5,6]. On précise les objectifs, les hypothèses et la méthode dans un protocole. Les étapes de réalisation d'une synthèse systématique, incluant une méta-analyse, sont les suivantes :

1. Formulation de la question de recherche ;

2. Définition des critères d'inclusion et d'exclusion des études (population, intervention ou exposition, effet sur la santé, devis des études) ;

3. Recherche des publications (stratégie de recherche, bases de données interrogées, autres sources de données) ;

4. Sélection des études, idéalement par plus d'un observateur (arbitrage ou consensus en cas de désaccord, tenue d'un registre des études incluses et exclues et des motifs d'exclusion) ;

5. Évaluation de la qualité méthodologique des études, idéalement par plus d'un observateur, sans connaître, si possible, le nom des auteurs et du périodique (stratégie en cas de désaccord, utilisation d'une liste de critères) ;

6. Extraction des données, idéalement par plus d'un observateur, sans connaître, si possible, le nom des auteurs et du périodique (stratégie en cas de désaccord, définition des variables relatives aux effets sur la santé, à l'exposition ou au traitement, et des variables de confusion) ;

7. Analyse et présentation des résultats (tableaux présentant les caractéristiques et les résultats des études individuelles, exploration des sources possibles d'hétérogénéité* par des analyses de sensibilité, de sous-groupes** ou par méta-régression**, jugement sur la pertinence d'effectuer une synthèse quantitative, calcul des mesures synthèse** soit pour l'ensemble des études, soit par sous-groupes d'études ou en incluant les deux, graphiques de type « forest »**, recherche d'un biais de publication) ;

8. Interprétation des résultats (considération des biais possibles incluant le biais de publication, discussion concernant les limites de la synthèse systématique, considération de l'applicabilité des résultats, évaluation de l'importance relative des effets positifs versus ceux indésirables, suggestion de futures avenues de recherche).

Avant d'aller plus loin, il importe de préciser et d'illustrer certaines étapes propres à la synthèse systématique.

Le processus de recherche des publications et de sélection des études est souvent présenté sous la forme d'un ordinogramme (en anglais « *trial flow* ») qui dénombre les études recensées, incluses et exclues, ainsi que les motifs d'exclusion.

> ### Exemple 15.3
>
> Afin de réaliser une synthèse systématique évaluant les effets de l'horaire de travail sur le résultat de la grossesse[9], 59 études ont été retenues. La figure 15.4 présente l'ordinogramme de ces études, recensées, incluses et exclues, ainsi que les motifs d'exclusion.
>
> Cet exemple illustre comment, à partir des 9 373 publications recensées, 59 études ont été retenues pour la synthèse systématique.
>
> >>>

---

* Par hétérogénéité, on entend un excès de variabilité des résultats entre les études.
** Éléments de traitement quantitatif et statistique des résultats qui s'appliquent exclusivement à la méta-analyse.

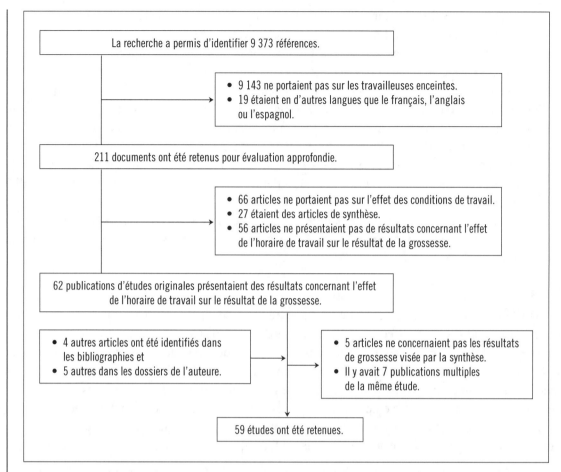

FIGURE 15.4 Ordinogramme des études, recensées, incluses et exclues :
synthèse systématique évaluant les effets de l'horaire de travail
sur le résultat de la grossesse

Source : Croteau, A. « L'horaire de travail et ses effets sur le résultat de la grossesse : méta-analyse et méta-régression : mise à jour »,
Institut national de santé publique du Québec, Montréal, 2007. Reproduit avec permission.

Dans une méta-analyse, on utilise des méthodes statistiques pour obtenir une mesure d'association synthèse qui correspond à une moyenne pondérée des résultats de chaque étude originale[2]. Le plus souvent, les rapports d'études originales présentent leurs résultats en indiquant le nombre de sujets dans chaque groupe (par exemple, traités/non traités, malades/non malades) ou encore par des mesures d'association (par exemple, RR ou RC). Dans certains cas, les résultats à combiner peuvent être des risques attribuables, des rapports de taux, des différences de moyennes, etc. D'ailleurs, des méthodes statistiques permettent d'en faire la synthèse[2,6]. Si des résultats de nature différente ne peuvent être combinés, les RR et les RC peuvent l'être si la fréquence de l'événement est rare (environ < 15 %)[2].

Deux modèles statistiques permettent d'obtenir des mesures d'association synthèse : le modèle à effets fixes et le modèle à effets aléatoires. Le modèle à effets fixes (inverse de la variance, Mantel-Haenszel, Peto) pondère les résultats d'études selon la quantité d'information qu'elles contiennent[2,6]. L'effectif d'une étude est le principal déterminant de la quantité d'information qu'elle contient. Cependant, ces méthodes ne tiennent pas compte de la variation des résultats entre les études (hétérogénéité)[2,5,6]. Le modèle à effets aléatoires permet d'ajouter une quantité de variances dues à l'hétérogénéité dans le calcul de la mesure synthèse[2,6,11]. Il produit donc un résultat plus conservateur, et un intervalle de confiance plus large autour de la mesure synthèse[6]. Pour ce modèle, la méthode statistique la plus simple et la plus utilisée est celle de DerSimonian et Laird[2,6,11]. Les résultats présentés à la figure 15.2 ont été obtenus par cette méthode.

Les méthodes statistiques basées sur le modèle à effets aléatoires permettent de tenir compte de l'hétérogénéité, mais non de l'expliquer ; en présence d'hétérogénéité, la priorité devrait être d'en comprendre les causes[2,5,6]. Les analyses de sensibilité et les analyses par sous-groupes sont utiles pour explorer les sources d'hétérogénéité telles que certaines caractéristiques des patients et des études[6]. Les analyses par sous-groupes indiquent si les résultats diffèrent selon les strates de variables telles que l'âge, le sexe, l'état de santé au départ et les divers traitements évalués. Par ailleurs, les analyses de sensibilité présentent des mesures synthèse pour des sous-ensembles d'études définis par des critères d'inclusion plus sévères (par exemple, suivi plus long, en double aveugle, masquage de l'allocation, faible proportion de sujets perdus au suivi)[2,6]. Ces caractéristiques des patients ou des études sont définies au préalable selon des considérations théoriques[6]. Dans le contexte d'études d'observation, les analyses de sensibilité sont particulièrement utiles pour tester la stabilité des résultats selon des caractéristiques méthodologiques liées à la validité des études afin d'explorer les effets de biais potentiels[2]. L'évaluation approfondie des effets de ces biais peut apporter un éclairage supérieur à celui d'une synthèse quantitative globale de l'ensemble des études[2].

> ### *Exemple 15.4*
>
> Dans la méta-analyse d'études d'observation[9] dont les résultats sont présentés à la figure 15.2, différentes analyses de sensibilité ont été effectuées. Les résultats de ces analyses, effectuées pour différents sous-ensembles d'études qui présentaient de bonnes caractéristiques méthodologiques, apparaissent aux cinq dernières lignes de cette figure. L'auteure a voulu vérifier la stabilité des résultats, obtenus par les analyses de sensibilité, en les comparant au résultat global obtenu pour l'ensemble des études. Dans l'exemple, les résultats de quatre études ont été ajustés pour les variables personnelles potentiellement confondantes. Le résultat de cette analyse de sensibilité, « Contrôle adéquat de la confusion », montre peu de variation comparativement au résultat de la synthèse quantitative globale de « Toutes les études ».
>
> La méta-régression, une autre approche pour expliquer l'hétérogénéité, permet de vérifier si l'hétérogénéité peut s'expliquer par un ou plusieurs facteurs[6]. Dans une méta-régression, chaque étude est considérée comme un sujet, et chacune des caractéristiques des études est traitée comme une variable du modèle. Le principal avantage de la méta-régression est qu'elle tient compte de plusieurs caractéristiques simultanément. Cependant, moins il y a d'études et plus le nombre de caractéristiques à prendre en compte est grand, moins la méta-régression sera utilisable[2,6]. En présence d'une hétérogénéité marquée qu'on ne peut expliquer, il est plus approprié de conclure à une trop grande hétérogénéité des études pour qu'elles puissent être combinées[6].
>
> En général, on présente les résultats des méta-analyses (synthèse quantitative globale, par sous-groupes et analyses de sensibilité) sous forme de graphiques de type « forest ». Les figures 15.2 et 15.3 en sont des exemples.
>
> Les auteurs d'articles de synthèse s'exposent à un risque, soit la possibilité d'un biais de publication ; les études ayant obtenu des résultats statistiquement significatifs ont plus de chance d'être publiées que les études n'atteignant pas le seuil de signification statistique[2,6] (voir « Le biais de publication » au chapitre 6). Un tel biais peut sérieusement invalider les résultats d'une synthèse systématique, d'où l'importance de chercher à inclure toutes les études pertinentes, publiées ou non. Puisque les études réalisées à partir de larges effectifs ont plus de chance d'obtenir des résultats statistiquement significatifs, il existe une méthode qui permet d'évaluer la plausibilité d'un biais de publication. Cette méthode fait appel à un graphique « en entonnoir » (appelé en anglais *funnel plot* »). L'échelle de l'ordonnée (axe des y) de ce graphique correspond à l'inverse de la variance de la mesure d'association ; les points représentant les résultats des études de plus faible effectif seront donc situés vers le bas. La mesure d'association est sur l'axe des x ; on utilise une échelle logarithmique pour des mesures

>>>

d'association comportant un rapport de mesure (par exemple, RR, RC). En l'absence de biais de publication, on peut s'attendre à dénombrer environ autant de petites études de chaque côté de la mesure d'association synthèse (fortement influencée par les grandes études). Dans ce cas, la répartition symétrique des points au bas du graphique permet d'estimer improbable le biais de publication[2,6,12]. En revanche, en présence d'un biais de publication, des études n'ayant pas obtenu un résultat statistiquement significatif, en général plus petites, seront absentes. Il y aura donc moins de points d'un côté de la mesure d'association synthèse — du côté droit pour un facteur protecteur (comme un traitement) et du côté gauche pour un facteur de risque. En somme, une répartition asymétrique (à droite pour un facteur de risque et à gauche pour un facteur protecteur) suggère un biais de publication[2,6,12].

Exemple 15.5

Afin de vérifier la plausibilité d'un biais de publication parmi des études ayant évalué l'effet des heures de travail hebdomadaire sur le risque d'accouchement avant terme[9], deux graphiques « en entonnoir », présentés à la figure 15.5, ont été produits.

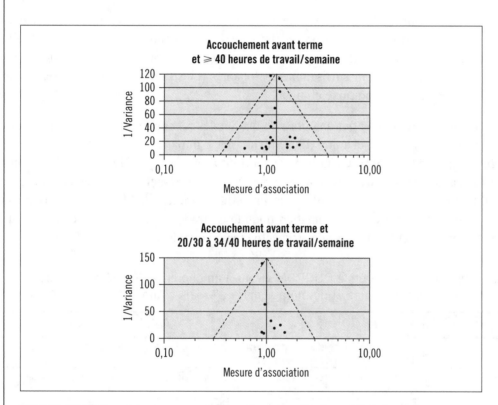

FIGURE 15.5 Graphiques « en entonnoir » des études ayant évalué l'association entre le nombre d'heures de travail élevé (≥ 40 heures par semaine) et modéré (20/30 à 34/40 heures par semaine) et le risque d'accouchement avant terme

Le graphique du haut (≥ 40 heures de travail) démontre une répartition assez symétrique des points ; on estime le biais de publication improbable. Par contre, dans le graphique du bas, la répartition asymétrique, soit un plus grand nombre de points à droite de la mesure d'association synthèse, laisse supposer que de petites études dont les résultats sont négatifs n'ont pas été publiées.

Une meilleure connaissance des articles de synthèse systématiques et de leurs limites permettra au lecteur de poser un regard critique sur leurs résultats.

■ **La sélection des études se fait à partir de critères d'inclusion et d'exclusion ; cette démarche est décrite à l'aide d'un ordinogramme.**

■ **La qualité méthodologique de chaque étude est évaluée à l'aide de critères précis.**

■ **L'analyse des résultats comporte une évaluation de l'hétérogénéité par des méthodes statistiques et la recherche des sources d'hétérogénéité.**

■ **L'interprétation des résultats tient compte des biais possibles.**

15.4 LA CRITIQUE DES ARTICLES DE SYNTHÈSE SYSTÉMATIQUE À L'AIDE DE CRITÈRES OBJECTIFS

Dans un premier temps, les membres du groupe de médecins et de pharmaciens font une critique systématique de l'article sélectionné par Lisa. Dans un second temps, ils entendent déterminer dans quelle mesure cet article pourra répondre à leurs interrogations. De plus, ils se proposent de vérifier si les conclusions avancées par les auteurs sont suffisamment probantes (c'est-à-dire de qualité scientifique élevée) pour en tenir compte dans leur pratique clinique.

L'énoncé CONSORT[13] a été développé pour améliorer la qualité des rapports d'études à groupe parallèle hasardisées et contrôlées[2] (voir le chapitre 13). Suivant cette initiative, un groupe d'experts de différentes disciplines a produit l'énoncé QUOROM (*quality of reporting of meta-analyses*), un outil visant à améliorer la qualité des publications d'articles de synthèse systématique d'essais cliniques[13]. L'énoncé QUOROM comporte une liste de critères et un ordinogramme[2,13]. Marie-Louise, la pharmacienne du groupe, propose d'utiliser une adaptation traduite en français de la liste de critères et de l'ordinogramme de l'énoncé QUOROM, présentés respectivement au tableau 15.1 et à la figure 15.6.

TABLEAU 15.1 Liste de critères de l'énoncé QUOROM visant à améliorer la qualité des articles de synthèse systématiques et de méta-analyse d'essais cliniques randomisés (ECR)

Section	Sous-section	Description
Titre		Permet de déterminer que le rapport porte sur une méta-analyse (ou une synthèse systématique) d'essais cliniques randomisés (hasardisés).
Résumé		Décrit de façon structurée et succincte les objectifs, sources de données, méthodes de synthèse, résultats et conclusion.
Introduction		• Décrit la problématique clinique de façon explicite, le mécanisme biologique de l'intervention et la pertinence de la synthèse systématique. • Énonce clairement la question et les objectifs de la synthèse systématique.
Méthode		**Décrit :**
	Recherche	• les sources d'information de façon détaillée (bases de données, registres, dossiers personnels, experts du sujet, organismes, recherches manuelles, etc.) et tous les critères utilisés pour la recherche des études (années et stades de publication, langues de publication, etc.) ;
	Sélection	• les critères d'inclusion et d'exclusion se rapportant à la population, à l'intervention, aux principaux effets et au type de devis et utilisés pour la sélection des études ;
	Évaluation de la validité	• les critères et la procédure utilisés pour évaluer la validité des études (conditions masquées, évaluation de la qualité, résultats des études, etc.) ;
	Extraction de données	• la procédure utilisée pour extraire les données des études (de façon indépendante, en double, etc.) ;

>>>

TABLEAU 15.1 Liste de critères de l'énoncé QUOROM visant à améliorer la qualité des articles de synthèse systématiques et de méta-analyse d'essais cliniques randomisés (ECR) (*suite*)

Section	Sous-section	Description
	Caractéristiques des études	• le type de devis, les caractéristiques des participants, les détails de l'intervention, les définitions des effets, etc., ainsi que la façon dont l'hétérogénéité clinique a été évaluée ;
	Synthèse quantitative des données	• les principales mesures de l'effet (par exemple, risque relatif), la méthode pour combiner les résultats (les tests statistiques et les intervalles de confiance), le traitement des données manquantes, la façon dont l'hétérogénéité statistique a été évaluée, la logique *a priori* des analyses de sensibilité et de sous-groupes, et l'évaluation des biais de publication.
Résultats	Ordinogramme	Résume la sélection des études de la méta-analyse (voir la figure 15.6).
	Caractéristiques des études	Présente les données descriptives de chaque essai (groupes d'âge, taille des échantillons, intervention, doses, durée, période de suivi, etc.).
	Synthèse quantitative des données	Présente la mesure d'accord dans l'évaluation de la sélection et de la validité, un résumé simple des résultats (pour chaque groupe de traitement dans chaque essai, pour chaque effet principal), les données nécessaires pour calculer la taille de l'effet et les intervalles de confiance des analyses en intention de traitement (tableaux de contingence 2 X 2, moyennes et écarts types, proportions, etc.).
Discussion		Présente un résumé des résultats les plus importants, une discussion des inférences cliniques basées sur la validité interne et externe, une interprétation des résultats à la lumière de la totalité des preuves disponibles, une description des biais potentiels dans la procédure de synthèse (par exemple, biais de publication), et des suggestions d'éventuelles avenues de recherches.

Source : Moher, D., D.J. Cook, S. Eastwood et autres. « Improving the quality of reports of meta-analyses of randomised controlled trials : the QUOROM statement. Quality of Reporting of Meta-analyses », *Lancet,* 1999, 354, p. 1896-1900, [en ligne]. [http://www.consort-statement.org/mod_product/uploads/QUOROM%20checklist%20and%20flow%20diagram%201999.pdf]

Traduction française et adaptation de « *Quality of reporting of meta-analyses (QUOROM) statement* ».

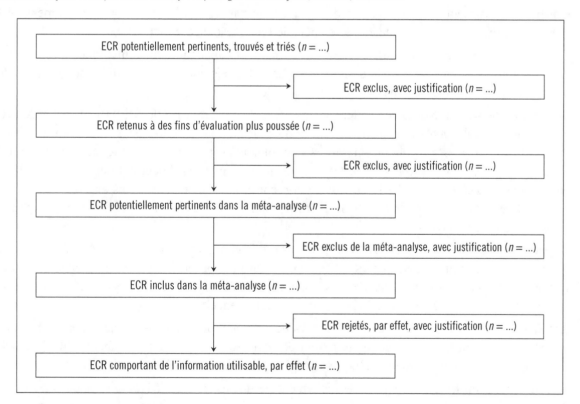

FIGURE 15.6 Ordinogramme de l'énoncé QUOROM visant à améliorer la qualité des rapports de méta-analyse d'essais cliniques randomisés (ECR)

Source : Moher, D., D.J. Cook, S. Eastwood et autres. « Improving the quality of reports of meta-analyses of randomised controlled trials : the QUOROM statement. Quality of Reporting of Meta-analyses », *Lancet,* 1999, 354, p. 1896-1900, [en ligne]. [http://www.consort-statement.org/mod_product/uploads/QUOROM%20checklist%20and%20flow%20diagram%201999.pdf]

Traduction française et adaptation de « *Quality of reporting of meta-analyses (QUOROM) statement* ».

Dans les sections qui suivent, nous passerons en revue chacun des critères d'évaluation de l'énoncé QUOROM, adaptés et traduits en français, en examinant l'article que Lisa et ses collègues entendent critiquer.

 Le titre permet de déterminer que le rapport porte sur une méta-analyse (ou une synthèse systématique) d'essais cliniques randomisés (hasardisés).

Exemple 15.6

Le titre de l'article se lit comme suit :

« *Efficacy and safety of incretin therapy in type 2 diabetes : systematic review and meta-analysis*[1]. »

Ce titre, tout en cernant bien le sujet étudié, précise qu'il s'agit d'une synthèse systématique avec méta-analyse.

 Le résumé utilise un format structuré.

Exemple 15.7

On peut voir ci-dessous un résumé d'un format structuré, comme le recommande QUOROM :

Contexte : Des médicaments capables d'augmenter le passage de l'incrétine ont récemment vu le jour, mais leur rôle dans le traitement du diabète de type 2 est encore mal défini.

Objectif : Notre objectif consiste à évaluer l'efficacité et l'innocuité des mimétiques de l'incrétine chez les adultes atteints de diabète de type 2, à partir d'essais cliniques hasardisés publiés dans des périodiques avec comité de pairs ou présentés dans des résumés.

Sources de données : Nous avons interrogé les bases de données MEDLINE (articles datés de 1966 au 20 mai 2007) et Cochrane (registre centralisé d'essais cliniques hasardisés, second trimestre 2007) afin de trouver des essais cliniques hasardisés en anglais portant sur des mimétiques de l'incrétine (agoniste du *glucagon-like peptide 1* [GLP-1] ou inhibiteur de la dipeptidyl-peptidase-4 [DPP4]). Nous avons également consulté la documentation concernant les médicaments approuvés, des sites Web pertinents, la bibliographie des articles trouvés ainsi que des résumés d'essais cliniques présentés à des conférences récentes.

Sélection des études : Nous avons sélectionné les essais cliniques hasardisés de 12 semaines et plus, qui comparaient un traitement basé sur l'incrétine à un placebo ou à d'autres médicaments de traitement du diabète, et qui présentaient des données sur l'hémoglobine glycosylée (HbA_{1c}) chez les adultes atteints de diabète de type 2 (excluant les femmes enceintes).

Extraction de données : Deux réviseurs ont évalué les études de façon indépendante, ont établi celles à inclure dans la méta-analyse et en ont extrait des données. Les désaccords étaient réglés à la suite d'un consensus. Une méta-analyse a porté sur différents effets en matière d'efficacité et d'innocuité.

Résultats : Parmi les 355 articles potentiellement pertinents trouvés, 51 ont été retenus à des fins d'évaluation plus poussée, et 29 ont satisfait aux critères de sélection. Comparativement aux placebos, les mimétiques de l'incrétine ont abaissé l'hémoglobine glycosylée. Ainsi, nous notons une moyenne pondérée des différences de variation de −0,97 % (ic à 95 %, de −1,13 % à −0,81 %) dans le cas des agonistes du GLP-1, et une de −0,74 % (ic à 95 %, de −0,85 % à −0,62 %) dans le cas des inhibiteurs de la DPP4. De plus, les mimétiques de l'incrétine ne se sont pas révélés inférieurs aux autres hypoglycémiants. Les agonistes du GLP-1 ont entraîné une perte de poids (de 1,4 kg et 4,8 kg

>>>

comparativement aux placebos et à l'insuline, respectivement), alors que les inhibiteurs de la DPP4 ont eu un effet neutre sur le poids. Les agonistes du GLP-1 ont eu davantage d'effets indésirables gastro-intestinaux (risque relatif de 2,9; ic à 95%, de 2,0 à 4,2 dans le cas des nausées, et risque relatif de 3,2; ic à 95%, de 2,5 à 4,4 dans le cas des vomissements). Les inhibiteurs de la DPP4 ont présenté une augmentation des risques d'infections (risque relatif de 1,2; ic à 95%, de 1,0 à 1,4 dans le cas des infections naso-pharyngées, et risque relatif de 1,5; ic à 95%, de 1,0 à 2,2 dans le cas des infections urinaires) et de céphalées (risque relatif de 1,4; ic à 95%, de 1,1 à 1,7). Tous les essais cliniques sauf 3 avaient une durée de 30 semaines ou moins; il s'est par conséquent avéré impossible d'évaluer l'efficacité et l'innocuité à long terme.

Conclusions : Les mimétiques de l'incrétine offrent une solution de remplacement aux hypoglycémiants déjà offerts aux adultes atteints de diabète de type 2 (excluant les femmes enceintes). Ils présentent une efficacité modeste, mais leur effet sur les variations de poids est favorable. Une grande pharmacovigilance quant à leurs effets indésirables, particulièrement en ce qui concerne les inhibiteurs de la DPP4, de même que leur évaluation constante dans le cadre d'études à plus long terme et de la pratique clinique s'imposent pour déterminer le rôle de cette nouvelle catégorie de médicaments offerts aux personnes atteintes de diabète de type 2.

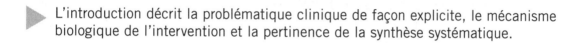 L'introduction décrit la problématique clinique de façon explicite, le mécanisme biologique de l'intervention et la pertinence de la synthèse systématique.

Exemple 15.8

Après avoir lu l'introduction de l'article, Lisa rapporte que, dans le texte, les auteurs font état des limites des traitements habituels du diabète de type 2. Marie-Louise indique qu'ils expliquent les fondements physiologiques du développement de nouveaux hypoglycémiants, les mimétiques de l'incrétine, et qu'ils rapportent l'approbation récente de deux composés mimétiques de l'incrétine, un agoniste du «*glucagon-like peptide 1*» (GLP-1) et un inhibiteur de la dipeptidyl-peptidase-4 (DPP4).

Ainsi, on satisfait à ce critère.

La question et les objectifs de la synthèse systématique sont énoncés clairement.

Une question clairement énoncée situe le lecteur quant à la pertinence de lire l'article de synthèse compte tenu de ses besoins. De plus, elle permet d'estimer l'ampleur de la synthèse présentée. Une bonne question de synthèse est précise et ne couvre qu'un seul aspect d'une problématique. On la trouve dans l'introduction et dans le résumé structuré présenté en début d'article.

Exemple 15.9

À la fin de l'introduction de l'article, on peut lire :

Cette méta-analyse évalue l'efficacité et l'innocuité des mimétiques de l'incrétine (agonistes du GLP-1 et inhibiteurs de la DPP4) chez des adultes (femmes non enceintes) atteints de diabète de type 2, à partir d'essais cliniques hasardisés publiés et non publiés. (Traduction libre)

Ce critère est donc respecté.

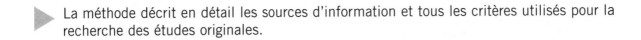 La méthode décrit en détail les sources d'information et tous les critères utilisés pour la recherche des études originales.

Comme les auteurs se penchent sur des études existantes, ils doivent indiquer à quel endroit et de quelle manière ils les ont repérées. Les indications doivent être suffisamment précises pour permettre à un autre chercheur de retrouver les mêmes études en procédant de la même façon.

Exemple 15.10

Dans la section « Méthode » de l'article, on mentionne que :

Les bases de données MEDLINE (entre 1966 et le 20 mai 2007) et Cochrane (registre des essais cliniques hasardisés, second trimestre 2007) ont été interrogées afin de recenser des rapports, en langue anglaise, d'essais cliniques hasardisés à partir d'une liste des mots clés, mentionnée dans l'article. La recherche a été complétée en consultant la documentation concernant les médicaments approuvés, deux sites Internet pertinents, les références personnelles et la bibliographie des articles retracés. Des résumés d'essais cliniques, non publiés dans les périodiques avec comité de pairs, mais présentés à des conférences internationales ont aussi été ajoutés ; les auteurs de la synthèse systématique ont justifié cet ajout.

Les sources d'information ont été décrites en détail.

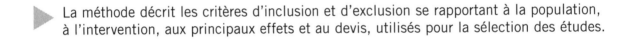 La méthode décrit les critères d'inclusion et d'exclusion se rapportant à la population, à l'intervention, aux principaux effets et au devis, utilisés pour la sélection des études.

Après avoir repéré les études portant sur le sujet traité, les auteurs doivent s'assurer de déterminer un mode objectif de sélection des études qu'ils jugent pertinentes à partir de critères d'inclusion et d'exclusion. Enfin, le processus de sélection des articles doit être décrit en détail dans l'article de synthèse systématique afin qu'un autre auteur intéressé par le même sujet puisse effectuer une démarche similaire et qu'un lecteur puisse déceler d'éventuels biais de sélection.

Exemple 15.11

Après la lecture de la section « Méthode », on retient que :

Deux réviseurs ont établi de façon indépendante que les études recensées remplissaient les critères d'inclusion suivants : données originales tirées d'essais cliniques hasardisés, réalisés dans une population d'adultes (femmes non enceintes) atteints de diabète de type 2, chez laquelle l'effet sur le niveau d'hémoglobine glycosylée (HbA_{1c}) a été comparé entre des sujets traités par un mimétique de l'incrétine et des sujets traités par un hypoglycémiant ou recevant un placebo. Les deux réviseurs ont exclu les essais d'une durée inférieure à 12 semaines. La procédure en cas de désaccord était aussi décrite.

Ainsi, les critères de sélection des études, au niveau du devis, de la population, de l'intervention et du principal effet étaient décrits en détail. Selon Marie-Louise, un autre auteur disposerait là d'information suffisante pour effectuer à son tour une synthèse systématique sur le même sujet.

▶ La méthode décrit les critères et la procédure utilisés pour évaluer la validité des études.

Les auteurs qui entreprennent une synthèse systématique visent à minimiser les biais imputables à leur subjectivité. Pour atteindre cet objectif, ils utilisent une méthode systématique et standardisée d'évaluation de la qualité des études retenues. L'emploi de grilles d'analyse et le recours à plusieurs personnes pour analyser les études leur permettent de poser un regard plus objectif sur les aspects méthodologiques de chacune des études sélectionnées. Cette forme d'analyse de même que le calcul de l'accord inter-observateurs ajoutent à la crédibilité de l'article de synthèse systématique.

> ### Exemple 15.12
>
> Se reportant à la section «Méthode», on peut lire la description d'une méthode systématique d'évaluation de la validité des études. Il ne s'agit pas d'une grille, mais plutôt de différents critères qui se présentent comme suit :
>
> *Les différences au niveau des caractéristiques de base entre les groupes, la description du masquage de l'allocation, l'analyse en intention de traitement et la proportion de sujets perdus au suivi ont servi à déterminer la qualité des études.*

 La méthode décrit la procédure utilisée pour extraire les données des études.

Se référant à la section «Méthode», Marie-Louise rapporte qu'elle n'a pu trouver d'information concernant la procédure utilisée pour extraire les données des études.

La méthode décrit les caractéristiques qui sont extraites de chaque étude — le type de devis, les caractéristiques des participants, les détails de l'intervention, les définitions des effets, etc. — et la façon dont l'hétérogénéité clinique a été évaluée.

> ### Exemple 15.13
>
> Concernant les caractéristiques extraites de chaque étude, Marie-Louise indique qu'elle a pu trouver, dans la section «Méthode» et au tableau 1, l'information suivante :
>
> - *les caractéristiques méthodologiques des études : durée, nombre de participants, masquage de l'allocation, analyse en intention de traitement, la proportion de sujets perdus au suivi ;*
> - *les caractéristiques des participants : âge, proportion de femmes, proportion de Caucasiens, durée du diabète ;*
> - *l'intervention : description de la médication administrée au groupe traité et au groupe témoin (hypoglycémiant ou placebo) ;*
> - *les effets : description de la mesure de l'efficacité sur la glycémie, autres effets (variation du poids corporel et du profil lipidique) ;*
> - *l'évaluation de l'innocuité : hypoglycémie, effets secondaires, anticorps.*

La méthode de synthèse quantitative des données est décrite.

Cette description peut inclure les aspects suivants : les principales mesures de l'effet (par exemple, risque relatif), la méthode pour combiner les résultats (test statistique et intervalles de confiance), le traitement des données manquantes, la façon dont l'hétérogénéité statistique a été évaluée, la logique *a priori* des analyses de sensibilité et de sous-groupes, et l'évaluation des biais de publication.

Exemple 15.14

La lecture des méthodes a permis à Lisa de prendre connaissance des éléments de la synthèse quantitative. Elle les résume ainsi au groupe :

La principale mesure de l'effet glycémique est la différence de variation de l'hémoglobine glycosylée entre les groupes traités et témoins ; d'autres mesures d'effet évaluent l'innocuité de l'intervention. Pour combiner les résultats à partir de variables continues comme l'hémoglobine glycosylée, une moyenne pondérée des différences de variation entre les groupes traité et témoin est calculée avec son intervalle de confiance à 95 %. Pour les variables dichotomiques, comme la proportion des sujets ayant présenté de l'hypoglycémie, les rapports de proportions sont calculés avec leur intervalle de confiance à 95 %. Les synthèses quantitatives ont été calculées à partir du modèle à effets aléatoires en pondérant les résultats selon l'inverse de la variance et la variation interétudes, en appliquant la méthode de DerSimonian et Laird[11]. La statistique « I^2 » décrit la proportion de la variation totale entre les essais, attribuable à l'hétérogénéité[14]. Pour certaines mesures d'effets (glycémie post-prandiale, profil lipidique), aucune synthèse quantitative n'est faite en raison de la diversité des méthodes utilisées ou de l'insuffisance des données. Les analyses de sensibilité et de sous-groupes sont basées sur le type de traitement (agonistes du GLP-1 et inhibiteurs de la DPP4), le type de groupe témoin (ayant reçu un hypoglycémiant ou un placebo) et la durée de l'intervention (12 semaines versus > 12 semaines).

 À la section « Résultats », un ordinogramme résume la sélection des études de la méta-analyse.

L'ordinogramme présente le nombre d'études recensées, incluses et exclues, de même que les motifs d'exclusion.

Exemple 15.15

Marie-Louise relève cet ordinogramme dans l'article (figure 15.7).

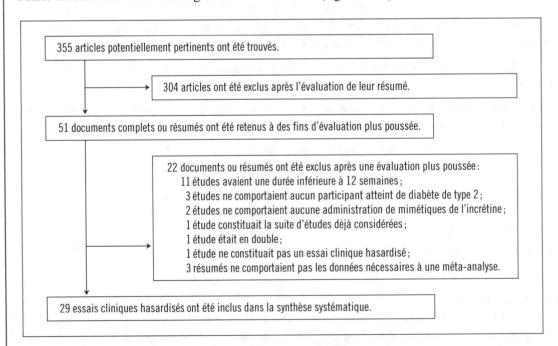

FIGURE 15.7 Sélection des études et motifs d'exclusion

Source : Amori, R.E., J. Lau et A.G. Pittas. « Efficacy and safety of incretin therapy in type 2 diabetes : systematic review and meta-analysis », *JAMA*, 2007, vol. 298, p. 194-206. Reproduit avec permission.

Les données descriptives pour chaque essai sont présentées à la section « Résultats ».

Exemple 15.16

Dans la section « Résultats » de l'article, on trouve dans un premier tableau une énumération des études recensées, ainsi qu'un résumé des caractéristiques de ces études. Pour chaque essai, y sont décrits les éléments suivants :

Source (auteur principal et année), durée de l'étude, nombre de participants, caractéristiques de base des participants (âge, proportion de femmes, proportion de Caucasiens), durée du diabète, niveau de base du pourcentage d'hémoglobine glycosylée, description de la médication administrée au groupe traité et au groupe témoin (hypoglycémiant ou placebo), description du masquage de l'allocation (oui, non), modalité d'analyse des données (en intention de traitement, tous les patients traités, analyse des participants ayant des données complètes) et proportion de sujets perdus au suivi.

 Les résultats de la synthèse quantitative des données sont décrits.

Cette section peut inclure entre autres : la mesure d'accord dans l'évaluation de la sélection et de la validité ; un résumé simple des résultats (pour chaque groupe de traitement dans chaque essai, pour chaque effet principal) ; les données nécessaires pour calculer les tailles de l'effet et les intervalles de confiance des analyses en intention de traitement (par exemple, tableaux de contingence 2 X 2, moyennes et écarts types, proportions).

Exemple 15.17

En lisant les résultats de la synthèse systématique, Marie-Louise a pu constater ceci :

Les auteurs ne présentent pas de mesure d'accord pour la sélection des études effectuée par deux réviseurs. Les résultats de chaque essai font partie des deux figures qui présentent la synthèse quantitative de la principale mesure de l'effet glycémique, soit la différence de variation de l'hémoglobine glycosylée entre les groupes traités et témoins. Les deux figures — une pour les agonistes du GLP-1 et l'autre pour les inhibiteurs de la DPP4 (voir la figure 15.8) — présentent, pour chaque essai, la différence de variation de l'hémoglobine glycosylée entre les groupes avec son intervalle de confiance à 95 %. La variation moyenne par groupe (traité et témoin) de chaque essai n'est pas présentée. Pour les autres effets (proportion des sujets dont l'hémoglobine glycosylée est < 7 %, glycémie à jeun, poids) et les effets indésirables, les résultats sont présentés selon le composé testé et selon le type de groupe témoin (ayant reçu un hypoglycémiant ou un placebo). Dans les figures, la présentation par essai de la différence de variation de l'hémoglobine glycosylée entre les groupes avec son intervalle de confiance à 95 % fournit les données nécessaires pour calculer les tailles de l'effet et les intervalles de confiance.

>>>

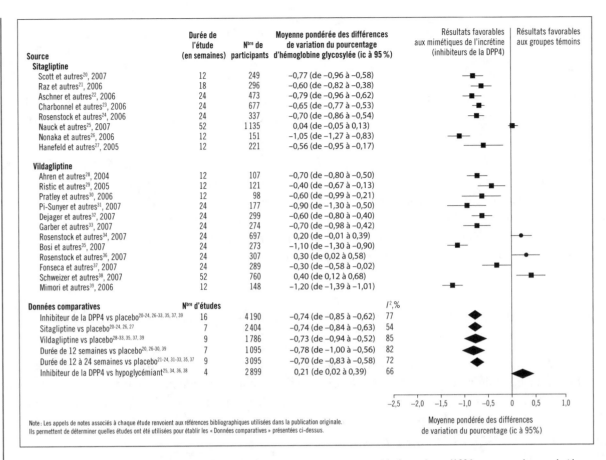

FIGURE 15.8 Résultats d'une méta-analyse : moyennes pondérées des différences de variation du pourcentage d'hémoglobine glycosylée entre les groupes, traités par un inhibiteur de la DPP4 et témoins, chez des adultes atteints de diabète de type 2

Source : Amori, R.E., J. Lau et A.G. Pittas. « Efficacy and safety of incretin therapy in type 2 diabetes : systematic review and meta-analysis », *JAMA*, 2007, vol. 298, p. 194-206. Reproduit avec permission.

 La discussion.

On doit trouver dans la discussion un résumé des résultats les plus importants, une discussion des inférences cliniques basées sur la validité interne et externe, une interprétation des résultats à la lumière de la totalité des évidences disponibles, une description des biais potentiels dans la procédure de synthèse (par exemple, biais de publication) et la suggestion de futures avenues de recherche.

Exemple 15.18

La lecture de la discussion a permis à Lisa d'en rapporter les principaux éléments au groupe :

Les résultats les plus importants de cette synthèse systématique peuvent se résumer ainsi : les mimétiques de l'incrétine (agonistes du GLP-1 et inhibiteurs de la DPP4) sont modérément efficaces pour abaisser la glycémie, ils ont un effet favorable (agonistes du GLP-1) ou neutre (inhibiteurs de la DPP4) sur le poids ; en ce qui a trait aux effets indésirables, les agonistes du GLP-1 sont associés à des effets gastro-intestinaux et les inhibiteurs de la DPP4 à une légère augmentation des risques d'infections naso-pharyngées ou du tractus urinaire et aux céphalées. La discussion des inférences cliniques présente des arguments basés sur la validité interne, soit : la connaissance de l'efficacité et de l'innocuité à long terme est limitée par la courte durée de la plupart des essais ; l'efficacité sur la

>>>

glycémie a pu être surestimée, car peu d'essais ont réalisé une vraie analyse en intention de traitement et les proportions des sujets perdus au suivi étaient élevées. La discussion comporte également des arguments basés sur la validité externe : le faible niveau de base de l'hémoglobine glycosylée des sujets peut contribuer à la faible ampleur de l'effet ; les effets différentiels selon l'ethnie sont inconnus ; les résultats ne s'appliquent qu'aux adultes. Les résultats sont interprétés à la lumière de nombreuses évidences : le rôle du faible niveau de base de l'hémoglobine glycosylée des sujets ; l'effet intéressant au niveau de la glycémie post-prandiale ; la comparaison aux traitements habituels ; l'effet sur le poids et son lien possible avec la nausée ; les épisodes d'hypoglycémie peu fréquents ; l'effet de la combinaison à d'autres hypoglycémiants ; les effets indésirables ; l'impact possible d'une augmentation des infections urinaires dans une population de diabétiques plus vulnérables aux infections. Cependant, les biais potentiels dans la procédure de revue (par exemple, biais de publication) ne sont pas décrits. Enfin, les auteurs précisent que des recherches de plus longue durée permettraient de mieux connaître l'efficacité et l'innocuité à long terme.

À retenir

L'énoncé QUOROM fournit une liste de critères visant à améliorer la qualité des rapports de synthèse systématique. Les éléments sont essentiels pour juger de la qualité d'une synthèse systématique.

15.5 LA MODIFICATION DE SA PRATIQUE SUITE À LA LECTURE D'UN ARTICLE DE SYNTHÈSE SYSTÉMATIQUE

Lisa et son équipe, tout comme la majorité des cliniciens, choisissent des lectures pertinentes dans le contexte de leur pratique. Parfois, leurs lectures entraîneront un changement dans leurs habitudes. Après avoir porté un jugement sur la force de la preuve scientifique, certaines considérations devraient être prises en compte lorsqu'un clinicien évalue la nécessité de modifier sa pratique en fonction des conclusions d'un article de synthèse systématique.

D'abord, les patients de sa pratique sont-ils comparables aux patients — ou à certains sous-groupes de patients — des essais ayant fait l'objet de la synthèse systématique ? Les contraintes liées à sa pratique rendent-elles possible une modification de pratique ? En d'autres mots, l'intervention est-elle abordable et accessible ; l'expertise nécessaire est-elle disponible dans son milieu de pratique ? Les bénéfices escomptés et les risques d'effets indésirables sont-ils connus pour des sous-groupes de patients dont les caractéristiques correspondent à ceux de sa pratique ? Enfin, il lui faudra en outre tenir compte des valeurs et des préférences de ses patients au moment de décider d'une option thérapeutique[2].

Après avoir discuté de l'article de synthèse systématique, Lisa et ses collègues doivent décider de la nécessité de modifier leur pratique en fonction des résultats de cette méta-analyse. Ils tirent cette conclusion : les mimétiques de l'incrétine s'avèrent une option thérapeutique pour certains patients adultes atteints de diabète de type 2, en particulier ceux dont le diabète est léger, qui tolèrent mal les traitements habituels, et qui ne sont pas sujets aux infections ni aux céphalées ; cependant, leur suivi appelle à la vigilance.

À retenir

- Vérifier si la population à l'étude présente des caractéristiques comparables aux patients de ma pratique.
- Vérifier si les conditions de ma pratique en permettent la modification.

15.6 LA COLLABORATION COCHRANE

Déjà en 1972, celui qui a donné son nom à la Collaboration Cochrane, l'épidémiologiste britannique Archie Cochrane, soulignait le manque flagrant de preuves scientifiques dans le domaine des soins de santé[2,6]. Après la réalisation d'un projet précurseur visant la constitution d'un registre de tous les essais cliniques en médecine périnatale, la Collaboration Cochrane est officiellement fondée en 1993[2,15].

La Collaboration Cochrane a pour mission d'aider à la prise de décisions dans le domaine de la santé. Elle regroupe des professionnels de la santé, des cliniciens, des chercheurs et des consommateurs et compte environ 50 groupes de travail répartis sur les cinq continents, tous à la base des productions de la Collaboration Cochrane[2,15]. Elle produit et distribue des synthèses systématiques sur les interventions en santé et fait la promotion de la recherche de preuves scientifiques, principalement sous forme d'essais cliniques[15]. Préparées par les membres des groupes de travail, sous la supervision d'équipes éditoriales, les synthèses systématiques Cochrane doivent leur renommée à l'application de rigoureux standards de qualité[15].

On retrouve les productions de la Collaboration Cochrane dans une base de données appelée «Cochrane Library»[2]. La Cochrane Library contient plusieurs banques de données dont deux spécialisées en médecine factuelle (en anglais «*evidence-based medicine*»), mises à jour quatre fois par année[15,16]. La Cochrane Database of Systematic Reviews contient le texte intégral de synthèses systématiques sur l'efficacité des soins de santé alors que le Cochrane Central Register of Controlled Trials recense les références bibliographiques d'essais cliniques compilées[2].

À retenir

■ La mission de la Collaboration Cochrane est d'aider à la prise de décision dans le domaine de la santé.

■ Les productions de la Collaboration Cochrane répondent à des standards de qualité élevés.

■ Parmi les banques de données de la Cochrane Library, une contient des synthèses systématiques en texte intégral et une recense les références bibliographiques d'essais cliniques.

En résumé

Les articles de synthèse systématique sont des textes scientifiques dans lesquels les auteurs résument et analysent les études originales traitant d'un sujet donné en suivant un protocole méthodologique rigoureux. Les synthèses systématiques peuvent comporter une synthèse quantitative des résultats de plusieurs études, on parle alors de méta-analyse. Les articles de synthèse systématique permettent de dresser le bilan des connaissances sur une question donnée, d'établir des guides de pratique et de suggérer des pistes de recherche.

Les synthèses systématiques se caractérisent par les aspects suivants : l'utilisation d'une stratégie de recherche visant à recenser toutes les études pertinentes sur un sujet, l'emploi de critères explicites servant à justifier l'inclusion et l'exclusion des études ainsi qu'à évaluer la qualité des études retenues, l'exploration des sources possibles d'hétérogénéité parmi les résultats d'études, la synthèse quantitative de l'estimé de l'effet lorsque pertinent (dans le cas des méta-analyses), et finalement la présentation de la méthodologie utilisée dans l'article de synthèse systématique.

La Collaboration Cochrane propose, dans ses banques de données, une vaste collection de synthèses systématiques portant sur les interventions en santé. Les synthèses systématiques réalisées par les groupes Cochrane respectent des standards de rigueur méthodologique élevés.

L'analyse critique d'un article de synthèse systématique exige que l'on recoure à une liste de critères particuliers, comme celle de l'énoncé QUOROM. Par la suite, le lecteur doit évaluer les conclusions de l'article de synthèse systématique pour déterminer si elles sont applicables dans le contexte de sa pratique clinique; il pourra alors choisir de modifier cette dernière.

www.cheneliere.ca/simpson

Une section Exercices vous est offerte sur ce site Web.

NOTES ET RÉFÉRENCES

1. Amori, R.E., J. Lau et A.G. Pittas. «Efficacy and safety of incretin therapy in type 2 diabetes: systematic review and meta-analysis», *JAMA,* 2007, vol. 298, p. 194-206.

2. Egger, M. *Systematic reviews in health care: meta-analysis in context,* London, BMJ, 2001, xviii, 487 p.

3. Mulrow, C.D. «The medical review article: state of the science», *Ann Intern Med,* 1987, vol. 106, p. 485-488.

4. Oxman, A.D. et G.H. Guyatt. «Guidelines for reading literature reviews», *CMAJ,* 1988, vol. 138, p. 697-703.

5. Greenland, S. et K. O'Rourke. «Meta-Analysis», dans K.J. Rothman, S. Greenland, eds. *Modern epidemiology,* Philadelphia, Lippincott Williams & Wilkins, 2008, p. 652-682.

6. Sutton, A.J. *Methods for meta-analysis in medical research,* Chichester, Toronto, J. Wiley, 2000, xvii, 317 p.

7. Jones, S.M. «Experimentation and innovation in family medicine residency education: the time is now», *Ann Fam Med,* 2007, vol. 5, p. 89-90.

8. The Evidence-Based Medicine Working Group. Users' guides to the medical literature. A manual for evidence-based clinical practice. 2nd eds. Guyatt G, Rennie D, eds., McGraw-Hill, 2008, 800 p.

9. Croteau, A. Institut national de santé publique du Québec. Direction des risques biologiques environnementaux et occupationnels. *L'horaire de travail et ses effets sur le résultat de la grossesse: méta-analyse et méta-régression: mise à jour,* Montréal, Institut national de santé publique du Québec, 2007, xiii, 149 p.

10. Antman, E.M., J. Lau, B. Kupelnick, F. Mosteller et T.C. Chalmers. «A comparison of results of meta-analyses of randomized control trials and recommendations of clinical experts. Treatments for myocardial infarction», *JAMA,* 1992, vol. 268, p. 240-248.

11. DerSimonian, R. et N. Laird. «Meta-analysis in clinical trials», *Control Clin Trials,* 1986, vol. 7, p. 177-188.

12. *The Cochrane Collaboration,* 2008, [en ligne]. [http://www.cochrane-net.org/openlearning/HTML/mod15-3.htm]

13. Moher, D., D.J. Cook, S. Eastwood, I. Olkin, D. Rennie et D.F Stroup. «Improving the quality of reports of meta-analyses of randomised controlled trials: the QUOROM statement. Quality of Reporting of Meta-analyses», *Lancet,* 1999, vol. 354, p. 1896-1900.

14. Higgins, J.P. et S.G. Thompson. «Quantifying heterogeneity in a meta-analysis». *Stat Med,* 2002, vol. 21, p. 1539-1558.

15. *The Cochrane Collaboration*, 2008, [en ligne]. [http://www.cochrane.org/docs/descrip.htm]

16. *The Cochrane Collaboration*, 2008, [en ligne]. [http://www.cochrane.org/reviews/clibintro.htm]

16

LA PRÉVENTION EN MILIEU CLINIQUE

Auteurs de la deuxième édition : Louise Moreault, Clément Beaucage, André Simpson
Auteurs de la première édition : Michèle Aubin, Clément Beaucage, Denis Laliberté

Au terme de ce chapitre, vous pourrez :

- expliquer les concepts épidémiologiques qui permettent d'établir les bases du jugement clinique au regard des activités de prévention et en particulier de dépistage ;
- juger de l'utilité pour votre pratique des études portant sur l'efficacité du dépistage.

Objectifs	Contenu
1. Définir le rôle du clinicien en prévention	1.1 Importance de la prévention en milieu clinique 1.2 Compétences et responsabilités du clinicien en prévention
2. Expliquer les liens entre l'histoire naturelle d'une maladie et les niveaux de prévention	2.1 Histoire naturelle de la maladie : phases, utilité clinique 2.2 Niveaux de prévention
3. Énumérer les conditions conduisant à une intervention portant sur un facteur de risque et à une activité de dépistage	3.1 Conditions de l'intervention : ampleur du problème de santé, efficacité de l'intervention, validité de l'examen de dépistage, considérations éthiques
4. Décrire la stratégie utilisée par le U.S. Preventive Services Task Force (USPSTF)	4.1 Considérations historiques 4.2 Considérations méthodologiques 4.3 Aspects tactiques : recherche de cas, périodicité, contraintes
5. Expliquer les liens entre les niveaux de prévention et les catégories d'interventions préventives	5.1 Dépistage, vaccination, conseil, chimioprophylaxie
6. Expliquer l'élaboration des recommandations préventives du USPSTF	6.1 Exemple du cancer du col utérin
7. Expliquer les critères permettant de juger de la qualité d'une étude portant sur le dépistage	7.1 Grille de lecture critique et spécificités

Un cas

Jeanne consulte Lisa, car depuis quelques mois, elle se sent essoufflée à la suite d'efforts modérés. Elle a 56 ans, est mariée et a 3 enfants. Jeanne fume 20 cigarettes par jour depuis 35 ans; elle tousse et crache régulièrement depuis plus de 10 ans. Elle a été ménopausée à l'âge de 49 ans et son dernier examen de dépistage du cancer du col utérin a été effectué il y a 20 ans, soit après l'accouchement de son dernier enfant. Les antécédents familiaux révèlent que son père est décédé d'un infarctus du myocarde à l'âge de 50 ans et que 2 de ses soeurs souffrent d'hypercholestérolémie. L'examen physique, incluant l'examen gynécologique et des seins, est normal, mis à part quelques râles aux bases pulmonaires. Le pouls et la tension artérielle sont dans les limites normales. Lisa explique à Jeanne que son essoufflement est probablement dû à une maladie pulmonaire obstructive chronique (MPOC) liée à sa consommation de tabac. Lisa entreprend une investigation et un traitement appropriés à l'état de santé respiratoire de sa patiente. Elle envisage de lui recommander certaines mesures préventives.

Pertinence clinique

Le rôle premier de Lisa est de répondre à la demande de Jeanne. Cependant, dans un contexte de pratique, Lisa sera aussi appelée à dispenser des services préventifs. Plusieurs ignorent que les professionnels de la santé consacrent une partie considérable de leur temps à des activités d'éducation des patients, et de dépistage et de suivi de personnes présentant des facteurs de risque. Ainsi, le médecin peut aisément allouer de 15 % à 25 % de son temps à ces activités. On estime que 80 % des Canadiens voient un médecin au moins une fois par année[1]. On peut imaginer que la situation est sensiblement la même pour d'autres intervenants tels que les infirmières et les pharmaciens. Cette fréquence des contacts constitue un terrain fertile pour établir une intervention de nature préventive. Lisa et ses collègues occupent en fait une position stratégique dans la prévention des maladies et leur détection précoce.

16.1 LE RÔLE DU PERSONNEL SOIGNANT EN PRÉVENTION CLINIQUE

Une bonne part du travail du médecin consiste à poser des diagnostics et à traiter des malades. De son côté, le pharmacien consacre la majeure partie de son temps à préparer les médicaments d'ordonnance, alors que la pratique professionnelle de l'infirmière consiste à intervenir directement pour le mieux-être des patients. Le concept même de santé est en profonde mutation; de nouveaux problèmes, tels l'augmentation du nombre de cas d'obésité et le vieillissement de la population, ne permettent plus d'aborder les soins de santé de la même façon qu'auparavant. En outre, la société investit beaucoup de ressources dans le système de soins et s'attend à ce que la santé de la population s'en trouve améliorée. Les gens veulent que leur qualité de vie soit maintenue; de nombreux patients demandent aux praticiens de leur dire comment prévenir l'apparition de la maladie ou de leur recommander le traitement le plus efficace au meilleur prix possible. Le rôle du personnel soignant doit évoluer et s'adapter à ces nouvelles réalités.

En établissant une relation de confiance avec son patient, l'intervenant en matière de soins de santé peut s'assurer de la continuité des interventions, pierre angulaire des soins de première ligne et, du coup, donner beaucoup de crédibilité aux mesures préventives.

16.2 L'ÉVOLUTION DES PRATIQUES CLINIQUES PRÉVENTIVES

Pendant longtemps, lors d'une consultation comme celle de Jeanne auprès de Lisa, le médecin aurait prescrit une série d'examens pour un bilan de santé annuel. Encore aujourd'hui, certains patients nostalgiques peuvent demander à leur médecin de leur faire un bon « *check-up* ». La prescription du bilan de santé annuel n'est cependant plus indiquée pour les raisons suivantes :

- La nature et la fréquence des examens ne tenaient pas compte des besoins des différents groupes d'âge.
- Il y avait peu de preuves que les examens ou activités de dépistage effectués à l'occasion d'un bilan de santé constituaient des mesures valables et efficaces.
- Ces activités de dépistage étaient répétées annuellement, alors que nombre d'entre elles n'exigeaient nullement une telle fréquence.

Beaucoup d'examens à visée préventive ne sont pas explicitement demandés par Jeanne lors de sa visite à la polyclinique. De ce fait, Lisa ne peut les lui suggérer que si leur pertinence repose sur des preuves scientifiques et sur la démonstration que Jeanne en retirera plus d'avantages que d'inconvénients.

C'est cette préoccupation qui a conduit à la mise sur pied, en 1976, du Groupe d'étude canadien sur les soins de santé préventifs (GECSSP)[2]. Dans la foulée, d'autres pays ont créé des groupes similaires. Notamment, en 1984, on a formé aux États-Unis le U.S. Preventive Services Task Force (USPSTF). Ces groupes tentent de préciser l'efficacité et la pertinence de certains actes préventifs en révisant la qualité des preuves scientifiques afin que les professionnels de la santé disposent de lignes directrices claires en matière de services préventifs. Les deux groupes ont acquis une réputation d'envergure mondiale grâce à la rigueur de leurs analyses. Ils reconnaissent que la performance des actes préventifs doit être évaluée systématiquement et de manière objective. Ainsi, leur principale recommandation est d'abandonner le bilan de santé annuel au profit d'une démarche sélective basée sur l'âge et le sexe de chaque personne.

Le GECSSP[3] et le USPSTF[4] utilisent des méthodes comparables. Ces groupes ont émis des avis sur plusieurs dizaines de problèmes de santé qui peuvent présenter quelques différences, bien que, dans l'ensemble, ils soient le plus souvent convergents. Ces avis se retrouvent sur leur site Internet respectif[5]. Depuis quelques années, en Amérique du Nord, le USPSTF est le groupe le plus actif. Pour cette raison, la méthode et les recommandations du groupe états-unien seront présentées ici.

16.2.1 La méthode du USPSTF

Tout comme dans le cas du GECSSP, les recommandations du USPSTF visent exclusivement des interventions préventives centrées sur l'identification des facteurs de risque (prévention primaire) et le dépistage (prévention secondaire). Le USPSTF établit ses recommandations sur la base de preuves scientifiques existantes. Deux aspects importants des problèmes de santé retenus sont traités :

- le fardeau de souffrance engendré par le problème de santé pour lequel une intervention est proposée ;
- l'évaluation de l'efficacité de l'intervention préventive proposée.

L'évaluation du fardeau de souffrance

Le fardeau de souffrance associé à chaque problème de santé est établi en considérant deux facteurs : l'impact sur l'individu au chapitre des années de vie perdues, de l'inconfort, de l'incapacité et des coûts entraînés par la thérapeutique ainsi que des effets pour sa famille, de même que l'impact sur la société évalué à partir des données de mortalité, de morbidité et de coûts afférents.

L'évaluation de l'efficacité de l'intervention préventive

L'efficacité de l'intervention préventive est évaluée en fonction de la qualité des preuves scientifiques que constituent les résultats d'études et qui sont recueillies principalement dans la littérature scientifique. Cette évaluation est effectuée en tenant compte de trois aspects :

■ les risques et les avantages que comporte l'intervention ;

■ la sensibilité, la spécificité et la valeur prédictive de l'intervention ;

■ la sécurité, la simplicité et le coût de l'intervention, ainsi que son acceptabilité par le patient.

Le USPSTF propose de classifier, en ordre décroissant de qualité, les preuves de l'efficacité de l'intervention préventive (résultats obtenus dans les études) en trois niveaux, l'un d'entre eux comportant trois classes, à savoir : les niveaux I, II-1, II-2, II-3 et III. Le tableau 16.1 présente cette classification.

TABLEAU 16.1 Classification des preuves scientifiques (résultats obtenus dans les études) de l'efficacité de l'intervention préventive, en fonction de leur qualité

Niveaux	Preuves de l'efficacité de l'intervention préventive
I	Résultats obtenus dans le cadre d'au moins un essai clinique adéquatement hasardisé.
II-1	Résultats obtenus dans le cadre d'essais cliniques non hasardisés bien conçus.
II-2	Résultats obtenus dans le cadre d'études de cohorte(s) ou d'études analytiques cas-témoins bien conçues, réalisées de préférence dans plus d'un centre ou par plus d'un groupe de recherche.
II-3	Résultats découlant de comparaisons entre différents moments ou différents lieux ou selon qu'on a ou non recours à une intervention ; des résultats de première importance obtenus dans le cadre d'études non comparatives (par exemple, les résultats du traitement à la pénicilline dans les années 1940) peuvent aussi figurer dans cette catégorie.
III	Opinions exprimées par des autorités dans un domaine donné et fondées sur l'expérience clinique ; études descriptives ou rapports de comités d'experts.

Source : Traduit de U.S. Department of Health & Human Services, Agency for Healthcare Research and Quality. *U.S. Preventive Services Task Force (USPSTF)*, [en ligne]. [http://www.ahrq.gov/clinic/uspstfix.htm] (page consultée le 3 juin 2008)

Les recommandations

Chaque recommandation du USPSTF concerne un type d'intervention préventive pour un problème de santé particulier et vise un ou plusieurs groupes d'âge précis. La recommandation indique si l'intervention devrait être incluse dans l'examen médical périodique ou offerte systématiquement aux patients. Les recommandations sont largement déterminées par la qualité des preuves de l'efficacité de la mesure préventive. Depuis 2007, elles sont regroupées en quatre catégories suivant l'ordre alphabétique de A à D, comme le montre le tableau 16.2. De plus, une catégorie I a été ajoutée pour les cas où les preuves sont insuffisantes.

Ainsi, une recommandation de catégorie A s'appuie généralement sur une preuve de niveau I. Cependant, quelques interventions font l'objet de recommandations qui semblent moins affirmatives que les preuves qui les appuient ; de telles situations peuvent se produire lorsque le USPSTF constate certaines lacunes sur le plan du fardeau de souffrance découlant du problème de santé ou sur celui de l'efficacité de l'intervention préventive elle-même.

La recommandation de catégorie C peut sembler peu utile, car elle contribue peu à la prise de décision. Toutefois, le USPSTF y a recours pour marquer sa prudence, par exemple lorsque le changement de pratique est important et qu'il doit être appuyé par de fortes preuves. Il peut aussi y avoir recours pour éviter un effet d'étiquetage (soit le fait d'identifier des personnes comme anormales), ou encore pour empêcher

TABLEAU 16.2 Classification des recommandations émises par le USPSTF

Catégories	Recommandations
A	Le USPSTF recommande fortement que les cliniciens offrent ce service de routine aux patients ciblés. (On dispose de preuves suffisantes à l'effet que le service améliore la santé et on conclut que les avantages l'emportent considérablement sur les inconvénients.)
B	Le USPSTF recommande que les cliniciens offrent ce service de routine aux patients ciblés. (On dispose de preuves acceptables à l'effet que le service améliore la santé et on conclut que les avantages l'emportent sur les inconvénients.)
C	Le USPSTF ne fait pas de recommandation pour que les cliniciens offrent ou non ce service de routine. (On dispose de peu de preuves à l'effet que le service puisse améliorer la santé et on conclut qu'il n'y a pas suffisamment de différence entre les avantages et les inconvénients pour justifier une recommandation.)
D	Le USPSTF recommande que les cliniciens n'offrent pas ce service de routine aux patients asymptomatiques. (On dispose de preuves acceptables à l'effet que le service est inefficace et on conclut que les inconvénients l'emportent sur les avantages.)
I	Le USPSTF conclut que les preuves sont insuffisantes (en termes de qualité, de quantité ou de résultats contradictoires) pour faire une recommandation.

Source : Traduit et adapté de U.S. Preventive Services Task Force (USPSTF). *U.S. Preventive Services Task Force (USPSTF) Ratings: What the Grades Mean and Suggestions for Practice*, [en ligne]. [http://www.ahrq.gov/clinic/uspstf07/ratingsv2.htm] (page consultée le 3 juin 2008)

que des examens coûteux et d'utilité inconnue fassent gonfler la facture des services de santé. Une recommandation de catégorie C peut également servir à attirer l'attention sur des problèmes de santé qui entraînent un fardeau de souffrance considérable et sur des problèmes particuliers touchant des groupes à risque.

Le cas échéant, le USPSTF mentionne dans sa recommandation la fréquence optimale de l'examen ou de l'intervention préventive, l'existence de groupes à risque élevé qui pourraient tirer avantage d'examens plus fréquents et le moment où ces examens devraient être pratiqués. Les recommandations font l'objet d'un processus de révision et de mise à jour au besoin.

16.2.2 La stratégie d'utilisation

La stratégie du USPSTF consiste à recourir à un ensemble de mesures de protection sanitaires. Cet ensemble est constitué d'interventions qui s'appliquent dans le cadre d'un examen médical périodique à certaines catégories d'âge ou à certains groupes de patients à risque élevé. La périodicité de chacune des mesures préventives faisant partie d'un ensemble de mesures de protection sanitaires est liée à la connaissance plus ou moins étendue de l'histoire naturelle de la maladie et à certaines contraintes de coûts et de ressources.

Le USPSTF a élaboré une classification correspondant assez fidèlement aux activités cliniques habituelles d'un médecin. Cette classification regroupe les différents types d'interventions préventives en quatre catégories :

- les interventions de dépistage ;
- les interventions de conseil ;
- les interventions de vaccination ;
- les interventions de chimioprophylaxie.

Les interventions de conseil, de vaccination et de chimioprophylaxie sont des interventions de prévention primaire, puisqu'elles visent à modifier certains facteurs de risque avant qu'un problème de santé ne se développe. Les interventions de dépistage sont des activités de prévention secondaire qui visent à détecter une maladie à un stade précoce et asymptomatique de son évolution pour en améliorer le pronostic.

Plusieurs interventions préventives suggérées par le USPSTF ou le GECSSP ont été largement adoptées par l'ensemble des professionnels de la santé. C'est le cas, par exemple, du dépistage du cancer du col utérin. Cependant, il existe toujours un fossé important entre les recommandations d'activités préventives et la pratique clinique quotidienne. Afin d'améliorer la santé de la population, il importe donc que les praticiens mesurent mieux la portée et l'importance de traduire les lignes directrices de ces groupes en des gestes concrets lors des rencontres avec les patients. Lisa est déjà au fait des travaux du USPSTF, et la visite de Jeanne la place devant la nécessité de faire plusieurs choix.

16.3 UN RETOUR SUR LE CAS DE JEANNE

Ainsi, dans une perspective globale de soins, Lisa se posera les questions suivantes quant à la pertinence d'offrir à Jeanne des interventions préventives en ce qui concerne certains problèmes de santé particuliers :

- Pour prévenir le cancer du poumon, est-il pertinent de lui recommander de cesser de fumer ?
- Dans le cadre de la prévention de la maladie coronarienne, devrait-on procéder chez elle au dépistage de l'hypercholestérolémie et lui recommander de cesser de fumer ?
- Dans le cadre de la prévention du cancer du sein, doit-on lui recommander une mammographie ?
- Dans le cadre de la prévention du cancer du col utérin, est-il pertinent de lui recommander une cytologie de dépistage (test de Papanicolaou) ?

Le cas de Jeanne soulève donc des interrogations sur l'efficacité des mesures préventives. En effet, Lisa désire suggérer à Jeanne des interventions qui seront véritablement bénéfiques pour sa santé. Prenons pour exemple la prévention du cancer du col utérin.

16.4 LA PRÉVENTION ET LE CANCER DU COL UTÉRIN

16.4.1 Les facteurs de risque et l'histoire naturelle de la maladie

Le cas de Jeanne suscite tout naturellement une discussion sur le cancer du col utérin. L'étude de ce problème de santé a permis de déceler certains facteurs de risque de la maladie, c'est-à-dire des conditions qui sont associées à une probabilité accrue d'être atteinte de la maladie. Ces facteurs de risque sont la précocité des relations sexuelles, la multiplicité des partenaires sexuels, le tabagisme et les antécédents d'ITSS, en particulier d'herpès de type 2 et d'infection au virus du papillome humain (VPH). Le cancer du col utérin est le premier type de cancer à avoir été associé au VPH ; ce virus est présent dans plus de 99 % des cas, ce qui en fait le principal facteur de risque[6].

L'étude du cancer du col utérin a permis d'en décrire assez précisément l'histoire naturelle, soit les différentes phases qui précèdent le développement d'une lésion néoplasique invasive du col utérin. Ainsi, à ce site, des modifications cellulaires appelées « dysplasies » peuvent apparaître précocement pour engendrer, après environ 10 ans, un cancer localisé appelé « carcinome *in situ* ». En l'absence d'intervention, ce dernier progresse souvent vers un cancer envahissant[7] pendant la décennie suivante.

Lisa doit connaître les facteurs de risque et les phases de développement de la maladie pour pouvoir effectuer quelque démarche de prévention que ce soit. Cette prévention peut être primaire, secondaire ou tertiaire. La prévention primaire consiste à reconnaître les principaux facteurs de risque auxquels l'individu est exposé et à lui offrir des conseils appropriés si ces facteurs sont modifiables. Dans le cas de jeunes femmes âgées de 9 ans à 26 ans, la vaccination contre le VPH est aussi disponible[8]. La détection de maladies à un stade où le patient est encore asymptomatique est appelée dépistage; il s'agit de la prévention secondaire. Enfin, la prévention tertiaire consiste à intervenir auprès du patient qui présente des symptômes afin de freiner l'évolution de la maladie. La figure 16.1 représente l'histoire naturelle de la maladie et les trois niveaux de prévention possibles selon les phases de son développement.

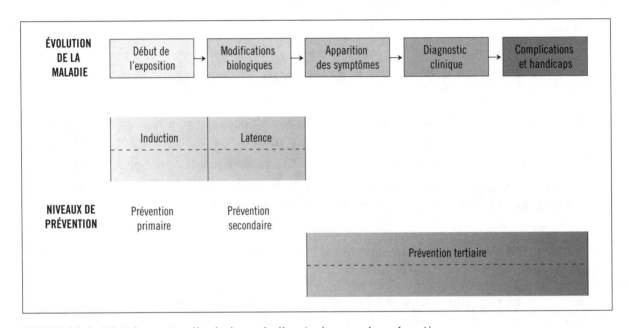

FIGURE 16.1 Histoire naturelle de la maladie et niveaux de prévention

Les questions auxquelles Jeanne répond dans le bureau de Lisa visent à déceler les facteurs de risque qui lui sont propres, notamment le tabagisme. Une intervention effectuée dans le but de l'amener à cesser de fumer s'inscrit dans une approche de prévention primaire du cancer du col utérin. Par contre, la vaccination contre le VPH n'est actuellement pas indiquée pour Jeanne, car il n'existe encore aucune preuve de son efficacité pour les femmes de son âge[9]. La recommandation de Lisa d'effectuer une cytologie du col utérin constitue une activité de dépistage; il s'agit là de prévention secondaire. Évidemment, pour qu'il y ait dépistage, le patient doit se trouver dans une période asymptomatique, dite «phase de latence». Cette période doit être suffisamment longue pour permettre de détecter une modification biologique avant que la maladie ne se manifeste. Dans le cas du cancer du col utérin, la période de latence correspond aux stades de dysplasie et de carcinome *in situ,* au cours desquels les lésions demeurent au stade cellulaire, sans envahissement ni symptômes.

16.4.2 Le dépistage

Une définition

Le dépistage consiste donc à reconnaître une maladie à un stade précoce asymptomatique à l'aide d'une activité de dépistage ou d'un examen déterminé. Ainsi, les activités de dépistage permettent de repérer, dans un groupe de gens asymptomatiques, ceux qui peuvent être porteurs d'une maladie. L'axiome suivant constitue la base rationnelle du dépistage : le traitement a plus de chances d'être efficace s'il est entrepris à un stade précoce de la maladie, alors que le processus pathologique peut être réversible et que des complications ne sont pas encore survenues. De la même façon, il est logique de penser qu'une thérapie instaurée dans une phase asymptomatique de la maladie sera probablement plus simple et plus facilement applicable que s'il s'agit de traiter un cas clinique avancé. Il importe toutefois de préciser que les examens ou activités de dépistage ne permettent pas de poser un diagnostic final. Les individus identifiés comme positifs au dépistage doivent subir des examens complémentaires plus spécifiques avant que ne soit établie la présence de la maladie. Ainsi, lorsqu'une cytologie du col utérin indique la présence de dysplasies ou de cellules anormales, une colposcopie* avec biopsie de la zone suspecte permettra de confirmer ou d'infirmer la présence de la maladie.

Les caractéristiques des maladies dépistables

En ce qui concerne le dépistage du cancer du col utérin, le USPSTF s'est penché sur deux interventions : la cytologie cervico-vaginale et la recherche du virus du papillome humain. Vu le manque de preuves actuel (recommandation I), cette dernière intervention n'est pas recommandée par le USPSTF[10] et ne sera donc pas traitée dans le présent chapitre. Seule la cytologie du col utérin sera abordée, celle-ci demeurant recommandée malgré la vaccination contre le VPH, puisque cette vaccination ne permet pas d'éradiquer la maladie[11].

Avant d'effectuer une activité de dépistage comme la cytologie cervico-vaginale, certaines conditions doivent être remplies. En effet, il ne suffit pas de bien connaître l'histoire naturelle de la maladie et les facteurs de risque ; on doit aussi prendre en considération le fardeau de souffrance lié au problème de santé à dépister. De façon générale, les caractéristiques particulières de la maladie doivent justifier l'intervention de prévention secondaire. Pour mesurer ce fardeau de souffrance, il faut d'abord connaître la fréquence de la maladie dans la population. Lisa sait, par exemple, que le cancer du col utérin occupe, à travers le monde[12], le deuxième rang pour ce qui est des néoplasies chez les femmes. Par ailleurs, il importe également de connaître les conséquences graves qu'entraîne la maladie, c'est-à-dire la morbidité et la mortalité qui y sont rattachées. Ainsi, Lisa constate en lisant le document *Statistiques canadiennes sur le cancer 2007*[13] que le cancer du col utérin représentait 1,8 % des nouveaux cas de cancer et qu'il a été à l'origine d'environ 1,1 % des décès par cancer chez les femmes au Canada en 2007. Pour une femme de l'âge de Jeanne, les chances de survivre pendant 5 ans après un diagnostic de cancer du col utérin sont de l'ordre de 68 %[14]. Cependant, la survie à cinq ans varie selon le stade de la maladie au moment de sa découverte. Elle est en effet d'environ 90 % chez les personnes présentant une forme localisée de cancer au moment du diagnostic, et de 40 % dans les cas invasifs[15]. Ces observations plaident en faveur de la pertinence du dépistage pour ce type de cancer.

De plus, pour justifier un dépistage, il doit exister un traitement efficace qui, s'il est instauré précocement, pourra améliorer le pronostic. Si la découverte et le traitement précoces de la maladie ne peuvent laisser espérer une réduction de la morbidité et de la mortalité associées à cette maladie, la valeur du dépistage peut être mise en doute. Or, Lisa sait que l'incidence des cancers invasifs du col utérin de même que le taux de mortalité lié à cette maladie ont diminué de façon significative depuis l'utilisation de la cytologie cervico-vaginale comme examen de dépistage. Au Canada, l'incidence du cancer du col utérin serait de 8,7 pour 100 000 femmes[16], alors que l'on sait qu'entre 65 % et 91 % des femmes selon la catégorie d'âge se soumettent régulièrement aux examens de dépistage[17]. En comparaison, par exemple au Brésil et en Thaïlande, où le dépistage précoce du cancer du col utérin n'est pas accessible, le taux d'incidence est respectivement de 18,6 et de 15,6 cas pour 100 000 femmes[18]. Cette observation incite Lisa à croire à l'efficacité de cette activité de dépistage. Des études internationales ont par ailleurs montré

---

* La colposcopie est un examen du col utérin pratiqué à l'aide d'un appareil optique placé dans le vagin afin de voir le col à plus fort grossissement.

l'efficacité des programmes de dépistage bien organisés. Ainsi, on estime que le risque de développement d'un cancer invasif du col utérin chez les femmes ayant subi le dépistage peut être réduit de plus de 90 %. Au Canada, on estime que la réduction de la mortalité par cancer du col utérin, qui est passée de 7,3 pour 100 000 femmes en 1969 à 2,2 pour 100 000 femmes en l'an 2000, est largement attribuable au dépistage du cancer du col utérin[19]. Bien qu'en théorie, le dépistage du cancer du col utérin chez l'ensemble des femmes à risque devrait occasionner une réduction d'au moins 90 % de la mortalité due à cette maladie, la réalité observée est tout autre, principalement parce que divers problèmes sont inhérents au dépistage, tels que la difficulté de rejoindre les populations à risque et le manque de suivi en ce qui a trait aux cytologies jugées comme anormales. Par exemple, au Canada, environ 74 % des femmes adultes participeraient au dépistage[20], alors qu'en France, 40 % des femmes âgées de 25 ans à 65 ans n'auraient jamais passé cet examen de dépistage[21]. Le cas de Jeanne illustre bien cette lacune, puisque cette dernière a négligé de passer une cytologie de contrôle pendant 20 ans.

Le biais de durée et le biais de dépassement

Il importe justement, à cette étape, de considérer certaines des lacunes méthodologiques que comportent les études sur l'évaluation de l'efficacité des activités de dépistage. Ces lacunes, qui peuvent parfois entraîner une fausse impression d'efficacité de l'intervention, sont attribuables au biais de durée, un biais de sélection, et au biais de dépassement, un biais d'information.

Il y a biais de durée lorsque les cas reconnus à la suite d'un dépistage sont d'évolution lente ou moins graves que ceux diagnostiqués après l'apparition de symptômes[22]. En effet, le dépistage permet de désigner les individus atteints d'une maladie alors qu'ils se situent dans une phase asymptomatique. Or, lorsque la maladie évolue lentement, la phase asymptomatique se trouve en quelque sorte artificiellement prolongée comparativement aux cas à évolution rapide. L'utilisation d'un examen de dépistage tend donc, dans ces circonstances, à privilégier la découverte de cas à évolution lente. Cette situation en surestime l'efficacité et laisse croire à un meilleur pronostic dans les cas décelés par le dépistage que dans ceux reconnus à la suite d'un diagnostic clinique. Toutefois, cet avantage apparent s'explique plutôt par la sélection préférentielle des cas à évolution lente que par le dépistage lui-même. La figure 16.2 illustre le biais de durée: les cas à évolution lente (espace long entre le début de la maladie [•] et l'apparition des symptômes et l'établissement du diagnostic [Dx]) sont plus susceptibles d'être décelés par le dépistage que ceux qui évoluent rapidement (espace court entre le début de la maladie [•] et l'apparition des symptômes et l'établissement du diagnostic [Dx]).

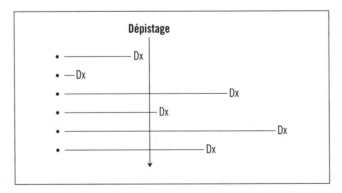

FIGURE 16.2 Biais de durée

Un second type d'erreur d'interprétation, appelé « biais de dépassement », peut survenir lors de l'évaluation d'une activité de dépistage. Comme cette pratique permet une découverte plus précoce de la maladie que ne le permet le diagnostic clinique traditionnel, le temps de survie peut paraître plus long, même si le traitement administré à la suite du dépistage n'améliore pas véritablement le pronostic[23]. Dans de telles circonstances, il peut sembler que les patients vivent plus longtemps après la découverte de la maladie. En réalité, leur durée de survie n'a pas augmenté; c'est plutôt la période pendant laquelle ils ont eu connaissance de leur état de santé qui a été plus longue. La figure 16.3 illustre le concept de biais de dépassement.

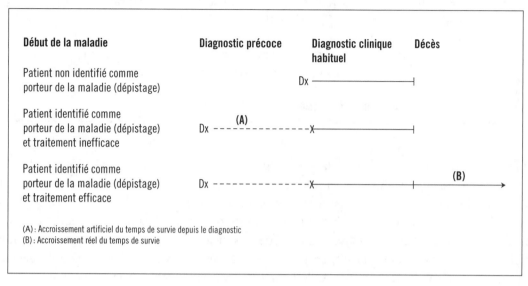

FIGURE 16.3 Biais de dépassement

Pour contrer les biais de durée et de dépassement, il importe de fonder l'évaluation de l'efficacité des activités de dépistage sur des études de type expérimental. Dans de telles études, la répartition des individus entre les groupes soumis ou non au dépistage se fait par hasardisation, c'est-à-dire de façon aléatoire; les groupes ont donc toutes les chances d'être comparables quant aux proportions respectives de cas à évolution rapide et de cas à évolution lente. Par ailleurs, l'évaluation de l'efficacité du dépistage par la comparaison des taux de survie entraîne aussi une mesure biaisée (biais de dépassement). En effet, on l'a vu, le dépistage peut mener à une interprétation faussée de la survie. Il est donc recommandé d'évaluer l'efficacité du dépistage par la comparaison des taux spécifiques de mortalité entre le groupe soumis au dépistage et le groupe témoin.

Après une analyse des études sur l'efficacité du dépistage du cancer du col utérin, Lisa est rassurée quant à l'absence de tels biais dans ces études.

Les caractéristiques des examens de dépistage

Il ne suffit pas de tenir compte des caractéristiques de la maladie visée par le dépistage; on doit aussi prendre en considération les particularités de l'examen diagnostique choisi[24]. Ainsi, la méthode utilisée doit être reproductible, c'est-à-dire qu'elle doit donner les mêmes résultats lorsqu'elle est à nouveau employée dans les mêmes conditions sur un même sujet. En d'autres termes, l'examen doit être suffisamment précis pour permettre de distinguer un changement significatif du phénomène étudié d'erreurs aléatoires relevant de l'examen lui-même. Dans le dépistage du cancer du col utérin, la technique utilisée pour effectuer la cytologie décrite par Papanicolaou répond à des critères précis et Lisa sait qu'elle doit les respecter à la lettre pour assurer la précision et la qualité de cet examen. De la même façon, le laboratoire de cytopathologie qui analyse les lames cytologiques doit avoir acquis une expertise dans l'interprétation de celles-ci, ce qui permet une reproductibilité interobservateurs et intra-observateur adéquate. L'encadré 16.1 passe en revue les critères devant être satisfaits avant le dépistage.

ENCADRÉ 16.1 Critères devant être satisfaits avant le dépistage

- La maladie recherchée doit constituer un problème de santé important.
- L'histoire naturelle de la maladie doit être suffisamment connue.
- La phase de latence ou le stade asymptomatique doit être d'une durée suffisante pour permettre d'effectuer le dépistage.
- Un traitement instauré à ce stade doit pouvoir influencer le pronostic et le cours de la maladie de façon plus favorable que s'il était administré au moment où l'affection est symptomatique.
- Il doit exister un traitement efficace.
- Il doit exister un examen de dépistage valide, fiable et acceptable aux yeux des patients qui ont à le subir.
- Des critères précis établissant quels sujets feront l'objet d'un diagnostic et d'un traitement doivent avoir été définis à l'avance.
- Le dépistage doit pouvoir se faire de façon continue.

L'examen utilisé pour effectuer le dépistage doit également être valide, ce qui signifie que les résultats obtenus doivent permettre de différencier les individus porteurs de la maladie de ceux qui ne le sont pas. La validité de l'examen nécessite donc à la fois une sensibilité et une spécificité élevées. Lors d'un dépistage, il importe de garder à l'esprit que la prévalence de la maladie à dépister peut être faible. Cela influence à la baisse la valeur prédictive positive* de l'examen de dépistage, même si sa sensibilité et sa spécificité sont élevées. Autrement dit, en présence d'un résultat positif de l'examen de dépistage, il devient essentiel de confirmer la présence de la maladie par des examens complémentaires car, compte tenu de la faible prévalence de la maladie, la probabilité que le sujet identifié comme positif soit réellement malade peut être relativement faible.

En raison de contraintes méthodologiques, il est difficile d'obtenir des données précises sur la sensibilité et la spécificité de la cytologie du col utérin. Selon la littérature, la spécificité de ce test de dépistage est très élevée, se situant probablement entre 90 % et 99 %, alors que sa sensibilité est plus basse, peut-être bien autour de 60 % à 80 %[25]. Cette faible sensibilité nécessite que le test soit répété fréquemment pour garantir une certaine sécurité. Par ailleurs, avec l'avènement de la vaccination contre le VPH, on peut s'attendre à ce que la valeur prédictive positive de la cytologie diminue, compte tenu de la réduction de la prévalence de la maladie[26].

Finalement, l'examen utilisé pour le dépistage doit être acceptable pour les sujets qui le subiront; il doit notamment être peu incommodant et peu invasif. Ces caractéristiques s'avèrent d'autant plus importantes que le dépistage s'adresse par définition à des individus asymptomatiques. De la même façon, l'examen doit être simple et facile à exécuter, surtout s'il s'agit d'un dépistage touchant une population nombreuse. Enfin, l'intervention doit être peu coûteuse pour ne pas alourdir de façon inconsidérée les dépenses liées aux soins de santé, ce qui annulerait les avantages que l'on pourrait retirer d'un traitement effectué précocement après un dépistage.

Les conséquences du dépistage

Il importe d'insister sur les conséquences possibles du dépistage, puisque Lisa est l'instigatrice de cette intervention préventive et qu'elle la propose à des patientes comme Jeanne qui sont asymptomatiques sur le plan gynécologique. On s'entend pour reconnaître les retombées favorables du dépistage d'une maladie chez les sujets correctement identifiés comme positifs ou négatifs. Les premiers reçoivent de

---

* La valeur prédictive positive est la probabilité que la maladie soit présente lorsque le résultat de l'examen est positif. Cette notion est traitée en détail au chapitre 7, qui porte sur les examens diagnostiques.

façon plus rapide et plus précoce un traitement qui a alors plus de chances d'être curatif ou, du moins, de conduire à un meilleur pronostic. De la même façon, les vrais négatifs sont rassurés par le résultat de l'examen. Mais qu'en est-il des gens faussement identifiés comme positifs ou négatifs ?

Les faux positifs sont soumis inutilement à des examens plus poussés, fréquemment plus invasifs et potentiellement iatrogènes, dans le but de confirmer le diagnostic de la maladie. Ces interventions et la menace d'un diagnostic grave alimentent leur inquiétude. Ils peuvent même recevoir des traitements inutiles. En outre, les investigations supplémentaires engendrent des coûts pour la société. Quant aux faux négatifs, rassurés par le résultat du dépistage, ils peuvent se montrer moins attentifs aux signes et aux symptômes précoces de la maladie et tarder indûment à consulter un médecin. L'encadré 16.2 présente brièvement les avantages et les inconvénients du dépistage.

ENCADRÉ 16.2 Avantages et inconvénients du dépistage

AVANTAGES

Pour les vrais positifs

- Traitement instauré plus précocement et potentiellement plus efficace.
- Meilleures chances de survie des patients.

Pour les vrais négatifs

- Sentiment de sécurité éprouvé par les patients.

INCONVÉNIENTS

Pour les faux positifs

- Inquiétude associée à la menace d'un diagnostic grave induite chez les patients.
- Interventions invasives, potentiellement iatrogènes, pour confirmer ou infirmer le diagnostic.
- Coûts élevés pour la société.

Pour les faux négatifs

- Faux sentiment de sécurité pouvant rendre les patients moins attentifs à l'apparition de signes et de symptômes, ce qui retarderait l'établissement du diagnostic.

L'enjeu principal du dépistage consiste à identifier correctement les sujets réellement malades dans une population asymptomatique, tout en tenant compte de la validité des examens dont on dispose, des ressources disponibles et des contraintes économiques. La périodicité du dépistage est alors un moyen qui permet de satisfaire à ces exigences. La répétition de l'examen à l'intérieur d'un court intervalle peut augmenter la probabilité de découvrir la maladie mais entraîne des coûts importants. Ainsi, il a été estimé que le dépistage du cancer du col utérin, effectué tous les 3 ans chez les femmes de 20 ans à 64 ans, réduirait l'incidence cumulée de cancer invasif de 91 %, tout en nécessitant environ 15 cytologies par femme, ce qui correspond à une fréquence de 96 cas détectés par 100 000 cytologies effectuées. En comparaison, un dépistage du cancer du col utérin répété annuellement réduirait l'incidence cumulée de cancer invasif de 93 %, mais il requerrait près de 45 examens par femme pour une fréquence de seulement 33 cas reconnus par 100 000 examens[27].

Les recommandations concernant la périodicité du dépistage peuvent donc varier d'un groupe d'experts à un autre, selon les critères de décision utilisés et les priorités retenues. En ce qui a trait au cancer du col utérin, ces groupes s'entendent pour recommander le dépistage dès le début des activités sexuelles. On préconise le plus souvent, pour des raisons de coûts-avantages, un intervalle de trois ans entre les examens. Toutefois, afin de réduire la probabilité de faux négatifs (compte tenu d'une sensibilité de seulement 60 % à 80 %), la plupart des experts recommandent d'obtenir deux cytologies normales à un an d'intervalle avant d'espacer les examens subséquents aux trois ans.

16.4.3 Les considérations éthiques liées au dépistage

Lisa est tenue à la confidentialité en ce qui concerne les informations recueillies auprès de sa patiente ; cette règle s'applique aussi au dépistage. Par ailleurs, d'autres considérations éthiques s'imposent avant d'entreprendre des activités de dépistage, car elles ne sont pas demandées par la patiente au départ. Ainsi, Lisa doit garder à l'esprit le principe de l'autonomie de la personne et de son autodétermination. En d'autres termes, Jeanne a le droit de décider de se soumettre ou non au dépistage recommandé. L'exercice de cette autodétermination exige la capacité de donner un consentement libre et éclairé[28]. Lisa doit donc fournir à Jeanne toutes les informations nécessaires afin que celle-ci puisse prendre une décision en toute connaissance de cause. Des informations complètes incluent habituellement des renseignements sur la nature de l'examen, sa valeur et ses limites, ses risques et ses conséquences possibles, de même que sur les solutions de rechange offertes. Le langage utilisé doit être accessible et compréhensible par Jeanne. De plus, la patiente doit choisir librement, c'est-à-dire sans crainte de déplaire ou d'être traitée différemment.

Plus précisément, Jeanne doit connaître le risque que la maladie se développe chez elle. Elle doit comprendre que le dépistage effectué pourra mener à d'autres examens, souvent plus invasifs, si le résultat est positif. Enfin, elle doit tenir compte du fait que l'examen de dépistage peut donner des résultats faussement positifs ou faussement négatifs et que ces éventualités comportent des conséquences particulières.

L'exemple du cancer du col utérin illustre bien l'importance d'une analyse rigoureuse des preuves scientifiques avant de conclure à la pertinence d'une intervention préventive. Cette démarche difficile mais nécessaire doit être effectuée pour l'ensemble des problèmes de santé pour lesquels il existe des interventions préventives.

16.5 LA LECTURE CRITIQUE D'UNE ÉTUDE PORTANT SUR L'ÉVALUATION DE L'EFFICACITÉ DU DÉPISTAGE

Lors de la prochaine rencontre multidisciplinaire à la polyclinique Milo, Lisa doit faire le point sur la pertinence d'offrir la mammographie comme test de dépistage du cancer du sein chez les femmes de 40 ans à 49 ans. Il y a beaucoup de controverse à ce sujet depuis plusieurs années. Lisa trouve sur Internet une étude récente réalisée par Moss et autres[29], qui vient relancer le débat.

Plusieurs essais cliniques hasardisés (ECH) ont démontré que le dépistage du cancer du sein chez les participantes de plus de 50 ans est associé à une réduction de la mortalité d'environ 25 %. Par ailleurs, l'efficacité du dépistage chez les femmes qui n'ont pas encore atteint la cinquantaine est moins certaine, bien que les ECH réalisés dans ce groupe d'âge suggèrent une certaine diminution de la mortalité. L'incertitude à cet égard provient du fait que les populations étudiées comprenaient en partie des femmes âgées de plus de 50 ans, ce qui a pu introduire un biais de sélection en faveur de l'efficacité du dépistage.

L'étude de Moss et autres consiste en un ECH réalisé auprès de 160 921 femmes âgées au départ de 39 ans à 41 ans. Les femmes du groupe expérimental étaient invitées à subir une mammographie annuelle jusqu'à l'âge de 48 ans, et les femmes du groupe témoin à recevoir les soins médicaux habituels. La mesure d'effet est le risque de mortalité par cancer du sein après 10 ans de suivi. Bien que l'étude ait démontré une réduction de la mortalité de 17 % chez les femmes du groupe expérimental, cette diminution n'atteignait pas le seuil de signification statistique.

Pour l'essentiel, la lecture critique d'une étude portant sur l'efficacité du dépistage est soumise aux mêmes exigences que la lecture critique d'un essai clinique hasardisé; le lecteur peut ainsi se référer à l'encadré 13.2 présenté au chapitre 13. Cependant, certains points plus spécifiques en lien avec l'évaluation de l'efficacité du dépistage doivent faire l'objet d'une attention particulière. Parmi ces points supplémentaires figurent notamment la prise en compte des biais potentiels de durée et de dépassement, la description détaillée des avantages et des désavantages du dépistage, et la discussion sur la puissance statistique de l'étude, puisque dans le cas présent les résultats obtenus n'atteignent pas le seuil préétabli de signification statistique.

16.5.1 La prise en compte des biais potentiels de durée et de dépassement

Comme nous l'avons déjà mentionné auparavant, un ECH est une étude de type expérimental dans laquelle la répartition des individus entre les groupes soumis ou non au dépistage se fait de façon aléatoire, ce qui permet de prévenir le biais de durée, étant donné que ces groupes ont toutes les chances d'être comparables quant à leurs proportions respectives de cas à évolution rapide et de cas à évolution lente.

Comme nous l'avons déjà mentionné également, l'évaluation de l'efficacité du dépistage par la comparaison des taux de survie entraîne une mesure biaisée (biais de dépassement); il est donc recommandé d'évaluer l'efficacité du dépistage grâce à la comparaison des taux spécifiques de mortalité entre le groupe soumis au dépistage et le groupe témoin. Dans la section «Méthode» de l'étude de Moss et autres, on indique que l'efficacité du dépistage est évaluée grâce à la comparaison des taux de mortalité totale et de ceux par cancer du sein chez le groupe expérimental et le groupe témoin. Lisa est alors rassurée quant à la prévention et au contrôle de ces biais potentiels dans cette étude.

16.5.2 La description détaillée des avantages et des désavantages du dépistage

À la section «Discussion», Lisa trouve certains passages où l'auteur discute des désavantages associés au dépistage du cancer du sein, notamment du risque de cancer induit par les radiations[30]:

Dans cette étude, l'utilisation de la mammographie sur un seul plan réduit la dose reçue. La dose moyenne reçue estimée sur un échantillon des centres participants était d'environ 7 % supérieure à la dose reçue chez les femmes de 59 ans et plus, probablement en raison de la plus grande densité du tissu mammaire chez les plus jeunes. Si l'on considère que 5 % des femmes dépistées ont eu une mammographie sur deux plans, le nombre de cancers induits par la radiation par 1 000 participantes âgées de 40 ans à 49 ans est réduit par un facteur d'environ 0,75 [...]. Le pourcentage estimé par cette méthode de femmes pour qui les risques dépassent les avantages serait très petit. [...] Un autre désavantage concerne la survenue de résultats faussement positifs pouvant provoquer de l'anxiété et nécessitant des investigations plus poussées et possiblement des biopsies inutiles [...]. Au total, 17 030 femmes du groupe expérimental ont accepté toutes les invitations à se présenter pour le dépistage et ont subi au moins 7 mammographies. De ces participantes régulières, 23 % (3 913) ont eu au moins un résultat faussement positif, comparativement à 12 % chez les femmes âgées de plus de 50 ans. De ces 3 913 participantes, 92 % (3 616) n'ont pas eu besoin de subir une cytologie ou une biopsie chirurgicale, 4 % (171) ont eu une cytologie seulement, 2 % (90) ont eu une biopsie et 1 % (36) ont eu une cytologie et une biopsie.

L'auteur traite également des avantages financiers associés au dépistage du cancer du sein chez les femmes plus jeunes[31] :

L'avantage absolu du dépistage dans ce groupe d'âge en termes de décès prévenus est inférieur à celui des femmes plus âgées, mais le nombre d'années de vie sauvées par décès prévenu a tendance à être plus élevé. Si on suppose une moyenne de 35 années sauvées pour chaque décès prévenu et un coût de [...].

16.5.3 La discussion sur la puissance statistique de l'étude

Les résultats de cette étude témoignent d'une réduction de la mortalité chez les femmes du groupe expérimental, cette diminution n'atteignant toutefois pas le seuil de signification statistique. De tels résultats poussent Lisa à s'interroger sur la puissance statistique de l'étude. À la section « Méthode », elle peut lire ce qui suit[32] :

L'étude prévoyait à l'origine le recrutement de 190 000 femmes pour détecter une réduction de 20 % de la mortalité après 10 ans de suivi, avec une puissance de 80 % et un seuil de signification statistique de 5 %.

À la section « Discussion », Lisa repère le passage suivant[33] :

La puissance de l'étude a été diminuée en raison d'une taille d'échantillon plus petite que prévu et d'un taux de mortalité moins important que celui anticipé dans le groupe témoin, ce qui entraîne une révision de la puissance à 60 % [...].

Après la lecture de l'article, Lisa conclut que même si cette étude présente une bonne validité interne, le manque de puissance statistique ne lui permet pas de conclure quant à la pertinence du dépistage du cancer du sein chez les femmes de 40 ans à 49 ans. Elle devra donc informer ses collègues de la polyclinique que cette nouvelle étude ne permet pas de renverser le *statu quo* et que la conduite à adopter demeure l'utilisation du jugement clinique et surtout l'obligation de bien informer les patientes des avantages et des désavantages du dépistage du cancer du sein dans ce groupe d'âge.

En résumé

Les interventions cliniques préventives peuvent se situer à trois niveaux, soit les niveaux primaire, secondaire ou tertiaire, selon la phase de l'évolution de la maladie pendant laquelle elles sont effectuées. Ainsi, la découverte et la réduction des risques pour la santé constituent la prévention primaire. Le dépistage ou la détection précoce des maladies, avant l'apparition de manifestations cliniques, correspond à la prévention secondaire. Enfin, le niveau de prévention tertiaire consiste à intervenir auprès d'individus déjà malades pour contrôler les facteurs modifiables qui ont un impact sur l'évolution de la maladie.

N'étant pas demandées par le patient, les interventions préventives doivent s'appuyer sur des preuves scientifiques et sur la démonstration que l'individu en retire plus d'avantages qu'il ne subit d'inconvénients. Le USPSTF a pour mandat de faire des recommandations sur les services préventifs à intégrer dans la pratique des professionnels de la santé. Ces recommandations sont formulées à partir des preuves scientifiques existantes. Elles tiennent compte du fardeau de souffrance engendré par le problème de santé en cause et de l'efficacité de l'intervention préventive proposée. Des mises à jour de ces recommandations sont publiées régulièrement au fur et à mesure du progrès des connaissances. Les travaux du groupe sont largement fondés sur la reconnaissance de l'importance de la relation entre le médecin et le patient dans l'établissement d'une démarche clinique préventive, et s'inscrivent adéquatement dans une perspective de continuité des soins.

⊕ **www.cheneliere.ca/simpson**

Une section Exercices vous est offerte sur ce site Web.

NOTES ET RÉFÉRENCES

1. Statistique Canada. *Enquête sur la santé dans les collectivités canadiennes*, [en ligne]. [http://www.statcan.ca/cgi-bin/imdb/p2SV_f.pl?Function=getSurvey&SDDS=3226&lang=en&db=IMDB&dbg=f&adm=8&dis=2] (page consultée le 3 juin 2008)

2. À l'origine, ce groupe était connu sous le nom de Groupe d'étude canadien sur l'examen médical périodique (GECEMP).

3. Agence de santé publique du Canada. *Le Portail canadien des pratiques exemplaires visant la promotion de la santé et la prévention des maladies chroniques*, [en ligne]. [http://cbpp-pcpe.phac-aspc.gc.ca/system/index_f.cfm] (page consultée le 3 juin 2008)

4. U.S. Department of Health & Human Services, Agency for Healthcare Research and Quality. *U.S. Preventive Services Task Force (USPSTF)*, [en ligne]. [http://www.ahrq.gov/clinic/uspstfix.htm] (page consultée le 3 juin 2008)

5. Voir les notes 3 et 4.

6. Comité sur l'immunisation du Québec (CIQ), Direction Risques biologiques, environnementaux et occupationnels. *Prévention par la vaccination des maladies attribuables aux virus du papillome humain au Québec*, Québec, Institut national de santé publique du Québec, 2007, p. 11.

7. Owen, G. « Screening for squamous cell carcinoma of the cervix », *Le médecin de famille canadien*, 1989, vol. 35, p. 1365-1371.

8. Voir la note 6, p. 29-36.

9. Voir la note 6, p. 29-36.

10. U.S. Preventive Services Task Force. *Screening for Cervical Cancer*, [en ligne]. [http://www.ahrq.gov/clinic/uspstf/uspscerv.htm] (page consultée le 3 juin 2008)

11. Voir la note 6, p. 6.

12. Dilhuydy, M.H. « Bénéfices et coûts du dépistage de masse du cancer du col utérin », *Gynécologie*, 1987, vol. 38, p. 440-449.

13. Société canadienne du cancer et Institut national du cancer du Canada. *Statistiques canadiennes sur le cancer 2007*, Toronto, Société canadienne du cancer, 2007, p. 17.

14. Louchini, R., P. Goggin et M. Steben. « Évolution des cancers ano-génitaux reliés à l'infection au VPH déclarés au Québec — Incidence et survie », *Maladies chroniques au Canada*, 2008, vol. 28, n° 3, p. 111-118.

15. U.S. Preventive Services Task Force. *Screening for Cervical Cancer. Guide for Clinical Preventive Services: an Assessment of the Effectiveness of 169 Interventions*, Baltimore, Williams and Wilkins, 1998, p. 57-60.

16. Ferlay, J., P. Bray, P. Pizani et D.M. Parkin. *GLOBOCAN 2002: Cancer incidence, mortality and prevalence worldwide*, Lyon, IARCPress, 2004, p. 303-317.

17. Centre de prévention et de contrôle des maladies chroniques, Direction générale de la santé de la population et de la santé publique, et Santé Canada. *Rapport d'étape sur la lutte contre le cancer au Canada*, Ottawa, Santé Canada, 2004, p. 53-55.

18. Voir la note 16.

19. Voir la note 17.

20. Voir la note 17.

21. Sancho-Garnier, H. *Traité des infections et pathologies génitales à papillomavirus*, Paris, Springer, 2007, p. 145-150.

22. Fletcher, R.H., S.W. Fletcher et E.H. Wagner. *Clinical Epidemiology: The Essentials,* 2ᵉ édition, Baltimore, Williams and Wilkins, 1998, p. 161-163.

23. *Ibid.*

24. Centers for Disease Control. « A framework for assessing the effectiveness of disease and injury prevention », *Mortality Morbidity Weekly Report,* 1992, p. 41 (RR-3); Wilson, J.M.G. et G. Jungner. *Principles and Practice of Screening for Diseases,* Genève, Organisation mondiale de la Santé, 1968.

25. Voir la note 10.

26. Voir la note 6, p. 6.

27. Voir la note 12.

28. Lee, J.M. « Screening and informed consent », *New England Journal of Medicine,* 1993, vol. 328, p. 438-439.

29. L'article suivant, dont les passages cités ont été traduits et adaptés par Clément Beaucage, a servi aux fins de l'exemple de cette section : Moss, S.M. et autres. « Effect of mammographic screening from age 40 years on breast cancer mortality at 10 years' follow-up : a randomised controlled trial », *The Lancet,* 2006, vol. 368, nᵒ 9552, p. 2053-2060.

30. Moss, S.M. et autres. « Effect of mammographic screening from age 40 years on breast cancer mortality at 10 years' follow-up : a randomised controlled trial », *The Lancet,* 2006, vol. 368, nᵒ 9552, p. 2058.

31. *Ibid.,* p. 2055.

32. *Ibid.,* p. 2055.

33. *Ibid.,* p. 2056.